高等教育会计类创新应用型规划教材

教育部产学合作协同育人项目建设成果
扬州大学出版基金项目建设成果

U0648833

Application of Accounting Information System

会计信息化应用教程 （第二版）

袁凤林 主　编

树友林 副主编

东北财经大学出版社　大连
Dongbei University of Finance & Economics Press

图书在版编目（CIP）数据

会计信息化应用教程/袁凤林主编．—2版．—大连：东北财经大学出版社，2024.8．—（高等教育会计类创新应用型规划教材）．—ISBN 978-7-5654-5346-5

Ⅰ．F232

中国国家版本馆CIP数据核字第2024PP6143号

东北财经大学出版社出版

（大连市黑石礁尖山街217号　邮政编码　116025）

网　　址：http://www.dufep.cn

读者信箱：dufep@dufe.edu.cn

大连东泰彩印技术开发有限公司印刷　　东北财经大学出版社发行

幅面尺寸：185mm×260mm　　　字数：526千字　　　印张：22.25

2024年8月第2版　　　　　　　　　　2024年8月第1次印刷

责任编辑：王　莹　周　慧　　　　　　责任校对：赵　楠

封面设计：原　皓　　　　　　　　　　版式设计：原　皓

定价：49.00元

第二版前言

党的二十大报告提出，"加快发展数字经济，促进数字经济和实体经济深度融合"。经济越发展，会计越重要。为规范数字经济环境下的会计工作，促进经济高质量发展，顺应新一轮科技革命和产业变革深入发展，数字化转型已经成为大势所趋。数字时代对会计数字化转型提出了新的要求，加快推进会计数字化转型是贯彻落实国家信息化发展战略、推动数字经济和实体经济深度融合、建设数字中国的必然选择，有利于推动会计职能拓展，提升我国会计工作水平和会计信息化水平。

当前以大数据、人工智能、移动互联网、云计算、物联网及区块链为代表的信息技术迅猛发展，这些信息技术在经营管理中的应用日益普及与深化，企业会计信息化水平日益成为影响企业管理决策效率的因素之一。我国会计电算化经过四十多年的发展取得了举世瞩目的成就，实现了从会计核算电算化向管理型会计电算化、网络会计、企业资源计划（ERP）转变，进而向财务共享、业财融合、会计智能化转变，特别是会计资料的数字化进一步促进了会计数字化转型。财务机器人（RPA）、智能会计、大数据会计等的发展正推动智能会计时代的到来，会计数据要素的作用正在发挥。

财务与业务一体化管理是企业信息化的必然趋势，ERP作为大中型企业会计信息化的标准配置，正与客户关系管理（CRM）、供应链管理（SCM）进一步融合，特别是随着电子发票、电子签名的合法化，企业的物流、资金流、信息流和人工流"四流合一"更加深入。用友ERP U8是国内典型的ERP系统之一，也是当前市场主流的企业管理软件之一。本书以用友ERP U8 V10.1作为分析与实验软件，旨在为我国企业培养大量的会计信息化人才，更好地迎接智能会计时代的到来。

本书适应了高等学校增加实践教学的需要，以提高学生实践能力、操作能力和岗位胜任能力为着眼点，结合会计学、财务管理、审计学等相关专业发展的实际，紧扣会计、财务管理、审计等相关专业人才培养方案的要求，达到了让学生既掌握必要的理论又能在理论指导下熟练掌握财务软件操作的目的，同时提高学生举一反三、快速适应其他同类软件操作的能力。本书在内容与结构上具有以下几个方面的特点：

（1）课程思政。本书贯彻习近平新时代中国特色社会主义思想，坚持立德树人的原则，体现我国会计规范与制度体系，强化对国产财务及管理软件的信心，鼓励学生学习新知识、新技术，从而帮助企业在激烈的市场竞争中创造价值，同时提升会计数字化转型能力、拓展会计职能，培养学生的爱国情怀、认真严谨的职业习惯，以及热爱专业、服务社会的意识，促进学生树立正确的人生观、世界观和价值观。

（2）理论与实践相结合。本书梳理了会计信息化发展历程，呈现了必要的理论知识，克服了以往部分书籍要么全部是实验、缺少理论引领，要么全部是理论、缺少必要的实践演练两类不足。

（3）知识体系全面、系统。本书以会计管理与核算知识为主线，更好地体现了物流、资金流、信息流和人工流"四流合一"的思想，系统地讲解了系统管理与企业应用平台、总账管理系统、UFO报表系统、固定资产管理系统、薪资管理系统、应收款管理系统、应付款管理系统及供应链管理系统的操作过程，阐述了它们之间的相互关系。

（4）知行合一。通过学习本书，学生能够掌握一定的理论知识、全过程的业务操作流程，强化动手能力，提升岗位胜任力。

（5）图文并茂。鉴于ERP软件系统的复杂性及会计核算的流程化、标准化，本书在讲解的过程中注重图文结合，以免因讲解不深、操作不详、数据失真使得学生难以在有限的时间内有效学习。

（6）层次分明，线索清晰。本书的内容安排从系统基础操作到财务模块操作、业务模块操作，从财务会计业务处理到企业生产经营业务处理，对每个子系统的讲解先理论后实践，由浅入深，循序渐进，层次分明。同时，以企业业务处理流程为线索，以企业情境中发生的业务案例贯穿始终，体现税收法律及会计准则的最新要求。

（7）无师自通。本书力求理论讲述精练，能够指导实践，实验设计精当、目的明确，实验教学体系健全，实验操作详细，使学生能够结合软件自行操作，教师教学省时省力。

本书共10章。从知识体系编排来看，各章的主要内容分布如下：第1章主要介绍会计信息化基础理论。第2章主要介绍用友U8安装与环境配置，包括IIS、SQL Server 2008安装与环境检测，以及用友EPR U8 V10.1的安装。第3章主要讲解用友EPR U8 V10.1的系统管理与企业应用平台相关知识，主要包括账套建立、修改、删除、备份与恢复等相关管理工作、子系统启用以及系统基础设置。第4章至第5章的编排体现了相对完整的财务业务处理流程，从总账管理系统初始设置、日常业务处理、期末处理到报表编制。第6章至第10章为薪资管理、固定资产管理、应收款管理、应付款管理及供应链管理等核心业务处理系统，体系完整，内容丰富。

此外，本书还设置了16个实验，分布在相应章节中。从实验教学来看，教师可以根据需要，先讲授实验一至实验六，初步完成初始设置、经济业务日常处理、总账期末处理及报表编制，让学生先掌握账理，然后将实验七至实验十六（即薪资管理、固定资产管理、应收款管理、应付款管理及供应链管理等业务处理系统）纳入企业日常账务处理系统，再进行总账期末处理与报表编制。这样的编排比较灵活，有利于教师掌握教学进度。从实验内容来看，全书以同一个案例贯穿始终，根据课时要求安排了数量不等的实验。每个实验都按照实验目的、实验准备、实验内容、实验要求、实验资料和操作指导六个部分编排，实验操作图文结合、讲解清晰，同时提炼了注意事项，以指导解决实验操作中遇到的问题并帮助理解子系统相关知识。

值得一提的是，本书体现了新准则、新税法与新报表的要求和国家"十四五"发展方向。读者在实际使用中可依据相关政策进行动态调整。随着云ERP的发展，本书案例同样适合在云会计软件中操作。

本书主要适用于以培养学生胜任会计信息化岗位、熟练掌握财务软件操作为目标的本科高校会计学、财务管理、审计学专业相关课程教学，也可以作为高职高专院校和成人继续教育高校会计信息化相关课程的教材，还可以作为社会财务人员学习财务软件的参考教程。

本书由扬州大学袁凤林主编、树友林副主编。本书的出版得到了扬州大学出版基金资助，是教育部产学合作协同育人项目"财经大数据实践与创新中心建设"（编号：220503540261732）的成果之一。在本书编写过程中，编者查阅与借鉴了前人编写的著作，在此深表感谢，主要参考文献中如有遗漏，敬请指出并谅解。东北财经大学出版社相关工作人员对本书的出版给予了大力支持，在此深表感谢。

从环境配置、软件安装到实验操作，再到教材内容的编写，编者都倾注了大量心血，但囿于编者水平，本书中难免存在疏漏和瑕疵。在此，诚恳地希望广大读者批评指正，以便再版时加以完善。

编　者

2024年6月于扬州

本书课程思政元素

习近平总书记明确提出了推动思政课改革创新的重要目标，教育部要求加强课程思政建设。如今，数据成为新型生产要素，数字经济蓬勃发展，会计核算、管理会计、业财融合、内部控制等方面的数字化发展与应用以及会计数据治理与价值创造都成为我国会计发展的重要内容。随着会计数字化转型，当今社会也面临技术发展与应用的伦理、数据安全等问题，加强课程思政教育具有重要的理论与现实意义。本书各章的课程思政元素如下：

章序	专业知识导引	思政与研讨	思政元素
1	会计信息化概述	1.描述我国会计信息化发展历史。 2.会计信息化、智能化发展运用到哪些新兴信息技术？ 3.单位会计信息化建设如何开展？	对于我国会计信息化体系发展理念的认同，积极投身会计信息化发展，与时俱进
2	用友 U8 安装与环境配置	1.会计软件如何遵循会计规范？ 2.会计软件的版权如何维护？ 3.软件环境配置如何确保数据安全？	强调遵纪守法、认真细致，训练有序思维，充分发挥学生学习的主动性
3	系统管理与企业应用平台	财务软件如何体现业财融合的思想？	培养共享共治的数据思维、精益求精思想，掌握权限设置与会计分工
4	总账管理系统	1.总账管理系统的核算流程如何顺应新一代信息技术的应用？ 2.电子凭证如何防范造假？	去伪存真，培养工匠精神，注重团队合作与沟通，不做假账
5	UFO 报表系统	1.会计报表如何适应信息化时代的要求？ 2.XBRL与报表的关系是什么？	强调法治意识、数据安全与治理，树立科学严谨的工作作风
6	薪资管理系统	1.薪资管理中如何体现人本思想？ 2.如何有效运用信息技术控制人工成本？	注重精细管理，强调社会责任、职业道德
7	固定资产管理系统	1.企业的固定资产如何更好提高运营效率？ 2.如何落实固定资产更新政策？	强调科学方法的运用、诚信敬业，关注岗位分工与合作
8	应收款管理系统	如何运用信息技术加强客户关系管理？	强调价值创造、诚信敬业、相互尊重
9	应付款管理系统	如何运用信息技术加强供应商及相关业务的管理？	强调职业道德、诚信敬业
10	供应链管理系统	企业的进销存如何协同管理？	注重精细管理，强调社会责任、职业道德，强化合作与分工，尊重他人劳动

目录

第1章　会计信息化概述

【内容提要】

本章主要讲述的内容包括：会计电算化与会计信息化的含义、两者的区别；会计信息化的特征与作用；我国会计信息化的发展过程；我国推进会计信息化的工作目标与任务；会计软件的配备方式与功能模块；单位会计信息化的要求等内容。

1.1　会计信息化的内涵

1.1.1　会计电算化的产生

会计是以货币为主要计量单位，采用专门的方法，对企事业单位的经济资源与经济活动进行连续、系统、综合和全面核算和监督，并在此基础上对经济活动进行分析、预测、考核和评价的一种管理活动。会计的各项活动都体现为对数据和信息的某种作用，彼此构成一个有秩序的数据处理和信息生成的过程。在漫长的历史发展过程中，会计数据处理一直由以"算盘"为代表的手工工具来辅助，这种手工处理方式虽具有良好的适应性，但会计人员的劳动强度较高、业务处理速度较慢、工作效率较低。

世界上第一台计算机于1946年产生，计算机的产生极大地推动了数据处理技术的快速发展，以1954年美国通用电气公司首次将计算机用于计算职工工资为标志，人类开启了运用计算机处理会计数据的新时代，计算机会计应运而生。20世纪六七十年代，计算机硬件、软件的性能得到了进一步的改进，可操作性不断增强，为计算机在会计领域的普及创造了条件。西方各国将计算机运用于会计领域取得了迅猛发展。进入20世纪80年代，个人计算机与微型计算机的问世，数据库与计算机网络技术的迅猛发展，使人们充分认识到电算化数据处理具有优越性，专业会计软件不断出现，电算化会计的理论研究不断完善和成熟，电算化会计系统逐渐成形。

改革开放前，我国的会计数据处理工具主要以笔、纸、计算器、算盘为主。改革开放后，我国的会计电算化迅速发展，1979年财政部在长春第一汽车制造厂进行大规模信息系统的设计与实施，成为我国电算化会计发展过程中的一个里程碑。1981年8月，在财政部、原第一机械工业部、中国会计学会的支持下，中国人民大学和长春第一汽车制造厂联合召开了"财务、会计、成本应用电子计算机问题讨论会"，第一次正式提出了"电子计算机在会计工作中的应用"的问题，引入了"会计电算化"的概念。

1.1.2　会计电算化的含义

计算机等信息技术在会计中的应用经过几十年的发展，人们对会计电算化的认识也逐渐深化，早期人们一般认为会计电算化有广义与狭义之分。

狭义：是指以电子计算机为主体的当代电子信息技术在会计工作中的应用，具体来说，是用计算机代替人工记账、算账、报账，以及替代部分由人脑完成的对会计信息的处理、分析和判断的过程。

广义：是指与实现会计工作电算化有关的所有工作，包括会计核算软件的开发和应用，会计电算化人才的培养，会计电算化的宏观规划，会计电算化的制度建设，会计电算化软件市场的培育与发展等。

20 世纪 90 年代美国 Gartner Group 咨询公司提出 ERP（企业资源计划）的概念，即针对物流、人流、财流、信息流集成一体化的企业管理系统。在 ERP 环境下，会计电算化成为 ERP 系统的一个重要组成部分，将具有系统高度集成和企业综合资源管理的含义。

1.1.3　会计信息化的含义

在我国，会计信息化是不同于会计电算化的全新理念，专家学者们仁者见仁，智者见智，在各种场合，以各种形式表达了他们的观点。如何准确阐述和把握其内涵是会计界一直在探讨的课题。会计信息化可以说是随着现代计算机技术、网络技术与通信技术的发展，及其在会计领域中的应用不断发展的，会计界对会计电算化的重新认识与定位而提出的一个全新概念和与时俱进的一种表达。而且，信息系统相关理论及管理思想的演变进一步深化了人们对会计电算化的认识。

会计专家学者对会计信息化概念有不同的理解。谢诗芬（1999）在《湖南财政与会计》上发表《会计信息化：概念、特征和意义》一文，她认为，"会计电算化是会计信息化的基础和前提条件""会计信息化就是利用现代信息技术（计算机、网络和通信等）对传统会计模式进行重构，并在重构的现代会计模式上通过深化开发和广泛利用会计信息资源，建立技术与会计高度融合的、开放的现代会计信息系统，以提高会计信息在优化资源配置中的有用性，促进经济发展和社会进步的过程。会计信息化是国民经济信息化和企业信息化的基础和组成部分"。该定义强调会计信息化的本质是一个过程，利用的手段是现代信息技术，其目标是建立现代会计信息系统，作用是提高会计信息的有用性。这种观点符合演绎推理的思维逻辑，先定位会计信息化的概念，然后设计其内容。

何日胜（2000）在《我国会计信息化问题初探》中认为，"会计信息化是采用现代信息技术，对传统的会计模型进行重整，并在重整的现代会计基础上，建立信息技术与会计学科高度融合的、充分开放的现代会计信息系统。这种会计信息系统将全面运用现代信息技术，通过网络系统，使业务处理高度自动化，信息高度共享，能够主动和实时地报告会计信息。它不仅仅是信息技术运用于会计上的变革，它代表的更是一种与现代信息技术环境相适应的新的会计思想"。这种观点也是一种演绎推理思维逻辑的结论，认为会计信息化的目标是建立现代会计信息系统，将导致一种新的会计思想。同时认为会计信息化要重整传统会计模式，预言会计信息化的特点是业务处理高度自动化的、信息充分开放的、高度共享的、实时报告的会计信息。

杨周南（2003）在《会计研究》发表的《会计管理信息化的 ISCA》一文中讨论了现代信息技术环境下传统会计电算化向会计管理信息化转变的理论问题。她认为"会计电算化"应该改称为"会计管理信息化",简称"会计信息化"较为确切。她提出了会计管理信息化的 ISCA(Information System Control and Auditing)模型,说明其工作内涵或"会计管理信息化"的体系结构应由三部分构成,即(1)建立和实施现代化信息技术或计算机环境下的会计信息系统(AIS);(2)为了确保 AIS 安全有效地运作,为会计管理工作提供高质量的信息服务,必须建立健全会计信息系统内部控制制度;(3)为了审查和确保内部控制制度的有效执行,必须开展对 AIS 和内部控制制度的审计,以最终达到对会计信息系统安全、可靠、有效和高效运用的目的。她认为会计管理信息化的目标不仅是建立现代化的会计信息系统,而且还包括会计信息系统的内部控制制度,以及对上述系统与内控制度的审计(不是常规意义上的审计)。利用现代信息技术的手段实现上述目标,旨在保证 AIS(会计信息系统)安全、可靠、有效和高效地运用。这种观点更符合归纳推理的思维逻辑,即先设计会计管理信息化的技术路线或体系层面的内容,然后定位会计管理信息化的内涵。

财政部(2013)在《企业会计信息化工作规范》中认为,会计信息化是指企业利用计算机、网络通信等现代信息技术手段开展会计核算,以及利用上述技术手段将会计核算与其他经营管理活动有机结合的过程。这一定义比较简单易懂。

财政部(2024)在《会计信息化工作规范(征求意见稿)》中对会计信息化的含义作了稍许变动,认为会计信息化是指单位利用计算机、通信网络等现代信息技术手段和数字基础设施开展会计核算,以及利用上述技术手段和数字基础设施将会计核算与其他经营管理活动有机结合的过程。这一定义补充了数字基础设施对会计核算及其他经营管理活动的影响。

1.1.4 会计信息化的特征

1.1.4.1 普遍性

会计信息化涉及会计的所有领域,包括会计理论、会计工作、会计管理、会计教育等方面,只有全面运用现代信息技术开展会计工作,才能彰显会计信息化的作用。目前在会计理论、会计工作、会计管理、会计教育领域中,后三个方面有不同程度的运用,而且可以说是起步晚、发展快、成效大,只是还不能真正达到会计信息化的水平。而在会计理论方面却相对滞后。某种意义上现阶段会计信息化赖以存在的还是传统的会计理论,既没有修正传统的会计理论体系,更没有构建起适应现代信息技术发展的完善的会计理论体系。从会计信息化的要求来看,要形成完整的应用体系首先就应将现代信息技术在会计理论、会计工作、会计管理、会计教育诸领域广泛应用。

1.1.4.2 集成性

会计信息化将对传统会计组织和业务处理流程进行重整,以支持"虚拟企业""数据银行"等新的组织形式和管理模式。这一过程的出发点和终结点就是实现信息的集成化。信息集成包括三个层面:一是在会计领域实现信息集成,即实现财务会计和管理会计之间的信息集成,协调和解决会计信息真实性和相关性的矛盾;二是在企业组织内部实现财务和业务的一体化,即集成财务信息和业务信息,在两者之间实现无缝联结,使财务信息和业务信息能够做到你中有我,我中有你;三是建立企业组织与外部利害关系人(客户、供应商、银行、税务、财政、审计等)的信息网络,实现企业组织内外信息系统的集成。信息集成的结果是信息共享。企业组织内外与企业组织有关的所有原始数据只要一次输入，就能做到分次利用或多次利用。这样，既减少了数据输入的工作量，又实现了数据的一致性，还保证了数据的共享性。建立在会计信息化基础上的21世纪会计信息系统是与企业组织内外信息系统有机整合的，高度数字化、多元化、实时化、个性化、动态化的信息系统，具有极强的适应力。

1.1.4.3　动态性

动态性又名实时性或同步性。会计信息化在时间上的动态性表现为：首先，会计数据的采集是动态的。无论是企业组织外部的数据（如发票、订单），还是企业组织内部的数据（如入库单、产量记录）；也无论是局域数据，还是广域数据，一旦发生，都将存入相应的服务器，并及时送到会计信息系统中等待处理。其次，会计数据的处理是实时的。在会计信息系统中，会计数据一经输入系统，就会立即触发相应的处理模块，对数据进行分类、计算、汇总、更新、分析等一系列操作，以保证信息动态地反映企业组织的财务状况和经营成果。最后，会计数据采集和处理的实时化、动态化，使得会计信息的发布、传输和利用能够实时化、动态化，会计信息的使用者也就能够及时地做出管理决策。

1.1.4.4　渐进性

现代信息技术对会计模式重构具有主观能动性。但是，这种能动性的体现是一个渐进的过程。具体应分三步走：第一步，以信息技术适应传统会计模式，即建立核算型会计信息系统，实现会计核算的信息化；第二步，现代信息技术与传统会计模式相互适应，表现为：传统会计模式为适应现代信息技术而对会计理论、方法进行局部的小修小改，扩大所用技术的范围（从计算机到网络）及所用技术的运用范围（从核算到管理），实现会计管理的信息化；第三步，以现代信息技术重构传统会计模式，以形成现代会计信息系统，实现包括会计核算信息化、会计管理信息化和会计决策支持信息化在内的会计信息化。

1.1.5　会计信息化与会计电算化的区别

传统的会计电算化，实质上并未突破手工会计核算的思想框架。会计电算化与会计信息化虽然都是利用现代科学技术处理会计业务，提高了会计工作的效率和企业财务管理水平，但企业信息化环境下的会计信息化系统与会计电算化系统相比，无论是技术上还是内容上都是一次质的飞跃，两者的内涵大相径庭。

1.1.5.1　历史背景不同

会计电算化产生于工业社会，随着工业化程度的提高，会计业务的处理量日渐增大，会计工作的处理方法日渐落后。为了适应企业的发展，加大信息处理力度，采用电子计算机对会计业务进行处理。会计信息化产生于信息社会，在信息社会中，有一个公式："企业的财富=经营+信息"，可见信息的重要性。信息社会要求社会信息化，企业是社会的细胞，社会信息化必然要求企业信息化，企业信息化必然导致会计信息化。

1.1.5.2　目标不同

现行的会计电算化系统是基于手工会计系统发展而来的，其业务流程与手工操作方法基本一致，主要是为了减轻手工操作系统的重复性劳动，提高了效率；而会计信息化系统是从管理者的角度进行设计的，能实现会计业务的信息化管理，充分发挥会计工作在企业管理和决策中的核心作用。

1.1.5.3 技术手段不同

现行的会计电算化系统由于开始设立时的环境束缚，主要是对单个功能的计算机设立的，后来的会计电算化软件也是在此基础上的发展和改善；而会计信息化系统是在网络环境下进行设计的，其实现的主要手段是计算机网络及现代通信等新的信息技术。

1.1.5.4 功能范围和会计程序不同

会计电算化是对手工会计系统的改进，是在手工会计的基础上产生的，故其会计程序也模仿手工会计程序而进行，也是以记账凭证开始，最后实现用计算机对经济业务进行记账、转账和提供报表等功能；而会计信息化是适应时代的要求，根据现代信息的及时性、准确性、实时性的特点而产生的，它是从管理的角度进行设计的，具有业务核算、会计信息管理和决策分析等功能，其会计程序是根据会计目标，按照信息管理原理和信息技术重整的会计流程。

1.1.5.5 信息输入、输出的对象不同

会计电算化系统主要是为财务部门设计的，设计时只考虑了财务部门的需要，由财务部门输入会计信息，输出时也只能由财务部门打印后报送其他机构；而会计信息化系统是企业业务处理及管理信息系统的组成部分，其大量数据是从企业内外其他系统直接获取的，输出也是依靠网络由企业内外的各机构、部门根据授权直接在系统中获取的。

1.1.5.6 系统的层次不同

会计电算化以事务处理层为主。会计信息化包括事务处理层、信息管理层和决策支持层。

1.2 会计信息化的发展

1.2.1 会计信息化发展动力

1.2.1.1 新经济是会计信息化产生的外部条件

知识经济是建立在知识和信息的生产、分配和使用基础上的经济。为了生存和发展，企业会计只有顺应时代潮流，运用先进的计算机、网络、电子商务等信息技术，改造传统会计，提高财务信息处理与输出的速度，提高财务信息的质量，才能满足知识经济对财务信息的要求。

1.2.1.2 企业信息化对会计的影响是会计信息化产生的外在动力

企业信息化首推会计信息化，它是会计信息化产生的外在动力。这主要表现在以下两方面：其一，会计信息系统是企业管理信息系统中的一个重要子系统，产生了企业70%以上的信息。因而，会计信息化是企业信息化的核心内容，并在推动企业信息化建设中发挥极其重要的作用。要进行企业信息化建设，必须进行会计信息化建设，不实现会计工作的信息化也就谈不上企业管理的信息化。其二，企业信息化发展要求未来的会计信息系统应具有开放性，能利用网络技术对信息发送与接收，达到内外数据共享，为其他相关的部门、行业提供综合信息服务。但现行的大多数会计信息系统根本无法满足这些要求，因此，为推进企业信息化建设，必须构建信息化会计。

1.2.1.3　会计信息失真等现实问题是会计信息化产生的直接原因

会计信息失真使国家在规定各项经济政策时缺少真实、可靠的客观依据，使企业内部管理者对资金总量和财务成果表现出来的清偿能力和变现能力缺乏正确认识，使企业的经营行为缺乏针对性和有效性。为解决问题，许多专家把目光投向了会计信息化。

1.2.1.4　现代信息技术与传统会计模型之间的矛盾是会计信息化产生的内在因素

在信息社会里，社会经济环境和信息处理技术等方面发生了巨大变化，这要求会计领域对此做出相应的反应，否则将会阻碍社会经济的发展和文明的进步。传统会计模型是工业社会的产物，是与工业社会的经济环境和手工的信息处理技术相适应的，其处理程序和规则与现代信息技术难以适应和协调，无法满足信息社会对会计核算、管理、决策的要求。

1.2.2　会计信息化发展历程

1.2.2.1　国外会计信息化的发展

电子计算机于1946年在美国诞生，在20世纪50年代已被一些工业发达国家应用于会计领域。1954年10月，美国通用电气公司第一次在计算机上计算职工工资，从而引起了会计处理技术的变革。最初的处理内容仅限于工资计算、库存材料的收发核算等一些数据处理量大、计算简单而重复次数多的经济业务。它以模拟手工会计核算形式代替了部分手工劳动，提高了这些强度较高的劳动的工作效率。

20世纪50年代中期到60年代，随着人们利用电子计算机对会计数据进行综合处理，系统地提供经济分析、决策所需要的会计信息，手工簿记系统逐渐被电算化信息系统取代。这个时期会计电算化的特点是电子计算机几乎完成了手工簿记系统的全部业务，打破了手工方式下的一些常规结构，更重视数据的综合加工处理，并加强了内部管理。这一时期，所开发的系统具有一定的反馈功能，能为基层和中层管理者提供信息，但各种功能之间还未实现共享。

20世纪70年代，计算机技术迅猛发展，计算机网络的出现和数据库管理系统的应用，形成了应用电子计算机的管理信息系统。企业管理中全面地应用了电子计算机，各个功能系统可以共享储存在计算机上的整个企业生产经营成果的数据库。电算化会计信息系统成为管理信息系统中的一个部分，企业、公司的最高决策也借助计算机系统提供的信息，提高了工作效率和管理水平。

20世纪80年代，微电子技术蓬勃发展，微型计算机大批涌现，进入到社会的各个领域，包括家庭在内。信息革命逐渐成为新技术革命的主要标志和核心内容，人类进入了信息社会，微型电子计算机不仅受到大、中型企业的欢迎，也得到了小型企业的青睐，它促使各部门把小型机、微型机的通信线路相互联结，形成计算机网络，提高了计算和数据处理的能力，取代了大型电子计算机。国际会计师联合会于1987年10月在日本东京召开的以"计算机在会计中的应用"为中心议题的"第13届世界会计师大会"，成为计算机会计信息系统广泛普及的重要标志。

20世纪90年代，随着计算机技术的飞速发展，计算机会计信息系统在国际上也呈现出广泛普及之势。美国在这一领域已步入较高的发展阶段，始终处于国际最高水平。美国会计软件的应用也非常普及。有关资料显示，美国有300~400种商品化会计软件在市场上流通。会计软件产业已成为美国计算机软件产业的一个重要分支。

1.2.2.2 我国会计信息化的发展

我国会计电算化工作始于1979年。其主要标志是，1979年财政部支持并参与了长春第一汽车制造厂的会计电算化试点工作。1981年8月，在财政部、原第一机械工业部和中国会计协会的支持下，在长春召开了"财务、会计、成本应用电子计算机专题讨论会"，这次会议成为我国会计电算化理论研究的一个里程碑，在这次会议上提出计算机在会计上的应用统称为"会计电算化"。随着20世纪80年代计算机在全国各个领域的应用、推广和普及，计算机在会计领域的应用也得以迅速发展。概括起来，可以分为以下几个阶段：

（1）缓慢发展阶段（1983年以前）

这个阶段起始于20世纪70年代少数企事业单位单项会计业务的电算化，计算机技术应用会计领域的范围十分狭窄，涉及的业务十分单一，最普遍的是工资核算的电算化。在这个阶段，由于会计电算化人员缺乏，计算机硬件比较昂贵，软件汉化不理想，会计电算化没有得到高度重视。因此，致使会计电算化的发展比较缓慢。

（2）自发发展阶段（1983—1987年）

从1983年下半年起，全国掀起了一个应用计算机的热潮，微型计算机在国民经济各个领域得到了广泛的应用。然而，由于应用电子计算机的经验不足，理论准备与人才培养不够，管理水平跟不上，造成在会计电算化过程中出现许多盲目的低水平重复开发的现象，浪费了许多人力、物力和财力。

这一阶段的主要表现：一是没有经过认真调查研究就匆匆上马的会计软件开发项目占大多数，而且许多单位先买计算机，然后才确定上什么项目，没有全盘考虑如何一步一步地实现会计电算化；还有的单位为了评先进、上等级等，买一台计算机来摆样子。二是开展会计电算化的单位之间缺乏必要的交流，闭门造车、低水平、重复开发的现象严重。三是会计软件的开发多为专用定点开发，通用会计软件开发的研究不够，会计软件的规范化、标准化程度低，商品化受到很大的限制。四是会计电算化的管理落后于客观形势发展的需要，全国只有少数地方财政部门开展了会计电算化组织管理工作，配备了管理会计电算化的专职人员，制定了相应的管理制度，多数地区还没有着手开展管理工作。五是既懂会计又懂计算机的人才正在培养之中，从1984年开始，各大、中专院校，研究院所纷纷开始培养会计电算化的专门人才。六是会计电算化的理论研究开始得到重视，许多高等院校、研究院所及企业组织了专门的班子研究会计电算化理论。1987年11月中国会计学会成立了会计电算化研究组，为有组织地开展理论研究做好了准备。

（3）普及与提高阶段（1988—1994年）

这一阶段相继出现了以开发经营会计核算软件为主的专业公司，而且业务发展很快，逐步形成了会计软件产业。由于我国经济发展水平的影响和计算机技术发展的限制，会计电算化的演进具有多态性。可以说，我国会计电算化的演进过程是：从单项数据处理，发展到全面应用计算机、建立会计信息系统的过程；从计算机处理和手工操作并行，发展到甩掉手工账本，靠计算机独立运行完成记账、算账及报账等任务的过程；从计算机应用于企业内部会计信息处理，发展到用计算机汇总并报送财务报表，为国家宏观经济提供可靠的会计信息的过程；从最初采用原始的软件开发方法，发展到运用现代软件工程学方法开发会计软件的过程；从单家独户开发会计软件，发展到设置专门机构，集中专门人才，开发通用化、商品化的会计软件的过程。

这一发展阶段有如下几个主要标志：一是会计软件的开发向通用化、规范化、专业化和商品化方向发展；二是各级行政部门和业务主管部门加强了对会计电算化的管理，许多地区和部门制定了相应的发展规划、管理制度和会计软件开发标准；三是急于求成的思想逐渐被克服，失败和成功的经验给人们以启示。

（4）网络会计发展阶段（1995—1998年）

随着改革的深化、开放的扩大，市场经济体制逐步建立，市场经济环境促使会计不断变革，同时也对提供及时、准确、完整的会计信息提出了新的需求。个人电脑和局域网技术的迅速发展，为企业开创会计信息化事业提供了必要的硬件环境，掀起了我国会计信息化事业的新浪潮，企业会计信息化事业进入了由单项会计数据处理（EDP）阶段到部门级会计信息系统的发展阶段。

（5）ERP阶段（1999—2007年）

20世纪90年代中后期，我国改革开放进入了深化发展时期。在国际经济舞台上，伴随着我国加入WTO，企业面临着全方位的国际和国内市场的竞争，导致企业对管理、决策和市场信息的高度需求，部门级会计信息系统所生产的会计信息的"滞后性"和"孤立性"已无法满足企业管理的需求，企业越来越深刻地认识到：信息系统、数字化管理是提高企业市场竞争力的重要平台和手段。同时网络技术的发展，特别是互联网的问世和应用，为开展企业整体信息化提供了IT环境。ERP系统席卷了信息化市场，推动了企业级财务业务一体化会计信息系统的应用和发展。作为企业管理信息系统的一个子系统，企业级的会计信息系统在功能、结构和性能上比部门级会计信息系统更加完备和优化。

（6）社会化会计阶段（2008—2016年）

21世纪互联网、移动通信、物联网、智慧地球、云计算、大数据等技术的应用催动了网络时代的发展和知识经济时代的到来，会计信息化步入了以规范化、标准化、知识化、智能化、互联化、云化、社会化、产业化为主要标志的会计信息化变革时代。财政部、工信部、国资委等监管部门引领和推动我国会计信息化新发展。以2008年11月12日，财政部联合工业和信息化部、中国人民银行、国家税务总局、国资委、审计署、银监会、证监会和保监会成立了全国会计信息化委员会暨XBRL中国地区组织为起点，发布了一系列信息化的指导意见、发展纲要、系列标准及其实施通知等，为发展和规范我国会计信息化事业起到了核心作用。

（7）智能财务阶段（2017年至今）

2016年德勤宣布与Kira Systems联手，正式将人工智能引入会计、审计与税务工作中，使会计管理迈入了一个全新的时代。基于光字符识别实现从物理信息到数字信息的转换，基于自然语言处理的智能文档识别、语言识别与语音合成，基于人工智能的机械手臂的自动分拣与自动盖章等技术的运用，大大提高了会计流程的数字化与智能化，提高了会计工作效率与正确性。此后，安永、普华永道、毕马威等国际会计师事务所相继推出财务机器人。财务软件供应商更加重视财务智能化开发，一些大型企业设立会计智能化研发部门，如中石化财务共享中心专门设立RPA研发部门，开发智能化插件来提升会计流程的智能化、自动化程度。随着物联网、移动互联网、全面数字化发票、区块链、云计算的深入运用，特别是我国财政部《关于公布电子凭证会计数据标准（试行版）的通知》（财会便函〔2023〕18号）等会计数字化转型相关文件的实施，必将推动会计信息化向社会化与智能化领域纵深发展。

1.2.3　会计信息化发展趋势

1.2.3.1　大数据会计

研究机构Gartner这样定义大数据（big data）："大数据"是需要新处理模式才能具有更强的决策力、洞察发现力和流程优化能力来适应海量、高增长率和多样化的信息资产。麦肯锡全球研究所将"大数据"定义为：一种规模大到在获取、存储、管理、分析方面大大超出了传统数据库软件工具能力范围的数据集合，具有海量的数据规模、快速的数据流转、多样的数据类型和价值密度低四大特征。现代企业经营日益规模化、国际化、多元化，不断创造大量的非结构化数据和半结构化数据，企业运用"大数据"思维和方法工具对这些数据进行收集、整理、挖掘、分析和利用，就能让数据为企业创造价值，同时更好地实现企业决胜千里，领先一步。会计作为企业管理活动，其本质是对价值数据信息的管理，随着技术的进步，大数据会计将逐渐步入会计的历史舞台，并为决策者提供更全面、更准确的会计信息。大数据时代，除货币数据以外，文本、图片、音频、视频等非结构化、碎片化数据快速增长，并逐渐占据数据的主体地位。在这些非结构化、碎片化的数据中，存在大量与企业价值相关的信息。而且基于大数据的财务智能分析也进一步推动了大数据会计的发展。因此，大数据会计必将成为未来会计教学改革的方向与企业会计转型的目标。

1.2.3.2　云会计

随着云技术的发展，传统的将购买的ERP软件视作一项产品，并将其安装于电脑操作系统中的会计工作模式正在悄悄发生改变。随着企业高层管理与财务人员观念的更新及云技术的运用，特别是软件系统供应商开发的云会计产品日益为企业所接受，以甲骨文公司Net Suite云端财务、用友云、金蝶云、浪潮云、SAP云等为代表的云会计产品的市场份额在不断提升。在云会计框架下，会计信息通过网络导入，企业通过线上服务提供商购买到的是会计软件的使用权，而非所有权。

作为现代企业财务管理信息化的"利器"，云会计的显著优势在于远程操控。在云会计环境下，会计信息共享在"云端"，财务人员通过手机、iPad和电脑等终端可以随时随地对会计业务进行处理，大大提高了会计人的工作效率；企业管理者可以实时通过财务信息与非财务信息融合后的挖掘分析，对企业的经营风险进行全面、系统的预测、识别、控制和应对，实现企业对市场变化的柔性适应。

虽然云会计的应用取得快速发展并提升了会计工作效率，但是出于对会计信息安全性的考虑仍有许多企业对采用云会计保持观望态度。这是因为基于云计算的部署模式，大量数据储存在同一云端，一旦云存储中心遭到破坏或者攻击，后果将是无法承受的，无数的企业将会受到影响。在同一云端中，如果企业的核心数据意外地泄露给其他公司，也将带来严重的后果。

云会计服务提供商的选择直接关系到企业会计信息化实施的成效，因而企业应慎重选择云会计服务提供商。在选择云会计服务提供商时，应对服务商的规模、对外服务、价格和信誉等因素进行综合考虑，同时还需考虑云会计服务的安全性、稳定性、可定制性、可扩展性及技术支持。

1.2.3.3　财务共享服务

财务共享服务是近年来快速发展的财务业务处理与报告模式，它在许多跨国公司和国内大型集团公司中快速兴起与实施。财务共享服务中心（financial shared service center，FSSC）是实现财务共享服务的组织机构，不需要在每家公司和办事处都设会计。它将不同国家、地点实体的会计业务拿到一个财务共享服务中心来记账和报告，以保证会计记录和报告的规范、结构统一，节省了系统和人工成本。根据埃森哲公司（Accenture）在欧洲的调查，30多家在欧洲建立"财务共享服务中心"的跨国公司平均降低了30%的财务运作成本。但是财务共享服务中心也存在一些不足，比如财务人员脱离业务，可能沦为辅助岗位；臃肿的总部机关造成机关作风；财务共享服务中心员工有可能沦为弱势群体，人员流动率大幅度提高。因此，财务共享服务尽管是不少规模化企业采用的财务管理模式，但必须随着信息技术的深化运用，不断完善财务共享中心组织运作机制，优化财务共享服务流程。

1.2.3.4　人工智能会计

人工智能并没有一个准确的定义，美国麻省理工学院的温斯顿教授认为："人工智能就是研究如何使计算机去做过去只有人才能做的智能工作。"这些说法反映了人工智能学科的基本思想和基本内容，即人工智能是研究人类智能活动的规律，构造具有一定智能的人工系统，研究如何让计算机去完成以往需要人的智力才能胜任的工作，也就是研究如何应用计算机的软硬件来模拟人类某些智能行为的基本理论、方法和技术。

随着数字化时代的到来，特别是人工智能的深化应用，由于会计核算工作是基于规范的标准化工作，人工智能会计将替代一部分报销、支付及凭证填制、记账和报表编制工作，人工智能在会计中的应用将成为未来会计信息化发展的重要趋势。近年来"四大"会计师事务所相继推出了财务机器人，进一步促进了人工智能会计的发展。

此外，一种被称为RPA（robotic process automation，机器人流程自动化）的思想与应用成为不少主流财务软件供应商发展的领域。RPA软件技术，并不是指有物理形态、物理实体的那些机器人，区别于工厂中的机器手臂、自动设备、家里的扫地机器人，以及银行大堂的迎宾机器人，它本质上是一段自动处理特定流程任务的计算机程序代码，所以一般称为软件机器人（software robot）。RPA的发展与应用将进一步推动人工智能的深化发展。但值得一提的是，运用RPA并不能表示人工就被取代了，从目前发展与应用的实际来看，是人、RPA软件机器人及其他应用软件（如ERP）之间的协作，在某种意义上RPA并不能完全取代人类财务会计工作，只能取代一部分标准化、重复性高的会计工作任务。

总之，以大数据、人工智能、移动互联网、云计算、物联网、区块链等为代表的新信息技术的发展将不断推动会计信息化的发展，而且多种技术的融合应用以及业财融合理念的确立必将把会计信息化带向更加光明的前途。

1.3   会计信息化的价值

1.3.1   会计信息化的意义

《2006—2020年国家信息化发展战略》明确指出，国家信息化发展的战略重点包括：推进国民经济和社会信息化、加强信息资源开发利用、推行电子政务、完善综合信息基础设施、提高国民经济信息应用能力等。全面推进会计信息化工作，是贯彻落实国家信息化发展战略的重要举措，对于全面提升我国会计工作水平具有十分重要的意义。

随着社会主义市场经济不断完善和经济全球化，现代信息技术和网络技术的日益普及，会计工作应当按照国家信息化发展战略的要求，全面推进信息化建设。会计工作与信息化建设密切相关、相辅相成、相互促进。通过全面推进会计信息化建设，能够进一步提升会计工作水平，促进经济社会健康发展。

我国会计改革已经取得了显著成效和长足进展。企业会计准则实现了国际趋同并得到有效实施，企业内部控制规范体系建设基本完成，会计人员市场准入制度及会计人才评价体系业已建立，注册会计师行业管理全面加强，以委托代理记账为主要形式的农村会计服务已经启动，会计理论研究与会计教育水平逐步提升，会计参与企事业单位和社会管理的作用不断加强。在新的形势下，全方位的会计改革与发展要求推进会计信息化建设。会计信息化建设本身也属于会计改革的重要内容，应当顺时应势、抓住机遇，全面推进会计信息化工程，为我国经济社会全面协调可持续发展做出应有的贡献。

1.3.2   会计信息化的目标和任务

全面推进我国会计信息化工作的目标是：力争通过5~10年的努力，建立健全会计信息化法规体系和会计信息化标准体系（包括可扩展商业报告语言（XBRL）分类标准），全力打造会计信息化人才队伍，基本实现大型企事业单位会计信息化与经营管理信息化融合，进一步提升企事业单位的管理水平和风险防范能力，做到数出一门、资源共享，便于不同信息使用者获取、分析和利用，进行投资和相关决策；基本实现大型会计师事务所采用信息化手段对客户的财务报告和内部控制进行审计，进一步提升社会审计质量和效率；基本实现政府会计管理和会计监督的信息化，进一步提升会计管理水平和监管效能。通过全面推进会计信息化工作，使我国的会计信息化达到或接近世界先进水平。根据以上目标，全面推进我国会计信息化工作的主要任务是：

1.3.2.1   推进企事业单位会计信息化建设

一是会计基础工作信息化，会计基础工作涉及企事业单位管理全过程，只有基础工作信息化，才能为企事业单位全面信息化奠定扎实的基础；二是会计准则制度有效实施信息化，通过将相关会计准则制度与信息系统实现有机结合，自动生成财务报告，进一步贯彻执行相关会计准则制度，确保会计信息等相关资料更加真实、完整；三是内部控制流程信息化，根据企事业单位内部控制规范制度的要求，将内部控制流程、关键控制点等固化在信息系统中，促进各单位内部控制规范制度的设计与运行更加有效，形成自我评价报告；四是财务报告与内部控制评价报告标准化，各企事业单位在贯彻实施会计准则制度、内部控制规范制度并与全面信息化相结合的过程中，应当考虑XBRL分类标准等要求，以此为基础生成标准化财务报告和内部控制评价报告，满足不同信息使用者的需要。

1.3.2.2 推进会计师事务所审计信息化建设

一是财务报告审计和内部控制审计信息化，加强计算机审计系统的研发与完善，实现审计程序和方法等与信息系统的结合，全面提升注册会计师执业质量和审计水平；二是会计师事务所内部管理信息化，通过信息化手段实现会计师事务所内部管理的科学化、精细化，促进注册会计师行业做强做大，全面提升会计师事务所的内部管理水平和执业能力。

1.3.2.3 推进会计管理和会计监督信息化建设

一是建立会计人员管理系统，创新会计人员后续教育网络平台，实现对全社会会计人员的动态管理；二是在全国范围内逐步推广无纸化考试，提高会计相关考试的管理工作效率和水平；三是推进信息系统在会计专业技术资格考试工作中的应用，完善会计人员专业技术资格考试制度，切实防范考试过程中的舞弊行为；四是完善注册会计师行业管理系统，建立行业数据库，对注册会计师注册、人员转所、事务所审批、业务报备等实行网络化管理；五是推动会计监管手段、技术和方法的创新，充分利用信息技术提高工作效率，不断提升会计管理和会计监督水平。

1.3.2.4 推进会计教育与会计理论研究信息化建设

一是建立会计专业教育系统，实时反映和评价会计专业学历教育情况，掌握会计专业学生的培养状况以及社会对会计专业学生的需求，改进教学方法和教学内容，促进会计专业毕业生最大限度地满足社会需求；二是建立会计理论研究信息平台，及时发布和宣传会计研究最新动态，定期统计、推介和评估有价值的会计理论研究成果，促进科研成果转化为生产力，以指导和规范会计理论研究，为会计改革与实践服务。

1.3.2.5 推进会计信息化人才建设

一是完善会计、审计和相关人员能力框架，在知识结构、能力培养中重视信息技术方面的内容与技能，提高利用信息技术从事会计、审计和有关监管工作的能力；二是加强会计、审计信息化人才的培养，着力打造熟悉会计审计准则制度、内部控制规范制度和会计信息化三位一体的复合型人才队伍。

1.3.2.6 推进统一的会计相关信息平台建设

为了实现数出一门、资源共享的目标，应当构建以企事业单位标准化会计相关信息为基础，便于投资者、社会公众、监管部门及中介机构等有关方面高效分析利用的统一会计相关信息平台。该平台应当涵盖数据收集、传输、验证、存储、查询、分析等模块，具备会计等相关信息查询、分析、检查与评价等多种功能，为会计监管等有关方面预留接口，提供数据支持。在建立统一的会计相关信息平台的过程中，应当关注信息安全。

1.3.3 会计信息化的作用

1.3.3.1 减轻会计人员的工作强度，提高会计工作效率

在手工会计信息系统中，会计数据处理全部或主要是靠人工操作的。因此，会计数据处理的效率低、错误多、工作量大。实现会计信息化后，利用计算机自动、高速、准确地完成数据的校验、加工、传递、存储、检索和输出工作，不仅可以把广大会计人员从繁重的记账、算账、报账工作中解脱出来，而且由于计算机对数据处理速度大大快于手工，因而也大大提高了会计工作的效率，使会计信息的提供更加及时。

1.3.3.2 促进会计工作的标准化和规范化

当前，我国的会计基础工作仍很薄弱且发展不均衡，而较好的会计基础和业务处理规范是实现会计信息化的前提条件。会计信息化的实施，要求会计工作人员按照会计软件所确定的流程及要求进行标准化、规范化的操作，解决了手工操作中不规范、易疏漏等问题。因此，会计工作实现信息化的过程，也是促进会计工作标准化、制度化、规范化的过程。

1.3.3.3 提高会计人员的素质，促进会计工作职能的转变

会计信息化可以使广大会计人员从繁重的手工核算中解脱出来，减轻劳动强度，使会计人员有更多的时间和精力参与管理。会计人员为适应会计职能转变与深化的需要，必须不断提高自身的专业素质，必须加强对计算机信息处理、网络技术、财务管理等方面知识的学习与掌握，以提高自身素质，应对会计信息化发展的需要。

1.3.3.4 提高会计信息质量

在手工操作情况下，会计工作无论在信息的系统性、及时性还是准确性方面都难以适应经济管理的需要。实现会计信息化后，会计信息实现了及时、准确的输出，会计信息系统中的数据可以迅速传递到企业的任何管理部门，使企业经营管理者能及时掌握企业的最新情况和存在的问题，并采取相应的措施。

1.3.3.5 推动会计理论创新

信息技术在会计中的应用，不仅是时代的要求，也是会计自身发展的要求，实现会计信息化后，会计理论也得到创新发展，如虚拟企业、电子商务的发展对会计假设的影响；再如实现会计信息化后，平行登记的记账方法、会计对账的过程等都受到重要影响。因此，实现会计信息化后会计信息处理的程序与方法都发生了重要变化，促进了会计理论的创新与发展。

1.3.3.6 为实现管理的现代化奠定基础

在现代社会中，企业不仅需要提高生产技术水平，而且离不开现代化的管理。会计工作是经济社会发展的基础，直接关系到企事业单位的会计信息质量和内部管理、国家宏观决策、社会管理和市场监管，以及市场经济秩序和社会公众利益等各个方面。会计工作与信息化建设密切相关，实现会计信息化，就为企业管理现代化奠定了重要基础，就可以带动或加速企业管理现代化的实现。

1.4 会计软件的配备方式与功能模块

1.4.1 会计软件的相关概念

1.4.1.1 会计软件

软件是控制计算机系统运行的计算机程序和文档资料的统称。计算机软件一般可分为系统软件和应用软件。

系统软件是指支持、管理、控制计算机系统资源的软件，主要有操作系统、编译系统（语言系统）、数据库管理系统等。

应用软件是指由计算机技术人员开发的、用于解决某一方面问题或辅助人工完成某一类业务处理的软件系统。

会计软件是指企业使用的，专门用于会计核算、财务管理的计算机软件、软件系统或者其功能模块。会计软件具有以下功能：（1）为会计核算、财务管理直接采集数据；（2）生成会计凭证、账簿、报表等会计资料；（3）对会计资料进行转换、输出、分析、利用。

1.4.1.2　会计信息系统

会计信息系统（accounting information system，AIS），是指利用信息技术对会计数据进行采集、存储和处理，完成会计核算任务，并提供会计管理、分析与决策相关会计信息的系统，其实质是将会计数据转化为会计信息的系统，是企业管理信息系统的一个重要子系统。

会计信息系统根据信息技术的影响程度可划分为手工会计信息系统、传统自动化会计信息系统和现代会计信息系统；根据其功能和管理层次的高低，可以分为会计核算系统、会计管理系统和会计决策支持系统。

1.4.1.3　ERP系统

ERP（enterprise resource planning，企业资源计划），是指利用信息技术，一方面将企业内部所有资源整合在一起，另一方面将企业与其外部的供应商、客户等市场要素有机结合，实现对企业的物资资源（物流）、人力资源（人流）、财务资源（财流）和信息资源（信息流）等资源进行一体化管理（即"四流一体化"或"四流合一"），其核心思想是供应链管理，强调对整个供应链的有效管理，提高企业配置和使用资源的效率。会计信息系统已经成为ERP系统的一个子系统。

1.4.1.4　XBRL

XBRL（eXtensible Business Reporting Language，可扩展商业报告语言），是一种基于可扩展标记语言（extensible markup language）的开放性业务报告技术标准。XBRL的主要作用在于将财务和商业数据电子化，促进财务和商业信息的显示、分析和传递。XBRL通过定义统一的数据格式标准，规定企业报告信息的表达方法。

1.4.2　会计软件的特征

1.4.2.1　人机结合

在会计电算化方式下，会计人员填制电子会计凭证并审核后，执行"记账"功能，计算机将根据程序和指令在极短的时间内自动完成会计数据的分类、汇总、计算、传递及报告等工作。

1.4.2.2　会计核算自动化、集中化

在会计电算化方式下，试算平衡、登记账簿等以往依靠人工完成的工作，都由计算机自动完成，大大减轻了会计人员的工作负担，提高了工作效率。计算机网络在会计电算化中的广泛应用，使得企业能将分散的数据统一汇总到会计软件中进行集中处理，既提高了数据汇总的速度，又增强了企业集中管控的能力。

1.4.2.3　数据处理及时准确

利用计算机处理会计数据，可以在较短的时间内完成会计数据的分类、汇总、计算、传递和报告等工作，使会计处理流程更为简便，核算结果更为精确。

1.4.2.4　内部控制多样化

在会计电算化方式下，与会计工作相关的内部控制制度也将发生明显的变化，内部控

制由过去的纯粹人工控制发展成为人工与计算机相结合的控制方式。内部控制的内容更加丰富，范围更加广泛，要求更加严格，实施更加有效。

1.4.3　会计软件的配备方式

企业配备会计软件的方式主要有购买、定制开发、购买与开发相结合等方式。其中，定制开发包括企业自行开发、委托外部单位开发、企业与外部单位联合开发三种具体开发方式。

1.4.3.1　购买通用会计软件

通用会计软件是指软件公司为会计工作而专门设计开发，并以产品形式投入市场的应用软件。企业作为用户，付款购买即可获得软件的使用、维护、升级以及人员培训等服务。

采用这种方式的优点主要有：

（1）企业投入少、见效快，实现信息化的过程简单；

（2）软件性能稳定，质量可靠，运行效率高，能够满足企业的大部分需求；

（3）软件的维护和升级由软件公司负责；

（4）软件安全保密性强，用户只能执行软件功能，不能访问和修改源程序。

采用这种方式的缺点主要有：软件的针对性不强，通常针对一般用户设计，难以适应企业特殊的业务或流程。

1.4.3.2　自行开发

自行开发是指企业自行组织人员进行会计软件开发。由于这种会计软件把开发单位的会计核算规则与管理方法编入软件程序之中，所以采用这种方式具有如下优点：

（1）企业能够在充分考虑自身生产经营特点和管理要求的基础上，设计具有针对性和适用性的会计软件；

（2）由于企业内部员工对系统充分了解，当会计软件出现问题或需要改进时，企业能够及时高效地纠错和调整，保证系统使用的流畅性。

采用这种方式的缺点主要有：

（1）系统开发要求高、周期长、成本高，系统开发完成后，还需要较长时间的试运行；

（2）自行开发软件系统需要大量的计算机专业人才，普通企业难以组织一支稳定的高素质软件人才队伍。

1.4.3.3　委托外部单位开发

委托外部单位开发（如软件公司、各类高校等）是指企业委托外部单位进行会计软件开发。

采用这种方式的优点主要有：

（1）软件的针对性较强，降低了用户的使用难度；

（2）对企业自身技术力量的要求不高。

采用这种方式的缺点主要有：

（1）委托开发费用较高；

（2）开发人员需要花大量的时间了解业务流程和客户需求，会延长开发时间；

（3）开发系统的实用性差，常常不适用于企业的业务处理流程；

（4）外部单位的服务与维护承诺不易做好，因此，这种方式目前已很少使用。

1.4.3.4　企业与外部单位联合开发

企业与外部单位联合开发是指企业联合外部单位进行软件开发，由本单位财务部门和网络信息部门进行系统分析，外部单位负责系统设计和程序开发工作，开发完成后，对系统的重大修改由网络信息部门负责，日常维护工作由财务部门负责。

采用这种方式的优点主要有：

（1）开发工作既考虑了企业的自身需求，又利用了外部单位的软件开发力量，开发的系统质量较高；

（2）企业内部人员参与开发，对系统的结构和流程较熟悉，有利于企业日后进行系统维护和升级。

采用这种方式的缺点主要有：

（1）软件开发工作需要外部技术人员与内部技术人员、会计人员充分沟通，系统开发的周期较长；

（2）企业支付给外部单位的费用相对较高。

1.4.4　会计软件的功能模块

完整的会计软件的功能模块包括账务处理模块、固定资产管理模块、工资管理模块、应收款管理模块、应付款管理模块、成本管理模块、报表管理模块、存货核算模块、财务分析模块、预算管理模块和其他管理模块。

1.4.4.1　账务处理模块

账务处理模块以凭证为数据处理起点，通过凭证输入和处理，完成记账、银行对账、结账、账簿查询及打印输出等工作。目前，许多商品化的账务处理模块还包括往来款管理、部门核算、项目核算和管理及现金银行管理等一些辅助核算功能。

1.4.4.2　固定资产管理模块

固定资产管理模块主要是以固定资产卡片和固定资产明细账为基础，实现固定资产的会计核算、折旧计提和分配、设备管理等功能，同时提供了固定资产按类别、使用情况、所属部门和价值结构等进行分析、统计和各种条件下的查询、打印功能，以及该模块与其他模块的数据接口管理。

1.4.4.3　工资管理模块

工资管理模块是进行工资核算和管理的模块，该模块以人力资源管理部门提供的员工及其工资的基本数据为依据，完成员工工资数据的收集、员工工资的核算、工资发放、工资费用的汇总和分摊、个人所得税的计算和按照部门、项目、个人、时间等条件进行工资分析、查询和打印输出，以及该模块与其他模块的数据接口管理。

1.4.4.4　应收、应付款管理模块

应收、应付款管理模块以发票、费用单据、其他应收应付单据等原始单据为依据，记录销售、采购业务所形成的往来款项，处理应收、应付款项的收回、支付和转账，进行账龄分析和坏账估计及冲销，并对往来业务中的票据、合同进行管理，同时提供统计分析、打印和查询输出功能，以及与采购管理、销售管理、账务处理等模块进行数据传递的

功能。

1.4.4.5   成本管理模块

成本管理模块主要提供成本核算、成本分析、成本预测功能，以满足会计核算的事前预测、事后核算分析的需要。此外，成本管理模块还具有与生产模块、供应链模块，以及账务处理、工资管理、固定资产管理和存货核算等模块进行数据传递的功能。

1.4.4.6   报表管理模块

报表管理模块与其他模块相连，可以根据会计核算的数据，生成各种内部报表、外部报表、汇总报表，并根据报表数据分析报表，以及生成各种分析图等。在网络环境下，很多报表管理模块同时提供远程报表的汇总、数据传输、检索查询和分析处理等功能。

1.4.4.7   存货核算模块

存货核算模块以供应链模块产生的入库单、出库单、采购发票等核算单据为依据，核算存货的出入库和库存金额、余额，确认采购成本，分配采购费用，确认销售收入、成本和费用，并将核算完成的数据，按照需要分别传递到成本管理模块、应付款管理模块和账务处理模块。

1.4.4.8   财务分析模块

财务分析模块从会计软件的数据库中提取数据，运用各种专门的分析方法，完成对企业财务活动的分析，实现对财务数据的进一步加工，生成分析和评价企业财务状况、经营成果和现金流量的各种信息，为决策提供正确依据。

1.4.4.9   预算管理模块

预算管理模块将需要进行预算管理的集团公司、子公司、分支机构、部门、产品、费用要素等对象，根据实际需要分别定义为利润中心、成本中心、投资中心等不同类型的责任中心，然后确立各责任中心的预算方案，制定预算审批流程，明确预算编制内容，进行责任预算的编制、审核、审批，以便实现对各个责任中心的控制、分析和绩效考核。

利用预算管理模块，既可以编制全面预算，又可以编制非全面预算；既可以编制滚动预算，又可以编制固定预算、零基预算；同一责任中心，既可以设置多种预算方案，编制不同预算，又可以在同一预算方案下选择编制不同预算期的预算。预算管理模块还可以实现对各子公司预算的汇总、对集团公司及子公司预算的查询，以及根据实际数据和预算数据自动进行预算执行差异分析和预算执行进度分析等。

1.4.4.10   项目管理模块

项目管理模块主要是对企业的项目进行核算、控制与管理。项目管理模块主要包括项目立项、计划、跟踪与控制、终止的业务处理以及项目自身的成本核算等功能。该模块可以及时、准确地提供有关项目的各种资料，包括项目文档、项目合同、项目的执行情况，通过对项目中的各项任务进行资源的预算分配，实时掌握项目的进度，及时反映项目执行情况及财务状况，并且与账务处理、应收款管理、应付款管理、固定资产管理、采购管理、库存管理等模块集成，对项目收支进行综合管理，是对项目的物流、信息流、资金流的综合控制。

1.4.4.11   其他管理模块

根据企业管理的实际需要，其他管理模块一般包括领导查询模块、决策支持模块等。

领导查询模块可以按照领导的要求从各模块中提取有用的信息并加以处理，以最直观的表格和图形显示，使得管理人员通过该模块及时掌握企业信息。决策支持模块利用现代计算机、通信技术和决策分析方法，通过建立数据库和决策模型，实现向企业决策者提供及时、可靠的财务和业务决策辅助信息。

上述各模块既相互联系又相互独立，有着各自的目标和任务，它们共同构成了会计软件，实现了会计软件的总目标。

1.4.5　会计软件各功能模块之间的关系

会计软件是由各功能模块共同组成的有机整体，为实现相应功能，相关模块之间相互依赖，互通数据。

1.4.5.1　业务处理模块与账务处理模块的关系

（1）存货核算模块与账务处理模块的关系。存货核算模块生成存货入库、存货估价入账、存货出库、盘亏/毁损、存货销售收入、存货期初余额调整等业务的记账凭证，并传递到账务处理模块，以便用户审核登记存货账簿。

（2）应付款管理模块与账务处理模块的关系。应付款管理模块完成采购单据处理、供应商往来处理、票据新增、付款、退票处理等业务后，生成相应的记账凭证并传递到账务处理模块，以便用户审核登记赊购往来及其相关账簿。

（3）应收款管理模块与账务处理模块的关系。应收款管理模块完成销售单据处理、客户往来处理、票据处理及坏账处理等业务后，生成相应的记账凭证并传递到账务处理模块，以便用户审核登记赊销往来及其相关账簿。

（4）固定资产管理模块与账务处理模块的关系。固定资产管理模块生成固定资产增加、减少、盘盈、盘亏、固定资产变动、固定资产评估和折旧分配等业务的记账凭证，并传递到账务处理模块，以便用户审核登记相关的资产账簿。

1.4.5.2　各业务处理模块之间的关系

（1）工资管理模块与成本管理模块之间的关系。工资管理模块进行工资核算，生成分配工资费用、应交个人所得税等业务的记账凭证，并传递到账务处理模块，以便用户审核登记应付职工薪酬及相关成本费用账簿；工资管理模块为成本管理模块提供人工费资料。

（2）成本管理模块与固定资产管理模块之间的关系。在成本管理模块中，如果计入生产成本的间接费用和其他费用定义为来源于账务处理模块，则成本管理模块在账务处理模块记账后，从账务处理模块中直接取得间接费用和其他费用的数据；如果不使用工资管理、固定资产管理、存货核算模块，则成本管理模块还需要在账务处理模块记账后，自动从账务处理模块中取得材料费用、人工费用和折旧费用等数据；成本管理模块的成本核算完成后，要将结转制造费用、结转辅助生产成本、结转盘点损失和结转工序产品耗用等记账凭证数据传递到账务处理模块。

（3）存货核算模块、成本管理模块及应付款管理模块之间的关系。存货核算模块为成本管理模块提供材料出库核算的结果；存货核算模块将应计入外购入库成本的运费、装卸费等采购费用和应计入委托加工入库成本的加工费传递到应付款管理模块。

（4）固定资产管理模块与成本管理模块之间的关系。固定资产管理模块为成本管理模块提供固定资产折旧费数据。

（5）报表管理模块和财务分析模块之间的关系。报表管理和财务分析模块可以从各模块取数编制相关财务报表，进行财务分析。

（6）预算管理模块与其他模块之间的关系。预算管理模块编制的预算经审核批准后，生成各种预算申请单，再传递给账务处理模块、应收款管理模块、应付款管理模块、固定资产管理模块、工资管理模块，进行责任控制。

（7）项目管理模块与其他模块之间的关系。项目管理模块中发生和项目业务相关的收款业务时，可以在应收发票、收款单或者退款单上输入相应的信息，并生成相应的业务凭证传递至账务处理模块；发生和项目相关的采购活动时，其信息也可以在采购申请单、采购订单、应付款管理模块的采购发票上记录；在固定资产管理模块引入项目数据可以更详细地归集固定资产建设和管理的数据；项目的领料和项目的退料活动等数据可以在存货核算模块进行处理，并生成相应凭证传递到账务处理模块。

1.4.5.3　账务处理模块与报表管理模块之间的关系

报表管理模块是会计信息化工作的最终目标和归宿。各业务处理模块将凭证传递到账务处理模块，通过凭证的审核、记账、结账等一系列工作，生成总账、明细账、日记账等各种账簿数据，为报表管理模块生成报表提供数据来源，实现财务报表编制的目的。

由此可以看出，账务处理模块是所有处理模块的核心，各功能模块既向账务处理模块传递会计凭证完成各自的核算工作，又可以从账务处理模块获得相关的账簿信息；存货核算、工资管理、固定资产管理、项目管理等模块均可以从成本管理模块获得有关的成本数据。

1.5　单位会计信息化建设

1.5.1　单位会计软件选择标准

1.5.1.1　总体标准

会计软件应当保障企业按照国家统一会计准则制度开展会计核算，不得有违背国家统一会计准则制度的功能设计。

1.5.1.2　具体标准

（1）会计软件应当提供符合国家统一会计准则制度的会计科目分类和编码功能。

（2）会计软件应当提供符合国家统一会计准则制度的会计凭证、账簿和报表的显示和打印功能。

（3）会计软件的界面应当使用中文并且提供对中文处理的支持，可以同时提供外国或者少数民族文字界面对照和处理支持。

（4）会计软件应当提供不可逆的记账功能，确保对同类已记账凭证的连续编号，不得提供对已记账凭证的删除和插入功能，不得提供对已记账凭证日期、金额、科目和操作人的修改功能。

（5）鼓励软件供应商在会计软件中集成可扩展商业报告语言（XBRL）功能，便于企业生成符合国家统一标准的XBRL财务报告。

（6）会计软件应当具有符合国家统一标准的数据接口，满足外部会计监督需要。

（7）会计软件应当具有会计资料归档功能，提供导出会计档案的接口，在会计档案存储格式、元数据采集、真实性与完整性保障方面，符合国家有关电子文件归档与电子档案管理的要求。

（8）会计软件应当记录生成用户操作日志，确保日志的安全、完整，提供按操作人员、操作时间和操作内容查询日志的功能，并能以简单易懂的形式输出。

1.5.2　会计软件供应商要求

（1）以远程访问、云计算等方式提供会计软件的供应商，应当在技术上保证客户会计资料的安全、完整。对于因供应商原因造成客户会计资料泄露、毁损的，客户可以要求供应商承担赔偿责任。

（2）客户以远程访问、云计算等方式使用会计软件生成的电子会计资料归客户所有。软件供应商应当提供符合国家统一标准的数据接口供客户导出电子会计资料，不得以任何理由拒绝客户导出电子会计资料的请求。

（3）以远程访问、云计算等方式提供会计软件的供应商，应当做好本厂商不能维持服务情况下，保障企业电子会计资料安全以及企业会计工作持续进行的预案，并在相关服务合同中与客户就该预案做出约定。

（4）软件供应商应当努力提高会计软件相关服务质量，按照合同的约定及时解决用户使用中的故障问题。会计软件存在影响客户按照国家统一会计准则制度进行会计核算问题的，软件供应商应当为用户免费提供更正程序。

（5）鼓励软件供应商采用呼叫中心、在线客服等方式为用户提供实时技术支持。

1.5.3　企业会计信息化建设要求

1.5.3.1　会计信息化建设规划要求

（1）企业应当充分重视会计信息化工作，加强组织领导和人才培养，不断推进会计信息化在本企业的应用。企业应当指定专门机构或者岗位负责会计信息化工作。未设置会计机构和配备会计人员的企业，由其委托的代理记账机构开展会计信息化工作。

（2）企业开展会计信息化工作，应当根据发展目标和实际需要，合理确定建设内容，避免投资浪费。

（3）企业开展会计信息化工作，应当注重信息系统与经营环境的契合，通过信息化推动管理模式、组织架构、业务流程的优化与革新，建立健全适应信息化工作环境的制度体系。

（4）大型企业、企业集团开展会计信息化工作，应当注重整体规划，统一技术标准、编码规则和系统参数，实现各系统的有机整合，消除信息孤岛。

2024年财政部发布的《会计信息化工作规范（征求意见稿）》及《会计软件基本功能和服务规范（征求意见稿）》对会计信息化主管部门、单位配备会计软件及会计软件服务商提出明确要求，对会计信息化建设的建设原则、建设方向、制度建设、体系建设、标准建设、信息系统建设、流程配置、内外部系统协同与互通、内部控制等方面进行了规范，鼓励新模式与新技术运用，同时对会计数据处理与应用、会计信息化安全进行了详细规范。这些文件的实施将大力推动我国会计智能化发展与单位会计信息化建设。

1.5.3.2　会计信息化软件配置要求

（1）企业配备的会计软件应当符合会计软件和服务规范的要求。

（2）企业配备会计软件，应当根据自身技术力量以及业务需求，考虑软件功能、安全性、稳定性、响应速度、可扩展性等要求，合理选择购买、定制开发、购买与开发相结合等方式。

（3）企业通过委托外部单位开发、购买等方式配备会计软件的，应当在有关合同中约定操作培训、软件升级、故障解决等服务事项，以及软件供应商对企业信息安全的责任。企业应当促进会计信息系统与业务信息系统的一体化，通过业务的处理直接驱动会计记账，减少人工操作，提高业务数据与会计数据的一致性，实现企业内部信息资源共享。

1.5.3.3　会计信息系统架构要求

（1）企业应当根据实际情况，开展本企业信息系统与银行、供应商、客户等外部单位信息系统的互联，实现外部交易信息的集中自动处理。

（2）企业进行会计信息系统前端系统的建设和改造，应当安排负责会计信息化工作的专门机构或者岗位参与，充分考虑会计信息系统的数据需求。

（3）企业应当遵循企业内部控制规范体系要求，加强对会计信息系统规划、设计、开发、运行、维护全过程的控制，将控制过程和控制规则融入会计信息系统，实现对违反控制规则情况的自动防范和监控，提高内部控制水平。

（4）对于信息系统自动生成，且具有明晰审核规则的会计凭证，可以将审核规则嵌入会计软件，由计算机自动审核。未经自动审核的会计凭证，应当先经人工审核再进行后续处理。

（5）处于会计核算信息化阶段的企业，应当结合自身情况，逐步实现资金管理、资产管理、预算控制、成本管理等财务管理信息化。处于财务管理信息化阶段的企业，应当结合自身情况，逐步实现财务分析、全面预算管理、风险控制、绩效考核等决策支持信息化。

（6）外商投资企业使用的境外投资者指定的会计软件或者跨国企业集团统一部署的会计软件，应当符合会计软件和服务规范的要求。

1.5.4　企业会计信息化档案管理要求

财政部、国家档案局公布了修订后的《会计档案管理办法》（自 2016 年 1 月 1 日起施行），旨在进一步加强会计档案管理，促进会计档案的有效保护和利用。2020 年 3 月，财政部、国家档案局公布了《关于规范电子会计凭证报销入账归档的通知》，为更好地适应电子商务与电子政务发展、规范各类电子会计凭证的报销入账归档奠定了法律基础。

1.5.4.1　会计信息化无纸化要求

（1）来自企业内部档案无纸化要求。企业内部生成的会计凭证、账簿和辅助性会计资料，同时满足下列条件的，可以不输出纸面资料：①所记载的事项属于本企业重复发生的日常业务；②由企业信息系统自动生成；③可及时在企业信息系统中以人类可读形式查询和输出；④企业信息系统具有防止相关数据被篡改的有效机制；⑤企业对相关数据建立了电子备份制度，能有效防范自然灾害、意外事故和人为破坏的影响；⑥企业对电子和纸面会计资料建立了完善的索引体系。

（2）来自企业外部档案无纸化要求。企业获得的需要外部单位或者个人证明的原始凭证和其他会计资料，同时满足下列条件的，可以不输出纸面资料：①会计资料附有外部单位或者个人的、符合《中华人民共和国电子签名法》的可靠的电子签名；②电子签名经符合《中华人民共和国电子签名法》的第三方认证；③所记载的事项属于本企业重复发生的日常业务；④可及时在企业信息系统中以人类可读形式查询和输出；⑤企业对相关数据建立了电子备份制度，能有效防范自然灾害、意外事故和人为破坏的影响；⑥企业对电子和纸面会计资料建立了完善的索引体系。

1.5.4.2　会计信息化档案管理要求

（1）分公司、子公司数量多、分布广的大型企业、企业集团应当探索利用信息技术促进会计工作的集中，逐步建立财务共享服务中心。实行会计工作集中的企业以及企业分支机构，应当为外部会计监督机构及时查询和调阅异地储存的会计资料提供必要条件。

（2）企业会计信息系统数据服务器的部署应当符合国家有关规定。数据服务器部署在境外的，应当在境内保存会计资料备份，备份频率不得低于每月一次。境内备份的会计资料应当能够在境外服务器不能正常工作时，独立满足企业开展会计工作的需要以及外部会计监督的需要。

（3）企业会计资料中对经济业务事项的描述应当使用中文，可以同时使用外国或者少数民族文字对照。

（4）企业应当建立电子会计资料备份管理制度，确保会计资料的安全、完整和会计信息系统的持续、稳定运行。

（5）企业不得在非涉密信息系统中存储、处理和传输涉及国家秘密，关系国家经济信息安全的电子会计资料；未经有关主管部门批准，不得将其携带、寄运或者传输至境外。

（6）企业会计资料的归档管理，遵循国家有关会计档案管理的规定。

（7）实施企业会计准则通用分类标准的企业，应当按照有关要求向财政部报送 XBRL 财务报告。

第2章 用友U8安装与环境配置

【内容提要】

本章详细介绍了用友 U8 V10.1 软件安装的环境检测步骤，详细阐述了 IIS 组件的安装、SQL Server 2008 R2 的安装和 U8 V10.1 的安装方法与注意事项。

2.1 安装环境检测

在进行用友 U8 V10.1 软件安装时，首先运行安装盘中的环境检测，通常需要服务器及数据库环境配置，所以需要安装 IIS 及 SQL Server。

2.1.1 安装 IIS

1.修改操作系统日期时间格式

点击"开始"–"控制面板"–"时钟、语言和区域"–"区域和语言"，单击"格式"，将"短日期"格式设置为：YYYY-M-d；再将"长日期"格式设置为"YYYY 年 M 月 d 日"，点击【确定】按钮（如图 2-1 所示）。

图 2-1 区域和语言窗口

注意事项：如果长日期格式里面没有"YYYY 年 M 月 d 日"选项，需要点击其他设置后，复制短日期格式中的"YYYY-M-d"粘贴到长日期格式处再保存就可以了。

2.修改操作系统登录名

在安装操作系统时，不要将操作系统的登录名改成自己的名字，比如张三、李四等，中文名称会直接导致在安装用友财务软件之后的使用过程中报出各种错误，如运行时错误、内存溢出等奇怪的错误，导致用友软件无法使用，因为这些问题是操作系统设置的问题，与用友软件安装程序无关。修改操作系统的登录名的具体步骤如下：

（1）点击操作系统的"开始"菜单，依次点击"控制面板""用户账户和家庭安全"
"用户账户"进行查看，如图2-2、图2-3所示。

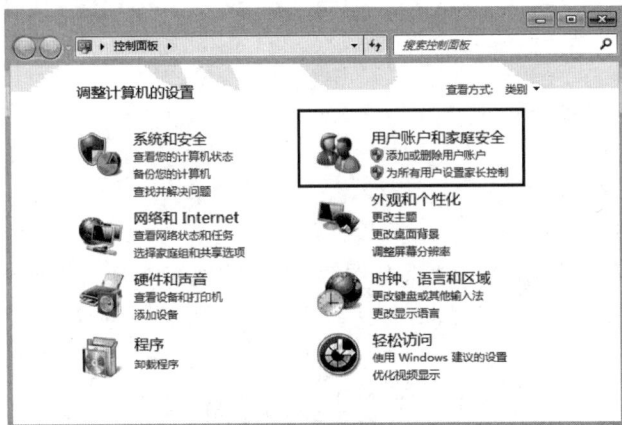

图2-2　点击"用户账户和家庭安全"

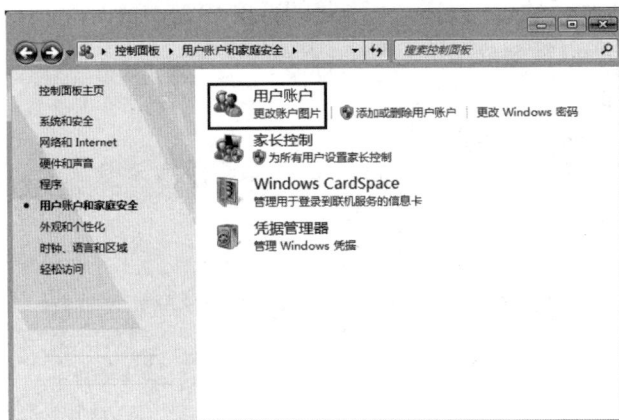

图2-3　点击"用户账户"

（2）点击"管理其他账户"，如图2-4所示：

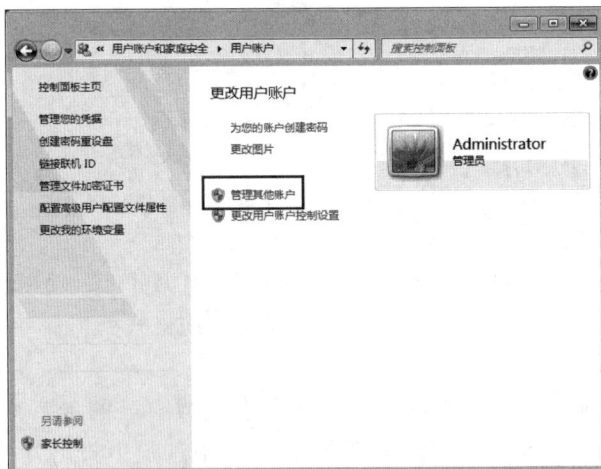

图2-4　点击"管理其他账户"

（3）可以将"工程"这个用户名修改为 admin，那么我们点击"工程"，然后再点击"更改账户名称"，输入"admin"，点击"更改名称"，就修改好了，如图 2-5、图 2-6、图 2-7 所示。

图 2-5　点击"工程"

图 2-6　点击"更改账户名称"

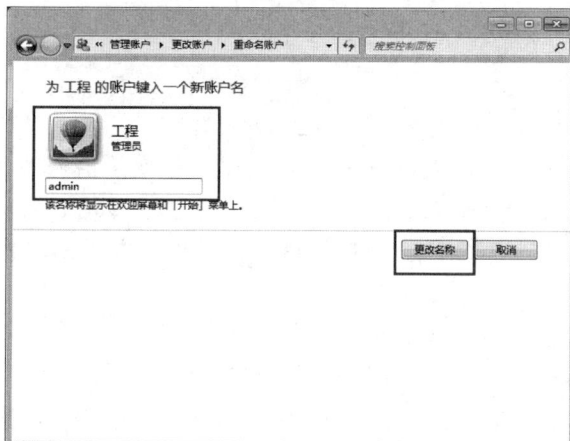

图 2-7　输入"admin"

注：

（1）修改用户名称后建议重新启动计算机再进行软件安装。

（2）Window7操作系统修改环境变量：

①先在D盘新建一个Temp文件夹。

②右击"计算机"－"属性"－"高级系统设置"，如图2-8所示。

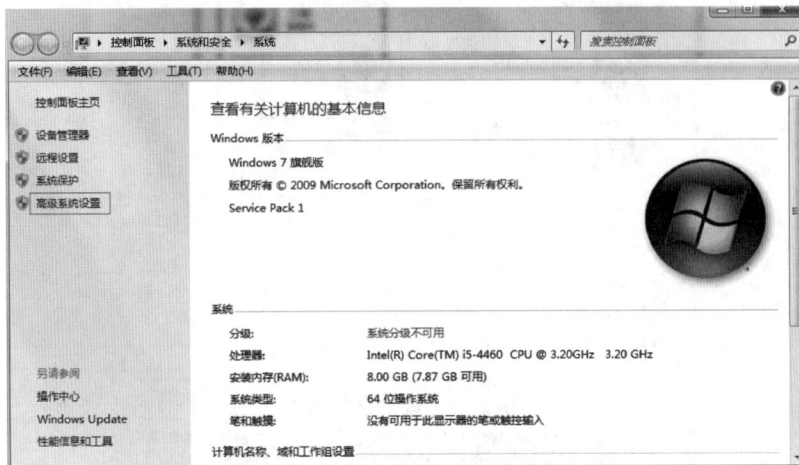

图2-8　点击"高级系统设置"

③在"高级"选项卡下点击"环境变量"，如图2-9所示。

图2-9　点击"环境变量"

④先点中TEMP这一行，再点击【编辑】按钮，将变量值修改为D:\Temp（注意：一定要按①步骤中在D盘新建好Temp文件夹，同时要注意盘符D:是英文输入法下的冒号，切勿输成中文输入法的D:），然后点中TMP这一行，再点击【编辑】按钮，同样将变量值修改为D:\Temp，如图2-10所示。

⑤修改好后，依次点击【确定】按钮，如图2-11所示。

（3）关闭UAC（user account control，用户账户控制）。

如果是Windows 7或者Windows 8系统请关闭UAC【注：非常重要，Windows xp系统可以跳过此步】。

图2-10　修改变量值

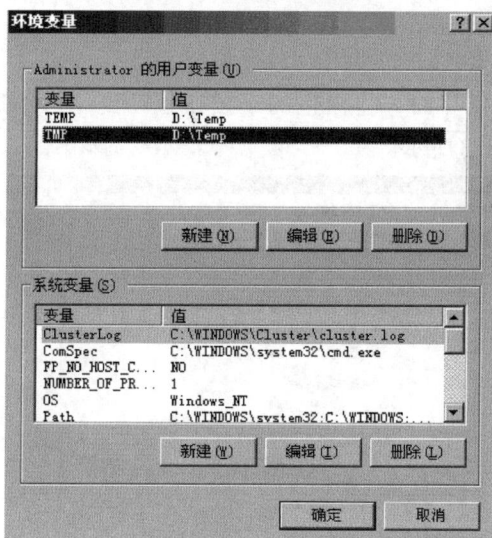

图2-11　修改Temp变量

用友财务软件需要关闭Windows 7操作系统的UAC，这是因为Windows 7系统的UAC非常影响数据库及软件的安装，有时候可能导致用友软件与数据库安装后无法正常使用，或者安装不成功的情况，所以一定要学会如何关闭Windows 7操作系统的UAC。

Windows 7的UAC是微软为提高系统安全性而在Windows Vista中引入的新技术，当在电脑上安装某一个程序时，或者需要权限或密码才能完成任务时，UAC会用下列消息之一警告用户："Windows需要您的许可才能继续"，当可能影响本计算机其他修改系统设置时，UAC提示用户："Windows功能或程序需要您的许可才能启动。"

Windows 7系统关闭UAC的方法如下：

①点击桌面左下角"开始"-"控制面板"，查看方式选择"小图标"，点击"用户账户"，如图2-12所示。

图 2-12　点击"用户账户"

②在用户账户界面，点击"更改用户账户控制设置"。

③在用户账户控制设置界面，将白色的小按钮拉动到"从不通知"，点击"确定"，再重新启动计算机，如图 2-13 所示。

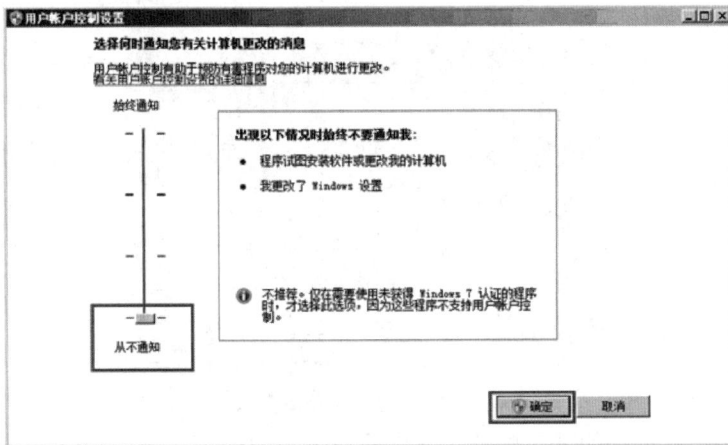

图 2-13　用户账户控制设置

（4）修改计算机名。

用友软件对计算机名称的要求比较高，准确来说不是用友财务软件，而是微软的数据库，因为在回写数据库的时候都需要记录计算机名称，而数据库在识别特殊字符（如短横杠）的时候可能有异常或者冲突，所以导致用友软件在调用数据或者操作的时候报错。

Windows 7 操作系统怎么修改计算机名称？详细操作步骤如下：

①右击桌面"计算机"图标，选择"属性"，在"计算机名称、域和工作组设置"中点击"更改设置"，点击"更改"，如图 2-14 和图 2-15 所示。

②在计算机名称下输入计算机名（注意：8位以内的英文字母，如 ufida、cw、admin 等都可以，但千万不要包含特殊符号、中文等），修改好后点击【确定】按钮。系统会提示需要重新启动计算机，点击"确定"，重新启动计算机就更改好计算机名称了。

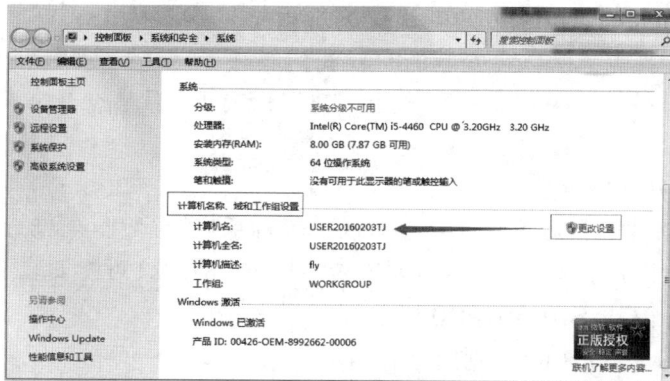

图 2-14　更改用户计算机名称

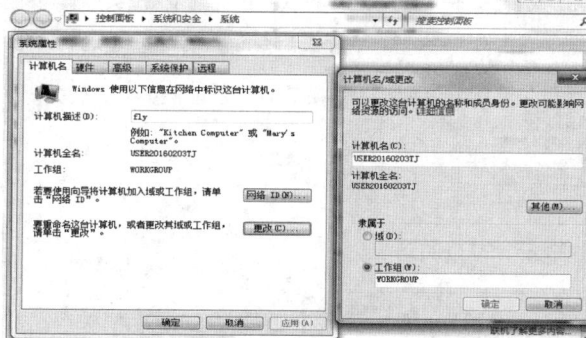

图 2-15　设置计算机名称

3. 安装 IIS

使用最新版用友财务软件时一定要先安装 IIS。IIS 是 Internet Information Services 的缩写，World Wide Web server、Gopher server 和 FTP server 全部包含在里面。安装了 IIS 意味着你能发布网页，并且有 ASP（Active Server Pages）、JAVA、VBscript 产生页面，有着一些扩展功能。用友 U8 软件是基于 IIS 和 .NET 平台的 B/S 架构和 C/S 并行的，所以在安装用友 U8 软件前我们必须要安装 IIS。在 Windows 7 下安装 IIS 的方法如下：

打开"控制面板"，单击"程序"下"程序与功能"，再单击"打开或关闭 Windows 功能"，如图 2-16 所示，勾选"Internet 信息服务"。

图 2-16　勾选"Internet 信息服务"

注：由于 Windows 7 的 IIS7.0 的默认安装选项中是不支持 ASP.NET 的，而用友 U8 软件需要 ASP.NET 的环境，所以在安装的时候我们必须手动选择所需要的功能，这里将需要安装的服务都选择（如果不想一个个看，建议所有的+号都点开来，一个一个全部勾上就可以了）。

4.退出杀毒软件与安全卫士

由于用友 U8 软件安装对系统环境要求高，为确保安装顺利与成功，安装前请退出所有杀毒软件、安全卫士，这一点非常重要，否则用友 U8V10.1 可能安装不成功。

2.1.2　安装 SQL Server 2008

1.下载 SQL Server 2008 R2 数据库

下载 SQL Server 2008 R2 数据库（免费下载地址：http：//edu.ufidawhy.com/thread-2948-1-1.html）；下载后找到安装程序中的 setup.exe，双击安装（如图 2-17 所示）。

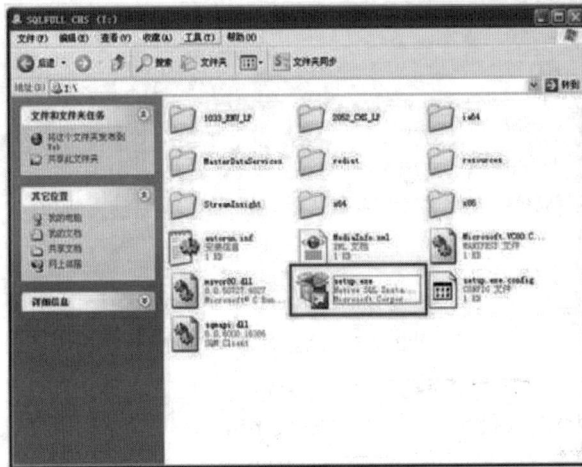

图 2-17　找到安装程序

2.安装

点击"安装"，然后选择"全新安装或向现有安装添加功能"，如图 2-18 所示。

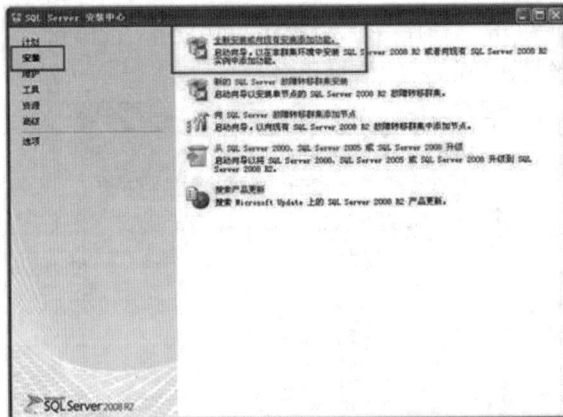

图 2-18　选择"全新安装或向现有安装添加功能"

3.自动检测

安装程序将自动检测安装 SQL Server 2008 R2 数据库可能发生的问题，如有失败的项目，需要将其修复后再重新安装SQL Server 2008 R2数据库，按正常步骤通过后点击"确定"即可，如图2-19所示。

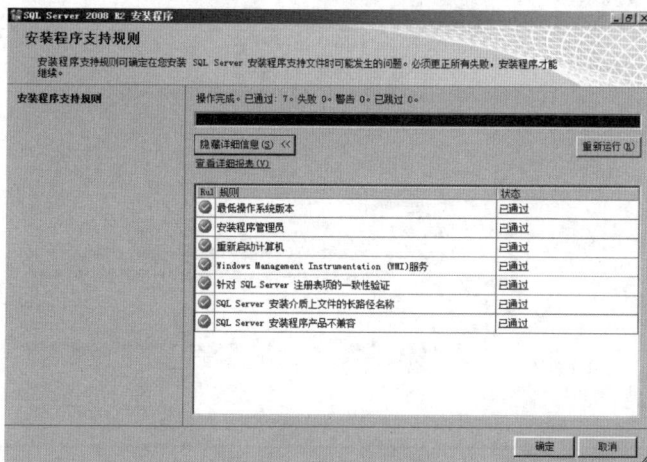

图2-19　完成安装

4.输入密钥

指定要安装的SQL Server 2008 R2版本，并点击"输入产品密钥"，填写完整，如图2-20所示。

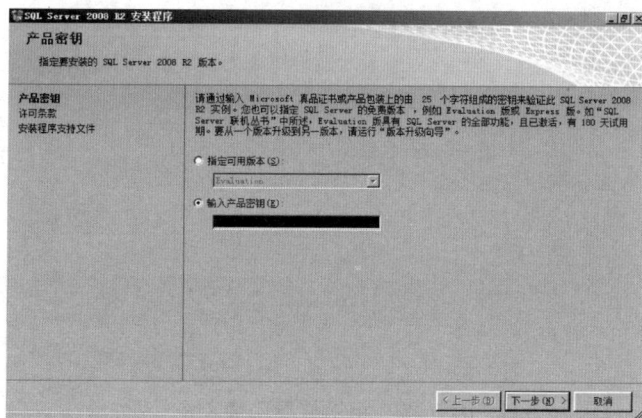

图2-20　输入产品密钥

5.接受许可条款

接受SQL Server 2008 R2数据库安装协议，勾选"我接受许可条款"，点击"下一步"，如图2-21所示。

6.安装程序支持文件

点击"安装"以安装SQL Server 2008 R2数据库支持文件，这一步骤是安装SQL Server 2008 R2数据库的必需步骤，系统会自动检测，如图2-22所示。

7.自动检测安装程序支持规则

安装程序支持规则检测完毕通过后，点击"下一步"，如图2-23所示。

8.选择"SQL Server功能安装"

选择"SQL Server功能安装"后点击"下一步"，如图2-24所示。

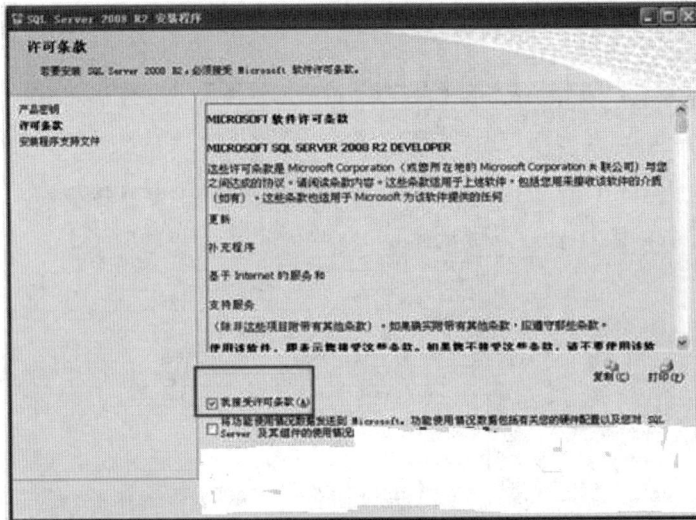

图 2-21　接受许可条款

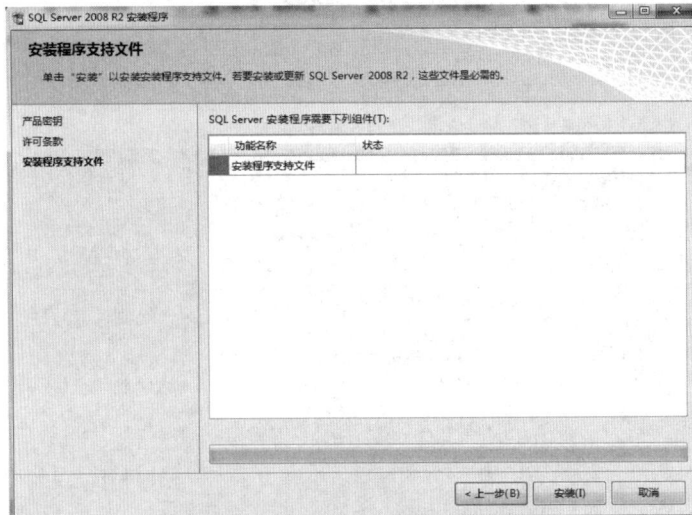

图 2-22　安装程序支持文件

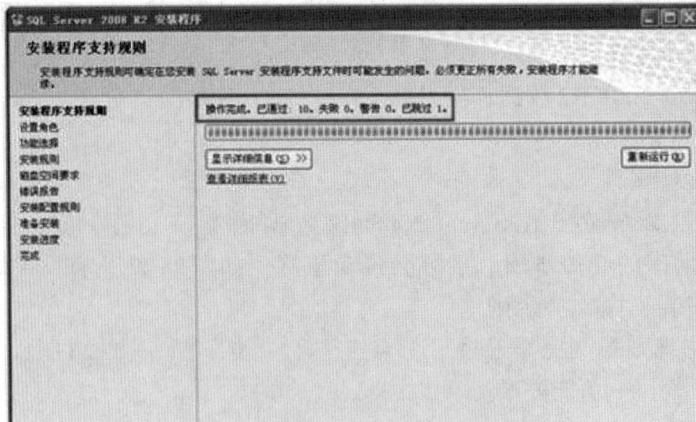

图 2-23　自动检测安装程序支持规则

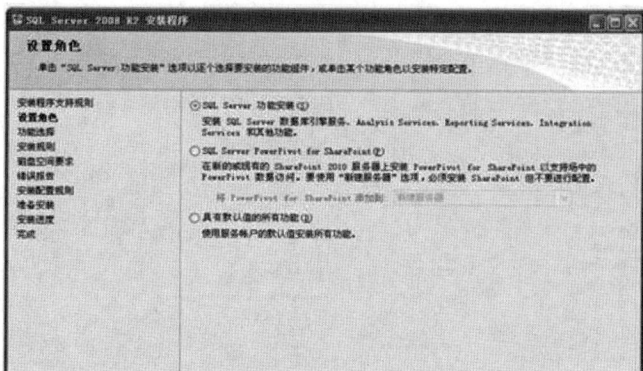

图 2-24　选择"SQL Server 功能安装"

9.选择安装路径

选择要安装的 SQL Server 2008 R2 数据库功能，我们推荐选择"全选"，同时选择安装路径（注意选择英文安装路径），如图 2-25 所示。

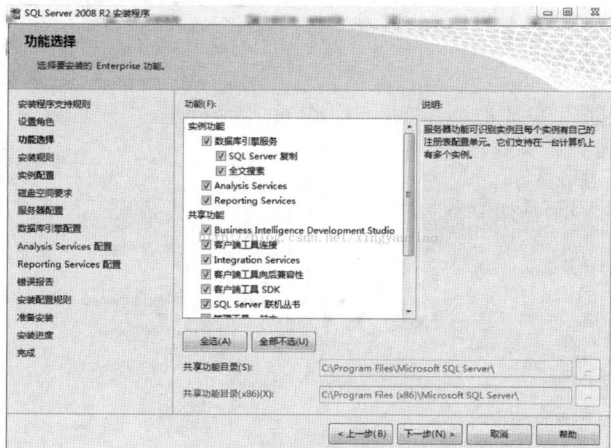

图 2-25　选择安装路径

10.安装程序运行规则

完成后点击"下一步"，如图 2-26 所示。

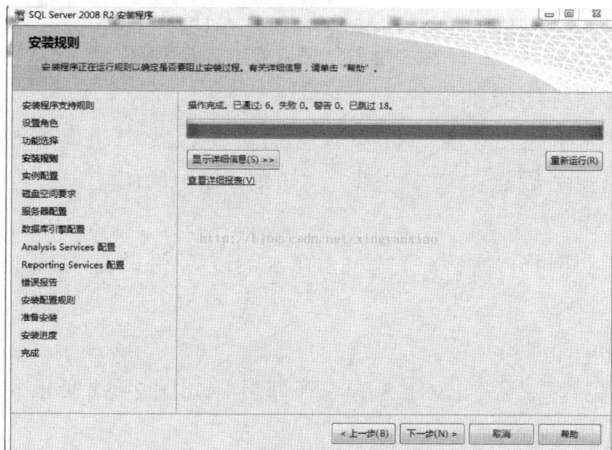

图 2-26　安装程序运行规则

11.选择"默认实例"

此处特别注意，选择"默认实例"后，点击"下一步"，如图2-27所示。

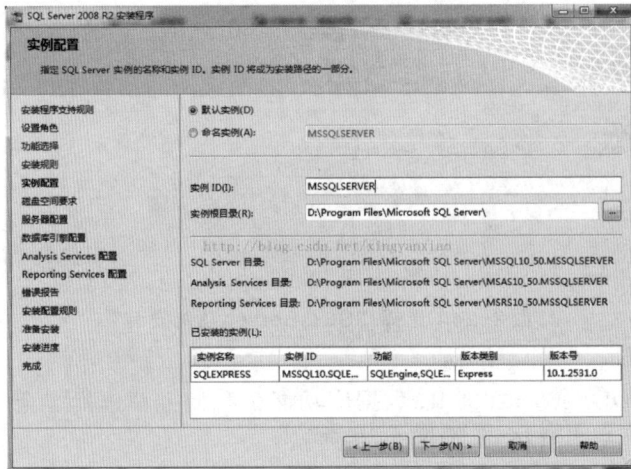

图2-27　选择"默认实例"

12.检测数据库安装磁盘空间

系统自动检测数据库安装磁盘空间，检测通过后点击"下一步"，如图2-28所示。

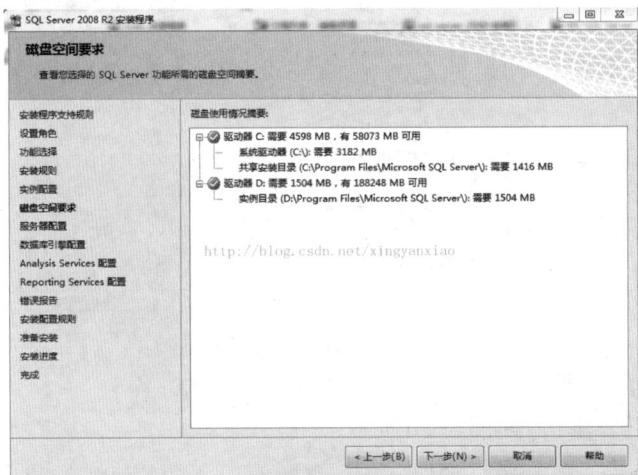

图2-28　检测数据库安装磁盘空间

13.指定服务账户和排序规则设置

指定服务账户和排序规则设置，此步骤特别重要，我们建议账户名称全部选择：NT AUTHORITY\SYSTEM，然后点击"下一步"，如图2-29所示。

14.数据库引擎配置

数据库引擎配置，选择"混合模式（SQL Server身份验证和Windows身份验证）"，如图2-30所示。

15.添加SQL Server管理员

点击"添加当前用户"，添加SQL Server管理员，如图2-31所示。

16.Reporting Services配置

配置完成后点击"下一步"，如图2-32所示。

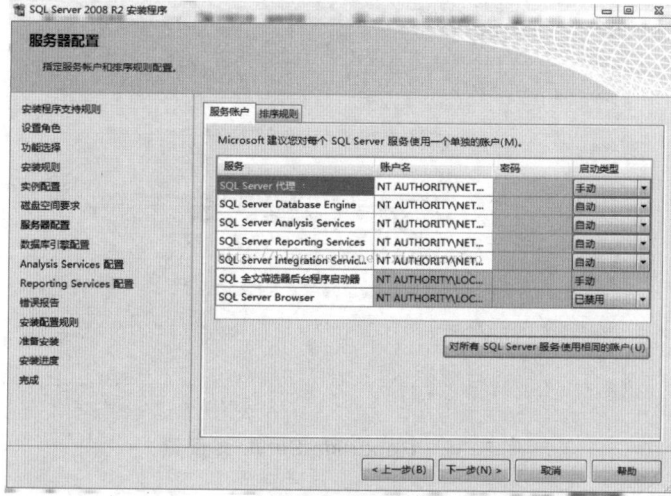

图 2-29   指定服务账户和排序规则设置

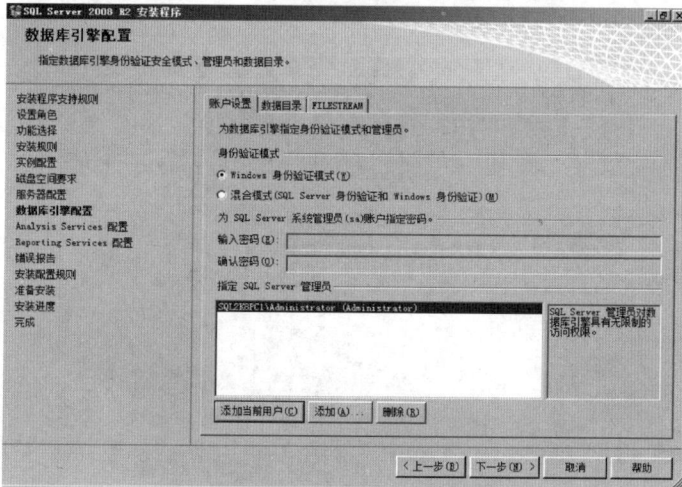

图 2-30   数据库引擎配置

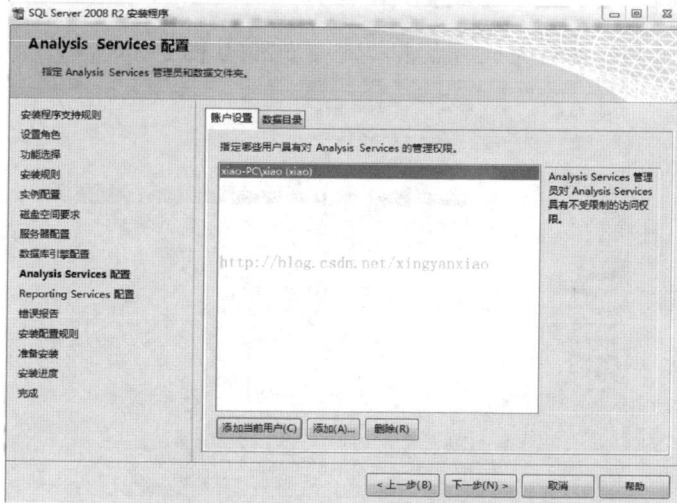

图 2-31   添加 SQL Server 管理员

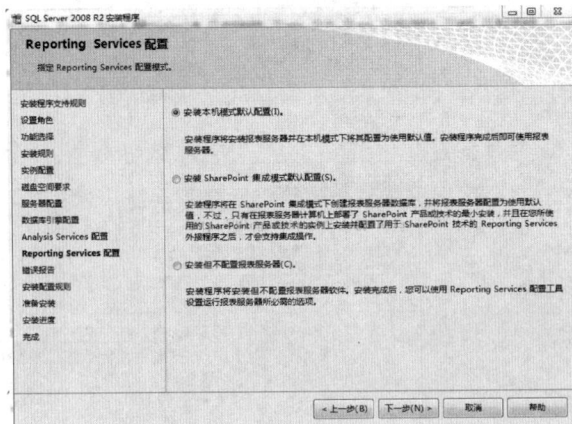

图2-32　Reporting Services配置

17.错误报告

查看SQL Server 2008 R2数据库安装错误检测报告，一般情况无错误后点击"下一步"，如图2-33所示。

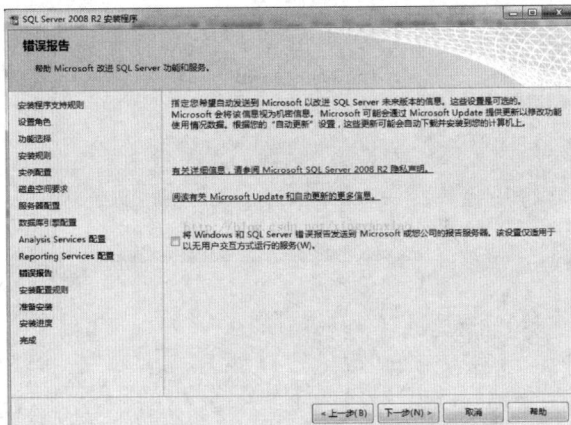

图2-33　错误报告

18.系统自动检测

系统开始自动检测，运行完成后点击"下一步"，如图2-34所示。

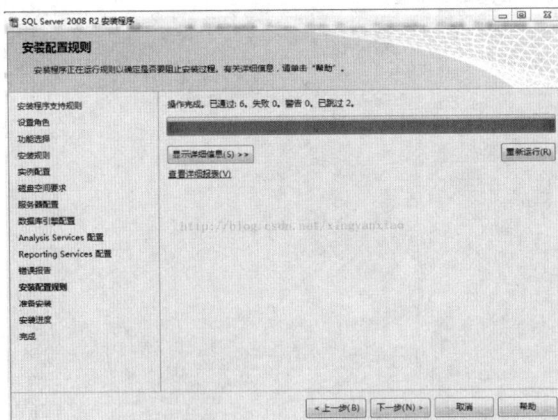

图2-34　系统自动检测

19. 准备安装

上述所有操作配置完成后，点击"安装"，开始安装 SQL Server 2008 R2 数据库，如图 2-35 所示。

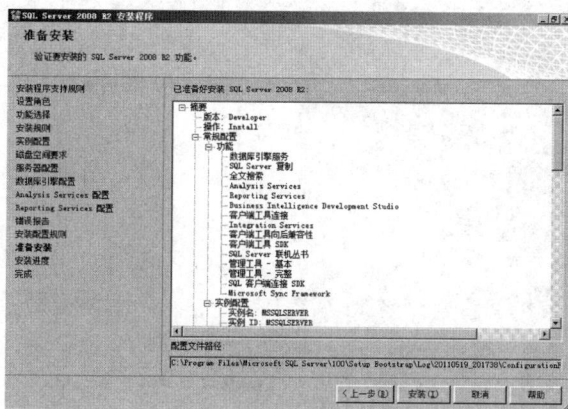

图 2-35   准备安装

20. 安装进度

系统开始自动安装 SQL Server 2008 R2 数据库，请耐心等待进度条走完，进度条走完以后就表示 SQL Server 2008 R2 数据库安装完毕了，如图 2-36 所示。

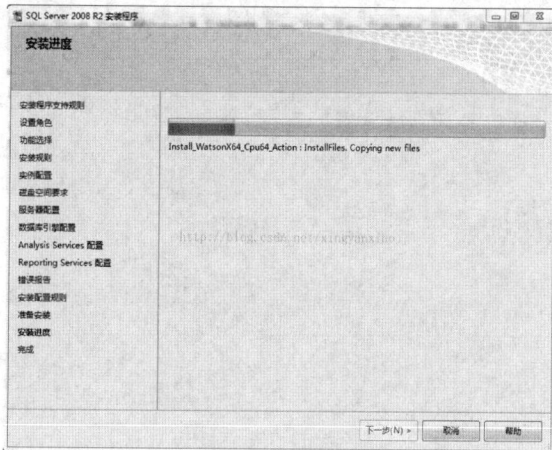

图 2-36   安装进度

2.2   安装用友ERP U8V10.1

再次检测用友 ERP U8V10.1 安装所需的环境。安装环境要求：

①计算机装有 DVD 光驱。②内存大小最低要求 3GB，建议 4GB 或以上。③操作系统要求：Windows Server 2003、Windows Server 2008，数据库要求：SQL 2000+SP4、SQL 2005、SQL 2008+、SQL Server 2005_BC。④浏览器要求：IE6.0 或以上版本。⑤安装 .NET Framework 2.0 SP1、.NET Framework 3.5 SP1。⑥安装 Silverlight 4.0。⑦请根据选择安装的功能确保磁盘有足够的可用空间。⑧计算机名称不能够有特殊符号（如，。/-等），建议用字母或者字母+数字组合。⑨要求系统时间日期格式为双位数（用友 ERP U8V10.1 时间 HH：mm：ss，yyyy-MM-dd）。

如果具备了上述环境，就可以安装用友 ERP U8V10.1 了。

1. 将用友 U8V10.1 安装光盘放入光驱启动，在如图 2-37 所示的画面中点击"ERP"。

图 2-37　准备安装用友 U8

2. 点击"安装 U8V10.1"，如图 2-38 所示。

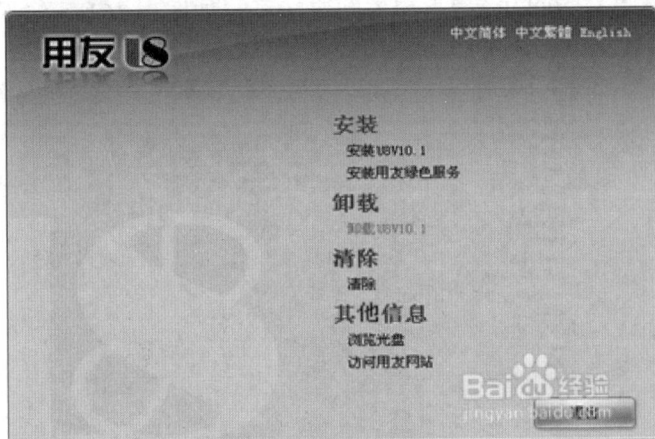

图 2-38　点击"安装 U8V10.1"

3. 安装程序准备安装，如图 2-39 所示。

4. 点击【下一步】按钮，如图 2-40 所示。

5. 接受安装许可协议并点击"下一步"，如图 2-41 所示。

6. 输入用户名和公司名称后，点击"下一步"，如图 2-42 所示。

7. 选择用友 U8V10.1 的安装路径，点击"下一步"，如图 2-43 所示。注：应安装在非系统盘下，以免重做系统时把数据删除。

8. 安装类型选择"自定义"，取消"繁体中文"选项，点击"下一步"，如图 2-44 所示。

9. 选择所要安装的服务器功能模块（如果你不确定安装的功能，请全部安装），点击"下一步"，如图 2-45 所示。

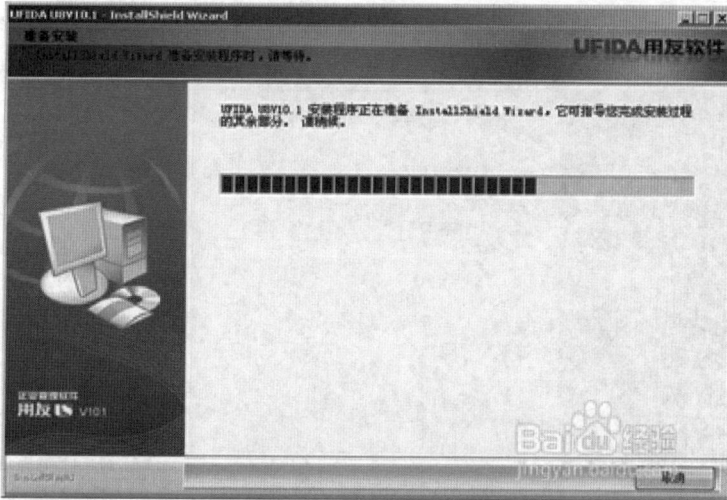

图2-39　安装程序准备安装

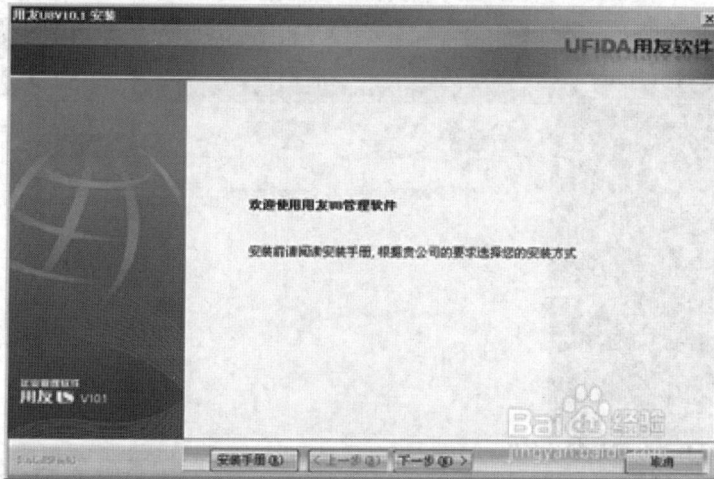

图2-40　软件欢迎界面

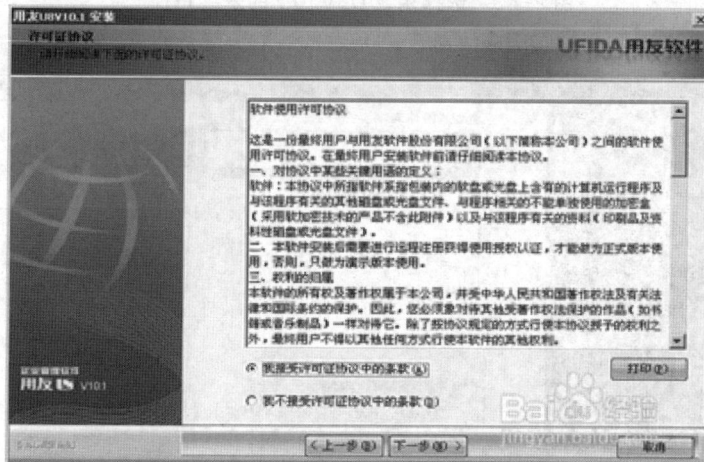

图2-41　接受安装许可协议

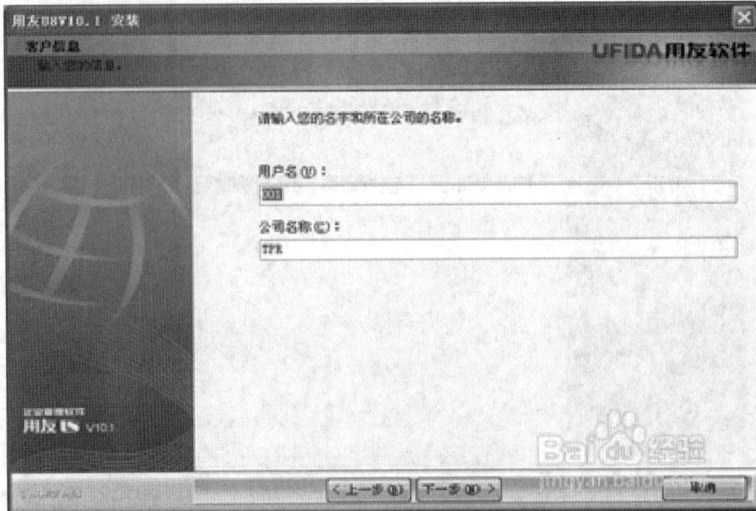

图2-42　输入用户名和公司名称

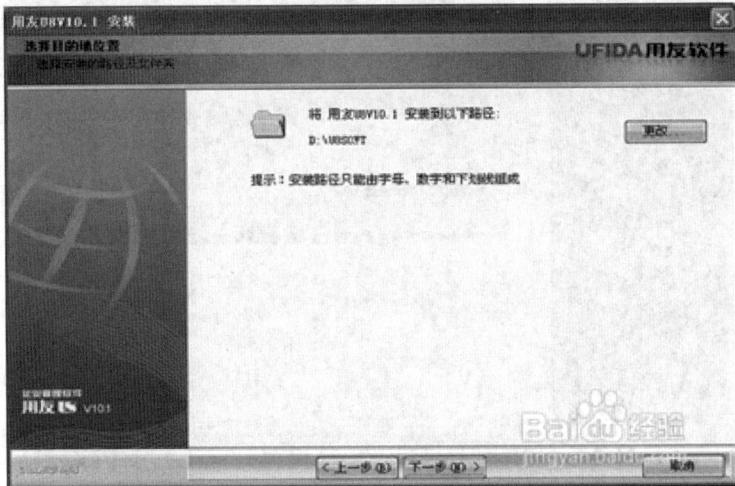

图2-43　选择用友U8V10.1的安装路径

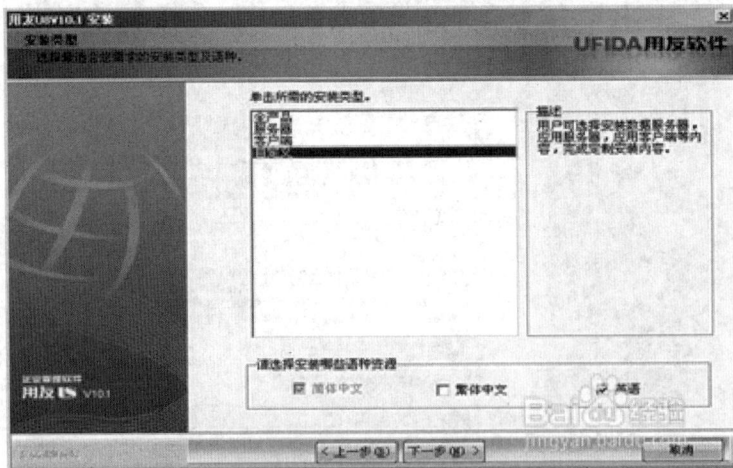

图2-44　选择"自定义"

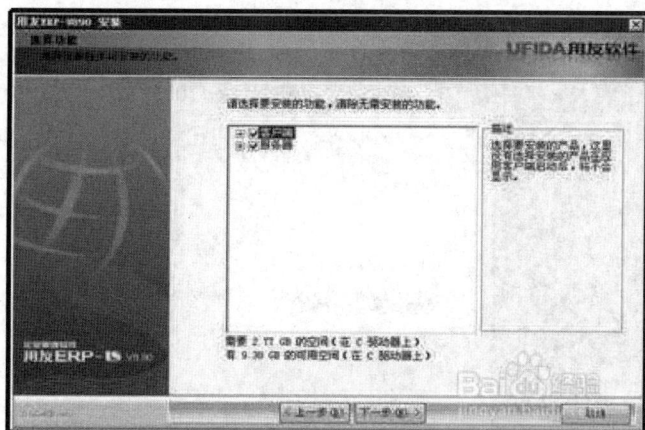

图 2-45　选择功能模块

10.点击【检测】按钮检测系统环境，以保证用友U8V10.1软件的顺利安装，如图2-46所示。

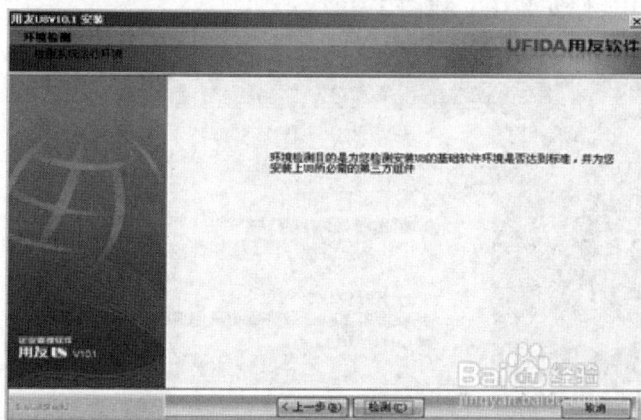

图 2-46　检测系统环境

11.系统环境检测结果，请确保"基础环境"和"缺省组件"中的各选项通过检测（如果有选项检测失败，务必更正以后重新检测，直到全部通过），"可选组件"的检测结果可忽略。检测通过后点击"确定"，如图2-47所示。

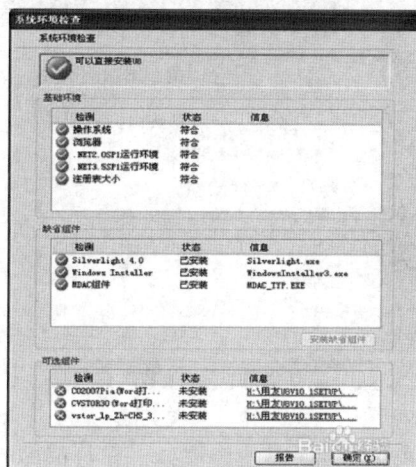

图 2-47　检测通过

12. 点击"安装"以安装用友U8V10.1，如图2-48所示。

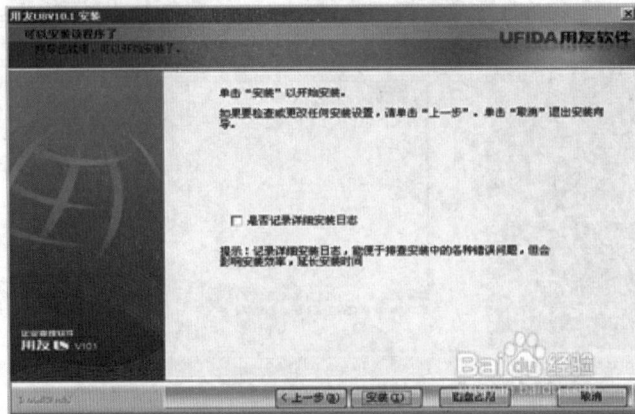

图2-48　安装用友U8V10.1

13. 用友U8V10.1软件安装中，如图2-49所示。

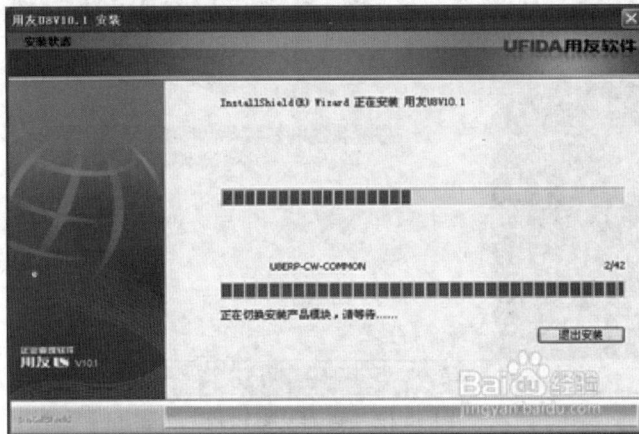

图2-49　安装状态

14. 用友U8V10.1软件安装完成，如图2-50所示。

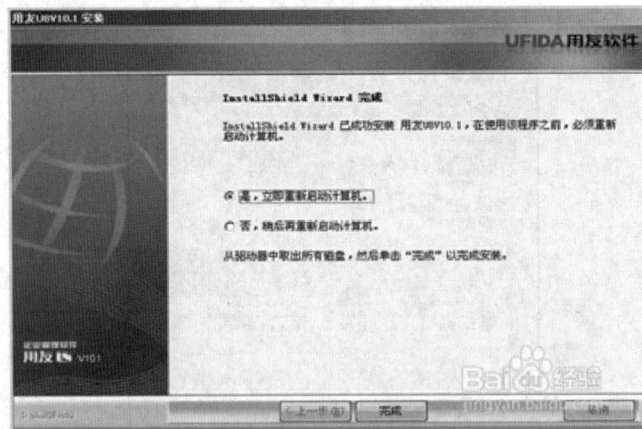

图2-50　安装完成

15. 重启计算机后，会自动弹出数据源配置窗口，在数据库栏输入"local"，在SA口令里输入数据库密码，点击"测试连接"，提示测试成功后点击"确定"完成，如图2-51所示。

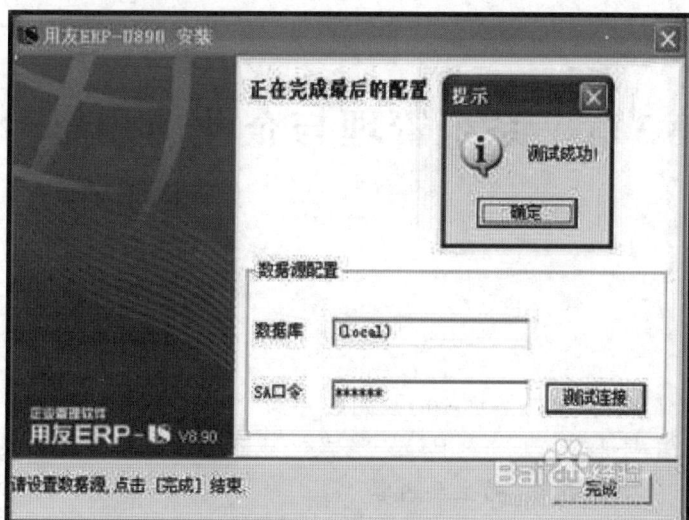

图2-51　测试成功

16.最后提示是否初始化数据库，点击"是"。软件自动建立SQL数据文件，如图2-52所示。

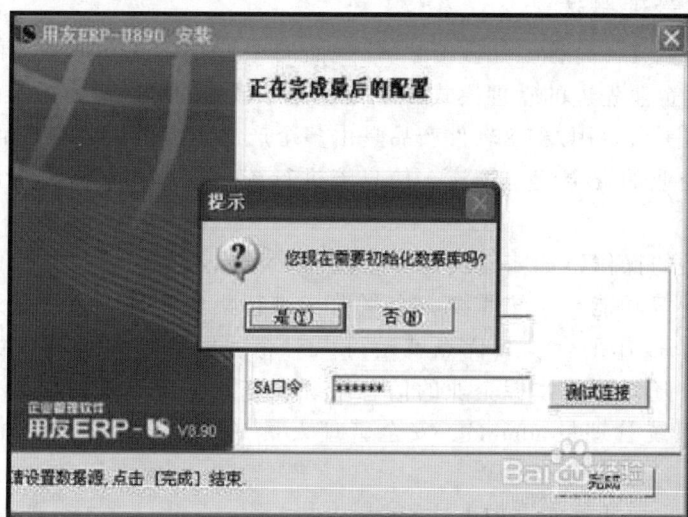

图2-52　初始化数据库

17.创建完数据库后，如建立账套点击"是"，不建立账套点击"否"。

第3章　系统管理与企业应用平台

【内容提要】

本章主要介绍了用友U8两个重要的应用程序组"系统管理"与"企业应用平台"的主要功能与内容，着重讲述了账套的建立、修改、删除、备份与恢复，操作员的权限设置与修改，同时讲述了系统初始化的主要内容。

3.1　系统管理

3.1.1　系统管理概述

用友ERP U8V10.1（简称"用友U8"）是面向中型企业的功能强大的企业资源管理软件，体现了中国企业先进的管理模式和各行业业务最佳实践，是有效推进中国企业管理信息化的经营管理平台。用友U8软件产品是由多个产品组成的，各个产品之间相互联系、数据共享，为对企业的资金流、物流、信息流进行统一管理和实时反映提供了有效的方法、工具。

对于多个产品的操作，如账套的建立、修改、删除和备份，操作员的建立、角色的划分和权限的分配等功能，系统需要一个平台来进行集中管理，系统管理模块的功能就是提供了这样一个操作平台。其优点就是可以对企业的信息化管理人员进行方便的管理、及时的监控，随时可以掌握企业的信息系统状态。系统管理的使用对象为企业的信息管理人员（即系统管理员admin）、安全管理人员（即安全管理员sadmin）、管理员用户或账套主管。

系统管理模块主要能够实现如下功能：

（1）对账套的统一管理，包括建立、修改、引入和输出（恢复备份和备份）。

（2）对操作员及其功能权限实行统一管理，设立统一的安全机制，包括用户、角色和权限设置。

（3）允许设置自动备份计划，系统根据这些设置定期进行自动备份处理，实现账套的自动备份。

（4）对账套库的管理，包括建立、引入、输出账套库，账套库初始化，清空账套库数据。

（5）对系统任务的管理，包括查看当前运行任务、清除指定任务、清退站点等。

由于用友U8软件所含的各个产品都是为同一个主体的不同层面服务的，并且产品与产品之间相互联系、数据共享，因此，就要求这些产品具备如下特点：

（1）具备公用的基础信息；

（2）拥有相同的账套和账套库；

（3）操作员和操作权限集中管理并且进行角色的集中权限管理；

（4）业务数据共用一个数据库。

系统管理功能的基本流程通常是以系统管理员 admin 的身份注册进入用友 U8 的系统管理窗口，建立账套、增加新操作员并设置新操作员权限、指定该账套的账套主管，然后以账套主管身份重新注册系统管理功能，进行账套启用的设置。

3.1.2   系统管理登录

（1）用户选择运行系统管理模块。

从【开始】→【用友 U8V10.1】→【系统服务】→【系统管理】运行"系统管理"模块，进入系统管理界面，如图 3-1 所示。

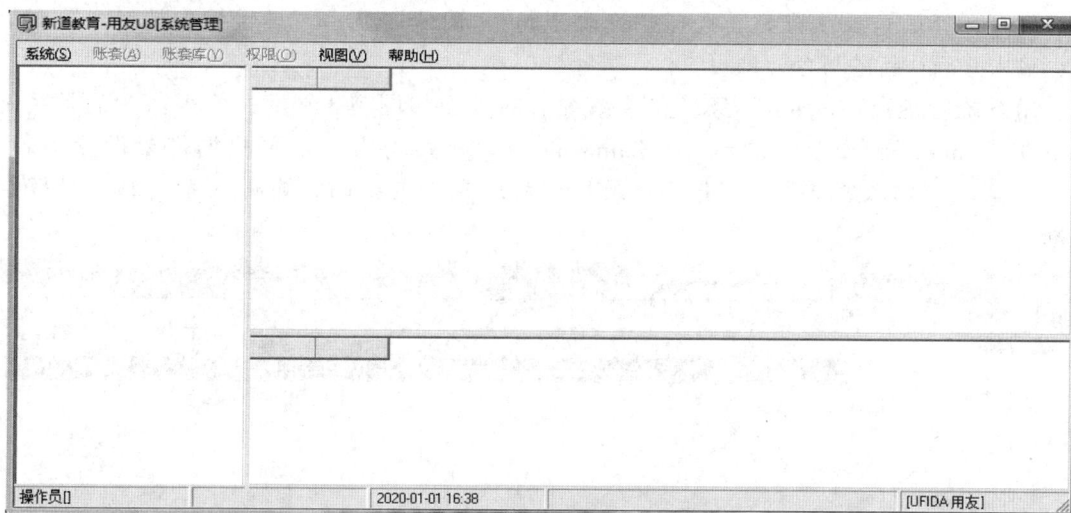

图 3-1   系统管理登录界面

（2）点击【系统】菜单下的【注册】，系统将弹出用户登录界面，如图 3-2 所示。

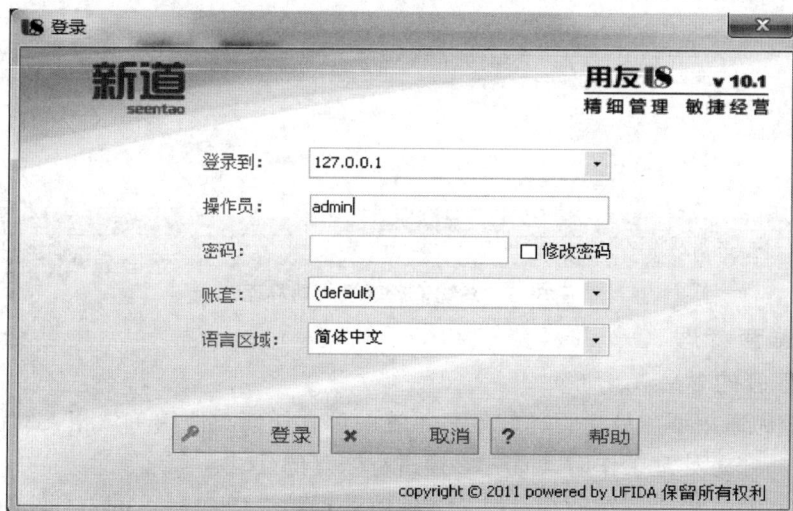

图 3-2   操作员 admin 录入

（3）从"登录到"右侧下拉三角（如图3-2所示）选择服务器（实验室操作为本地计算机名称或输入"127.0.0.1"），再输入操作员名称。如果要以系统管理员"admin"身份登录，直接在"操作员"栏中输入"admin"即可；如果要行使账套主管其他管理权限，以相应身份登录。

（4）系统管理员负责整个系统的维护工作。以系统管理员身份注册进入，便可以进行账套的管理（包括账套的建立、引入和输出），以及角色、用户及其权限的设置。

（5）系统管理员也可以建立管理员类型的用户来协助完成系统的维护工作，管理员类型的用户可以在权限范围内进行账套、用户、角色、权限的设置。

（6）只有账套主管才能使用【账套库】菜单。

（7）以安全管理员"sadmin"的身份注册进入系统管理后，可以设置安全策略、执行数据清除和还原操作。

（8）在界面登录注册时，选择"修改密码"，确认后显示"设置操作员口令"对话框，输入并确认新的口令，即可。

用系统管理员"admin"身份登录系统后的界面如图3-3所示，值得注意的是系统管理员"admin"、安全管理员"sadmin"的初始密码均为空，可根据需要设置密码，方法是勾选"修改密码"，点击【登录】按钮后先设置密码，再进入系统管理员登录界面。

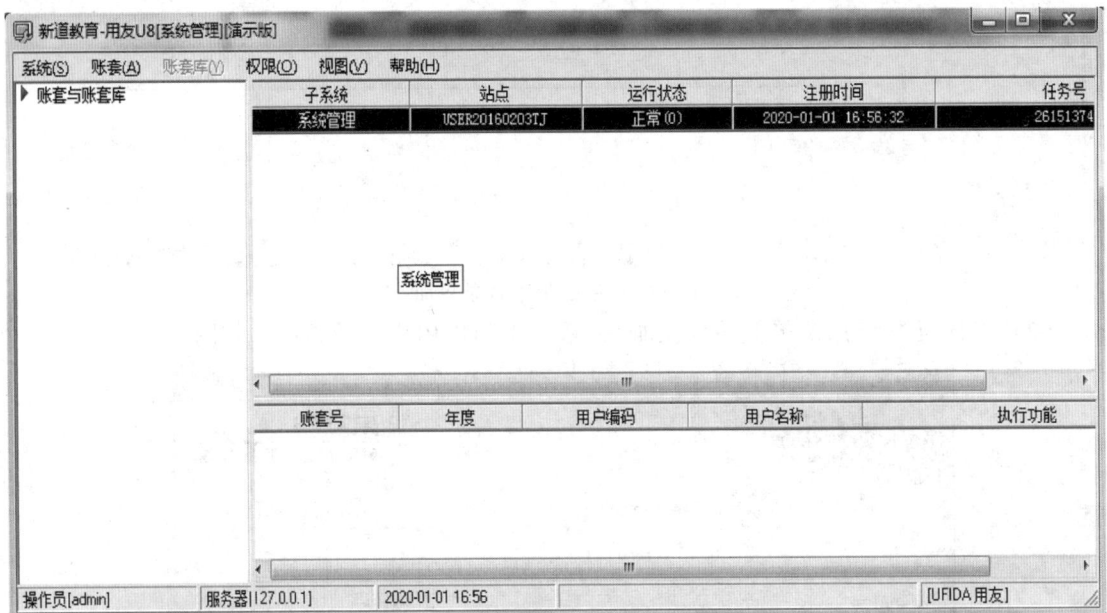

图3-3　系统管理登录成功界面

3.1.3　账套管理

3.1.3.1　账套的含义

用友U8作为通用型商品化管理软件，系统中没有任何与使用单位相关的信息，因此，在使用软件进行账务处理工作时，首先必须进行账套的建立。

账套是财务软件中用于存放企业财务与业务数据的一组相互联系的文件的集合。这个数据集合包括一整套独立、完整的系统控制参数、用户权限、基本档案、会计信息、账表查询等，就是一个独立的数据库。企业购买用友软件后必须根据企业的业务管理和核算需要进行建账设置，以使软件功能与企业具体业务相衔接。

用友U8软件可以允许用户同时建立多个账套，一个账套代表一个独立的企业资源管理系统。当然，系统也可为多家企业分别建账。账套建成后，从某种意义上讲企业就可以依托这个专用系统存放和处理本企业的业务数据了。

每个账套都有唯一对应的一个账套号，账套号不能重复。账套号与账套名称是相互对应的。账套号可以自由选择，也可以由系统按顺序自动排序编号。值得注意的是用友U8软件账套号必须是三位数字，可以选择001到999范围内的三位数字。

3.1.3.2　账套的建立

账套的建立是在建账向导指引下进行的一系列操作，主要包括确定账套号、账套名称、账套路径、所属行业、记账本位币、会计科目体系结构、会计期间和设置账套的启用日期等。

3.1.3.3　账套管理

账套管理是用友U8软件十分重要的内容，系统提供了账套的建立、修改、删除、引入和输出等管理功能。

3.1.3.4　年度账管理

用友U8软件的账套有账套与年度账之分，一个账套包含了企业所有的数据，年度账是分年度分别管理企业的某年度业务与核算数据的。用户可以建立多个账套，且每个账套都可以存放不同的年度账。一个账套内也可存放不同的年度账。如果某账套中只保存一年的业务信息，则账套输出内容为该账套的账套信息与该年度的业务及核算信息；如果保存多个年度的业务信息，则账套输出的为该账套信息与所有年度的业务和核算信息。

企业在每一个新的会计年度开始时，都应该在系统中设置新的年度账套，并将上年度账套的期末余额转到新的年度账套中，开始新一年的业务核算工作。

年度账的管理由账套主管承担，账套主管还承担修改账套的工作，其他账套管理操作由系统管理员执行。

3.1.3.5　新年度账建立过程

（1）年度账备份

在新年度核算体系建立前，首先要将上年业务处理完毕，然后执行【年度账】→【输出】命令做好年度账的备份工作。

（2）建立新年度账

执行【年度账】→【建立】命令建立新年度账，系统按年度先后顺序建立，不能修改会计年度。

（3）结转上年数据

持续经营是会计假设之一，企业的会计工作是一个连续性的工作，每到年末，启用新账套时都需要将上年度中的相关账户的余额及其他信息结转到新年度账中。

年度账建立成功后，执行【系统】→【注销】命令，再在新年度重新注册，执行【年度账】→【结转上年数据】命令进行上年数据结转。

操作提示：

● 若某年度账中错误太多或不希望将上年度的余额或其他信息全部转到下一年度就需要执行【年度账】→【清空年度数据】命令，清空并不是将年度账的数据全部清空，可以保留一些必要信息，如基础信息、科目等。

● 结转上年数据时，必须遵循以下顺序：首先结转购销存系统的上年余额；再结转应收款管理系统和应付款管理系统的上年余额；最后结转总账管理系统的上年余额。

（4）调整相关事项

成功结转上年余额后，在新年度日常业务开始之前，可以对某些事项做调整。例如，可以增加、修改或删除科目；对于已经两清的单位和个人项目可以删除等。

（5）新年度日常业务

相关事项调整完毕后，就可以开始新年度的日常业务处理了。

3.1.3.6　账套备份与恢复

用友U8软件备份功能是指将所选账套数据进行备份，又称账套输出。账套输出时，输出两个文件，即UfErpAct.Lst文件与UFDATA.BAK文件，前者为账套信息文件，后者为账套数据文件。

账套恢复功能，又称账套引入功能，是指将以前备份的账套数据引入本系统，对于集团公司来说，可以将子公司的账套数据定期引入母公司系统，以便进行有关账套数据的分析与合并。

年度账的恢复与备份操作与一般账套的备份与恢复方法相同，不同的是年度账的恢复与备份针对的是账套中某一年度的年度账数据，而不是整个账套的数据。此外，一般账套的恢复与备份由系统管理员操作，而年度账的备份与恢复只能由账套主管进行操作。

3.1.3.7　账套的修改与删除

账套建立完成之后，通常包括账套号、账套名称、账套路径、记账本位币、行业性质、会计期间、账套主管等相关信息，其中启用会计期、账套号、本位币和企业性质是不能修改的。

账套修改只能由账套主管进行，以账套主管身份注册系统管理，然后在账套菜单下选择【修改】命令，然后根据类似建账向导的流程进行修改。注意，凡是灰色的项目表示不可修改。

对于账套的删除，系统是通过对账套进行输出时在弹出的界面中勾选"删除当前输出账套"复选框实现的，这样在输出账套的同时，实现删除当前账套。

● 知识链接

系统管理员与账套主管的区别。系统管理模块允许用户以两种身份注册登录，一种是以系统管理员身份，即admin身份，是由用友U8软件默认设定的，一般不可以更改。另一种是以账套主管身份，账套主管由系统管理员在建立账套时指定或在权限设置时指定，一个账套可以有多个账套主管。用友U8软件对系统管理员与账套主管的作用与权限进行了区分。两者权限主要的不同见表3-1。

表3-1　　　　　　　　　　　　系统管理员与账套主管的权限比较

主要功能	功能选项	功能细项	系统管理员权限	账套主管权限
账套	账套建立		Y	N
	账套修改		N	Y
	账套引入		Y	N
	账套输出		Y	N
	账套数据删除		Y	N
年度账	年度账建立		N	Y
	清空年度数据		N	Y
	年度账引入		N	Y
	年度账输出		N	Y
	年度账数据删除		N	Y
系统	结转上年数据		N	Y
	设置备份计划	设置账套数据输出计划	Y	N
		设置年度账数据输出计划	Y	N
权限	角色		Y	N
	用户		Y	N
	权限		Y	Y
视图	刷新		Y	Y
	清除单据锁定		Y	N
	清除异常任务		Y	N
	上机日志		Y	N

注：表3-1中"Y"表示具备相应权限，"N"表示不具备相应权限。

3.1.4　用户与权限设置

3.1.4.1　角色与用户

角色是指在企业管理中拥有某个身份的一类人员，相当于一个用户组。这个角色组织可以是实际的部门，也可以是拥有同一类职能的虚拟组织。在设置了角色后，就可以定义角色的权限，当用户归属于某一角色后，就相应地拥有了该角色的权限。设置角色有利于根据职能统一进行权限划分，方便授权。

用户是指一个具体的操作员，是有权限登录系统并对系统进行操作的人员。一个用户可以归属于不同的角色，一类角色可以包含多个不同的用户。已经赋予某角色的权限，归属于该角色的所有用户均可以享有。

用户与角色设置可以不分先后，对于自动传递权限来说，应先设定角色，再分配权限，最后进行用户的设置。

用友 U8 软件的用户从总体上来看，主要有系统管理员、账套主管与一般操作员。三者分别在系统管理与企业应用平台管理不同的资源与操作不同的模块。

3.1.4.2　权限设置

系统与数据的安全与保密是信息系统十分重要的任务，用友 U8 软件提供了系统管理员、账套主管及一般用户的操作权限集中管理的功能。通过分工与授权，实现系统操作的权限管理，不同的操作员只能在其权限内操作系统管理的相应资源。这样，可以避免与业务数据无关的人员进入系统，还可以对系统各个模块的操作进行协调，确保各司其职，分工配合，流程有序实施。

在用友 U8 软件中，提供了三个层次的权限管理，分别是功能级权限管理、数据级权限管理、金额级权限管理。

功能级权限管理提供了对不同的用户分配不同功能模块的操作权限。例如，某用户分配了"【总账】→【出纳】"的全部权限。

数据级权限管理。该权限可通过两个方面进行控制：一个是字段级权限控制；另一个是记录级权限控制。例如，设定某用户只能录入某一种凭证类别的凭证。

金额级权限管理。该权限主要用于完善内部金额控制，实现对具体金额数量划分级别，对不同岗位和职位的操作员金额级别控制，限制他们制单时可以使用的金额数量。例如，设定某用户只能录入金额在 20 000 元以下的凭证。

功能级权限的分配在系统管理中"权限分配"中设置，数据级权限和金额级权限在"企业门户→基础信息→数据权限"中进行设置，且必须是在系统管理的功能权限分配之后才能进行。

3.2　企业应用平台

企业应用平台就是用友 U8 软件的集成应用平台，可以实现系统基础数据的集中维护、各种信息的及时沟通、数据资源的有效利用。企业应用平台为企业员工、合作伙伴提供了访问系统的唯一通道；通过企业应用平台，用户可以设计个性化的工作流程，提高工作效率，还可以实现与日常办公的协同进行。

企业应用平台中包含的内容极为丰富，与系统应用相关的主要项目包括：

（1）基础设置。其包括基本信息、基础档案、数据权限和单据的设置。在基本信息中，可以设置系统启用、修改建账时的分类编码方案和数据精度。在基础档案中，可以设置用友 U8 软件各个子系统公用的基础档案信息，如机构人员、客商信息、财务信息等。在数据权限中，可以针对系统数据的操作权限进行进一步细分。单据设置提供了个性化单据显示及打印格式的定义。基础信息设置的结果可由各个模块共享。

（2）业务。将用友 U8 软件分为财务会计、供应链、集团应用等功能群，每个功能群中又都包括若干功能模块，此处也是用户访问用友 U8 软件中各功能模块的唯一通道。

（3）工具。提供了常用的系统配置工具。

实验一   系统管理与账套管理

【实验目的】

掌握用友 U8 软件中系统管理的相关内容；理解系统管理在整个会计信息系统中的作用及重要性；理解账套数据备份和恢复的作用；充分理解操作员权限设置的意义。

【实验准备】

正确安装用友 U8 软件并结合实验室环境进行服务器配置。

【实验内容】

1. 增加操作员

2. 建立单位账套

3. 操作员权限设置

4. 备份和恢复账套数据

5. 修改账套数据

【实验要求】

以系统管理员 admin 的身份注册系统管理。

【实验资料】

1. 操作员资料（见表实 1-1）

表实 1-1   操作员资料

编号	姓名	口令	确认口令	所属部门	权限
001	王伟	1	1	财务部	账套所有权限
002	李芳	2	2	财务部	出纳、出纳签字、查询凭证
003	余力	3	3	财务部	总账管理、应收款管理、应付款管理、固定资产、薪资管理、UFO 报表
004	张兵	4	4	销售部	销售管理、库存管理
005	丁雪	5	5	供应部	采购管理、库存管理、存货核算

2. 账套资料

（1）账套信息

账套号：168

账套名称：上海华龙科技有限公司

账套路径：采用默认账套路径

启用会计期：2020 年 1 月

会计期间设置：1 月 1 日至 12 月 31 日

（2）单位信息

单位名称：上海华龙科技有限公司

单位简称：华龙科技

单位地址：上海市徐汇区华山路1999号

法定代表人：张晓方

邮政编码：100086

联系电话及传真：010-12345678

统一社会信用代码：210319120567658

（3）核算类型

记账本位币：人民币（RMB）

企业类型：工业

行业性质：2007年新会计准则，并按行业性质预置科目

账套主管：王伟

（4）基础信息

该企业有外币核算，进行经济业务处理时，需要对存货、客户、供应商进行分类。

（5）分类编码方案

科目编码级次：4-2-2-2-2

其他：默认

（6）数据精度

该企业将存货数量、单价的小数位定为2。

（7）系统启用

"总账"模块的启用日期为"2020年1月1日"。

3.操作员权限设置

（1）王伟（口令：1）

岗位：账套主管。

职责：负责财务软件运行环境的建立，以及各项初始设置工作；负责财务软件的日常运行管理工作，监督并保证系统的有效、安全、正常运行；负责总账管理系统的凭证审核、记账、账簿查询、月末结账工作；负责报表管理及财务分析工作，具有系统所有模块的全部权限。

（2）李芳（口令：2）

岗位：出纳签字及出纳管理。

职责：负责现金、银行账管理工作。

具有"总账→凭证→出纳签字""总账→凭证→查询凭证""总账→出纳""账表→科目账→总账"等操作权限。

（3）余力（口令：3）

岗位：会计。

职责：负责总账管理系统的凭证管理工作、客户往来和供应商往来管理工作以及固定资产、工资管理、采购管理、销售管理、库存管理、应付应收款管理工作。

具有"固定资产""总账""财务报表""人力资源""采购管理""销售管理""库存管理""应收款管理""应付款管理"的全部权限。

（4）张兵（口令：4）

岗位：销售管理与库存管理。

职责：负责销售业务处理与管理工作。

（5）丁雪（口令：5）

岗位：采购管理、库存管理、存货核算。

职责：负责采购工作、采购业务管理、库存管理与存货核算。

【操作指导】

1.启动系统管理

执行"开始→程序→用友U8V10.1→系统服务→系统管理"命令，进入"用友U8【系统管理】"窗口，或在桌面直接单击"系统管理"，如图实1-1所示。

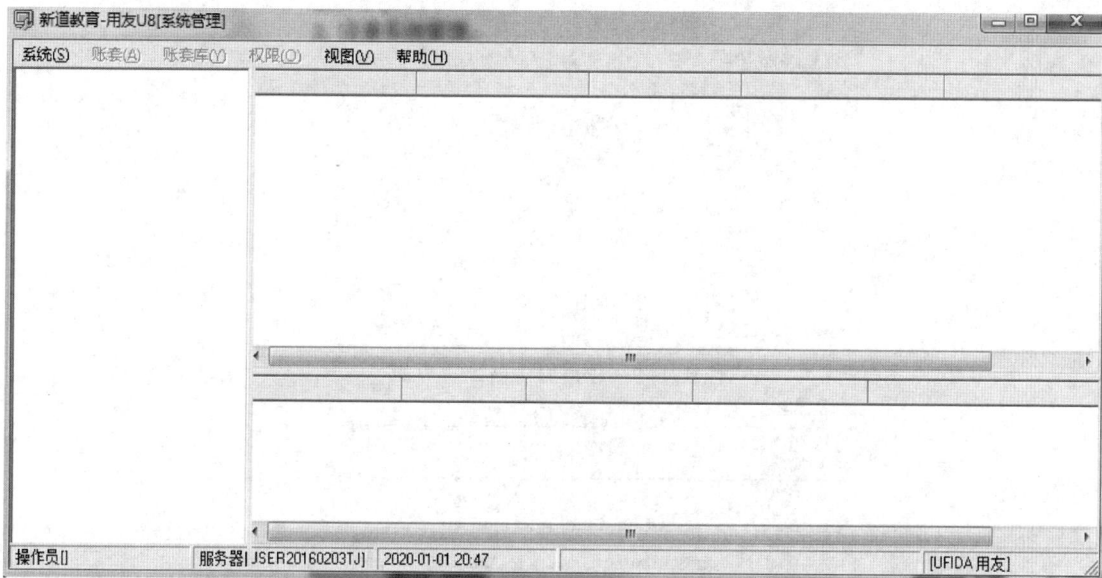

图实1-1 系统管理初始界面

2.注册系统管理

（1）在"用友U8【系统管理】"窗口中，执行"系统→注册"命令，打开"注册【控制台】"对话框，如图实1-2所示。

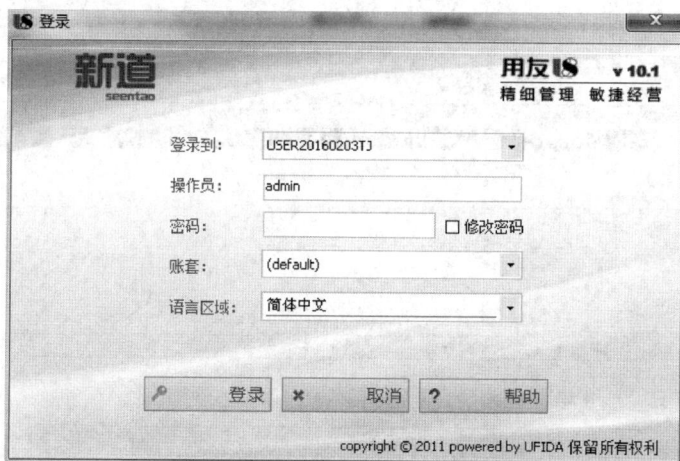

图实1-2 admin登录界面

（2）输入数据。在"登录到"后录入框中选择或输入本计算机名作为数据服务器（本书中的计算机名为 USER20160203TJ，用友 U8 软件安装时可直接将数据服务器地址设为"127.0.0.1"，下同），"操作员"后录入框内输入用户名：admin；密码为空。"账套"后录入框内是系统自动带出的数据源（数据源是在执行"开始→程序→用友 U8V10.1→系统服务→应用服务器配置"命令，如图实 1-3 所示，然后再执行"数据库服务器"命令，出现如图实 1-4 所示的配置窗口，可以对数据源、数据服务器进行设置，一般在用友 U8 软件安装时数据源默认为 default，数据库服务器与本地计算机名称一致。单击【退出】按钮，返回到图实 1-3 所示界面。本书没有特别说明，均以本地计算机名称为数据库服务器），所以图实 1-2 中"账套"后录入框内就是 default，"语言区域"为简体中文。

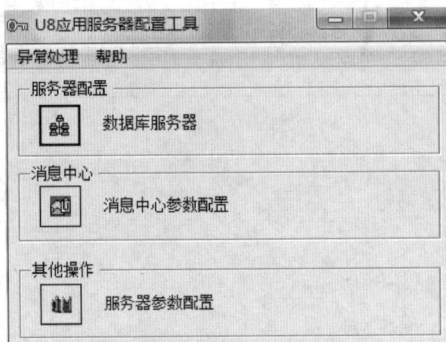

图实 1-3　应用服务器配置界面

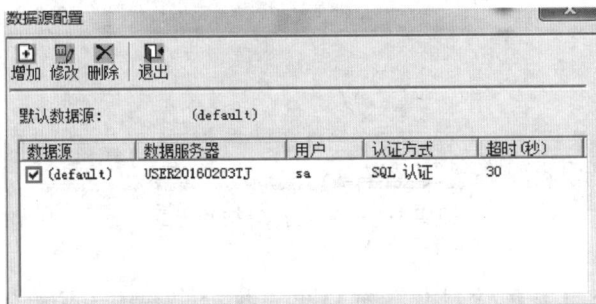

图实 1-4　数据源配置

（3）单击【登录】按钮，以系统管理员身份注册进入系统管理，如图实 1-5 所示。

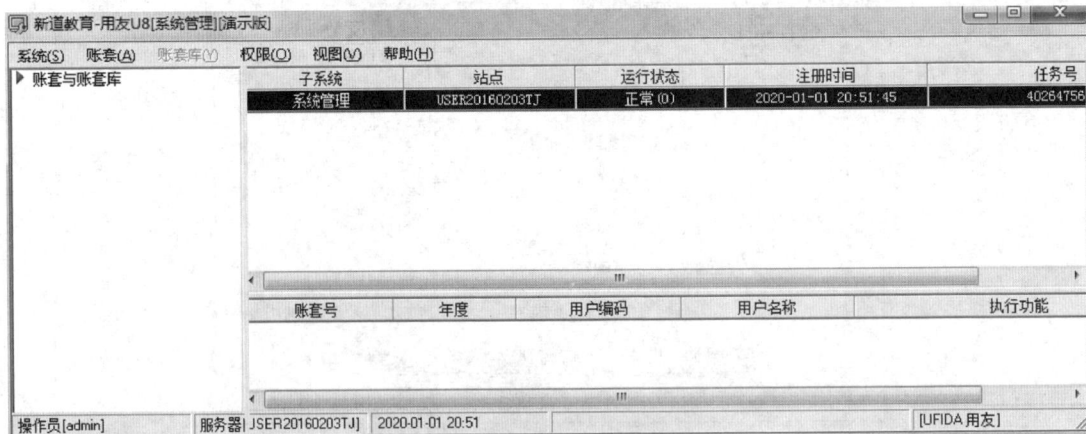

图实 1-5　系统管理注册后界面

3.增加操作员

（1）执行"权限→用户"命令，进入"用户管理"窗口。窗口中显示系统预设的几位用户：demo、SYSTEM 和 UFSOFT，如图实1-6所示。

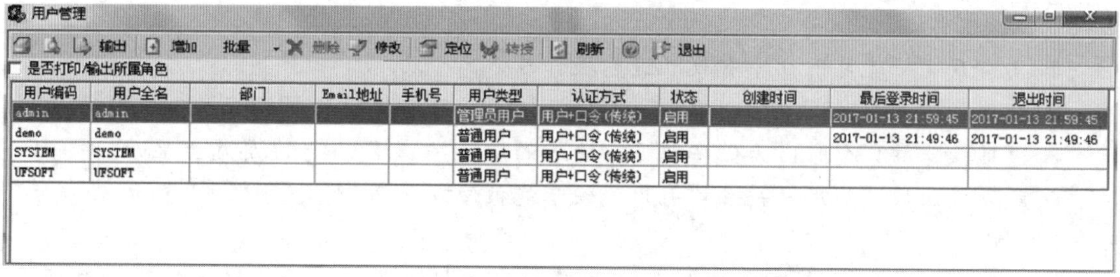

图实1-6　用户管理默认界面

（2）单击工具栏中的【增加】按钮，打开"操作员详细情况"对话框，如图实1-7所示。

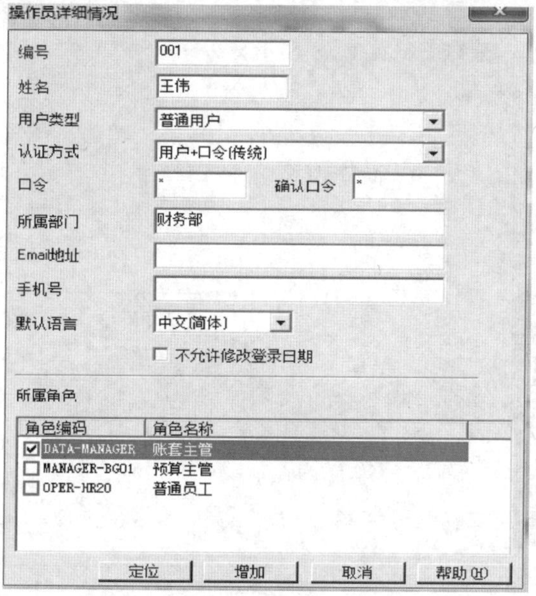

图实1-7　增加用户界面

（3）将操作员资料列表中所示资料输入。

如图实1-7所示，输入操作员"王伟"的编号、姓名、口令、所属部门及角色等信息。单击【增加】按钮增加操作员"李芳""余力"等操作员信息。操作员信息增加完毕后，结果如图实1-8所示，所有用户以列表方式显示。

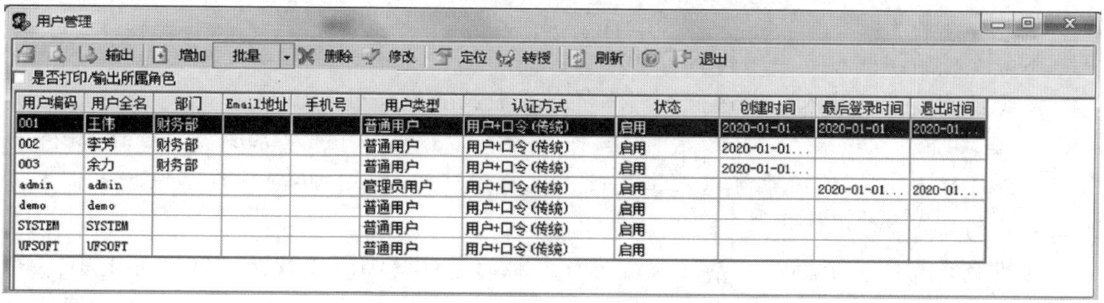

图实1-8　用户增加成功界面

（4）单击【退出】按钮结束，返回"用友U8系统管理"窗口。

注意事项：

● 上机操作时，学生还应以本人的姓名再增加一名操作员，并设为账套主管，以取代操作员"王伟"。

● 只有系统管理员用户才有权限设置操作员。

● 操作员编号在系统中必须唯一，即使是不同的账套，操作员编号也不能重复。

● 设置操作员口令时，为保密起见，输入的口令字以"*"号在屏幕上显示。

● 所设置的操作员用户一旦被引用，便不能被修改和删除。

4.建立账套

（1）在用友U8系统管理窗口执行"账套→建立"命令，打开"创建账套"对话框，进入账套建立向导，如图实1-9所示。

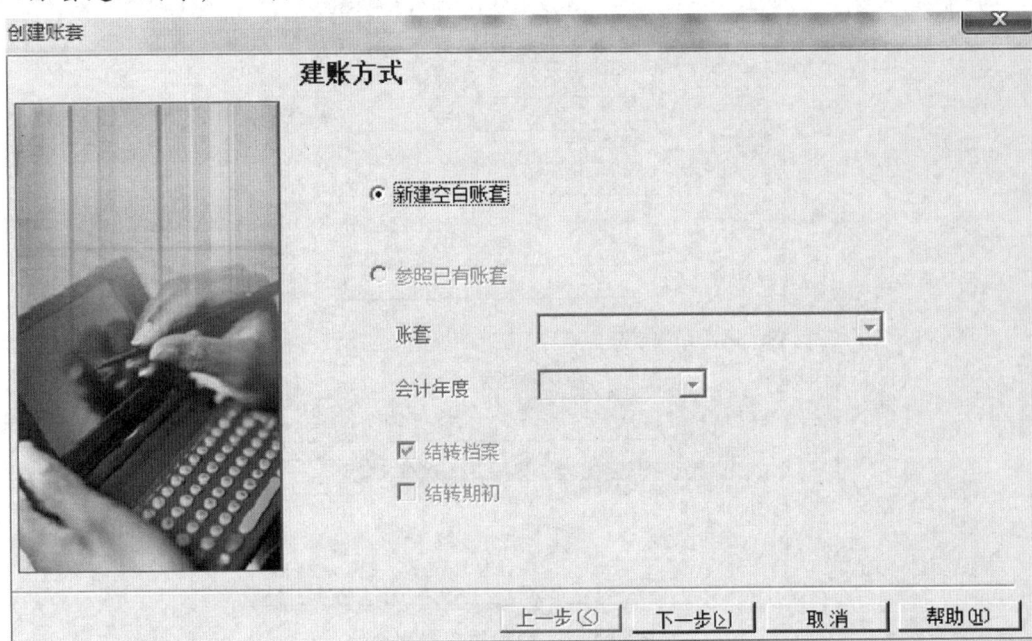

图实1-9　账套新建初始界面

（2）单击【下一步】按钮。

（3）输入账套信息。

已存账套：系统将已存在的账套以下拉列表框的形式显示，用户只能查看，不能输入或修改。

账套号：必须输入。本例输入"168"。

账套名称：必须输入。本例输入"上海华龙科技有限公司"。

账套路径：用来确定新建账套将要被放置的位置，系统默认的路径为"C：\U8SOFT\Admin"，用户可以人工更改，也可以利用【…】按钮进行参照输入，本例采用系统的缺省路径。

启用会计期：必须输入。系统缺省为计算机的系统日期，更改为"2020年1月"。输入完成后，如图实1-10所示。

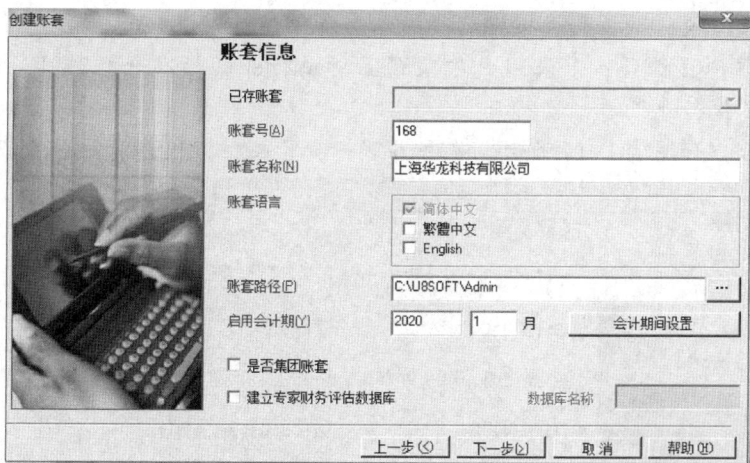

图实 1-10　设置账套信息界面

（4）单击【下一步】按钮，进行单位信息设置。

单位名称：用户单位的全称，必须输入。企业全称只在发票打印时使用，其余情况全部使用企业的简称。本例输入"上海华龙科技有限公司"。

单位简称：用户单位的简称，最好输入。本例输入"华龙科技"。

其他栏目都属于任选项，可根据本实验提供的资料进行输入。

输入完成后，如图实 1-11 所示。单击【下一步】按钮，进行核算类型设置。

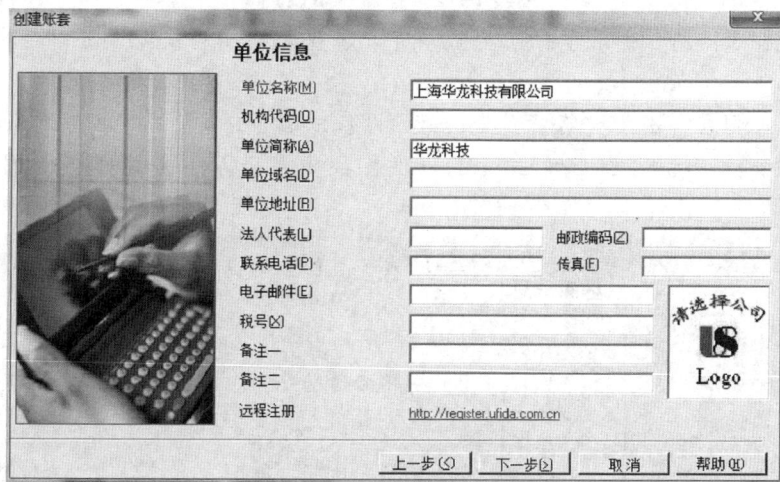

图实 1-11　单位信息设置界面

（5）输入核算类型。

本币代码：必须输入。本例采用系统默认值"RMB"。

本币名称：必须输入。本例采用系统默认值"人民币"。

企业类型：用户必须从下拉列表框中选择输入。系统提供了工业、商业两种类型。如果选择工业模式，则系统不能处理受托代销业务；如果选择商业模式，委托代销和受托代销业务都能处理。本例选择"工业"。

行业性质：用户必须从下拉列表框中选择输入。系统按照所选择的行业性质预置科目。本例选择的行业性质为"2007 年新会计制度科目"。

账套主管：必须从下拉列表框中选择输入。本例选择"001王伟"。

按行业性质预置科目：如果用户希望预置所属行业的标准一级科目，则选中该复选框。本例选择"按行业性质预置科目"。

输入完成后，如图实1-12所示。单击【下一步】按钮，进行基础信息设置。

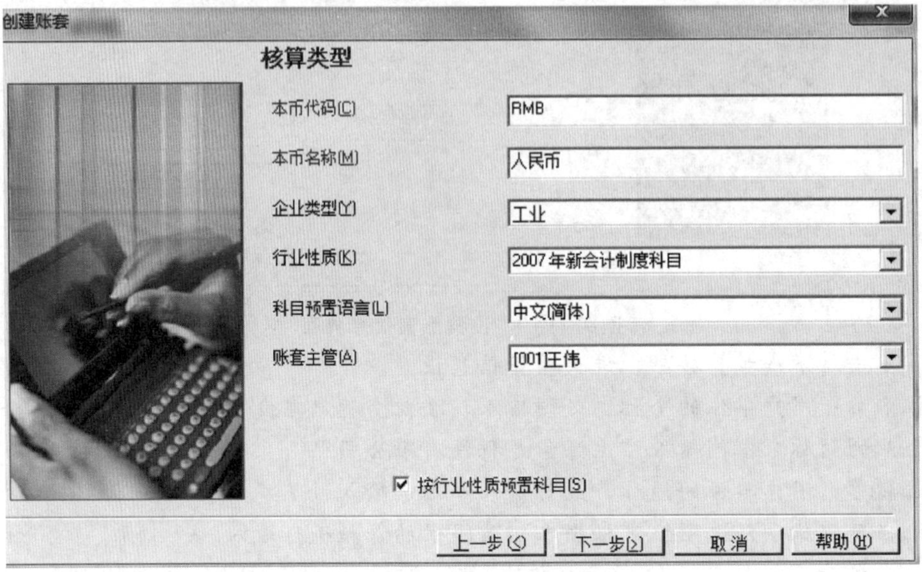

图实1-12　核算类型设置

（6）确定基础信息。如果单位的存货、客户、供应商相对较多，可以对它们进行分类核算。

按照本例的要求，选中"存货是否分类""客户是否分类""供应商是否分类""有无外币核算"四个复选框，然后单击【下一步】按钮，进入准备建账，如图实1-13、图实1-14所示。

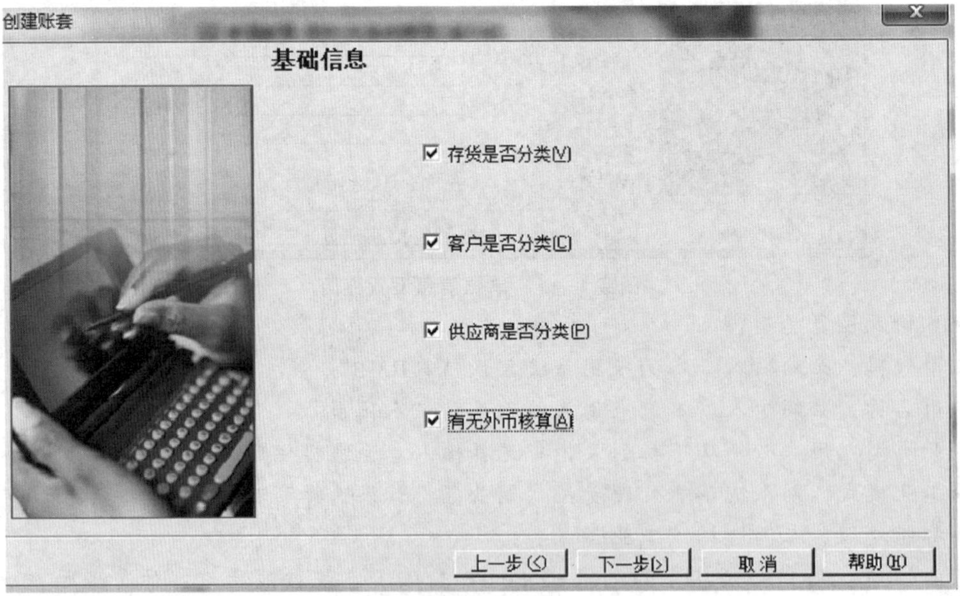

图实1-13　基础信息设置

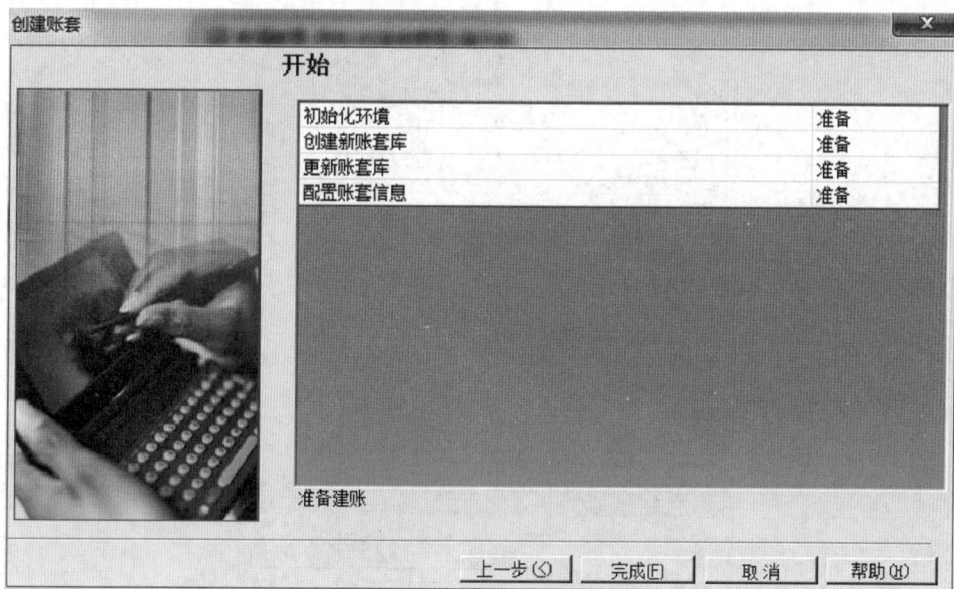

图实1-14 准备创建账套

（7）准备建账。单击【完成】按钮，弹出系统提示"可以创建账套了吗？"，单击【是】按钮，系统依次进行初始化环境、创建新账套库、更新账套库、配置账套信息等工作，所以需要一段时间才能完成，如图实1-15所示。完成以上工作后，打开"分类编码方案"对话框。

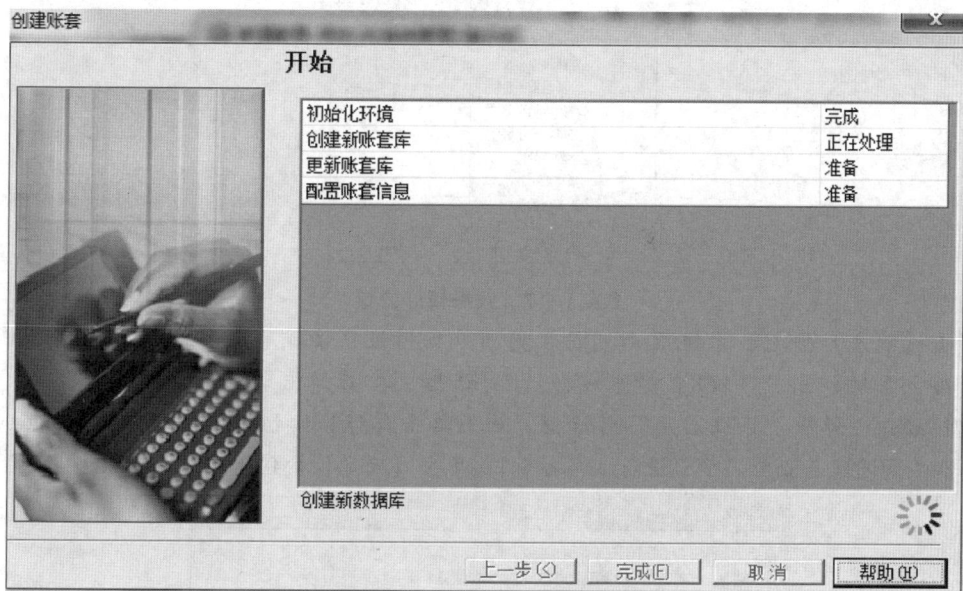

图实1-15 创建账套进程界面

（8）确定编码方案。为了便于对经济业务数据进行分级核算、统计和管理，系统要求预先设置某些基础档案的编码规则，即规定各种编码的级次及各级的长度。

根据实验资料，修改科目编码级次为"42222"，其他采用默认值，如图实1-16所示。

图实 1-16　编码方案设置

单击【确定】按钮，并单击【取消】按钮，打开"数据精度"对话框。

（9）数据精度定义。数据精度是指定义数据的小数位数，如果需要进行数量核算，需要认真填写该项。本例采用系统默认值，如图实 1-17 所示。

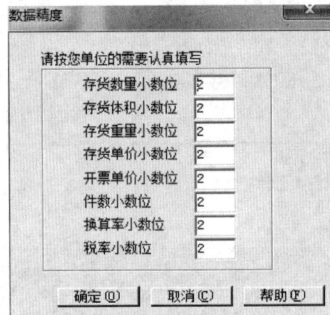

图实 1-17　数据精度设置

单击【确定】按钮，系统显示"正在更新单据模板，请稍等"信息提示。完成单据模板更新后，系统弹出"［168］建账成功！"对话框，接着弹出"是否立即启用账套？"。单击【是】按钮，弹出"系统启用"对话框。如果单击【否】按钮暂不进行系统启用的设置。系统提示"请进入企业应用平台进行业务操作！"单击【确定】按钮返回，如图实 1-18 所示。

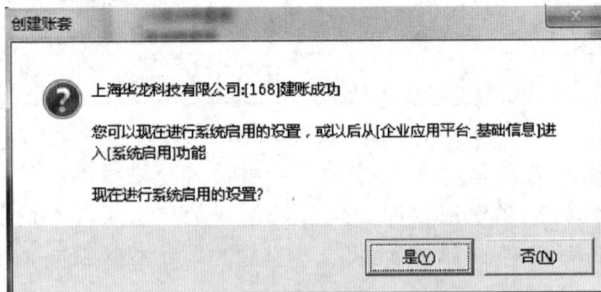

图实 1-18　账套创新成功提示

（10）系统启用。在上步中如果选择"是"，则进行系统启用。在弹出的系统启用窗口中分别选中"GL—总账""FA—固定资产""WA—工资管理"，弹出"日历"对话框，选择日期"2020年1月1日"，单击【确定】按钮，单击【退出】按钮。系统弹出"请进入企业应用平台进行业务操作！"字样，如图实1-19所示。单击【确定】按钮返回系统管理界面，并出现已建成的账套名称与年度信息，如图实1-20所示。

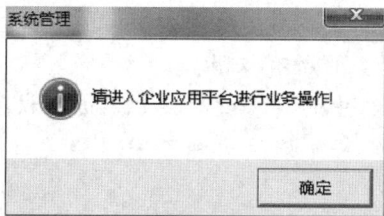

图实1-19　企业应用平台操作提示

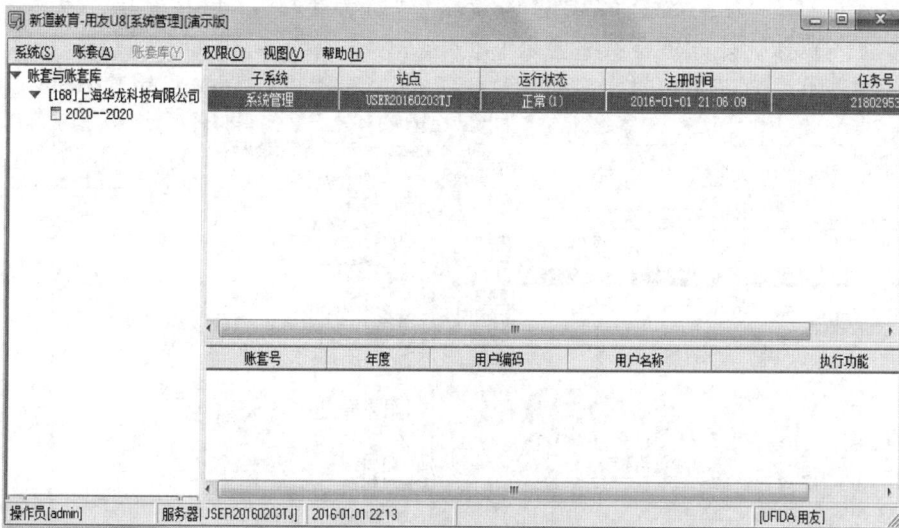

图实1-20　系统管理登录成功界面

5.操作员权限设置

（1）执行"权限→权限"命令，进入"操作员权限"窗口，如图实1-21所示。

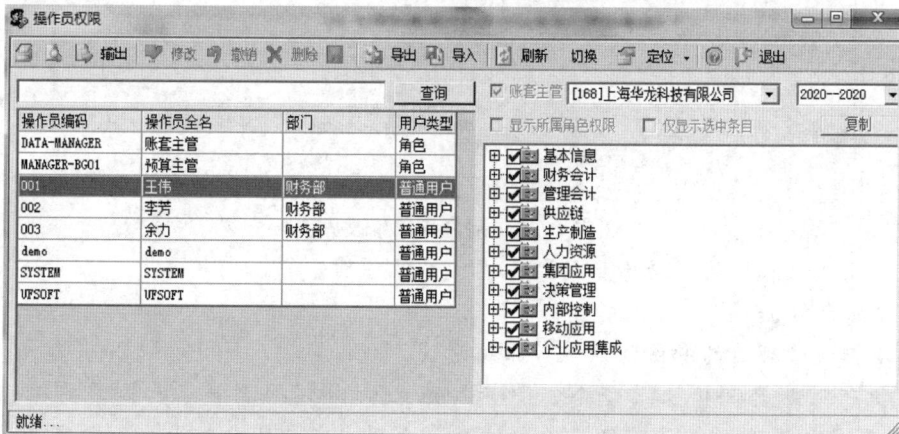

图实1-21　用户权限设置初始界面

（2）选择"168账套"和2020年度。

（3）从操作员列表中选择王伟，"账套主管"复选框已被选中，确定王伟已具有账套主管权限。

注意事项：

● 由于在建立账套时已指定"王伟"为账套主管，此处无须再设置。

● 一个账套可以设定多位账套主管。

● 账套主管自动拥有该账套的所有权限。

（4）选择李芳，单击工具栏中的【修改】按钮，进行权限修改或增加权限，勾选"出纳管理"复选框、"总账"下的"凭证—出纳签字"和"出纳"复选框，赋予相关权限，单击【保存】按钮。

同理，设置操作员余力的"应收款管理""应付款管理""固定资产""总账""UFO报表""薪资管理""现金流量表""采购管理""销售管理""库存管理"权限，并单击【保存】按钮。操作员余力的权限如图实1-22所示。

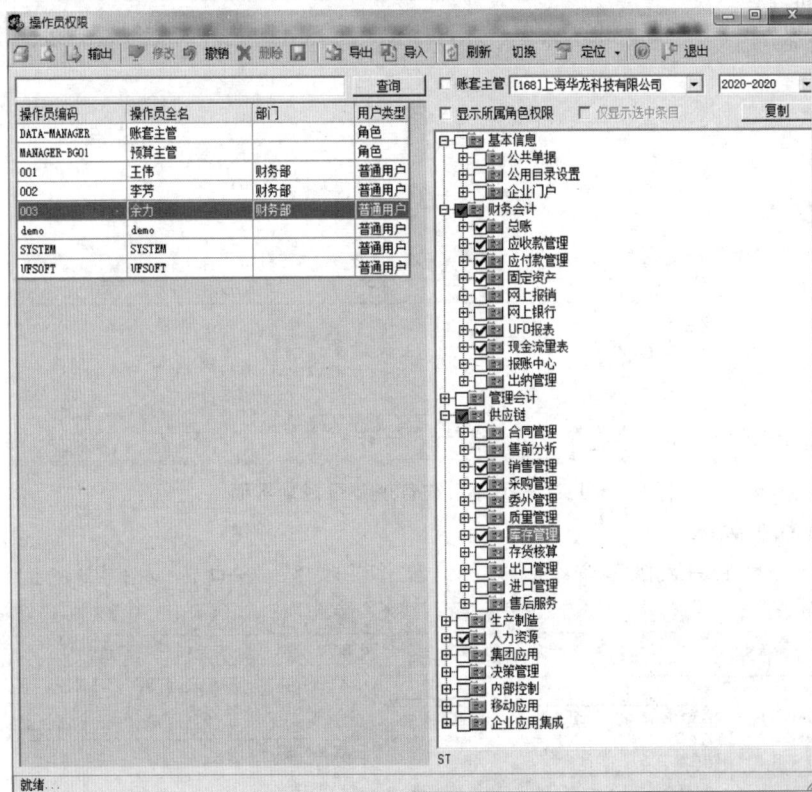

图实1-22　用户权限修改界面

（5）单击工具栏中的【退出】按钮，返回系统管理。

6.备份账套数据

（1）以系统管理员的身份注册进入系统管理。

（2）执行"账套→输出"命令，打开"账套输出"对话框，选择需要输出的账套168，并设置输出账套的存放路径下的文件夹（由用户在本地电脑上自行设置备份账套资料存放的文件夹），单击【确认】按钮，即可在所输出的路径下找到UfErpAct.Lst和

UFDATA.BAK 两个文件。如果需要删除账套，在对话框中勾选"删除当前输出账套"复选框即可在输出的同时删除当前账套，如图实 1-23 所示。

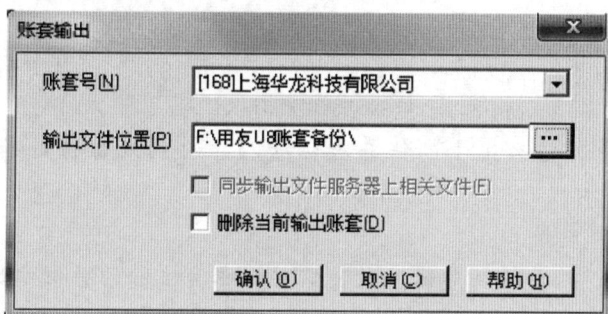

图实 1-23　账套输出界面

（3）备份完成后，弹出系统提示"输出成功！"，单击【确定】按钮返回。完成备份后，为了以后数据恢复时容易区分，应新建若干文件夹，如实验一、实验二、实验三……将每个实验的备份数据 UfErpAct.Lst 和 UFDATA.BAK 存入相应的文件夹中。

注意事项：

● 只有系统管理员（admin）才能进行账套备份。

● 若要删除选中的账套数据，则在输出账套时，选中"删除当前输出账套"即可。

● 正在使用的账套是不允许删除的。

● 在实际工作中，为防止系统数据丢失，需定期对账套数据作备份，备份好的账套数据最好存放于移动硬盘中，并存放在更为安全的地方。

7.账套数据恢复

（1）以系统管理员 admin 的身份注册进入系统管理。

（2）执行"账套→引入"命令，打开"引入账套数据"对话框，选择需要引入的账套路径，选择账套文件"UfErpAct.Lst"，单击【打开】按钮，如图实 1-24 所示。

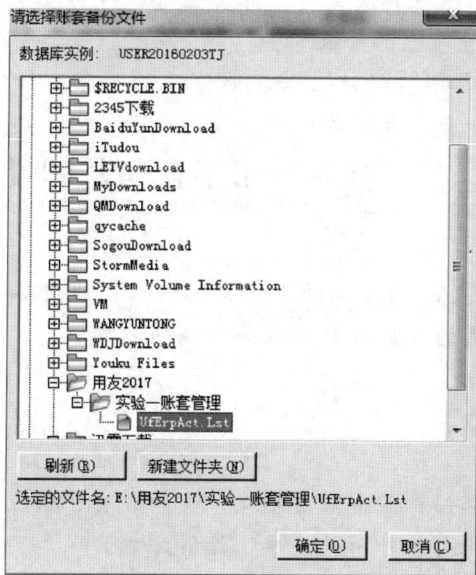

图实 1-24　账套恢复界面

（3）系统提示"重新指定账套路径吗?"，单击【否】按钮。

（4）系统提示"正在恢复168账套，请等待……"，最后提示"账套引入成功!"，单击【确定】按钮。

注意事项：

● 只有系统管理员（admin）才能进行账套引入。

● 在实际工作中，若系统中的账套数据受损，可引入备份好的账套数据，以继续工作。

8.修改账套数据（选做）

如果账套启用后，需要修改建账参数，需要以账套主管的身份注册进入系统管理。

（1）在"系统管理"窗口，执行"系统→注册"命令，打开"注册【系统管理】"对话框。

（2）输入：用户名"001"；密码"1"。选择账套"168上海华龙科技有限公司"；会计年度"2020"；日期"2020-01-01"。

（3）单击【确定】按钮，进入"系统管理"窗口，菜单中显示为黑色字体的部分为账套主管可以操作的内容。

（4）执行"账套→修改"命令，打开"修改账套"对话框，并按照与账套建立向导类似的步骤按需要修改账套信息，可以修改的账套信息以白色显示，不可修改的账套信息以灰色显示。

（5）修改完成后，单击【完成】按钮，弹出系统提示信息"确认修改账套了吗?"，单击【是】按钮，确定"分类编码方案"和"数据精度定义"，单击【确认】按钮，弹出系统提示"修改账套成功!"

注意事项：

● 如果此前是以系统管理员的身份注册进入系统管理的，那么需要首先执行"系统→注销"命令，注销当前系统操作员，再以账套主管的身份登录。

● 只有账套主管才能进行账套修改。

● 账套中的很多参数都不能修改，若不能修改的账套参数输错，则只能删除此账套再重新建立。因此，确定账套参数时要小心谨慎。

实验二　企业应用平台与基础设置

【实验目的】

掌握用友U8软件中有关基础档案设置的相关内容；理解基础档案设置在整个系统中的作用；理解基础档案设置的数据对日常业务处理的影响。

【实验准备】

引入实验一的账套资料。

【实验内容】

设置基础档案，包括部门档案、职员档案、客户分类、供应商分类、地区分类、客户档案、供应商档案、开户银行、外币及汇率、结算方式。

【实验要求】

以账套主管"王伟"的身份进行基础档案设置。

【实验资料】

上海华龙科技有限公司基础档案资料如下：

（1）部门档案（见表实2-1）

表实2-1   部门档案资料

部门编码	部门名称	部门编码	部门名称
1	综合部	203	销售三部
101	总经理办公室	204	销售四部
102	财务部	3	供应部
2	销售部	4	制造部
201	销售一部	401	产品研发部
202	销售二部	402	制造车间

（2）人员类别（见表实2-2）

表实2-2   人员类别资料

分类编码	分类名称
1011	企业管理人员
1012	销售人员
1013	车间管理人员
1014	生产工人

（3）人员档案（见表实2-3）

表实2-3   人员档案资料

编号	姓名	性别	所属部门	人员类别	是否业务员	是否操作员	对应操作员编码
101	肖剑	男	总经理办公室	企业管理人员	是		
102	王伟	男	财务部	企业管理人员	是	是	001
103	李芳	女	财务部	企业管理人员	是	是	002
104	余力	女	财务部	企业管理人员	是	是	003
201	张兵	男	销售一部	销售人员	是	是	004
202	宋玉	女	销售二部	销售人员	是		
203	孙晓	男	销售三部	销售人员	是		
204	王明	男	销售四部	销售人员	是		
301	丁雪	女	供应部	企业管理人员	是	是	005
401	周丽	女	产品研发部	车间管理人员	是		
402	李刚	男	制造车间	生产工人	是		

（4）地区分类（见表实2-4）

表实2-4　　　　　　　　　　　　　地区分类资料

地区分类	分类名称
01	东北地区
02	华北地区
03	华东地区
04	华南地区
05	西北地区
06	西南地区

（5）供应商分类（见表实2-5）

表实2-5　　　　　　　　　　　　　供应商分类资料

分类编码	分类名称
01	硬件供应商
02	软件供应商
03	材料供应商
04	其他

（6）供应商档案（见表实2-6）

表实2-6　　　　　　　　　　　　供应商档案资料

供应商编号	供应商名称	供应商简称	所属分类码	所属地区	地　　址	邮政编码
001	北京志科有限公司	志科	02	02	北京市朝阳区十里堡11号	100045
002	北京畅想公司	畅想	01	02	北京市海淀区开拓路56号	100036
003	南京成功网络教学研究所	成功网络	04	03	南京市南下区湖北路188号	230187
004	上海天一记录纸公司	天一记录纸	03	03	上海市浦东新区南京路36号	200332

（7）客户分类（见表实2-7）

表实2-7　　　　　　　　　　　　　客户分类资料

分类编码	分类名称
01	事业单位
01001	学校
01002	机关
02	企业单位
02001	工业
02002	商业
02003	金融
03	其他

（8）客户档案（见表实 2-8）

表实 2-8　　　　　　　　　　　客户档案资料

客户编号	客户名称	客户简称	所属分类编码	所属地区	地　址	邮政编码
001	北京东方学校	东方学校	01001	02	北京市海淀区上地路1号	100077
002	天津丽达公司	丽达公司	02002	02	天津市南开区华苑路1号	300000
003	上海申银证券公司	申银证券	02003	03	上海市徐汇区天平路8号	200032
004	哈尔滨市飞机制造厂	哈飞	02001	01	哈尔滨市平房区和平路116号	150008

【操作指导】

1.启动并注册用友 U8 企业应用平台

（1）单击【开始】按钮，执行"开始→程序→用友 U8V10.1→系统服务→系统管理"命令，打开"注册【控制台】"对话框，以系统管理员 admin 或账套主管王伟的身份登录，最小化"系统管理"窗口。

（2）单击【开始】按钮，执行"开始→程序→用友 U8V10.1→企业应用平台"命令，打开企业应用平台"注册【控制台】"对话框，以账套主管王伟操作员的身份及密码登录。输入操作员编码"001"及密码"1"；选择账套"168上海华龙科技有限公司"；会计年度"2020"；日期"2020-01-01"。

（3）单击【登录】按钮，进入用友 U8 企业应用平台界面，如图实 2-1 所示。状态栏显示账套名称及操作员信息。

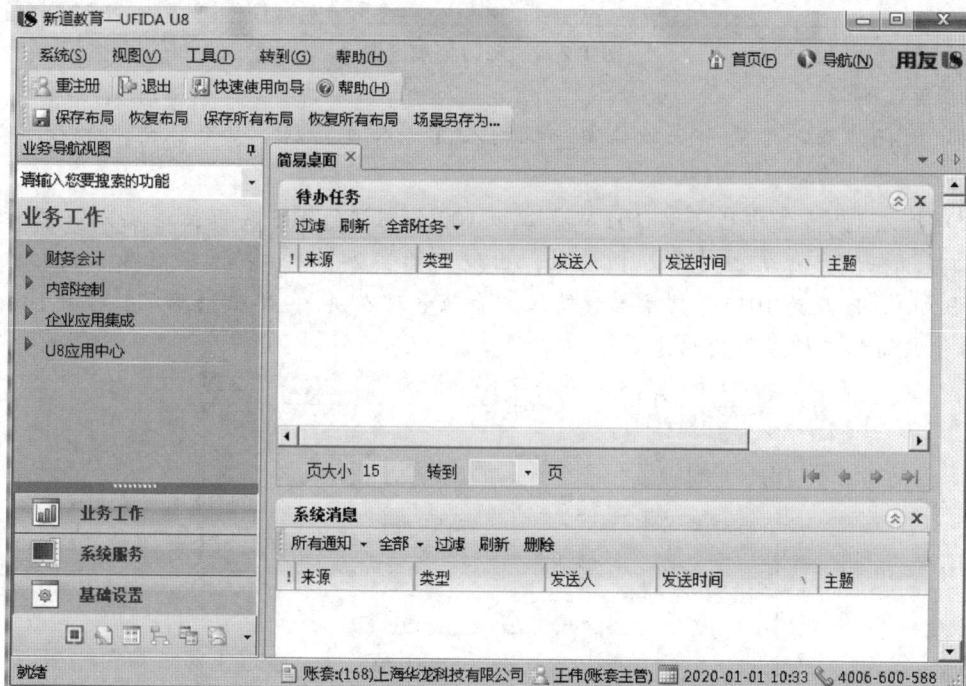

图实 2-1　企业应用平台登录界面

2.设置部门档案

（1）在图实 2-1 中，执行"基础设置→基础档案→机构人员→部门档案"命令，进入

"部门档案"窗口。

（2）单击【增加】按钮。

（3）输入部门相关信息。部门编码：1；部门名称：综合部。

（4）单击【保存】按钮。

（5）重复步骤（2）至步骤（4），根据实验资料输入其他部门档案。结果如图实2-2所示。

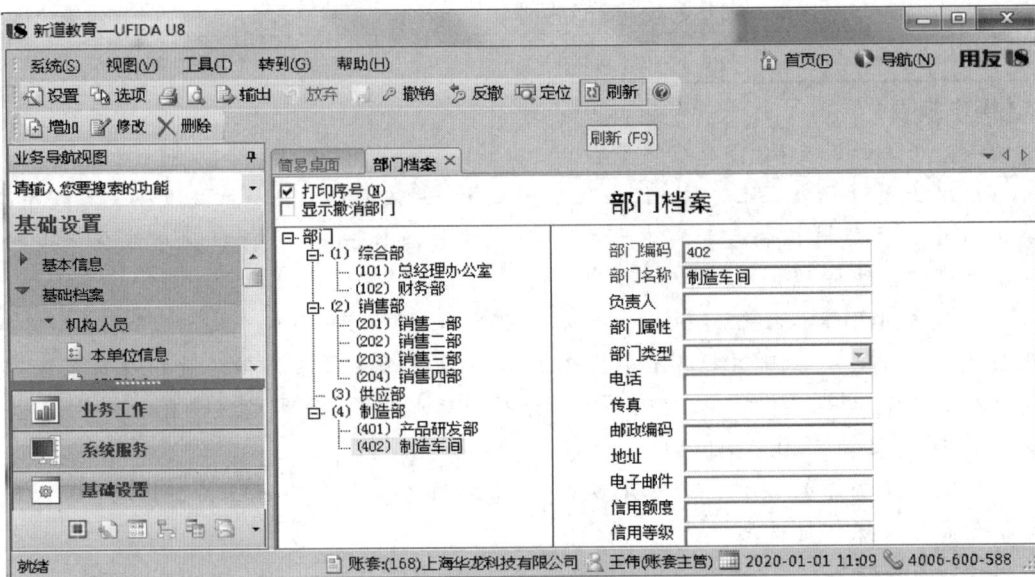

图实2-2　部门档案设置

3.人员类别

（1）执行"基础设置→基础档案→机构人员→人员类别"命令，进入"人员类别"窗口。

（2）用友U8软件中已存在101正式工、102合同工、103实习生等类别，因此选中"正式工"，在工具栏单击【增加】按钮，出现如图实2-3所示界面，在原来的档案编码101后添加1，修改为1011，档案名称输入"企业管理人员"，单击【确定】按钮，系统自动带出档案简称与档案简拼信息。

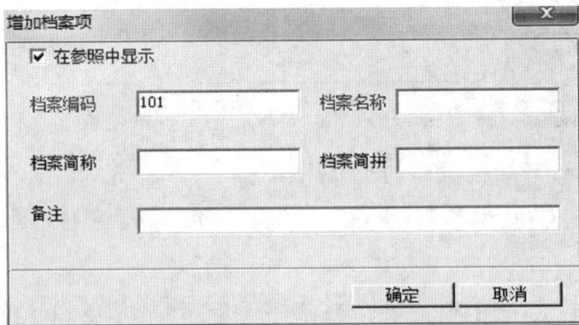

图实2-3　人员类别设置

（3）重复步骤（2）输入其他人员类别数据，单击【取消】按钮。结果如图实2-4所示。

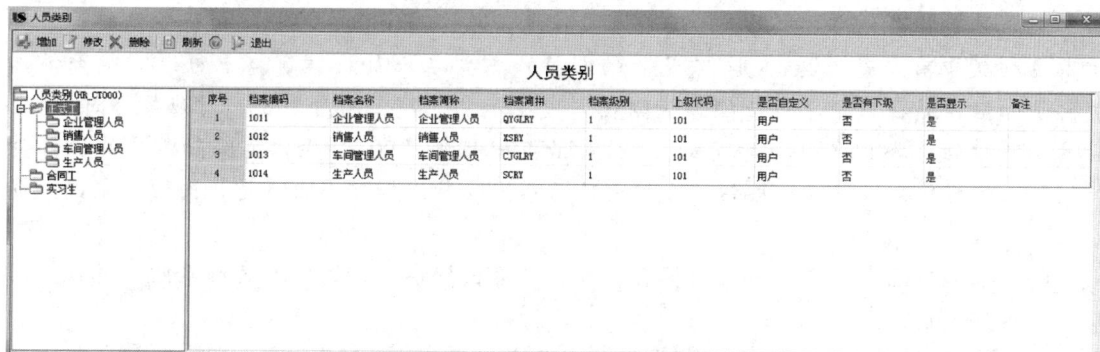

图实2-4　人员类别设置结束窗口

（4）单击工具栏【退出】按钮，完成人员类别设置。

4.设置人员档案

（1）在图实2-1中执行"基础设置→基础档案→机构人员→人员档案"命令，进入"人员档案"窗口。

（2）根据人员档案资料选择相应部门，并单击【增加】按钮。

（3）根据实验资料中人员档案数据表格，输入人员数据。如图实2-5所示，人员编码：101；人员姓名：肖剑；性别：男；行政部门：总经理办公室；雇佣状态：在职；人员类别：企业管理人员。勾选"是否业务员"复选框，单击工具栏【保存】按钮。

图实2-5　人员档案设置窗口

（4）重复步骤（3），分别录入其他人员信息，单击【退出】按钮。值得注意的是，对于人员档案中有"是否操作员""是"的人员，需要在人员档案窗口中勾选"是否操作员"复选框，并在下方"对应操作员编码"中显示"001"，同时单击"对应操作员名称"后的参照按钮（类似省略号的图标），在对话框中找到"001"操作员编码对应的操作员"王伟"，然后单击【保存】按钮，系统出现信息修改对话框，单击【是】按钮，完成人员录入。

（5）根据实验资料输入所有人员后，单击【退出】按钮，返回人员档案列表窗口。结果如图实2-6所示。

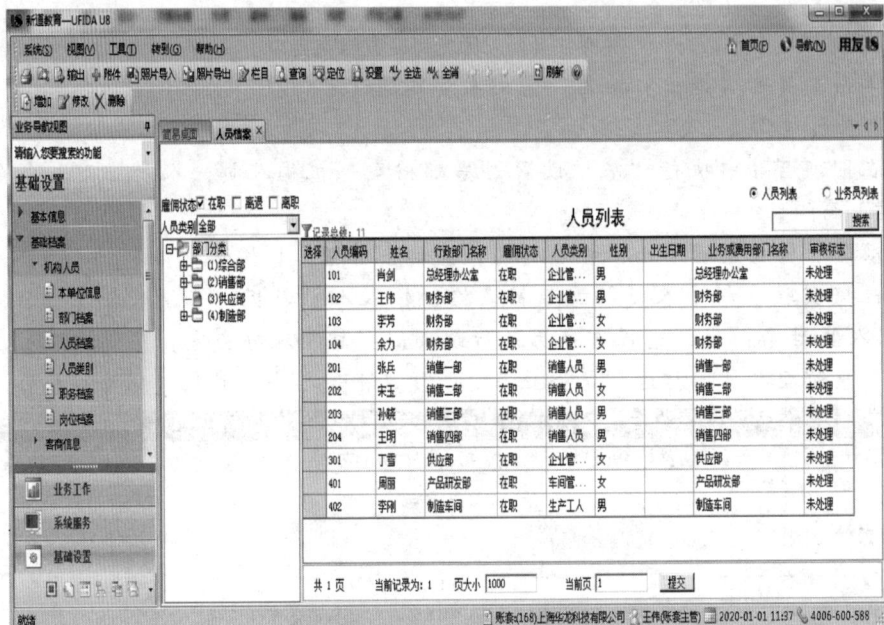

图实2-6　人员档案列表

注意事项：

● 输入一个人员的档案信息之后，必须敲回车键换行才能保存。

● 输入一个人员的档案信息之后，可通过【刷新】按钮在人员档案列表中查看最新输入的人员信息。

● 如果人员档案窗口中某个信息框中信息错误需要修改，请先删除原来信息，再单击参照按钮选择正确信息内容。

5.设置地区分类

（1）执行"基础设置→基础档案→客商信息→地区分类"命令，进入"地区分类"窗口。

（2）单击【增加】按钮，输入分类编码"01"，分类名称"东北地区"，单击【保存】按钮。

（3）根据实验资料输入其他地区分类名称，地区分类名称列表如图实2-7所示。

注意事项：

● 地区分类编码方案必须符合新建账套时的方案要求，即星号所示的编码规则。

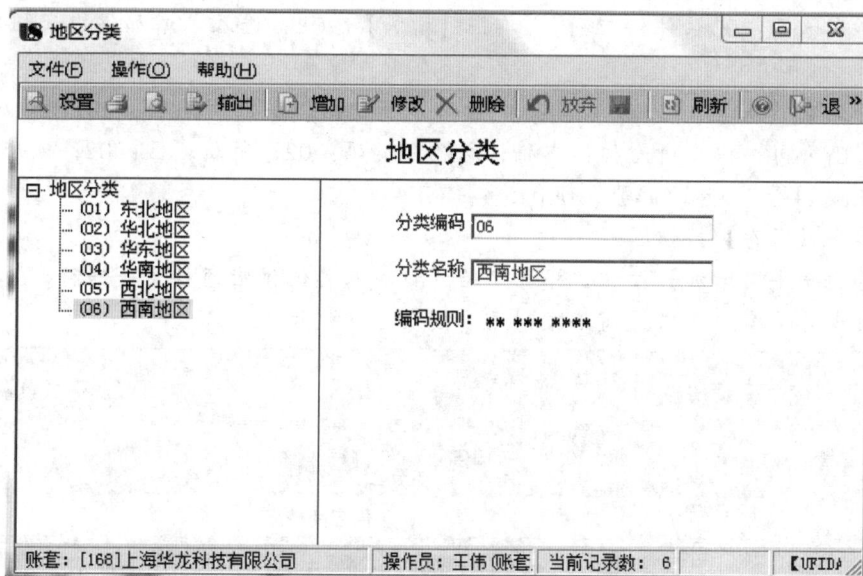

图实2-7   地区分类列表

6.设置供应商分类

（1）执行"基础设置→基础档案→客商信息→供应商分类"命令，进入"供应商分类"窗口。

（2）单击【增加】按钮，输入分类编码"01"，分类名称"硬件供应商"。

（3）单击【保存】按钮。

（4）再次单击【增加】按钮，根据实验资料输入其他供应商分类。结果如图实2-8所示。

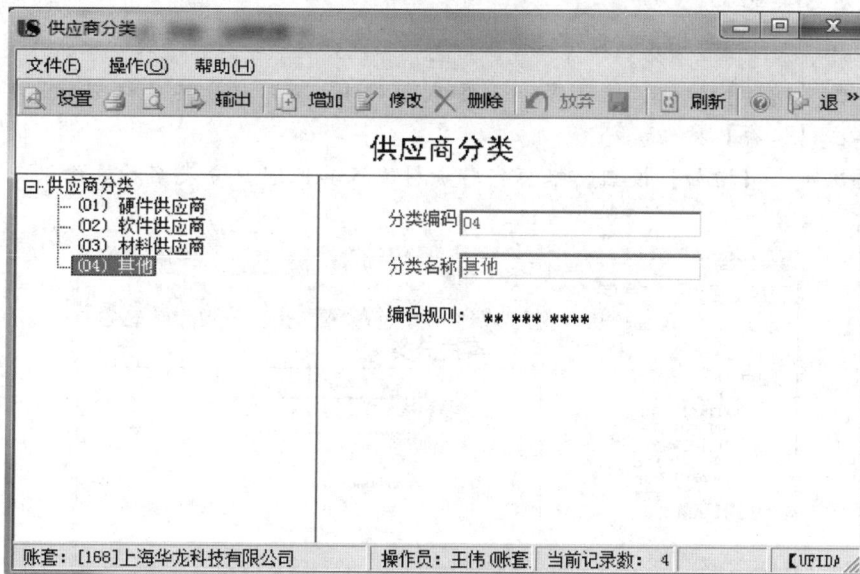

图实2-8   供应商分类列表

7.设置供应商档案

（1）执行"基础设置→基础档案→客商信息→供应商档案"命令，进入"供应商档案"窗口。

（2）单击选择"02软件供应商"，单击【增加】按钮，进入"增加供应商档案"卡片对话框。

（3）分别在"基本""联系"页签中输入如下数据。供应商编码：001；供应商名称：北京志科有限公司；供应商简称：志科；所属分类码：02；所属地区：02；地址：北京市朝阳区十里堡11号；邮政编码：100045。

（4）单击【保存】按钮。

（5）再次单击【增加】按钮，根据实验资料输入其他供应商档案并保存，关闭"增加供应商档案卡片"窗口。供应商档案列表如图实2-9所示。

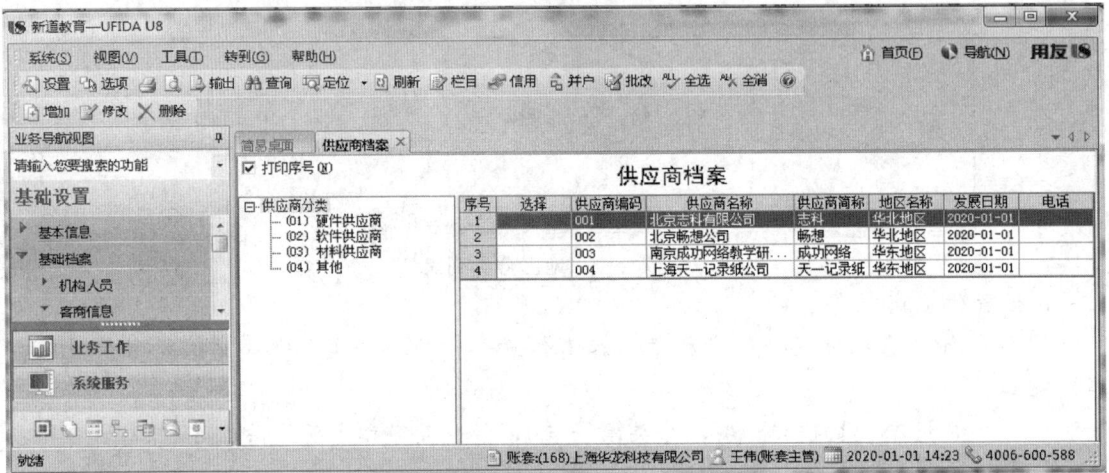

图实2-9　供应商档案列表

8.设置客户分类

（1）执行"基础设置→基础档案→客商信息→客户分类"命令，进入"客户分类"窗口。

（2）单击【增加】按钮，输入客户分类编码"01"与客户分类名称"事业单位"。

（3）单击【保存】按钮。

（4）再次单击【增加】按钮，根据实验资料输入其他客户分类名称。结果如图实2-10所示。

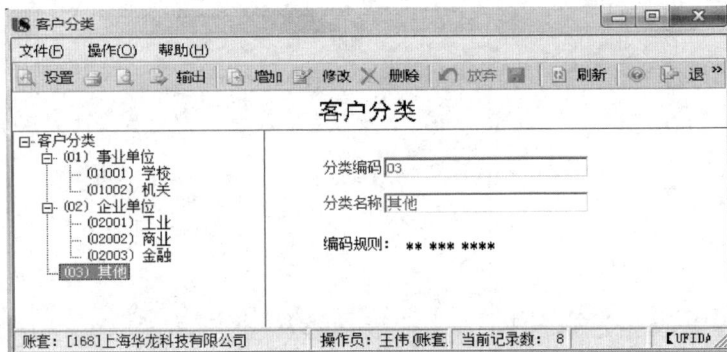

图实2-10　客户分类列表

注意事项：

● 在建账时如果选择了进行客户分类，在此必须进行客户分类，否则将不能输入客户档案。

● 客户分类编码体现了客户分类的层次，在录入客户分类时，必须先输入上一级编码及名称才能输入下一级的编码与名称。图实2-7中编码规则中星号个数体现了不同层次编码的位数。下面其他分类及档案设置中的编码意义相同，不再赘述。

9.设置客户档案

（1）执行"基础设置→基础档案→客商信息→客户档案"命令，进入"客户档案"窗口。

（2）单击选择"01事业单位—01001学校"。

（3）单击【增加】按钮，进入"增加客户档案"对话框。

（4）在"基本"页签中输入如下数据。客户编号：001；客户名称：北京东方学校；客户简称：东方学校；所属分类编码：01001；所属地区：02；在"联系"页签中输入地址：北京市海淀区上地路1号；邮政编码：100077。

（5）单击【保存】按钮，单击【退出】按钮。

（6）再次单击【增加】按钮，根据实验资料输入其他客户档案。客户档案列表如图实2-11所示。

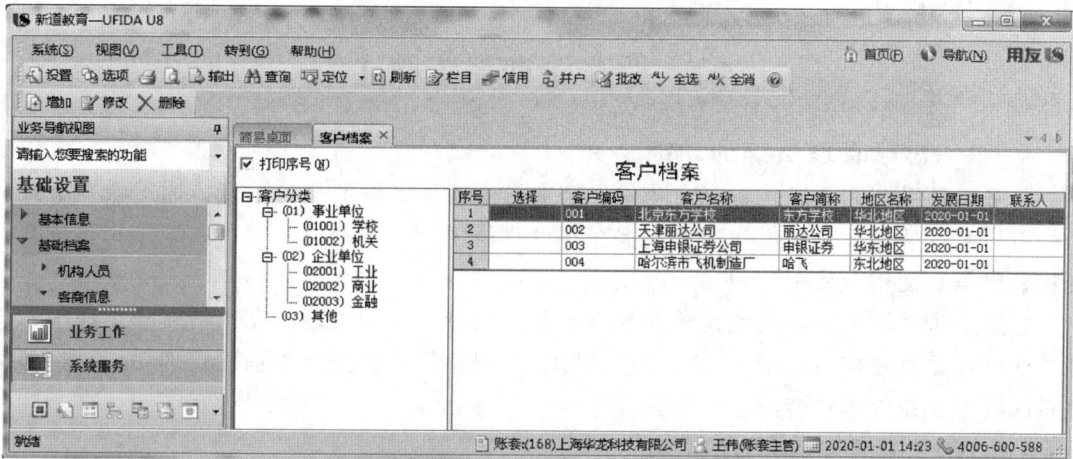

图实2-11 客户档案列表

注意事项：

● 客户档案必须建立在最末级分类下。

第4章 总账管理系统

【内容提要】

本章首先概述总账管理系统的功能、与其他系统的关系和总账管理系统的处理流程三个方面的内容，其次详细地讲解了总账管理系统的参数设置、会计科目设置、期初余额录入、项目管理、凭证类别设置、外币与汇率设置、结算方式设置等总账管理系统初始化内容，再次讲述了凭证的审核、出纳签字、记账等凭证处理工作，最后进一步阐述了总账的期末自动转账、转账生成与期末结账工作。

4.1 总账管理系统概述

4.1.1 总账管理系统的功能

总账管理系统的功能是将一个单位经济业务发生所产生的会计信息，通过录入会计凭证、审核会计凭证、登记账簿的方式保存在计算机中，以便形成全面、系统、完整的数据资料，供信息使用者使用。

总账管理系统的基本功能是凭证处理、账簿处理、出纳管理、期末转账与结账等，有些总账管理系统还提供往来核算、部门核算、项目核算和备查簿等辅助管理功能，这些都是总账管理系统处理功能的进一步扩充。

4.1.1.1 总账管理系统的基本功能

（1）系统设置。通过严密的制单控制保证填制凭证的正确性。提供资金赤字控制、支票控制、预算控制、外币折算误差控制以及查看科目最新余额等功能，加强对发生业务的及时管理和控制。制单赤字控制可控制出纳科目、个人往来科目、客户往来科目、供应商往来科目。可根据需要增加、删除或修改会计科目。

（2）凭证处理。输入、修改和删除凭证，对机内凭证进行审核、查询、汇总和打印。根据已经审核的记账凭证登记明细账、日记账和总分类账。

（3）账簿管理。提供按多种条件查询总账、日记账、明细账等，具有总账、明细账和凭证联查功能，月末打印正式账簿。

（4）出纳管理。为出纳人员提供一个集成办公环境，加强对现金及银行存款的管理。提供支票登记簿功能，用来登记支票的领用情况；并可完成银行存款、库存现金日记账登记工作，随时输出最新资金日报表。定期将企业银行存款日记账与银行出具的对账单进行核对，并编制银行存款余额调节表。

（5）期末处理。自动完成月末分摊成本、计提折旧、对应转账、销售成本结转、汇兑损益结转、期间损益结转等业务。进行试算平衡、对账、结账、生成月末工作报告。

4.1.1.2　总账管理系统的辅助核算功能

辅助核算是总账管理系统的扩展功能，主要包括往来核算、部门核算、项目核算和备查簿等辅助管理功能。

（1）往来核算。往来核算包括个人往来核算与单位往来核算。

个人往来主要涉及个人借款、还款管理，提供个人借款明细账、催款单、余额表、账龄分析报告及自动清理核销已清账功能，及时、有效地控制个人借款与清欠活动。

单位往来主要进行本企业与供应商、客户之间的往来款项的发生与清欠管理工作，提供往来款的总账、明细账、催款单、往来账清理、账龄分析报告等功能，通过这些功能实现对往来款项进行及时、有效的管理与控制。

（2）部门核算。通过部门核算及时反映与控制部门费用的支出情况，并进行各部门收支情况的对比分析，考核各部门的支出效果与收入业绩。通过部门辅助核算提供各级部门总账、明细账的查询，并对各部门收支情况进行分析。

（3）项目核算。用友 U8 软件中通过会计科目项目核算设置、项目目录定义与管理，提供项目总账、明细账、项目统计表等信息，用于生产成本、在建工程、科研课题、专项工程、产成品成本、合同与订单等的核算，通过以项目为中心的核算为使用者提供各项目的成本、费用、收入等汇总与明细信息。

4.1.2　总账管理系统与其他系统的主要关系

（1）总账管理系统是财务管理系统的一个基本的子系统，它能够综合、概括地反映企业供产销等各个方面的经济业务，它在财务管理系统中处于中枢地位。

（2）财务管理系统与其他系统呈并行关系，财务管理系统既可独立运行，也可同其他系统协同运转。

总账管理系统与其他系统之间的关系如图 4-1 所示。

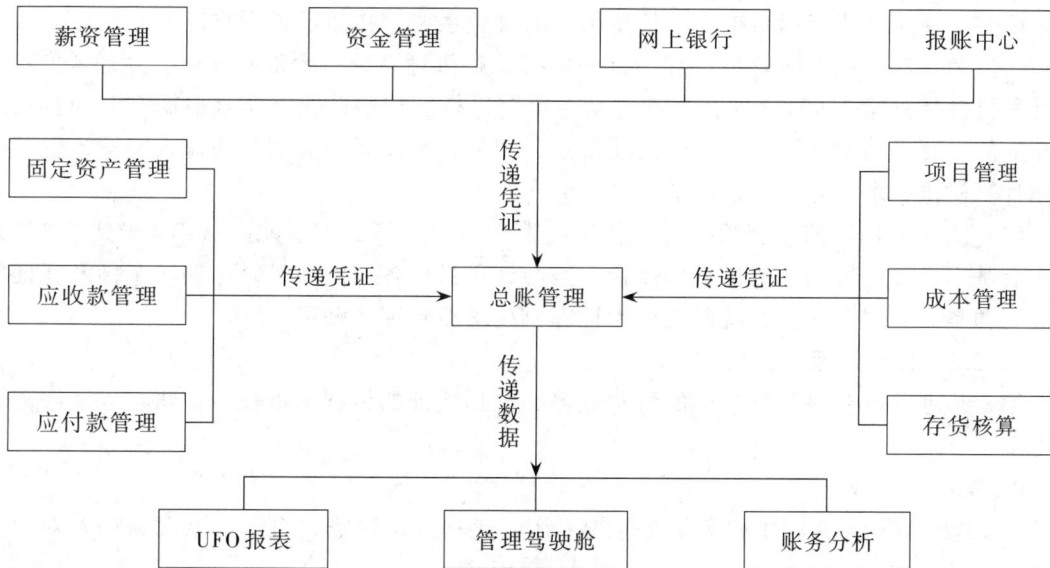

图 4-1　总账管理系统与其他系统关系图

（1）与薪资管理子系统的关系：薪资管理子系统完成工资分摊以及费用规划（福利

费、工会经费、职工教育经费）自动生成凭证传递到总账管理子系统。在总账管理系统中完成审核、记账。

（2）与固定资产管理子系统的关系：固定资产管理子系统完成增加、减少固定资产的卡片输入和折旧处理，自动生成凭证传递到总账管理子系统。在总账管理系统中完成审核、记账。

（3）与应收款管理子系统的关系：应收款管理子系统接收销售管理系统的发票，自动生成凭证传递到总账管理子系统。在总账管理系统中完成审核、记账。

（4）与应付款管理子系统的关系：应付款管理子系统接收采购管理系统的发票，自动生成凭证传递到总账管理子系统。在总账管理系统中完成审核、记账。

（5）与存货核算子系统的关系：存货核算子系统接收库存管理子系统的已审核的出、入库单，自动生成凭证传递到总账管理子系统。在总账管理系统中完成审核、记账。

（6）与资金管理子系统的关系：资金管理子系统完成企业对内和对外的收款和付款业务处理，以及信息处理，自动生成凭证传递到总账管理子系统。在总账管理系统中完成审核、记账。

（7）与成本管理子系统的关系：成本管理子系统接收总账管理、薪资管理、固定资产管理、库存管理、存货核算等子系统传递的数据，自动完成总成本和单位成本的计算，自动生成凭证传递到总账管理子系统。在总账管理系统中完成审核、记账。

（8）与 UFO 报表子系统的关系：总账管理子系统向 UFO 报表子系统提供相关数据，自动生成财务系统所需的各种报表。

4.1.3　总账管理系统的数据处理流程

总账管理系统的基本操作流程包括初始设置、日常处理和期末处理三部分。总账管理系统的数据处理流程如图4-2所示。

4.1.3.1　初始设置

第一次使用总账管理系统与次年使用总账管理系统，初始设置操作流程不同。

（1）第一次使用总账管理系统，首先安装总账管理系统，增加新账套。从第4步建立会计科目开始到第7步录入期初余额，是对账套进行的初始设置，应该根据企业的特点进行相应的设置。当会计科目、各辅助项目录、期初余额及凭证类别等均输入完毕，就可以使用计算机进行填制凭证、记账了。

（2）次年使用以前账套数据时，在系统管理中建立新的年度账。从第4步到第7步是对账套基本信息进行相应的调整和设置。当会计科目、各辅助项目录、期初余额及凭证类别等均调整和设置完毕后，就可以使用计算机处理新年度的账了。

4.1.3.2　日常处理

第8步到第11步是每月进行的日常业务，包括凭证的填制、审核、记账，以及账簿管理等。

4.1.3.3　期末处理

第12步到第16步是月末需要进行的工作，包括月末转账、对账、结账，以及对会计档案进行备份等。

新用户初始设置

1.安装总账管理系统

2.增加新账套

3.进入总账管理系统

4.建立会计科目

使用辅助核算

5.建立部门、个人、客户、供应商项目目录

6.定义外币及汇率、设置凭证类别

7.录入期初余额

老用户初始设置

1.完成上年工作

2.新建年度账

3.进入总账管理系统

4.调整会计科目

5.部门、个人、客户、供应商、项目目录调整

6.结转上年数据

7.期初余额调整

日常处理

8.制单、审核、记账

10.出纳管理

9.账簿管理

11.查询各种辅助账

期末处理

12.自助转账

13.试算并对账

14.结 账

15.会计档案备份

16.打印各种账簿

开始下月工作

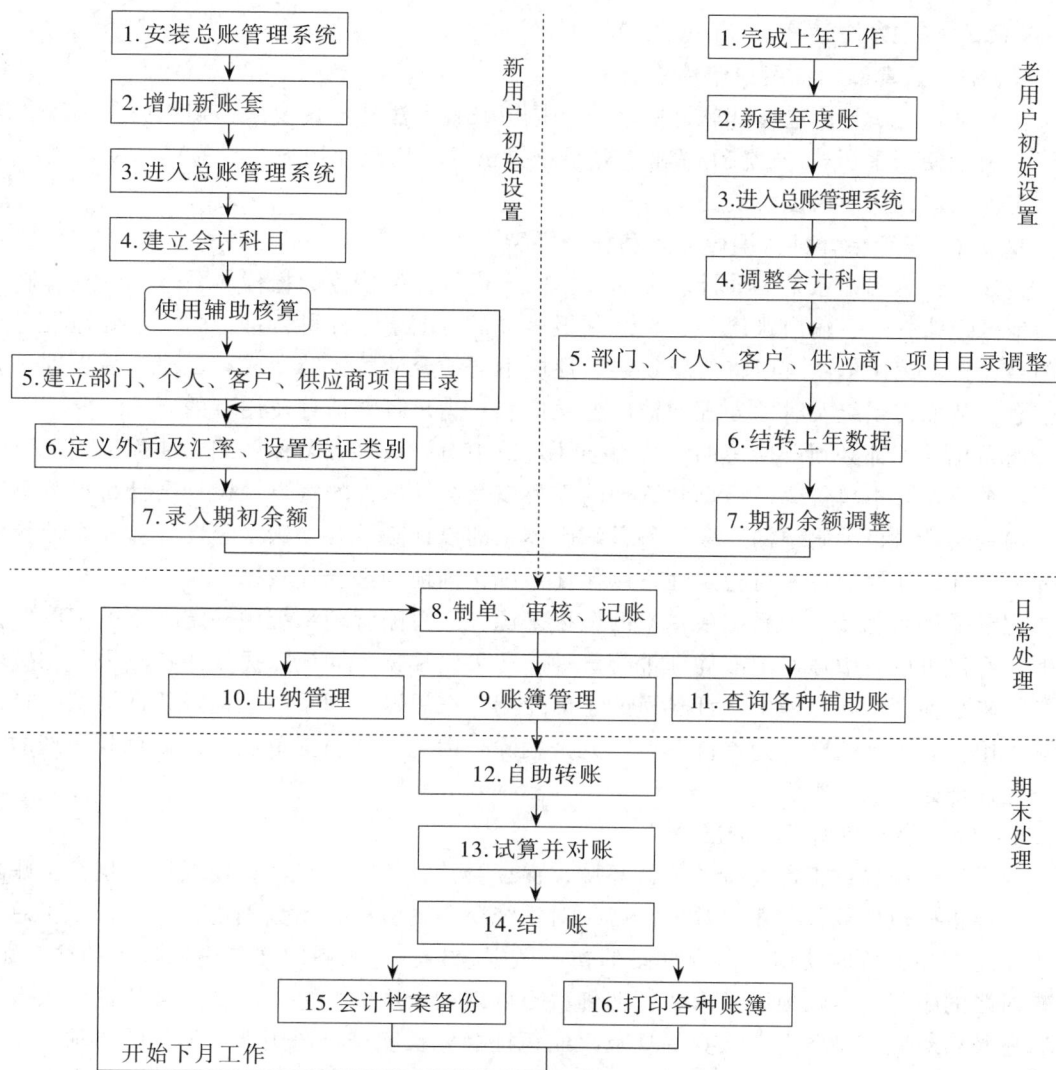

图4-2 总账管理系统流程图

4.2 总账管理系统初始化

4.2.1 总账管理系统初始化的含义

总账管理系统初始化是指会计核算工作由人工系统转入电算化系统时，系统要求用户所做的准备工作或初始设置工作。总账管理系统的初始设置类似手工核算方式下的初始建账工作，一般由财务主管或财务主管指定的专人进行。通过总账管理系统的初始设置，可以把核算单位的会计核算规则、核算方法、应用环境以及初始数据输入计算机，实现会计手工核算向计算机核算的过渡。

总账管理系统的初始设置一般是在系统安装完成并进行了初始参数设置后进行的，有关财务人员通过使用系统提供的初始设置模块为系统的运行准备必要的环境。基本程序包括：初始设置前的准备工作、系统控制参数设置、会计科目设置、凭证类别设置、外币及汇率设置、期初余额录入、其他设置等。

4.2.2　初始设置前的准备工作

4.2.2.1　认真阅读《用户使用手册》

初始设置工作与所选会计软件的功能结构、设置方法及使用要求密切相关，因而认真阅读《用户使用手册》，充分理解和掌握系统提供的功能及使用方法，有助于初始设置工作的正确完成，从而保证系统的正常运行。

4.2.2.2　确定会计科目编码体系和凭证类型

会计科目编码体系是对会计对象的具体内容进行分类核算的指标体系。无论是填制记账凭证、记账处理、输出账簿，还是编制报表，都是围绕会计科目进行的。正确地设置和使用会计科目编码体系可以将纷繁复杂、性质不同的会计数据转变成有规律、易识别的会计信息，从而使系统及时地处理和输出各类信息，满足各方信息使用者的要求。

商品化软件都必须严格遵循财政部会计规范中对一级科目名称、编码使用范围的明确规定，企业结合本单位会计核算和管理的需要以及会计软件的特点，设计会计科目编码体系，确定会计科目编码结构。会计科目编码体系的设计除了必须满足会计核算和企业管理的要求以外，还要保持相对稳定性，以保证系统正确地处理会计数据。

记账凭证是总账管理系统最基本的数据来源。在总账管理系统中确定合理的记账凭证类型，不仅可以有效地对记账凭证进行管理，还可以根据不同记账凭证的特点采取相应的控制措施来保证记账凭证中会计科目的正确使用。在总账管理系统中记账凭证类型一旦设定并使用，一般来说既不允许修改也不允许删除，因此必须根据单位会计核算和管理的需要确定好记账凭证的类别。

4.2.2.3　会计数据资料的准备

为了给系统提供正常运行的工作环境，保证会计核算的连续性，使系统在执行记账功能时，能正确地生成各类账户数据，必须对系统所需的各种初始数据进行整理，以供总账管理系统初始设置时使用。需要准备的初始数据包括：启用系统之前尚未核销的往来账、尚未对账的银行未达账项以及永久性明细科目的期初余额。此外，为了提高凭证的录入速度，还必须对凭证摘要进行认真的规范，使凭证摘要长度符合通用会计软件的要求。

4.2.2.4　会计工作岗位和人员分工的确定

由于计算机总账管理系统的工作方式和流程与手工会计有较大的区别，因此计算机总账管理系统投入使用前需要根据会计信息系统的工作特点进行工作岗位的重新划分并确定每一岗位的工作权限，以便在系统初始设置时进行操作权限设置确保总账管理系统的运行安全。

人员分工的目的是避免与业务无关的人员或无权限的人员对系统进行非法操作。会计信息系统人员分工可以通过姓名和密码的设置来限定其操作权限和责任范围，从而保证会计人员各司其职。

4.2.3　系统控制参数设置

用友U8软件系统控制参数设置是通过对总账管理系统的一些选项进行设置以使总账管理系统达到企业会计准则及内部控制等相关规范的要求，为不同的用户配置不同的总账功能并进行相应的控制，确保系统功能的发挥和会计信息的安全与可靠。

系统提供资金赤字控制、支票控制、预算控制、外币折算误差控制以及查看科目最新余额等功能，加强对发生业务的及时管理和控制；凭证填制权限可控制到科目，凭证审核权限可控制到操作员等参数，如图 4-3 所示。

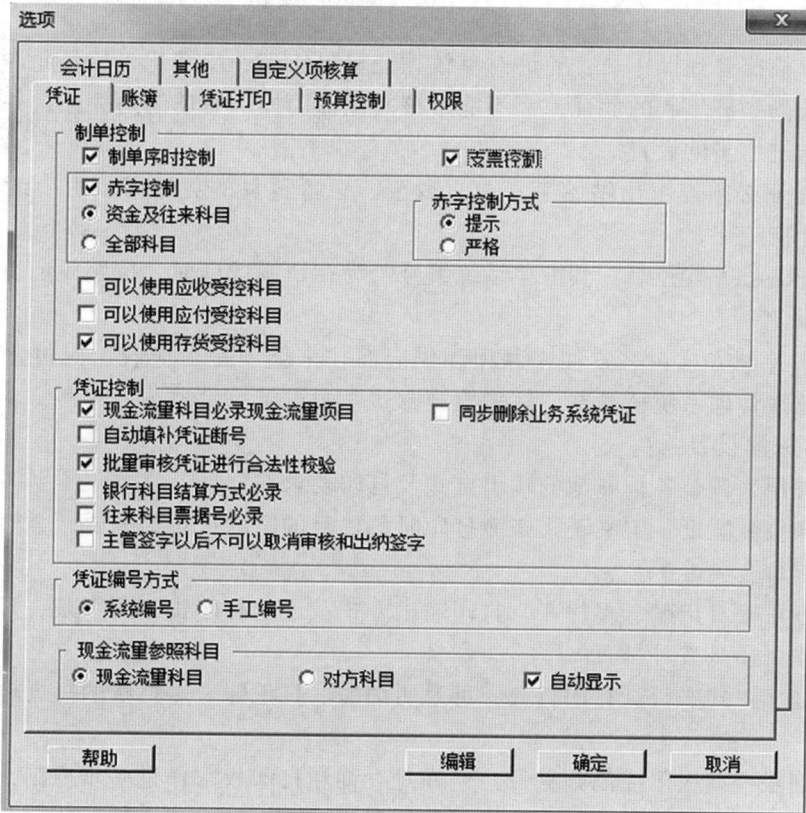

图 4-3　总账管理系统选项设置

4.2.3.1　凭证控制设置

（1）制单控制：在填制凭证时，系统能够进行的控制。

①制单序时控制：制单时，凭证编号必须按日期顺序排列。

②货币资金往来赤字控制：制单时，当现金、银行科目的最新余额出现负数时，系统将予以提示。

③可以使用其他系统受控科目：若某科目为其他系统的受控科目（如客户往来科目为应收、应付系统的受控科目），一般来说，为了防止重复制单，应只允许其受控系统使用该科目进行制单，总账管理系统是不能使用此科目进行制单的，但如果用户希望在总账管理系统中也能使用这些科目填制凭证，则应选择此项。

④允许修改他人填制的凭证：在制单时可修改别人填制的凭证。

⑤支票控制：在制单时录入了未在支票登记簿中登记的支票号，系统将提供登记支票登记簿的功能。

⑥制单权限控制到科目：在制单时，操作员只能用具有相应制单权限的科目制单。

（2）外币核算：如果企业有外币业务，则应选择相应的汇率方式——固定汇率或浮动汇率。"固定汇率"即在制单时，一个月只按一个固定的汇率折算本位币金额。"浮动汇率"即在制单时，按当日汇率折算本位币金额。

（3）凭证控制：在处理凭证时，系统能够进行的操作控制。

①打印凭证页脚姓名：在打印凭证时，自动打印制单人、出纳、审核人、记账人的姓名。

②凭证审核控制到操作员：允许对审核凭证权限作进一步细化，如只允许某操作员审核其本部门的操作员填制的凭证，而不能审核其他部门操作员填制的凭证，并应通过"明细权限"去作进一步的设置。

③出纳凭证必须经由出纳签字：含有现金、银行科目的凭证必须由出纳人员对其核对、签字后才能记账。

（4）凭证编号方式控制：其中"系统编号"为在填制凭证时，按照凭证类别按月自动编制凭证编号。

（5）往来控制方式：客户往来款项和供应商往来款项是由应收、应付款管理系统核算，还是由总账管理系统核算在"往来控制方式"中设定。

4.2.3.2　账簿设置

账簿设置用来调整各种账簿的输出方式及打印要求等。

（1）打印位数宽度：定义正式账簿打印时各栏目的宽度，包括摘要、金额、外币、数量、汇率、单价。

（2）明细账（日记账、多栏账）打印输出方式：设定打印正式明细账、日记账或多栏账时，按年排页还是按月排页。

（3）凭证、正式账每页打印行数：可对明细账、日记账、多栏账的每页打印行数进行设置。

（4）明细账查询权限控制到科目：允许对查询和打印权限作进一步控制，例如仅允许某操作员具有部分科目明细账的查询或打印权限。

4.2.3.3　明细权限设置

对操作员的操作权限作进一步控制，如制单权限控制到科目、凭证审核权限控制到操作员、明细账查询权限控制到科目。

4.2.4　会计科目设置

财务软件一般都提供了符合国家会计制度规定的一级会计科目和重要明细科目，其余明细科目的确定要根据各企业情况自行确定。明细科目设置模块的功能是将单位会计核算中使用的科目逐一地按要求描述给系统，并将科目设置的结果保存在科目文件或科目余额/发生额文件中，实现对会计科目的管理。财务人员可以根据会计核算和管理的需要，设置适合自身业务特点的会计科目体系，同时可以方便地增加、插入、修改、删除、查询、打印会计科目。

4.2.4.1　科目的设置原则

（1）满足财务报表编制的要求。编制财务报表所用数据主要需从总账管理系统取得，因此必须设置与财务报表项目相对应的会计科目。

（2）确保科目之间的协调性和体系完整性。总账科目与所属明细科目在层级上体现控制与被控制的关系，不能只有下级科目而无上级科目，科目设置不能越级，总账科目与所属明细科目提供总括和详细的会计核算资料。

（3）保持相对稳定。会计科目一旦设定，在会计年度中不能删除，如已经使用，不能增设下一级明细科目，一级科目名称要符合国家标准，明细科目名称要简洁而通俗易懂。

（4）考虑与子系统的衔接。在总账管理系统中，只有末级会计科目才允许有发生额，才能接收各个子系统传递的数据。一般为了充分体现计算机管理的优势，在企业原有的会计科目基础上，应对以往的一些科目结构进行优化调整，充分发挥总账管理系统提供的辅助核算功能，强化企业的核算和管理工作。

4.2.4.2　会计科目设置的内容

（1）科目编码。科目编码应是科目全编码，即从一级科目至本级科目的各级科目编码组合。其中，各级科目编码必须唯一，且必须按其级次的先后次序建立，即先有上级科目，然后才能建立下级明细科目。科目编码中的一级科目编码必须符合现行会计准则。通常，通用商品化会计核算系统在建立账套时，会自动装入规范的一级会计科目。

（2）科目名称。科目名称是指本级科目名称，通常分为科目中文名称和科目英文名称。在中文版中，必须录入中文名称；若是英文版，则必须录入英文名称。科目中文名称和英文名称不能同时为空。

（3）科目类型。科目类型是指会计制度中规定的科目类型，分为资产、负债、所有者权益、成本、损益。

（4）账页格式。账页格式是定义该科目在账簿打印时的默认打印格式。通常，系统会提供金额式、外币金额式、数量金额式、外币数量式四种账页格式。

（5）助记码。助记码用于帮助记忆科目，提高录入和查询速度。通常，科目助记码不必唯一，可以重复。

（6）科目性质（余额方向）。增加记借方的科目，科目性质为借方；增加记贷方的科目，科目性质为贷方。一般情况下，只能在一级科目设置科目性质，下级科目的科目性质与其一级科目相同。已有数据的科目不能再修改科目性质。

（7）辅助核算。辅助核算，也称辅助账类，用于说明本科目是否有其他核算要求，系统除完成一般的总账、明细账核算外，还提供部门核算、个人往来核算、客户往来核算、供应商往来核算、项目核算五种专项核算功能。

（8）其他核算。其他核算用于说明本科目是否有其他要求，如银行账、日记账等。一般情况下，现金科目要设为日记账；银行存款科目要设为银行账和日记账。

（9）外币核算。外币核算用于设定该科目是否有外币核算，以及核算的外币名称。一个科目只能核算一种外币，只有具有外币核算要求的科目才允许也必须设定外币名称。

（10）数量核算。数量核算用于设定该科目是否有数量核算，以及数量计量单位。计量单位可以是任何汉字或字符，如千克、件、吨等。

4.2.4.3　会计科目设置的功能

（1）科目增加。该功能允许增加一个新的会计科目，增加时要求进行合法性和正确性检查，即不能有相同的科目编码出现，要保持科目编码的唯一性。

（2）科目修改。当科目属性有错误时，可以对错误属性进行修改。但是如果某科目已被制过单或已录入期初余额，则不能修改该科目。如要修改该科目必须先删除所有与该科目有关的凭证，并将该科目及其下级科目余额清零，再修改。修改完毕后要将余额及凭证补上。已使用的科目不能增加下级科目。

（3）科目查询。该功能可以准确而迅速地定位在用户所要查询的科目上，方便查询或修改科目的各种属性。

（4）科目删除。对于不再使用的科目，可以将其从科目库中删除。但是已有余额的科目不能删除，不能删除非末级科目。

（5）科目打印。该功能可实现科目的总括和明细打印。

（6）科目保存。该功能是将科目设置的内容保存在科目文件或科目余额/发生额文件中。

4.2.4.4　会计科目辅助核算

通常，企业规模不同，业务数量不同。规模较小、业务量较少的企业一般对往来单位、个人、部门和项目通过设置明细科目的方式进行核算与管理，但对于规模较大、业务量较多，而且业务频繁，清欠工作量大的企业，用友U8软件采用了总账管理系统提供的辅助核算功能，将明细科目的上级科目设为末级科目并同时设置为辅助核算科目，将每一笔业务登记在总账与辅助明细账上。一般辅助核算包括个人往来、供应商往来、客户往来、部门核算、数量核算、项目核算等。

未使用辅助核算的科目设置见表4-1。

表4-1　　　　　　　　　　　　　　　　未使用辅助核算的科目设置

科目编码	科目名称	科目编码	科目名称
1221	其他应收款	16040101	甲部门
122101	应收个人借款	1604010101	工程一
12210101	张三	1604010102	工程二
12210102	李四	16040102	乙部门
12210103	王五	1604010201	工程一
⋮	⋮	1604010202	工程二
1403	原材料	⋮	⋮
140301	A材料	6602	管理费用
140302	B材料	660201	办公费
⋮	⋮	66020101	一部门
1604	在建工程	66020102	二部门
160401	工程物资	66020102	三部门

对会计科目进行辅助核算设置后，即使用辅助核算的科目设置见表4-2。

表 4-2　　　　　　　　　　　　　　　使用辅助核算的科目设置

科目编码	科目名称	辅助核算
1221	其他应收款	
122101	应收个人借款	个人往来
1403	原材料	项目核算
1604	在建工程	
160401	工程物资	部门项目
6602	管理费用	
660201	办公费	部门核算

4.2.5　项目辅助核算

前面已提到辅助核算包括个人往来、单位往来、部门核算和项目核算，项目核算是用友 U8 软件十分重要的创新设计。我们知道，一个单位项目核算的种类可能多种多样，比如说：在建工程、对外投资、技术改造、融资成本、合同、订单等，为进一步对其成本费用及收入进行管理，在手工方式下，一般通过按具体的项目开设明细账进行核算，这样必然增加了明细科目的级次，同时给会计核算和管理资料的提供带来了极大的困难。

项目是指企业在实际业务处理中作为一个核算对象进行管理的事项，如在建工程、对外投资、技术改造、融资成本等。

在用友总账管理系统中，设计了项目核算与管理功能模块，企业可以将具有相同特性的一类项目定义成一个项目大类。一个项目大类可以核算多个项目，为了便于管理，还可以对这些项目进行分级管理。通过项目核算，不仅可以方便地实现对部分成本管理费用和收入按项目核算，而且为这些成本费用及收入情况的管理提供了方便快速的辅助手段。

我们来一个生产成本核算的实例：某公司生产甲、乙、丙、丁等多类产品，而每一大类旗下还有多种具体型号不同的产品。如果不采用项目核算，一般情况下，我们设置的会计科目体系如下：

5001　生产成本
500101　材料费
50010101　甲类产品
50010101001　甲 01 产品
50010101001　甲 02 产品
　　⋮
500102　人工费
50010201　甲类产品

50010201001　　甲01产品

50010201001　　甲02产品

　　┆

如果采用明细科目的方式进行核算，存在下面几个问题：

（1）会计科目非常烦琐，假如生产成本下的明细费用科目有5个，产品有200种，那么科目就有1 000个，如此庞大的科目体系，对于我们的财务管理非常不利。

（2）某个产品一旦停产，不再使用该明细科目，因为填过凭证，所以删除不掉。这样，最终会把科目级长罗列满。

（3）如果甲类产品系列超过1 000种，那么在科目体系中将无法表达。

采用软件系统中的项目核算，上面的几个问题就可以得到很好的解决，采用项目核算的思路如下：

科目体系的设置如下：

（1）先把所有的产品项目设置到项目档案中，结构如下：

甲类产品（产品项目分类）

甲01产品（产品项目档案）

甲02产品（产品项目档案）

　　┆

乙类产品

乙01产品

乙02产品

　　┆

这样通过设置项目档案可以对项目进行统一的增加、删除、停止、修改等管理。

（2）设置科目体系如下：

5001 生产成本（项目核算）

500101 材料费（项目核算）

500102 人工费（项目核算）

凭证做账的时候，涉及产品项目核算的科目分录，直接调用产品项目档案中的资料。

甲类产品

甲01产品

甲02产品

　　┆

乙类产品

乙01产品

乙02产品

　　┆

项目辅助核算一般需要经过如下五个步骤的定义才能实现功能：

（1）设置科目辅助核算。在会计科目设置功能中先设置相关的项目核算科目，如对生产成本及其下级科目设置项目核算的辅助账类。

（2）定义项目大类。这是指定义项目核算的分类类别，如增加生产成本项目大类。

（3）指定核算科目。具体指定需按此类项目核算的科目，一个项目大类可以指定多个科目，一个科目只能指定一个项目大类，如将直接材料、直接人工和制造费用指定为按生产成本项目大类核算的科目。

（4）定义项目分类。为了便于统计，可将同一项目大类下的项目进一步划分，如将生产成本项目大类进一步划分为自行开发项目和委托开发项目。

（5）定义项目目录。将各个项目大类中的具体项目输入系统，形成项目目录档案。

4.2.6 凭证类别设置

许多单位为了便于管理或登账方便，一般对记账凭证进行分类编制，但各单位的分类方法不尽相同，用友 U8 系统提供了"凭证类别"功能，用户完全可以按照本单位的需要对凭证进行分类。

在企业应用平台的"基础设置"选项卡中，执行"基础档案→财务→凭证类别"命令，进入"凭证类别预置"窗口，如图 4-4 所示。系统提供了五种凭证类别设置方案：方案一是不分类，所有凭证都归为记账凭证；方案二是分成收款凭证、付款凭证和转账凭证三类；方案三是分成现金凭证、银行凭证和转账凭证三类；方案四是分成现金收款凭证、现金付款凭证、银行收款凭证、银行付款凭证和转账凭证五类；方案五是用户自定义。用户可根据本企业自身需要进行选择。一般地，除选择凭证类别为"记账凭证"外，其他各种设置必须在会计科目设置完成之后进行设置。

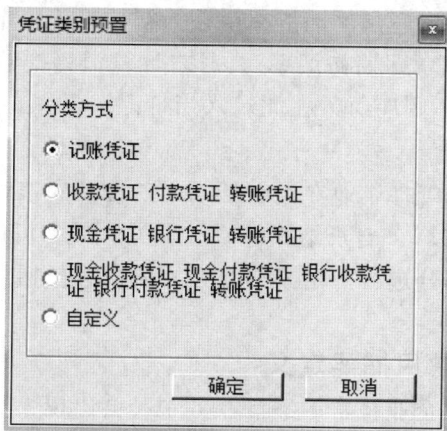

图 4-4   凭证类别设置窗口

设置了凭证类别，就意味着在会计凭证编制过程中必须按照这种分类来选择凭证类型。为了控制凭证输入过程中发生错误，系统提供了凭证限制类型的设置功能，对凭证类型进行限制之后，编制凭证时系统就按照设置的限制类型进行检查，如果不符合限制类型，系统就给出提示警告，否则不允许保存凭证。

用友 U8 系统提供了七种凭证限制类型，即"无限制""借方必有""贷方必有""凭证必无""凭证必有""借方必无""贷方必无"。

"无限制"规定为无限制类型的凭证，可以适用所有合法的科目。

"借方必有"规定在填制某一类凭证的时候，这类凭证的借方至少应有一个限制科目，有发生额，比如，对于收款凭证来说，款项的接收途径无外乎现金和银行转账两个，并且记账方向在借方，也就是说，一张正确的收款凭证的借方，必定会出现"库存现金"

或者"银行存款"科目，我们就可以根据这个规律，规定收款凭证的限制类型是"借方必有"，限制科目是"库存现金"和"银行存款"科目，这样如果输入的收款凭证借方没有出现"库存现金"或者"银行存款"科目，系统就会查出这张凭证存在错误，拒绝保存，同时给出提示，这样就可以尽可能地防止错误的凭证进入系统。

"贷方必有"只规定在填制某一类凭证的时候，该凭证贷方至少应有一个限制科目有发生额，如付款凭证，贷方应该有"库存现金"或者"银行存款"科目出现。

"凭证必无"规定在填制某一类凭证的时候，这类凭证不能有限制科目出现，如转账凭证，就不应该有"库存现金"或者"银行存款"科目出现，如果出现，那就是错误的。

"凭证必有"规定在填制某一类凭证的时候，凭证上不分借方还是贷方，至少应有一个限制科目有发生额，如月底结转损益类科目余额的转账凭证，就一定要有损益类科目出现。

"借方必无"规定在填制某一类凭证时，借方不能有任何一个限制科目出现。

"贷方必无"规定在填制某一类凭证时，贷方不能有任何一个限制科目出现。

4.2.7　外币及汇率设置

汇率管理是专为外币核算服务的。企业有外币业务，就要进行外币及汇率的设置。外币及汇率的设置仅录入固定汇率与浮动汇率值，并不决定在制单时使用固定汇率还是浮动汇率，在制单时使用固定汇率还是浮动汇率由账簿初始设置决定。如果使用固定汇率，则应在每月月初录入记账汇率（即期初汇率），月末计算汇兑损益时录入调整汇率（即期末汇率）；如果使用浮动汇率，则应每天在此录入当日汇率。

4.2.8　结算方式设置

结算方式是用来建立和管理企业在经营活动中所涉及的银行结算业务的方式，它与财务结算方式一致，如现金结算、支票结算等。结算方式最多可以分为2级。结算方式编码级次的设定在建账的编码部分进行。定义结算方式的内容包括：结算方式编码、结算方式名称和票据管理标志。

4.2.9　常用凭证与常用摘要定义

（1）常用凭证定义。在企业日常的经济业务中，会出现大量的同类业务，反映这些业务的会计凭证的分录格式一致，不同的仅仅是发生额，为方便这类凭证的输入，可以预先定义这类凭证的分录格式，即常用凭证。将这些常用的凭证存储起来，在填制会计凭证时随时调用，必将大大提高业务处理的效率。确切地说，"常用凭证"提供的是常用会计凭证的模板，在调用常用凭证后，仍可做修改，使其符合当时会计业务需要。

（2）常用摘要定义。在日常填制凭证的过程中，经常会有许多凭证的摘要完全相同或大部分相同。如果将这些摘要存储起来随时调用，可以大大提高业务处理效率。常用摘要是系统为方便以后凭证输入，帮助用户规范摘要而设定的功能。用户可以通过常用摘要定义功能，定义本企业常用摘要，在填制会计凭证时可随时调用。

4.2.10　期初余额录入

如果是第一次使用总账管理系统，必须输入经过整理的手工账目的所有明细科目的年初余额和启用月份前各月的发生额。当余额不平或因其他原因需要对科目进行修改时，也必须使用此功能。如果在年初建账，需把上一年的年末余额在启用总账管理系统时作为本年的年初余额予以录入；如果在年中建账，应录入各账户此时的余额和年初到此时的借、贷方累计发生额，系统会自动算出年初余额。如果科目设置了辅助核算，还应输入各辅助项目的期初余额。

一般情况下，录入期初余额时，只要求录入最末级核算科目的余额和累计发生额，上级科目的余额和累计发生额由系统自动计算。如果某科目为外币核算，应先录入本币余额，后录入外币余额；如果某科目设置了辅助核算，在输入期初余额时，需要调出辅助核算账输入余额（若启用了应收、应付款管理系统，则应到应收、应付款管理系统中录入期初余额），系统自动将辅助账的期初余额之和计为该科目的总账期初余额。还要注意对个别科目借贷方向的调整，有的核算软件有"方向"调节按钮供调整，有的可以输入"借"字或"贷"字更正，以调节余额方向。如果软件不能提供更改方向的功能，则在输入余额时必须用负数来调节。

期初余额输入后，应对期初余额进行试算平衡，以保证期初余额的准确性。如果不平，需要进行查找修正，并再次进行试算，直到平衡为止。检验余额试算平衡，由计算机自动进行。

当新的会计年度开始时，有些软件需要使用年初结转功能，将上一年度的期末余额结转为新会计年度的期初余额，而有些软件可以自动进行，并可修改余额。

4.3　总账管理系统日常业务处理

总账管理系统初始化结束后，启用日期后的经济业务就可以在总账管理系统进行处理了，这就是所谓的总账管理系统的日常业务处理。总账管理系统的日常业务处理主要是对企业发生的经济业务进行凭证的一系列操作，这些操作包括凭证的填制（制单）、凭证的出纳签字、凭证的审核、凭证的修改、凭证的删除、凭证的作废、凭证的整理、凭证的恢复、凭证的查询、凭证的冲销、凭证的汇总、凭证的记账等一系列处理工作。经过这些操作后，通过系统提供的账表管理功能，进行账表的查询，打印输出各种总分类账与各种明细分类账、日记账与辅助账。

记账凭证是登记账簿的依据，也是总账管理系统唯一的数据来源，电子账簿的准确性完全取决于记账凭证，因此必须保证记账凭证的准确无误。

记账凭证按其编制来源分，主要有手工填制凭证和机制凭证。机制凭证是指利用总账管理系统自动转账功能生成的凭证和其他子系统生成而传递到总账管理系统的记账凭证。机制凭证在总账管理系统的期末结转与其他子系统的启用中介绍，此处"增加凭证"着重讲述手工凭证的填制。

4.3.1　凭证管理

4.3.1.1　增加凭证

增加凭证是填制凭证首先要进行的一步操作。从当前信息技术在会计领域应用的现状来看，凭证的填制通常有两种方式：一是前台处理，即用户直接在计算机上根据审核无误准予处理的原始凭证填制记账凭证；二是先由人工填制记账凭证，然后集中输入凭证系统。实际工作中前台处理方式较为普遍。第二种方式一般适合于企业电算化实施的第一年，或在人机并行的阶段。

　　用友 U8 软件记账凭证一般由三部分组成：一是凭证头部分，包括凭证类别、凭证编号、凭证日期、附单据数等；二是凭证体部分，包括摘要、借贷科目及金额、辅助核算信息；三是凭证尾部分，这部分反映凭证一系列处理的操作员信息，包括记账操作员、审核操作员、出纳签字操作员、制单人员等，如图 4-5 所示。

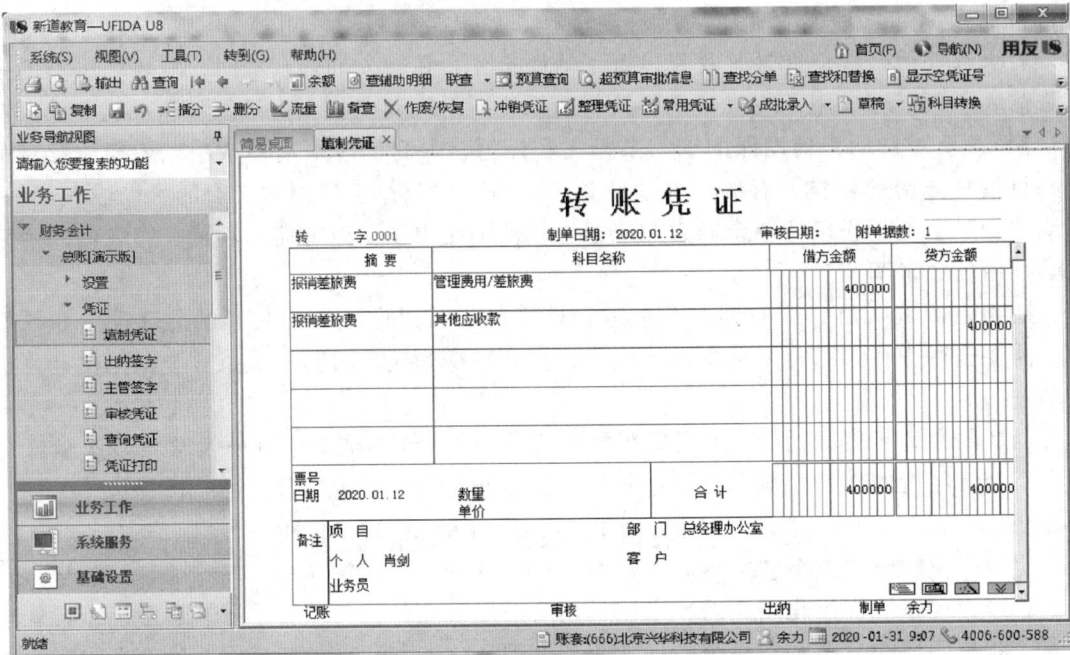

图 4-5　增加凭证窗口

　　在填制记账凭证时，首先要增加一张空白记账凭证，然后输入记账凭证各要素的内容。凭证各要素输入的要求如下：

　　（1）凭证类别。凭证类别是否分类，在初始化时已进行设置，如果设置为一种凭证，即记账凭证，凭证类别为"记"字号；如果设置为收款凭证、付款凭证与转账凭证三种类型，则凭证类别由经济业务确定是这三种类型中的哪一种。在填制一张新凭证时，直接选择所需要的凭证类别，初始化时没有设置凭证类别，则不能填制凭证。如果在设置凭证类别时进行了限制类型，系统会自动检查会计分录与凭证类别的对应关系，以防止凭证类别与会计分录的不一致。

　　（2）凭证编号。凭证一般按照凭证类别按月编号，凭证编号分为系统自动编号与用户手工编号两种，由总账管理系统的选项参数设置确定。如果选择手工编号，需要注意凭证号的连续性与唯一性。实际工作中一般采用系统自动编号，这样比较方便。在网络环境下，多人同时编制凭证时，系统先给一个参考凭证号，最终凭证号在执行保存命令时确定。此外，当凭证科目过多时，系统会自动加上分单号，如收-0011 号 0003/0004，表示收款凭证 0011 号凭证共有 4 张凭证，这是第 3 张分单。

　　（3）凭证日期。在填制凭证时，日期一般自动取登录系统时的业务日期，当然不对的话，可以进行修改。在总账管理系统选项参数设置了"制单序时控制"的情况下，应注意日期的范围是该类凭证最后一张凭证日期至系统日期之间。

（4）附单据数。在现行会计信息化条件下，通常将记账凭证打印出来，再将相应的原始凭证附于其后。填制时电子凭证中附单据数就是指将来该记账凭证所附的原始单据数，需与实际张数相符。

（5）摘要。会计中的摘要是指对经济业务的简要说明。信息化条件下的电子凭证通常各行都要有摘要，不能为空。摘要可在填制凭证时直接输入，也可以从事先定义的常用摘要中调取。

（6）会计科目。会计科目是一张记账凭证的重要内容。在填制凭证时，会计科目必须是末级科目。会计科目的输入可以通过输入科目名称、科目编码、科目助记码或参照输入几种方式实现，一张凭证最终显示的是科目名称。

会计科目输入后，如果是银行科目，一般系统会要求输入有关结算方式的信息，此时最好输入，以便以后对账。如果输入的科目涉及外币，系统会自动带出"外币设置"中设置好的汇率，输入外币金额后，系统会自动计算本币金额。如果输入的科目有数量核算，应该输入数量和单价，系统会自动计算出金额；如果输入的科目进行了客户往来、供应商往来、个人往来、部门核算和项目辅助核算，应该输入相关的辅助信息，以便系统生成辅助信息。

辅助信息的输入，可以在会计科目录入后，将光标停留在科目处，然后将鼠标移动到辅助信息栏，待变成笔头形状，双击后进入辅助信息录入对话框。

（7）金额。金额为该经济业务有关科目的发生额，金额可以为正数或负数，负数表示红字，但不能为零。凭证分录金额应符合"有借必有贷、借贷必相等"的原则，否则不能保存。输入金额时，在金额处按"＝"号，系统将根据借贷方差额自动计算此笔分录的金额；如果金额方向输入出错，可以按空格键进行调整。

（8）制单人签字。系统根据登录总账管理系统的操作员姓名自动签字。

（9）记账凭证填制完成后，只要继续增加凭证或退出当前凭证，当前凭证均可自动保存，无须点击【保存】按钮。

（10）凭证一旦保存，其凭证类别、凭证编号不能修改。

填制凭证时的注意事项：

（1）如果设置了常用凭证，可以在填制凭证时直接调用常用凭证，从而提高凭证录入速度。

（2）如果设置了填制凭证的相关明细权限，填制凭证时还应符合明细权限的设置。

（3）填制有关损益类科目的凭证时，如果发生了方向与正常余额方向相反的情况，最好填写红字凭证，使得损益类科目发生额方向与其正常余额方向一致，以便生成利润表时，可以很方便地取出其真实发生额，如本期销货 10 万元，销售退货 1 万元，如果退货时，将主营业务收入金额填写在借方，则月末转到本年利润后，主营业务收入科目的贷方发生额将是 10 万元，因而编制利润表时取主营业务收入贷方发生额会得到 10 万元，而并非真实的 9 万元，结果导致利润虚增 1 万元，而如果退货时将主营业务收入以红字填写在贷方，就不会发生以上错误了。

（4）保存凭证草稿。在填制凭证或修改凭证过程中，如果一张凭证已经录入或修改了一部分，需要暂停凭证的录入和修改操作时，将已经录入或修改的凭证全部放弃很可惜，此时可以利用工具栏中的"草稿-凭证草稿保存"功能，将未完成的凭证保存到系统中，需要继续对该凭证进行操作时，再利用工具栏中的"草稿-凭证草稿引入"功能，将其打开继续修改或输入即可。

（5）记账以前填制的凭证保存在临时凭证文件中。记账后凭证保存在流水账文件中。

4.3.1.2 修改凭证

虽然在凭证录入环节系统提供了多种确保凭证输入正确的控制措施，但仍然避免不了发生错误。对于错误凭证，需要根据会计准则与制度的要求采用适当的方法进行修改。为此，系统提供了凭证修改功能，但仅限于对已输入未审核状态的凭证的修改。

（1）凭证状态。凭证经过填制、审核、出纳签字、记账、结账等一系列操作后，在不同的处理环节可能发现所录入的凭证存在错误，把发现错误凭证时该凭证所处的处理环节称为凭证状态。这样，一张凭证从填制录入直到结账存在这样一些凭证状态，包括正在填制状态或审核前状态、已审核状态、已出纳签字状态、已记账状态和已结账状态。

（2）凭证修改方法。发现错误的凭证需要进行修改，根据修改后是否保存修改线索或痕迹分为"无痕迹"修改与"有痕迹"修改两种方法。

"无痕迹"修改是指系统内不保存任何修改线索或痕迹，只保留修改之后的凭证内容的方法。对于尚未审核和签字的凭证可以直接修改；对于已审核或签字的凭证应该先取消审核或签字，然后在"填制凭证"状态下才能修改。显然，这两种状态下的凭证修改都没有留下任何线索或痕迹。

"有痕迹"修改就是留下修改的线索和痕迹，一般通过保留原错误凭证的方式留下修改线索与痕迹。"有痕迹"修改的原理与手工会计中更正错账的"红字冲销法"与"补充登记法"相同。"有痕迹"修改适用于发现已记账的凭证错误的修改，已记账的凭证被发现错误，采用"红字冲销法"或"补充登记法"对其进行修改。

如果结账后发现凭证错误，则可以运用反结账功能进行反结账，再运用"有痕迹"修改的方法进行修改。

注意事项：

虽然用友U8软件提供了反记账、反结账、取消审核与取消签字等功能，但记账、结账后发现凭证错误，一般不建议反记账与反结账后再取消审核与取消签字功能，进行"无痕迹"修改，而应该采用"有痕迹"修改。

反结账只能针对最后一个关账的期间起作用，不能跨期间反结账。如果是多期凭证出现错误，建议用户在后面调整差异，不推荐使用开账修改方法。

能否修改他人填制的凭证，取决于系统参数的设置，其他子系统生成的凭证，只能在总账管理系统中进行查询、审核、记账，不能修改和作废，只能在生成该凭证的原子系统中进行修改和删除，以保证记账凭证与原子系统中的原始单据相一致。修改有辅助核算信息的凭证，应先选中带有辅助核算的科目行，再将鼠标移动到辅助核算信息处，当鼠标指针变成笔头状后双击修改。

4.3.1.3 作废/恢复凭证

（1）作废凭证。对于没有审核和签字的凭证不想要或出现无法修改的错误时，可以将其直接作废。作废凭证仍保留凭证内容及编号。在填制凭证中，执行"作废/恢复"命令，该凭证显示"作废"字样，表明该凭证已作废。作废凭证不能修改、不能审核，但参与记账，否则月末无法结账。记账时不对作废凭证进行数据处理，相当于一张空凭证，账簿查询时也查不到作废凭证的数据。

（2）恢复凭证。作废凭证可以通过按【作废/恢复】键进行取消作废，这样就可以取消作废标志，并将此凭证恢复为有效凭证。

4.3.1.4　删除凭证

用友 U8 软件并没有提供直接删除凭证的操作，但可以通过凭证作废后再整理凭证实现对凭证的删除。

4.3.1.5　整理凭证

凭证整理就是对打有"作废"标志的凭证进行删除操作，并对未记账凭证重新编号。如果本月已有凭证记账，则本月最后一张已记账凭证之前的凭证将不能作凭证整理，只能对其后的未记账凭证进行凭证整理。如果确需进行凭证整理，应先执行"恢复记账前状态"命令，恢复至本月月初记账前状态，再进行凭证整理。

4.3.1.6　查询凭证

（1）查询未记账凭证。填制凭证功能不仅是各账簿数据的入口，而且提供了丰富的凭证查询功能，可以查询当前科目最新余额、外部系统制单信息和联查明细账。在"填制凭证"界面，可直接利用翻页按钮翻页查询，也可利用【查询】按钮输入查询条件来查询满足条件的凭证。

（2）查询已记账凭证。已记账凭证由于已转入流水账文件，在"填制凭证"界面中不能查询，只能执行"总账→凭证→查询凭证"命令，录入查询条件，查询满足条件的凭证。

4.3.1.7　审核凭证

审核凭证是由有审核权限的操作员对制单人填制的记账凭证进行合法性检查，以保证每一笔经济业务得到正确可靠的处理。凭证审核主要包括审核记账凭证与原始凭证是否相符，审核凭证要素是否齐全，会计分录是否正确等，如果记账凭证有错误或异议，则应先标错，然后交由制单人修改，再由审核人审核。只有审核无误的记账凭证才能记账。

凭证审核包括出纳签字、审核人签字、主管签字三方面的工作。其中，审核人审核是凭证记账前必须要做的工作，而"出纳签字"与"主管签字"，则由总账管理系统选项中的对应权限选项是否选中决定，如果选项"凭证必须经由出纳签字"选中，则对于出纳凭证，在审核人审核的基础上，还必须进行出纳签字，然后才能记账。如果选项"凭证必须经由出纳签字"没有选中，出纳凭证是否进行出纳签字，不影响其记账工作的进行，记账凭证记账前是否必须由主管签字，与上述出纳签字的要求类似，此处不再赘述。可见，"出纳签字"与"主管签字"本质上是对记账凭证进行检查的工作，这两项签字工作是为了进一步保证凭证的正确性和合法性。

（1）审核人审核。审核人对凭证的审核是由经过授权的审核人按照相关财会法规对制单人填制的记账凭证进行检查核对，确认是否与原始凭证相符、会计分录是否正确等。

凭证审核的方法有屏幕审核和对照式审核。

①屏幕审核。屏幕审核就是根据原始凭证，对计算机屏幕上显示的记账凭证进行合法性与正确性检验。对于正确的记账凭证，在审核凭证界面执行"审核"命令，系统自动在

凭证页脚"审核"处签上审核人员的姓名；如果记账凭证有误，则不予审核，并执行标错命令，系统自动在标错凭证左上角标注红色"有错"标识，便于制单人员查找与修改。

用友U8软件还提供了凭证的成批审核功能，可以对所有凭证执行"成批审核"命令，进行成批审核。执行"成批取消审核"命令，系统自动对当前范围内的所有已审核凭证执行取消审核命令。

②对照式审核。对照式审核主要是满足金融、证券等一些特殊行业的需要，通过对凭证的二次录入，达到系统自动审核凭证的目的，通过此项功能可满足对金额有特别控制的企业或单位的要求，确保经济业务不会发生录入错误。

凭证审核需要注意如下几个方面：

a.审核人必须具有审核权限，而且审核人与制单人不能为同一人。

b.凭证一经审核，即不能被直接修改和删除，只有取消审核后，才能修改、删除，而且取消审核，只能由审核本人取消。

c.逐张取消签字，利用【取消】按钮。

d.作废凭证不能被审核，也不能被标错。

e.已标错的凭证需要取消标错后才能被审核。

（2）出纳签字。出纳凭证是指一笔经济业务填制凭证时借方或贷方涉及"库存现金"或"银行存款"科目的凭证。出纳签字是出于加强对企业或单位现金和银行存款收支的管理而对出纳凭证进行的专门检查与核对，主要检查出纳科目及金额是否正确。如果出纳凭证正确，执行"出纳签字"命令，系统自动在凭证页脚"出纳"处签上出纳人员的姓名；如果出纳凭证有误，则不予签字，并交由制单人修改后再出纳签字。

用友U8软件提供了"成批出纳签字"与"成批取消出纳签字"功能，以提高出纳签字效率。

（3）主管签字。为了加强对制单人员制单的管理，系统提供了"主管签字"功能。主管签字是主管会计人员执行"主管签字"命令，对制单人填制的记账凭证进行审核检查并进行签字。

用友U8软件提供了"成批主管签字"与"成批取消主管签字"功能，以提高主管签字效率。

4.3.1.8　凭证汇总

凭证汇总是按某种条件对记账凭证进行汇总并生成一张凭证汇总表，进行汇总的凭证可以是已记账凭证，也可以是未记账凭证。通过凭证汇总功能，财务人员可以了解企业经营状况及其他财务信息。

4.3.2　记账

4.3.2.1　手工记账与电算化记账

记账就是登记账簿，是以记账凭证为依据，将经济业务全面地、系统地、连续地记录到账簿中，是会计核算工作的重要环节。

手工记账是由会计人员依据审核无误的记账凭证及所附原始凭证按照确定的会计核算程序将所发生的经济业务逐笔或汇总后登记到有关总分类账、明细分类账和日记账等账簿的过程。

电算化下的记账与手工记账不同，不需要手工抄录，是由有记账权限的操作人员在总账管理系统记账模块执行"记账"命令，由计算机系统按照事先设计的记账程序进行合法性检查、科目汇总并登记总分类账、明细分类账、日记账及各种辅助账簿的过程。

根据会计信息系统的设计思想，记账前凭证保存在临时凭证文件中，能在"填制凭证"模块看到；记账后凭证则保存到流水账文件中，将不能在"填制凭证"模块看到，只能到"查询凭证"模块查询。

4.3.2.2　记账注意事项

（1）第一次记账时，若期初余额试算不平衡，不能记账。

（2）上月未记账，本月不能记账。

（3）有未审核凭证不能记账，记账范围应小于等于已审核范围。

（4）作废凭证不需审核可直接记账。

（5）检查是否有错误凭证，有错误凭证不能记账。

（6）系统自动登记总账、明细账、辅助账等有关账簿。

（7）记账过程一旦断电或其他原因造成中断后，系统将自动调用"恢复记账前状态"恢复数据，然后再重新记账。

4.3.2.3　反记账

反记账，又称恢复记账前状态或取消记账。如果记账过程意外中断，则可以利用反记账功能将数据恢复到记账前状态，修改完毕再进行重新记账。

4.3.3　出纳管理

4.3.3.1　出纳管理的作用

出纳管理是总账管理系统中为出纳人员提供的管理子系统，包括出纳签字、现金与银行存款日记账的输出、支票登记簿的管理、银行对账、银行存款余额调节表的编制等功能。

4.3.3.2　出纳管理工作的准备

在总账管理系统初始化时，首先在会计科目设置中将"库存现金"与"银行存款"设置"日记账"标志。其次需要在会计科目编辑界面"编辑"菜单下指定科目，包括指定现金科目与银行科目。最后对出纳凭证进行出纳签字。

4.3.3.3　日记账

日记账是库存现金日记账与银行存款日记账的统称，是由计算机系统根据出纳凭证记账而生成的账簿。在出纳管理模块可以进行库存现金日记账与银行存款日记账的查询，可以查询某一天的日记账，或者查询一个月的日记账，也可以查询某一时间区间的日记账。

4.3.3.4　资金日报表

资金日报表是反映库存现金、银行存款某日发生额及余额情况的报表。手工方式下由出纳人员逐日填写。在电算化方式下，资金日报表用于查询、输出和打印资金日报表，提供当日借、贷发生额合计及发生的业务量等信息。

4.3.3.5　支票登记簿

"支票登记簿"是为了加强支票管理，用来登记支票领用人、领用日期、支票用途、是否报销等信息的簿记。

（1）支票登记簿使用准备。①在初始设置时，在总账管理系统选项中设置"支票控制"。②在结算方式设置中将支票结算设置"票据管理"标志。③在会计科目中设置将"银行存款"指定为"银行科目"。

（2）支票登记簿使用程序。借款人借支票时由出纳人员核对无误后，进入"出纳-支票登记簿"功能中详细登记支票内容，同时，制单人员将借出的支票作付款凭证处理；借款人办事归来到财务部门报销，制单人员依据原始单据制单，制单过程中根据系统的要求，录入"结算方式""票号"，并保存凭证；然后由出纳人员进入"出纳-支票登记簿"功能中录入报销日期，该支票则被报销，已报销的支票不能进行修改，若想取消报销标志，只需将光标移动到报销的日期处，按 Backspace 键删除报销日期即可。

4.3.3.6　银行对账

为了准确掌握银行存款的收支状态和实际余额，防止发生差错，企业需要定期将银行存款日记账与银行出具的对账单进行核对，并编制银行存款余额调节表。

（1）银行对账期初录入。为了保证银行对账的正确性，在使用银行对账功能进行对账前，需要在开始对账的月初先将银行存款日记账与银行对账单的期初未达账项录入系统中，以实现手工对账与计算机对账的衔接。

（2）输入银行对账单。为了实现计算机自动对账，在每月月末对账前，将银行开出的银行对账单输入计算机。输入计算机的对账单为启用日期之后的对账单。

（3）银行对账。银行对账有两种方式，即手工对账与自动对账。为提高对账效率，首先进行自动对账，再用手工对账方式进行补充。

自动对账是计算机根据对账依据将银行存款日记账未达账项与银行对账单进行自动核对、勾销。对账依据通常是"结算方式+结算号+方向+金额"或"方向+金额"。对于已核对上的银行业务，系统自动在银行存款日记账和银行对账单双方写上两清标志、对账序号，并视为已达账项；对于在两清栏没有写上两清标志的记录，系统视为未达账项。

手工对账是对自动对账的补充，由于系统中银行存款日记账是通过将录入的记账凭证记账后形成的，而银行对账单是银行方录入的，然后"引入"或"转录入"银行对账系统的，人工录入系统时可能造成有关项目录入不规范或不全面，因而导致无法实现全面的自动对账。通过手工对账对未达账项进行调整勾销。

（4）银行存款余额调节表。银行对账完成后，计算机自动整理未达账项和已达账项，生成银行存款余额调节表，利用"余额调节表查询"功能可以查询打印银行存款余额调节表。

4.3.3.7　账簿管理

（1）基本账簿的查询。

①总账的查询。总账查询可以查询各总账科目的年初余额、各月发生额合计和月末余额，还可以查询明细科目的年初余额、各月发生额合计和月末余额。

②发生额及余额表的查询。发生额及余额表查询主要用于查询统计各级科目的本期发生额、累计发生额和余额等。余额表将某月所有总账科目或明细科目的期初余额、本期发生额、累计发生额、期末余额集中体现在一张表页上。

③明细账的查询。明细账查询用于查询各账户的明细发生情况，以及按任意条件组合查询明细账，查询可以包含未记账凭证。

④多栏账的查询。多栏账的查询功能在使用前需要先定义查询格式，进行多栏账栏目定义的方式有自动编制栏目与手工编制栏目两种。

（2）辅助账簿的查询。

辅助账簿的查询可以查询包括余额表、明细账等账簿在内的个人往来、部门核算、项目核算账簿，还可以查询部门收支明细表和项目统计表，而且可以查询供应商往来与客户往来总账与明细账。

4.4　总账管理系统期末处理

4.4.1　总账管理系统期末处理概述

期末处理是会计人员将本月发生的全部日常业务登记入账后要做的相关工作，主要包括自动转账、期末对账、期末结账。

期末转账业务不如日常业务多，但业务种类繁杂，不仅包括各种费用的分摊与计提，还包括各种期末结转业务的处理。这些期末业务处理有较强的规律性，可以利用计算机进行自动处理。

4.4.2　自动转账

期末转账业务分为外部转账业务和内部转账业务。外部转账是指将其他子系统（如固定资产管理子系统和薪资管理子系统）生成的凭证转入总账管理系统；内部转账是指将总账管理系统内部某一个科目或某几个科目的余额或本期发生额结转到另一个或多个科目中。

用友 U8 软件系统预置了 8 种期末结转功能，包括自定义转账、对应结转、自定义比例结转、费用摊销和预提、汇兑损益结转、销售成本结转、期间损益结转和售价销售成本结转。在这 8 种结转功能中，自定义转账功能是最基本的结转功能，是结转功能最强大的，所有的期末业务都可以用自定义转账来处理，只是有些转账业务使用自定义转账较为复杂，因此实际工作中，用户可灵活使用自动转账功能。

第一次使用总账管理系统时，无论哪一种结转功能，都需要先进行"转账定义"，然后执行"转账生成"命令来生成转账凭证，以后各月只需直接执行"转账生成"功能生成转账凭证即可。

自动转账功能包括转账定义和转账生成两个方面。

4.4.2.1　自定义转账

自定义转账是将会计人员在每个会计期末所要处理的固定的、程序化的转账业务进行整理，形成一些凭证框架，凭证框架中包括摘要、借贷科目及借贷金额计算公式，每到月末进行转账时，可以直接调用这些凭证框架，系统会自动生成转账凭证，从而减少重复性劳动，提高工作效率。

（1）自定义转账设置。自定义转账设置可以进行费用分配、费用分摊、税金计算、提取各项费用等的结转，还可以进行各项辅助核算的结转。

（2）对应结转设置。对应结转可以进行两个科目"一对一"结转，也可以进行会计科目"一对多"结转，对应结转只结转期末余额，若结转发生额，需在自定义结转中设置。

　　对应结转的科目可以为末级，也可以为非末级，若为非末级，则其下级科目的科目结构必须一致，如有辅助核算，则转出科目的辅助核算必须一致，转入科目的辅助核算可以不同。

　　（3）销售成本结转设置。销售成本结转设置主要用来辅助没有启用供应链管理系统的企业完成销售成本的计算与结转。

　　（4）汇兑损益结转设置。汇兑损益结转功能主要用于期末自动计算外币账户的汇兑损益，并在转账生成中自动生成汇兑损益相关凭证。

　　为了保证汇兑损益计算正确，必须先将本月所有未记账凭证记账。汇兑损益入账科目不能是辅助账科目或有数量外币核算的科目。

　　（5）期间损益结转设置。在一个会计期间终了时，将损益类科目的发生额结转到本年利润科目中，从而及时反映企业利润状况。期间损益结转主要是对主营业务成本、其他业务成本、营业外支出、管理费用、财务费用和销售费用及主营业务收入、其他业务收入、营业外收入等科目的结转。

4.4.2.2　转账生成

　　自定义完成后，执行本功能可以快速生成转账凭证，并把这些凭证自动追加到未记账凭证中，通过审核、记账后才能完成结转工作。

　　由于转账生成的凭证数据取自期末账簿，所以在转账生成前需将所有未记账凭证进行记账，否则转账生成的凭证中的数据可能不准确。

4.4.3　对账

　　对账是对账簿数据进行核对，以检查记账是否正确，以及账簿是否平衡。对账主要包括总账与明细账、总账与辅助账等账账核对。期末试算平衡是系统中设置的所有会计科目期末余额按会计等式进行的平衡检查，并可以输出科目余额表是否平衡的信息。

　　一般来说，实现电算化后，只要填制的记账凭证正确，计算机自动记账后的各种账簿数据应该都是正确的，但由于非法操作、计算机病毒或其他原因有时可能造成某些数据被破坏，造成账账不符。所以应经常使用对账功能进行对账，至少一个月一次，一般可以在月末结账前进行。

　　当对账出现不平衡或错误时，系统允许"恢复到记账前状态"，进行检查和修改，直到对账正确。

4.4.4　结账

4.4.4.1　期末结账

　　每月月底需要进行结账处理。结账是计算并结转各账簿本月发生额和期末余额，并终止本月账务处理的工作。

　　电算化下，结账工作较手工方式要简便快捷得多，由计算机自动完成。

　　结账前要进行下列检查：

　　（1）检查本月是否全部记账，有未记账凭证不能结账。

　　（2）月末结转必须全部生成凭证并记账，否则本月不能结账。

　　（3）检查上月是否已结账，上月未结账，则本月不能记账。

　　（4）核对总账与明细账、主体账与辅助账、总账管理系统与其他子系统数据是否一致，如果不一致，不能结账。

（5）损益类账户是否全部计算完毕，未计算完毕则本月不能结账。

（6）若与其他子系统联合使用，其他子系统如果没有结账，则本月不能结账。

结账前要进行数据备份，结账后不得再录入本月凭证。

4.4.4.2   反结账

如果结账以后发现结账错误，可以按"Ctrl+Shift+F6"进行"反结账"，取消结账标志，进行修正，再进行结账工作。

实验三   总账管理系统初始设置

【实验目的】

掌握用友 U8 软件中总账管理系统初始设置的相关内容，理解总账管理系统初始设置的意义，掌握总账管理系统初始设置的操作方法。

【实验准备】

引入实验二的账套数据。

【实验内容】

1.总账管理系统控制参数设置。

2.总账管理系统外币汇率设置。

3.总账管理系统会计科目设置。

4.总账管理系统凭证类别设置。

5.总账管理系统结算方式设置。

6.总账管理系统项目目录设置。

7.总账管理系统数据权限设置。

8.总账管理系统期初余额录入。

【实验要求】

以账套主管"王伟"的身份进行总账管理系统初始化。

【实验资料】

1.总账管理系统控制参数设置

总账管理系统控制参数设置的要求见表实 3-1。

表实 3-1   **总账管理系统控制参数**

选项卡	参数设置
凭证	制单序时控制；支票控制；赤字控制：资金及往来科目；赤字控制方式：提示；可以使用应收、应付、存货受控科目；现金流量科目必录现金流量项目；凭证编号：系统编号
账簿	账簿打印位数每页打印行数按软件的标准设置；明细账打印按年排页
凭证打印	打印凭证的制单、出纳、审核、记账等人员姓名
预算控制	超出预算允许保存
权限	出纳凭证必须经由出纳签字；允许修改、作废他人填制的凭证；可查询他人凭证
会计日历	会计日历为 1 月 1 日—12 月 31 日；数量小数位和单价小数位设为 2 位
其他	外币核算采用固定汇率，部门、个人、项目按编码方式排序

2.总账管理系统外币汇率设置

币符：USD；币名：美元；固定汇率：1∶6.4965。

3.总账管理系统会计科目设置

部分会计科目及2020年1月份期初余额表，见表实3-2。

表实3-2　　　　　　　　　　会计科目及余额表

科目名称	辅助核算	方向	币别计量	期初余额
库存现金（1001）	日记账	借		13 285
银行存款（1002）	日记账、银行账	借		3 492 315
工行存款（100201）	日记账、银行账	借		3 427 350
中行存款（100202）	日记账、银行账	借	美元	64 965（$10 000）
交易性金融资产（1101）		借		50 000
债券（110101）		借		50 000
应收账款（1122）	客户往来	借		120 000
其他应收款（1221）	个人往来	借		6 000
坏账准备（1231）		贷		1 600
预付账款（1123）	供应商往来	借		20 000
原材料（1403）		借		58 400
空白光盘（140301）	数量核算	借	张	31 600
包装盒（140302）	数量核算	借	个	26 800
其他原料（140303）		借		
库存商品（1405）		借		440 000
长期股权投资（1511）		借		
股票投资（151101）		借		
固定资产（1601）	部门核算	借		775 000
累计折旧（1602）		贷		125 000
无形资产（1701）		借		250 000
长期待摊费用（1801）		借		12 000
保险费（180101）		借		12 000
短期借款（2001）		贷		225 000
应付账款（2202）	供应商往来	贷		168 000
预收账款（2203）	客户往来	贷		20 000
应付职工薪酬（2211）		贷		19 000
应交税费（2221）		贷		30 000
应交增值税（222101）		贷		2 000
进项税额（22210101）		借		
销项税额（22210105）		贷		2 000

续表

科目名称	辅助核算	方向	币别计量	期初余额
应交所得税（222106）		贷		28 000
其他应付款（2241）		贷		3 600
实收资本（4001）		贷		4 260 000
盈余公积（4101）		贷		
法定盈余公积（410101）		贷		
本年利润（4103）		贷		
利润分配（4104）		贷		429 800
提取法定盈余公积（410402）		贷		
应付普通股股利（410410）		贷		
未分配利润（410415）		贷		429 800
生产成本（5001）		借		45 000
直接材料（500101）	项目核算	借		5 000
直接人工（500102）	项目核算	借		25 000
制造费用（500103）	项目核算	借		15 000
制造费用（5101）		借		
工资（510101）		借		
折旧费（510102）		借		
税金及附加（6403）		借		
销售费用（6601）		借		
管理费用（6602）		借		
工资（660201）	部门核算	借		
福利费（660202）	部门核算	借		
办公费（660203）	部门核算	借		
差旅费（660204）	部门核算	借		
招待费（660205）	部门核算	借		
折旧费（660206）	部门核算	借		
其他（660207）	部门核算	借		
财务费用（6603）		借		
利息支出（660301）		借		
汇兑损益（660302）		借		
现金折扣（660303）		借		
所得税费用（6801）		借		
合　计	借方余额合计：5 282 000		贷方余额合计：5 282 000	
期初余额试算平衡	资产总计：5 155 400		负债及所有者权益总计：5 155 400	

注：指定"库存现金（1001）"为现金总账科目；指定"银行存款（1002）"为银行总账科目；

指定"库存现金（1001）""工行存款（100201）""中行存款（100202）"为现金流量科目。

4.总账管理系统凭证类别设置

总账管理系统的凭证类别见表实3-3。

表实3-3　　　　　　　　　　凭证限制设置信息

凭证类别	限制类型	限制科目
收款凭证	借方必有	1001，100201，100202
付款凭证	贷方必有	1001，100201，100202
转账凭证	凭证必无	1001，100201，100202

5.总账管理系统结算方式设置

总账管理系统的结算方式见表实3-4。

表实3-4　　　　　　　　　　结算方式

结算方式编码	结算方式名称	票据管理
1	现金结算	
2	票据结算	
201	现金支票	是
202	转账支票	是
203	银行汇票	是
3	其他	

6.总账管理系统项目目录设置

总账管理系统的项目目录设置信息见表实3-5。

表实3-5　　　　　　　　　　项目目录设置信息

项目设置步骤	设置内容
项目大类	生产成本
核算科目	生产成本（5001） 直接材料（500101） 直接人工（500102） 制造费用（500103）
项目分类	1.学习类软件 2.工具类软件
项目名称	101　乐享英语　（所属分类码：1） 201　方舟杀毒　（所属分类码：2）

7.总账管理系统数据权限设置

操作员"余力""王伟""李芳"具有所有部门的查询和录入权限，操作员"丁雪"只具有供应部的查询权限。

8.总账管理系统期初余额录入

（1）总账期初余额表（见表实3-2）

（2）辅助账期初余额表

应收账款、预付账款、其他应收款、应付账款、原材料、预收账款、生产成本、固定资产等账户期初余额见表实3-6至表实3-13。

表实3-6　　　　　　　　　　　　**应收账款**

会计科目：1122　　　　　　　　　　　　　　　　　　　　　　余额：借 120 000元

日期	凭证号	客户	摘要	方向	金额	业务员	票号	票据日期
2019-12-10	转-19	丽达公司	销售商品	借	46 800	宋玉	N59	2019-12-10
2019-12-25	转-108	东方学校	销售商品	借	73 200	宋玉	M101	2019-12-25

表实3-7　　　　　　　　　　　　**预付账款**

会计科目：1123　　　　　　　　　　　　　　　　　　　　　　余额：借 20 000元

日期	凭证号	供应商	摘要	方向	金额	业务员	票号	票据日期
2019-11-27	付-06	畅想	预付定金	借	20 000	丁雪	K13	2019-11-27

表实3-8　　　　　　　　　　　　**其他应收款**

会计科目：1221　　　　　　　　　　　　　　　　　　　　　　余额：借 6 000元

日期	凭证号	部门	个人	摘要	方向	期初余额	票号	票据日期
2019-12-26	付-69	总经理办公室	肖剑	出差借款	借	4 000	N22	2019-12-24
2019-12-27	付-72	销售一部	张兵	出差借款	借	2 000	N23	2019-12-26

表实3-9　　　　　　　　　　　　**应付账款**

会计科目：2202　　　　　　　　　　　　　　　　　　　　　　余额：贷 168 000元

日期	凭证号	供应商	摘要	方向	金额	业务员	票号	票据日期
2019-11-20	转-06	志科	购买商品	贷	168 000	丁雪	D002	2019-11-20

表实3-10　　　　　　　　　　　　**原材料**

会计科目：1403　　　　　　　　　　　　　　　　　　　　　　余额：借 58 400元

日期	材料名称	数量	金额
2019-12-31	空白光盘	15 800	31 600
2019-12-31	包装盒	5 360	26 800

表实3-11　　　　　　　　　　　　**预收账款**

会计科目：2203　　　　　　　　　　　　　　　　　　　　　　余额：贷 20 000元

日期	凭证号	客户	摘要	方向	金额	业务员	票号	票据日期
2019-12-26	转-16	丽达公司	预收货款	贷	20 000	宋玉	C011	2019-12-26

表实 3-12　　　　　　　　　　　　　　　　生产成本

会计科目：5001　　　　　　　　　　　　　　　　　　　　　　　余额：借 45 000 元

科目名称	乐享英语	方舟杀毒	合计
直接材料（500101）	3 000	2 000	5 000
直接人工（500102）	15 000	10 000	25 000
制造费用（500103）	8 500	6 500	15 000
合计	26 500	18 500	45 000

表实 3-13　　　　　　　　　　　　　　　　固定资产

会计科目：1601　　　　　　　　　　　　　　　　　　　　　　　余额：借 775 000 元

使用部门	固定资产原值
总经理办公室	125 200
财务部	106 000
销售一部	11 000
销售二部	11 000
销售三部	11 000
销售四部	11 000
供应部	42 000
产品研发部	93 800
制造车间	364 000
合计	775 000

【操作指导】

1.以"王伟"的身份启动与注册企业应用平台

（1）执行"开始→程序→用友 U8V10.1→系统服务→系统管理"命令，进入"用友 U8【系统管理】"窗口，或在桌面直接单击"系统管理"。

（2）单击【开始】按钮，执行"开始→程序→用友 U8V10.1→企业应用平台"命令，打开企业应用平台"注册【控制台】"对话框，以账套主管"王伟"操作员的身份及密码登录。输入操作员编码"001"及密码"1"；选择账套"168上海华龙科技有限公司"；会计年度"2020"；日期"2020-01-01"。单击【登录】按钮。

（3）在"业务工作"选项卡中，单击"财务会计-总账"并展开"总账"下级菜单。

2.设置总账管理系统控制参数

（1）执行"总账→设置→选项"命令，打开"选项"对话框。

（2）单击【编辑】按钮，进入"选项"编辑状态。

（3）单击"凭证"选项卡，勾选"制单序时控制""支票控制""赤字控制""赤字控制方式"：提示"可以使用应收受控科目""可以使用应付受控科目""可以使用存货受控科目""现金流量科目必录现金流量项目""系统编号"等参数。"凭证"选项卡设置结果如图实3-1所示。

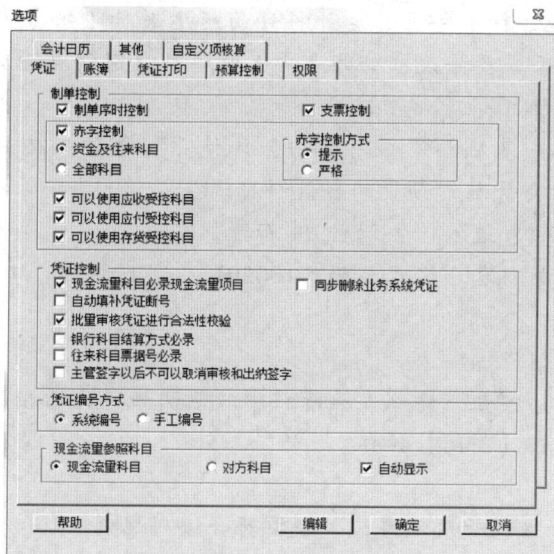

图实3-1　总账选项设置

（4）分别打开"账簿""凭证打印""预算控制""权限""会计日历""其他"选项卡，按控制参数设置实验资料的要求进行相应的设置。

（5）设置完成后，单击【确认】按钮。

注意事项：

● 学生应注意理解这些控制参数设置的意义及对后续操作所产生的影响。

3.总账管理系统外币汇率设置

（1）执行"基础设置→基础档案→财务→外币设置"命令，双击进入外币设置窗口。

（2）单击【增加】按钮，进入编辑状态。输入币符"USD"，币名"美元"，单击【确认】按钮，在2020.01栏对应的"记账汇率"下输入"6.49650"，如图实3-2所示。单击【退出】按钮。

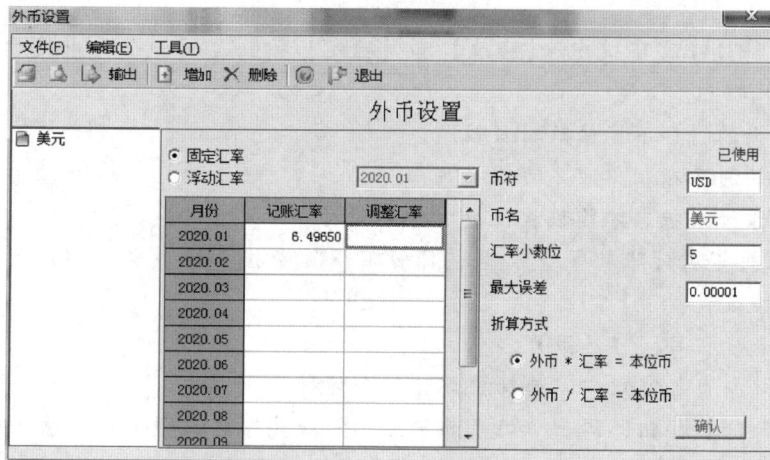

图实3-2　外币设置窗口

4.总账管理系统会计科目设置

操作提示：

● 学生应根据实验资料中给出的会计科目的顺序来对照账套中的会计科目，若账套中存在此科目，则看是否需要修改；若账套中无此科目，则需要增加。

（1）增加明细会计科目

①执行"基础设置→基础档案→财务→会计科目"命令，双击进入"会计科目"窗口，显示所有按2007新会计准则预置的会计科目。

②单击【增加】按钮，进入"会计科目-新增"窗口。

③输入明细科目相关内容。输入编码"100201"、科目名称"工行存款"；选择"日记账""银行账"。

④单击【确定】按钮。

⑤继续单击【增加】按钮，输入实验资料中其他明细科目的相关内容。

⑥全部输完后，单击【关闭】按钮。

注意事项：

● 增加的会计科目编码长度及每段位数要符合编码规则。

● 科目一经使用，就不能再增设下级科目了，只能增加同级科目。

● 由于建立会计科目的内容较多，很多辅助核算内容会对后面凭证输入操作产生影响，因此在建立会计科目时，要仔细并反复检查。

● 增加会计科目时先增加上一级再增加它的下一级，逐级增加。

（2）修改会计科目

①在"会计科目"窗口中，单击要修改的会计科目"1001现金"。

②单击【修改】按钮或双击该科目，进入"会计科目-修改"窗口。

③单击【修改】按钮。

④选中"日记账"复选框。

⑤单击【确定】按钮。

⑥按实验资料内容修改其他科目的辅助核算属性，修改完成后，单击【返回】按钮。

注意事项：

● 在会计科目修改窗口中，【修改】和【确定】按钮是同一个，当处于编辑状态时，显示为【确定】按钮。

● 已有数据的科目不能修改科目性质。

● 被封存的科目在制单时不可以使用。

● 只有处于修改状态才能设置汇总打印和封存。

● 应收账款与应付账款等往来类科目暂不设置受控系统，当需要启动这类系统时，科目需进行受控设置。

（3）删除会计科目（可选做）

①在"会计科目"窗口中，选择要删除的会计科目。

②单击【删除】按钮，弹出"记录删除后不能修复！真的删除此记录吗？"提示框。

③单击【确定】按钮，即可删除该科目。

注意事项：

● 删除会计科目要求先删除末级科目，再删除它的上一级科目，逐级向上删除。

● 如果科目已录入期初余额或已制单，则不能删除。

● 非末级会计科目不能删除。

● 被指定为"现金科目""银行科目"的会计科目不能删除；如想删除，必须先取消指定。

（4）指定会计科目

指定库存现金总账科目和银行存款总账科目。

①在"会计科目"窗口中，执行"编辑→指定科目"命令，进入"指定科目"窗口。

②单击【现金科目】单选按钮，从待选科目栏单击选中"1001库存现金"科目。单击【>】按钮，将"1001库存现金"由待选科目选入已选科目。

③单击【银行科目】单选按钮，单击选中"1002银行存款"科目，单击【>】按钮，将"1002银行存款"由待选科目选入已选科目。

④单击"现金流量科目"，从待选科目栏单击选中"1001库存现金""100201工行存款""100202中行存款""1012其他货币资金"，单击【>】按钮，将"1001库存现金""100201工行存款""100202中行存款""1012其他货币资金"选入已选科目。

⑤单击【确认】按钮。

注意事项：

● 指定会计科目是指指定出纳的专管科目。只有指定科目后，出纳人员才能执行出纳签字，从而实现现金、银行管理的保密性，同时出纳人员才能查看库存现金、银行存款日记账。

● 在指定"现金科目""银行科目"之前，应在建立"库存现金""银行存款"会计科目时选中"日记账"复选框。

5.总账管理系统结算方式设置

（1）执行"基础设置→基础档案→收付结算→结算方式"命令，双击进入"结算方式"窗口。

（2）单击【增加】按钮，输入编码"1"，结算方式名称"现金结算"，单击【保存】按钮，左侧下拉列表中就出现"现金结算"方式。

（3）根据实验资料分别输入其他结算方式，结果如图实3-3所示。

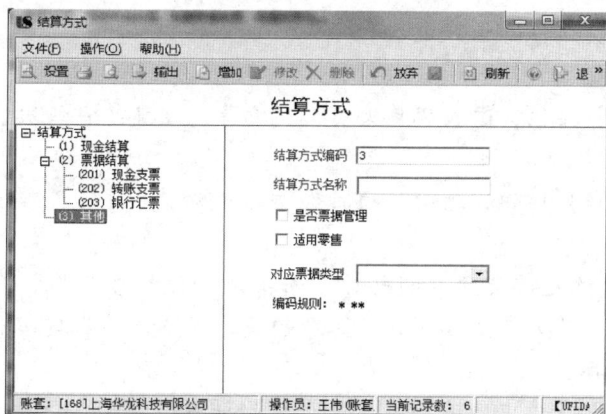

图实3-3　结算方式设置窗口

6.总账管理系统凭证类别设置

（1）执行"基础设置→基础档案→财务→凭证类别"命令，打开"凭证类别预置"对话框。

（2）选中"收款凭证、付款凭证、转账凭证"单选按钮。

（3）单击【确认】按钮，进入"凭证类别"窗口，单击【修改】按钮，对凭证限制类型进行修改。

（4）再单击收款凭证"限制类型"的下拉三角按钮，选择"借方必有"；在"限制科目"栏输入"1001，100201，100202"。

（5）同理，设置付款凭证的限制类型"贷方必有"、限制科目"1001，100201，100202"；转账凭证的限制类型"凭证必无"、限制科目"1001，100201，100202"，如图实3-4所示。

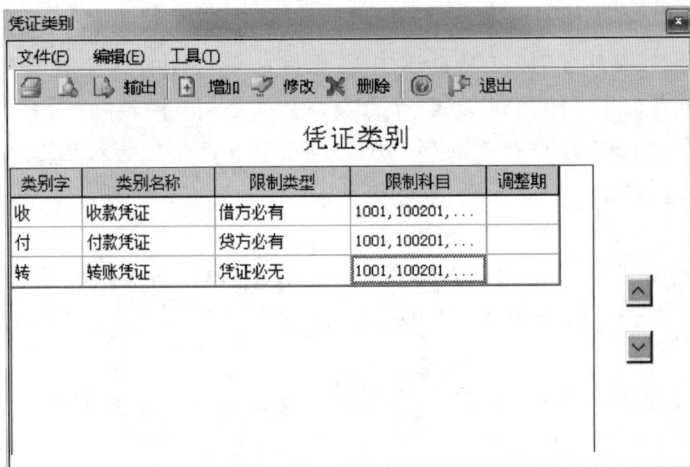

图实3-4　凭证类别限制设置

（6）设置完后，单击【退出】按钮。

7.总账管理系统项目目录设置

（1）定义项目大类

①执行"基础设置→基础档案→财务→项目目录"命令，进入"项目档案"窗口。

②单击【增加】按钮，打开"项目大类定义-增加"对话框。

③输入新项目大类名称"生产成本"。

④选择"普通项目"。

⑤单击【下一步】按钮，进入项目大类定义向导，定义项目级次、定义项目栏目设置均采用系统默认值。

⑥最后单击【完成】按钮，返回"项目档案"窗口。

注意事项：

● 项目大类的名称是该类项目的总称，而不是会计科目名称。例如，在建工程按具体工程项目核算，其项目大类名称应为"工程项目"而不是"在建工程"。

（2）指定核算科目

①在"项目档案"窗口中，选择"核算科目"页签。

②选择项目大类"生产成本"。

③分别选择要参加核算的科目,"500101 直接材料""500102 直接人工""500103 制造费用",单击【>】按钮,将科目选入"已选科目"栏。

④单击【确定】按钮,结果如图实3-5所示。

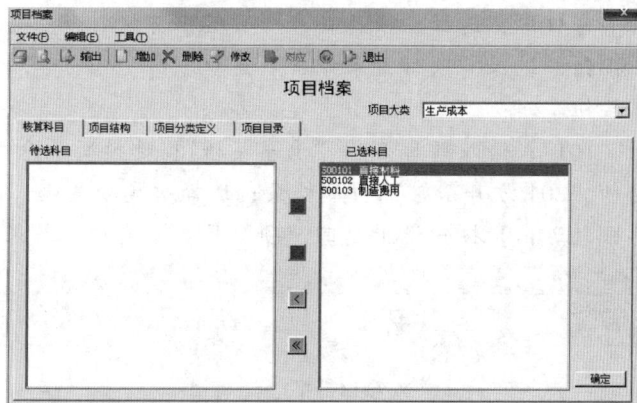

图实3-5　项目核算科目设置

注意事项:

● 一个项目大类可指定多个科目,一个科目只能指定一个项目大类。

● 只有会计科目进行了项目核算的辅助核算设置,才会在图实3-5的待选科目中出现相关科目。

● 在选择核算科目时,单向箭头只选入选中的一个科目,双向箭头是全部移入已选科目栏。

(3) 项目分类定义

①在"项目档案"窗口中,选择"项目分类定义"页签。

②单击右下角的【增加】按钮。

③输入分类编码"1";输入分类名称"学习类软件"。

④单击【确定】按钮。

⑤同理,定义"2工具类软件"项目分类。结果如图实3-6所示。

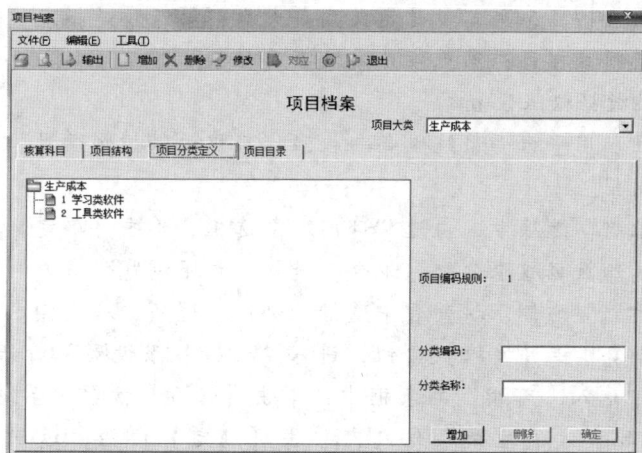

图实3-6　项目分类设置

注意事项：

● 为了便于统计，可对同一项目大类下的项目进行进一步划分，即定义项目分类。

● 若无分类，也必须定义项目分类为"无分类"。

（4）定义项目目录

①在"项目档案"窗口中，选择"项目目录"页签。

②单击【维护】按钮，进入"项目目录维护"窗口。

③单击【增加】按钮。

④输入项目编号"101"；输入项目名称"乐享英语"；选择所属分类码"1"。

⑤同理，继续增加"201方舟杀毒"项目档案；选择所属分类码"2"。

⑥输入完毕，单击【退出】按钮退出返回"项目档案"窗口。结果如图实3-7所示。

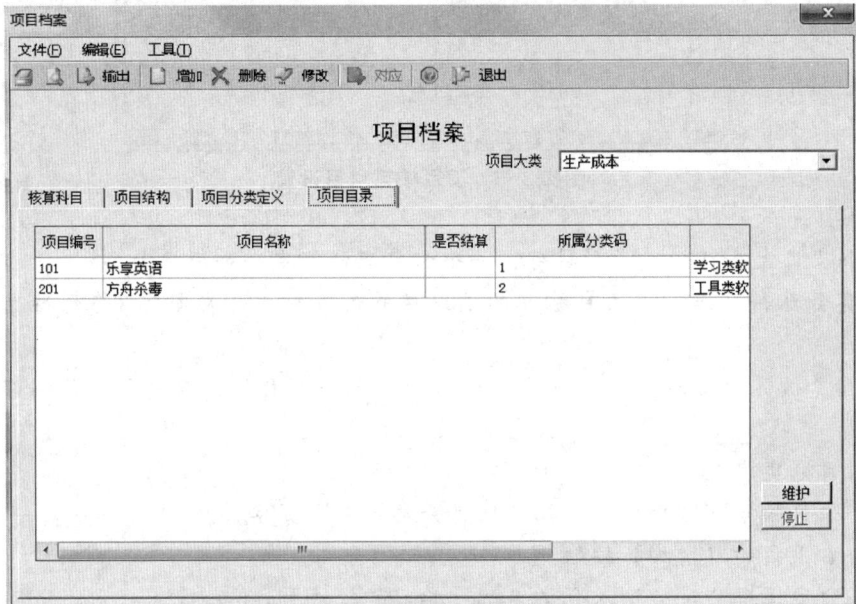

图实3-7　项目目录设置窗口

至此，"生产成本"项目大类核算定义完毕。归纳起来包括五个步骤，第一步是会计科目辅助核算设置项目核算；第二步是定义项目大类；第三步是指定核算科目；第四步是定义项目级次与定义项目栏目；第五步是定义项目目录。

8.总账管理系统数据权限设置

（1）执行"企业应用平台→系统服务→权限→数据权限控制设置"命令，打开"数据权限控制设置"对话框。

（2）打开"记录级"选项卡，勾选"部门"复选框，单击【确定】按钮。

（3）执行"权限→数据权限分配"命令，进入"权限浏览"窗口。

（4）从"业务对象"右侧下拉列表中选择"部门"选项，从左侧"用户"列表中选择"005丁雪"，再单击工具栏【授权】按钮，进入"记录权限设置"对话框，将"供应部"从"禁用"列表框中选入"可用"列表框中，单击【保存】按钮，系统提示"保存成功，重新登录门户，此配置才能生效"信息，单击【确定】按钮，返回"记录权限设置"窗口。

（5）关闭"记录权限设置"窗口，进入"权限浏览"窗口，在"用户"列表中分别选择"002李芳""003余力"，单击工具栏【授权】按钮，将所有部门从"禁用"列表框中选入"可用"列表框。单击【保存】按钮，关闭"记录权限设置"窗口，返回到"权限浏览"窗口。

9.总账管理系统期初余额输入

（1）总账期初余额

①在"业务工作"选项卡中，执行"财务会计→总账→设置→期初余额"命令，进入"期初余额录入"窗口，可以看到用三种颜色表示的三种不同类型的数据，白色的是末级科目数据，灰色的是非末级科目数据，黄色的是有辅助核算的科目数据。一般可以用如下口诀来输入数据，"白色单元格直接输入，灰色单元格不用输入，黄色单元格双击输入，即末级科目直接输入，非末级科目不用输入，辅助科目双击输入"。

②输入"1001现金"科目的期初余额13 285元，敲回车键确认。

③同理，根据实验资料输入其他总账科目的期初余额。

注意事项：

● 期初余额只能在最末级明细科目上，上级科目的期初余额将自动计算并填列。

● 如果出现数据输入错误的情况，即期初余额数据修改，鼠标单击要修改的单元格，然后直接输入正确的数据，或者双击要修改的单元格，出现光标后可删除原来错误数据再输入正确的数据。

（2）辅助账期初余额

①"应收账款"期初余额的录入，需要双击黄色单元格，进入"辅助账期初余额"界面，单击工具栏【往来明细】按钮，进入"期初往来明细"窗口，单击【增行】按钮，根据实验资料提供的"应收账款"辅助账期初余额表（注意在实验资料中，明细科目的数据在总账科目余额表后面提供），按照要求分别输入"日期""凭证号""客户""业务员""摘要""方向""金额""票号""票据日期"等信息。输入完毕返回"辅助账期初余额"窗口，输入其他相关数据。

②输入完数据后，单击【退出】按钮，在期初余额录入窗口将显示应收账款科目的总账余额。

③根据实验资料输入其他辅助核算的数据。

注意事项：

● 当不想输入某项内容而系统又提示必须输入时，如误增行时，可按ESC键取消输入。此操作在本软件中很多地方都是适用的。

● 在输入"部门""客户""业务员"等信息时，均需从基础档案的信息中获取，如果是业务员，则需要检查人员档案中是否勾选"业务员"选项。此外，当出现选入错误内容时，需要先删除错误内容，再重新参照输入。

● 输入"直接材料（500101）"等有项目核算科目的期初余额时，应按项目名称，如"乐享英语""方舟杀毒"等输入期初余额。

（3）试算平衡

①输完所有科目余额后，在"期初余额输入"窗口，单击【试算】按钮，打开"期初余额试算平衡表"对话框。

②单击【确认】按钮。若期初余额试算不平衡，则修改期初余额直到平衡为止；若期初余额试算平衡，单击【退出】按钮。

③单击【对账】按钮进行对账。

注意事项：

● 期初余额试算不平衡，将不能记账，但可以填制凭证。

● 已经记过账，则不能再输入、修改期初余额，也不能执行"结转上年余额"功能。

实验四　总账管理系统日常业务处理

【实验目的】

掌握用友 U8V10.1 软件中总账管理系统日常业务处理的相关内容；熟悉总账管理系统日常业务处理的各种操作；掌握凭证管理和账簿管理的具体内容和操作方法。

【实验准备】

引入实验三的账套数据。

提示：本书框架有两种实验模式：其一是在没有启用薪资管理系统、固定资产管理系统及应收应付款管理系统的前提下进行的日常业务处理、期末处理和报表编制。薪资管理系统与固定资产管理系统均可在引入实验三的账套数据后分别单独处理。其二是假设后续的薪资管理、固定资产管理等业务系统中业务发生的日期都是期末，这样启用总账的同时启用薪资管理系统与固定资产管理系统，并在两个子系统初始化后在总账一般日常业务处理后接着处理其相关业务，在薪资管理系统与固定资产管理系统处理相关业务将业务凭证传递到总账管理系统后，再进行总账管理系统期末处理。这样做的目的是可以保证各子系统的相对独立，更好地理解 ERP 系统的设计思想。两种模式供读者或教师自行选择。

【实验内容】

1. 凭证管理

填制凭证、出纳签字、审核凭证、凭证记账

2. 账簿管理

总账、科目余额表、明细账、辅助账管理

3. 出纳管理

日记账及资金日报表查询、登记支票登记簿、银行对账

【实验要求】

1. 以"余力"的身份进行填制凭证、凭证查询操作。

2. 以"李芳"的身份进行出纳签字。

3. 以"王伟"的身份进行审核、记账、账簿查询操作。

4. 以"李芳"的身份进行出纳管理。

【实验资料】

1. 凭证填制

1 月份经济业务如下（该公司为一般纳税人，材料按实际成本计价）：

（1）2 日，销售一部张兵购买了 500 元的办公用品，以现金支付（附单据一张）。

（付款凭证）摘要：购办公用品

借：销售费用（6601）　　　　　　　　　　　　　　　　　500

　　　　贷：库存现金（1001）　　　　　　　　　　　　　　　　　　　　　　500

（2）3 日，财务部李芳从工行提取现金 10 000 元，作为备用金（现金支票号 XP001）。

（提示：由于本项业务不涉及现金流量，因而在填制凭证前，先以"王伟"的身份重新注册，操作日期：2020-01-01，执行"总账→设置→选项→凭证"命令，取消勾选"现金流量项目必录"选项。再以"余力"的身份填制本张凭证后，再执行相反的操作）

（付款凭证）摘要：从工行提现

　　　借：库存现金（1001）　　　　　　　　　　　　　　　　　　　　　10 000
　　　　贷：银行存款——工行存款（100201）　　　　　　　　　　　　　　10 000

（3）5 日，收到泛美集团投资资金 20 000 美元，汇率 1∶6.4965（转账支票号 ZPW001）。

（收款凭证）摘要：收到投资款

　　　借：银行存款——中行存款（100202）　　　　　　　　　　　　　　129 930
　　　　贷：实收资本（4001）　　　　　　　　　　　　　　　　　　　　129 930

（4）8 日，销售二部宋玉收到北京东方学校转来的一张转账支票，金额 73 200 元，用以偿还前欠货款（转账支票号 ZZR003）。

（收款凭证）摘要：收到货款

　　　借：银行存款——工行存款（100201）　　　　　　　　　　　　　　73 200
　　　　贷：应收账款（1122）　　　　　　　　　　　　　　　　　　　　73 200

（5）11 日，总经理办公室支付业务招待费 3 000 元（转账支票号 ZPR003）。

（付款凭证）摘要：支付招待费

　　　借：管理费用——招待费（660205）　　　　　　　　　　　　　　　3 000
　　　　贷：银行存款——工行存款（100201）　　　　　　　　　　　　　3 000

（6）12 日，总经理办公室肖剑出差归来，报销差旅费 4 000 元。

（转账凭证）摘要：报销差旅费

　　　借：管理费用——差旅费（660204）　　　　　　　　　　　　　　　4 000
　　　　贷：其他应收款（1221）　　　　　　　　　　　　　　　　　　　4 000

（7）15 日，供应部丁雪从北京畅想公司采购空白光盘 10 000 张，不含税单价 2 元/张，增值税税率 9%，货物与发票同时到达，材料直接入库。财务部门根据购货发票当即开出转账支票（转账支票号 ZPR009）一张，金额 21 800 元，付清采购货款。

（付款凭证）摘要：购空白光盘

　　　借：原材料——空白光盘（140301）　　　　　　　　　　　　　　　20 000
　　　　　应交税费——应交增值税（进项税额）（22210101）　　　　　　　1 800
　　　　贷：银行存款——工行存款（100201）　　　　　　　　　　　　　21 800

（8）18 日，制造车间领用光盘 5 000 张，单价 2 元，用于制作"方舟杀毒"软件，材料已出库。填制材料出库单并审核、记账生成凭证。

（转账凭证）摘要：生产领料

　　　借：生产成本——直接材料（500101）　　　　　　　　　　　　　　10 000
　　　　贷：原材料——空白光盘（140301）　　　　　　　　　　　　　　10 000

（9）20 日，购入兴元公司股票 10 000 股，用银行存款实际支付买价 100 000 元，手续费 300 元，共计 100 300 元（转账支票号 ZPR007）。

（付款凭证）摘要：对外投资

借：长期股权投资——股票投资（151101）　　　　　　　　100 300

　　贷：银行存款——工行存款（100201）　　　　　　　　　　100 300

（10）28日，从银行借入3年期借款200 000元，借款已存入银行（转账支票号ZPW002）。

（收款凭证）摘要：借入长期借款

借：银行存款——工行存款（100201）　　　　　　　　200 000

　　贷：长期借款（2501）　　　　　　　　　　　　　　　200 000

（11）30日，收到一项长期股权投资的现金股利40 000元，存入银行。该项投资按成本法核算（转账支票号ZPW004）。

（收款凭证）摘要：收到现金股利

借：银行存款——工行存款（100201）　　　　　　　　40 000

　　贷：投资收益（6111）　　　　　　　　　　　　　　　40 000

（12）31日，供应部丁雪从北京畅想公司采购"乐享英语"软件1 500套，每套不含税单价180元，增值税税率9%，货物与发票同时到达，商品直接入库。财务部门根据购货发票当即开出转账支票（转账支票号ZPR010）一张，金额294 300元，付清采购货款。

（付款凭证）摘要：购买英语软件

借：库存商品（1405）　　　　　　　　　　　　　　270 000

　　应交税费——应交增值税（进项税额）（22210101）　　24 300

　　贷：银行存款——工行存款（100201）　　　　　　　294 300

（13）31日，接受宏达公司投资，实际出资2 900 000元，占有1/3的股份。接受投资后，公司的注册资本为6 000 000元。投资款已收，存入企业开户行（转账支票号ZPW005）。

（收款凭证）摘要：接受投资

借：银行存款——工行存款（100201）　　　　　　　2 900 000

　　贷：实收资本（4001）　　　　　　　　　　　　　2 000 000

　　　　资本公积（4002）　　　　　　　　　　　　　　900 000

（14）31日，结转制作"方舟杀毒"软件应负担的制造费用12 654.24元。

（转账凭证）摘要：结转制造费用

借：生产成本——制造费用（500103）　　　　　　　12 654.24

　　贷：制造费用——工资（510101）　　　　　　　　　8 190

　　　　　　　　——折旧费（510102）　　　　　　　　4 464.24

（15）31日，"方舟杀毒"软件完工入库200套，单位成本80元，已入成品库。填制产成品入库单并审核、记账生成凭证。

（转账凭证）摘要：产成品入库

借：库存商品（1405）　　　　　　　　　　　　　　16 000

　　贷：生产成本——直接材料（500101）　　　　　　　5 440

　　　　　　　　——直接人工（500102）　　　　　　　3 840

　　　　　　　　——制造费用（500103）　　　　　　　6 720

（16）31 日，销售三部孙晓售给北京东方学校"乐享英语"软件 3 000 套，不含税单价 230 元/套，增值税税率 9%，当即收到销货款（转账支票号 ZZR005）。

（收款凭证）摘要：销售英语软件

借：银行存款——工行存款（100201）	752 100
贷：主营业务收入（6001）	690 000
应交税费——应交增值税（销项税额）（22210105）	62 100

（17）31 日，结转"乐享英语"软件产品销售成本，数量 3 000 套，单位成本 180 元。

（转账凭证）摘要：结转销售成本

借：主营业务成本（6401）	540 000
贷：库存商品（1405）	540 000

（18）31 日，查明成品库"方舟杀毒"软件盘亏原因，是供应部丁雪失职造成丢失，应由其赔偿。

批准前，（转账凭证）摘要：方舟杀毒软件库存盘亏

借：待处理财产损溢（1901）	750
贷：库存商品（1405）	750

批准后，由丁雪赔偿。

（转账凭证）摘要：方舟杀毒软件盘亏处理

借：其他应收款（1221）	750
贷：待处理财产损溢（1901）	750

2.凭证查询

3.凭证修改

4.删除凭证

5.冲销凭证

6.出纳签字

7.审核凭证

8.记账

9.取消记账

10.账簿查询

11.出纳管理

（1）日记账及资金日报表查询

（2）登记支票登记簿

（3）银行对账

出纳管理实验资料

（1）支票登记簿

25 日，销售二部宋玉，领用工商银行转账支票一张，票号 015，预计金额 5 000 元，用于垫付运输费。

（2）银行对账

①银行对账期初。

上海华龙科技有限公司银行账的启用日期为 2020-01-01，工行人民币户企业银行存

款日记账调整前余额为 34 273 500 元，银行对账单调整前余额为 34 573 500 元，未达账项一笔，系银行已收企业未收款 300 000 元；中行美元户企业银行日存款记账调整前余额为 10 000 美元，银行对账单调整前余额为 10 000 美元。

②银行对账单（见表实 4-1 和表实 4-2）。

表实 4-1　　　　　　　　　　　1 月份中国工商银行对账单

日期	结算方式	结算票据号	借方金额	贷方金额
2020.01.03	201	XP001		10 000
2020.01.05	202	ZPW001	129 930	
2020.01.08	202	ZZR003	73 200	
2020.01.11	202	ZPR003		3 000
2020.01.15	202	ZPR009		21 800
2020.01.20	202	ZPR007		100 300
2020.01.28	202	ZPW002	200 000	
2020.01.30	202	ZPW004	40 000	
2020.01.31	202	ZPR010		294 300
2020.01.31	202	ZPW005	2 900 000	
2020.01.31	202	ZZR005	752 100	

表实 4-2　　　　　　　　　　　1 月份中国银行对账单

日期	结算方式	结算票据号	借方金额	贷方金额
2020.01.05	202	ZPW001	20 000	

【操作指导】

1. 凭证填制

★业务 1

（1）以"余力"的身份注册企业应用平台，执行"业务工作→财务会计→凭证→填制凭证"命令，进入"填制凭证"窗口。

（2）单击【增加】按钮，增加一张空白凭证。

（3）选择凭证类型"付款凭证"；凭证编号由系统自动生成；输入制单日期"2020-01-02"；输入附单据数"1"。

（4）输入摘要"购买办公用品"；输入科目名称"6601"，借方金额"500"，按回车键；摘要自动带到下一行，输入科目名称"1001"，贷方金额"500"，并确定现金流量的类别："经营活动现金流量——支付其他与经营活动有关的现金"。

（5）单击【保存】按钮，弹出"凭证已成功保存！"信息提示框，如图实 4-1 所示。如果单击【增加】按钮，则在保存凭证的同时新增一张空白凭证。

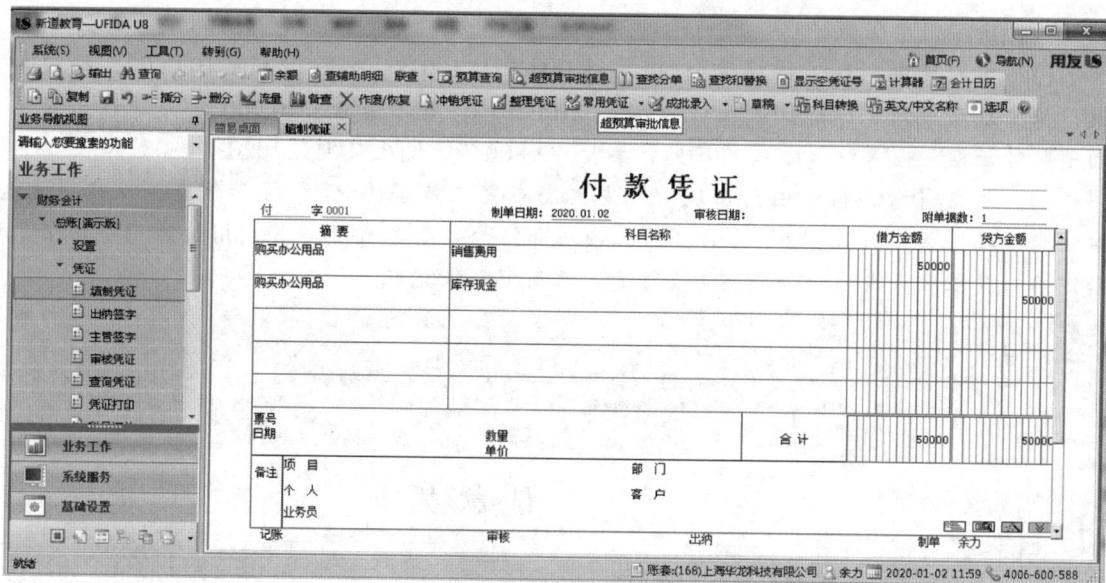

图实4-1 业务1凭证

注意事项：

● 因为每张凭证的制单日期都不一样，所以注册"企业应用平台"时将操作日期设置为2020-01-31。这样，只需注册一次，在填制凭证时可输入不同日期的凭证。

● 采用序时控制时，凭证日期应大于等于启用日期，不能超过业务日期。

● 凭证一旦保存，其凭证类别、凭证编号不能修改。

● 正文中不同行的摘要可以相同也可以不同，但不能为空。每行摘要都将随相应的会计科目在明细账、日记账中出现。

● 科目编码必须是末级的科目编码，既可以手工直接输入，也可利用右边的参照按钮■■选择输入。科目名称的输入方式有输入科目编码、科目汉字名称，参照输入，如果有助记码，还可以输入助记码。会计科目最终以汉字显示。

● 金额不能为"零"；红字以"-"号表示。

● 可按"="号键取当前凭证借贷方金额的差额到当前光标位置（如果按"="号键无效，则需关闭汉字输入法后再操作）。

● 在凭证填制过程中，当输入借贷方金额时，可按空格键在"借方金额栏"与"贷方金额栏"之间切换。

● 在凭证填制过程中，若某科目为"现金流量科目""银行科目""外币科目""数量科目""辅助核算科目"，输完科目名称后，则须继续输入该科目的辅助核算信息。

● 在录入凭证时，只要分录中涉及现金流量科目，凭证填制完毕，单击【流量】按钮或【保存】按钮时，就会自动弹出"现金流量表主表项目"对话框，此时应根据所发生的现金收支业务，按要求选择合适的现金流量项目；选择完毕，单击【保存】按钮。

★业务2

（1）单击【增加】按钮，增加一张空白凭证。

（2）选择凭证类型"付款凭证"；凭证编号由系统自动生成；输入制单日期"2020-

01-03"；输入附单据数"1"。

（3）输入摘要"从工行提现"；输入科目编码"1001"，借方金额"10 000"，按回车键；摘要自动带到下一行，输入科目编码"100201"，贷方金额"10 000"。系统弹出"辅助项"对话框。输入结算方式"201"，票号"XP001"，发生日期"2020-01-03"。

（4）单击【增加】按钮，出现"此支票尚未登记是否登记？"提示信息，点击【是】按钮后，填写领用日期"2020-01-03"、领用部门为"财务部"李芳，用途为"备用金"，确定后，凭证保存成功。如图实4-2所示。填制下一张凭证。

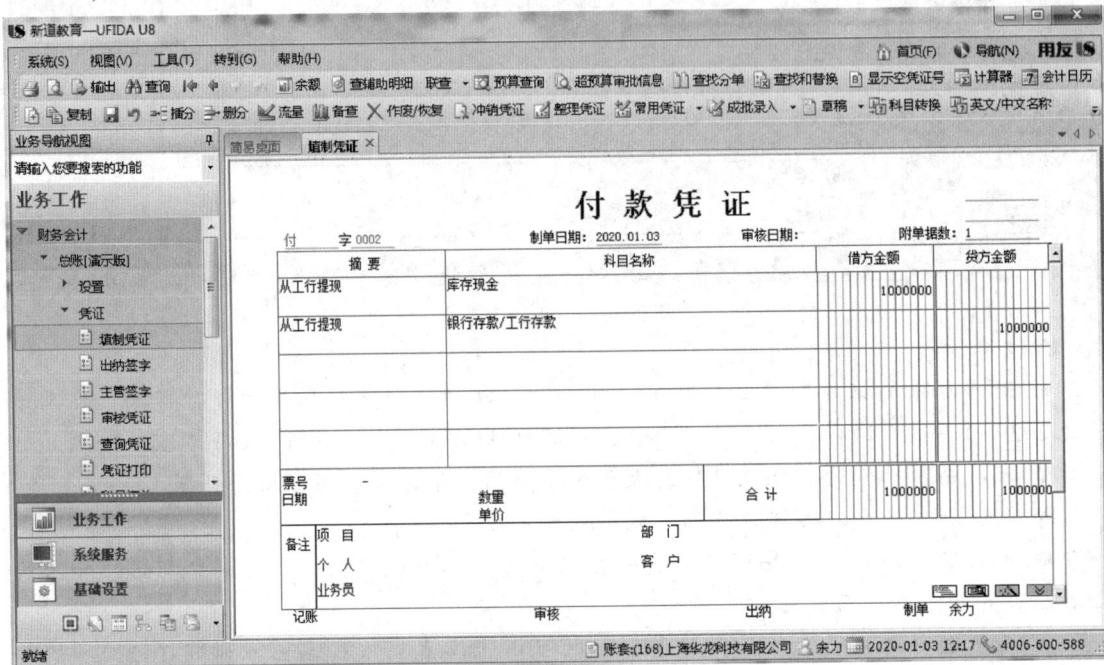

图实4-2　业务2凭证

注意事项：

● 如果在凭证填制过程中错过填列银行科目"辅助项"，可以将光标停在银行科目行，鼠标移到"票号日期"栏，光标会变成笔头状，双击弹出银行科目的"辅助项"填列对话框，进行结算方式、票号、日期等辅助信息补填。

● 涉及银行结算票据的，如果在结算方式中进行了相关票据登记设置，则需要登记相关票据领用部门、领用人及用途等信息。

● 从银行提现或将现金缴存银行不涉及现金流量，不需要进行现金流量登记。

★ 业务3

（1）单击【增加】按钮，增加一张空白凭证。

（2）选择凭证类型"收款凭证"；凭证编号由系统自动生成；输入制单日期"2020-01-05"；输入附单据数"1"。

（3）输入摘要"收到投资款"；输入科目编码"100202"，按回车键后，系统弹出"辅助项"对话框。输入结算方式代码"202"，票号"ZPW001"，发生日期"2020-01-05"，单击【确定】按钮。因涉及外币，系统弹出外币栏，选择外币名称，汇率由系统带出，上方输入外币金额"20 000"，系统自动根据汇率算出借方金额"129 930"。按回车键后，摘要自动带到下一行，输入"实收资本"科目编码"4001"，贷方金额"129 930"可由快捷键"="实现输入。

（4）单击【保存】按钮，系统弹出输入现金流量项目，在筹资活动项目下选择输入"吸收投资收到的现金"，单击【确定】按钮，如图实4-3所示。

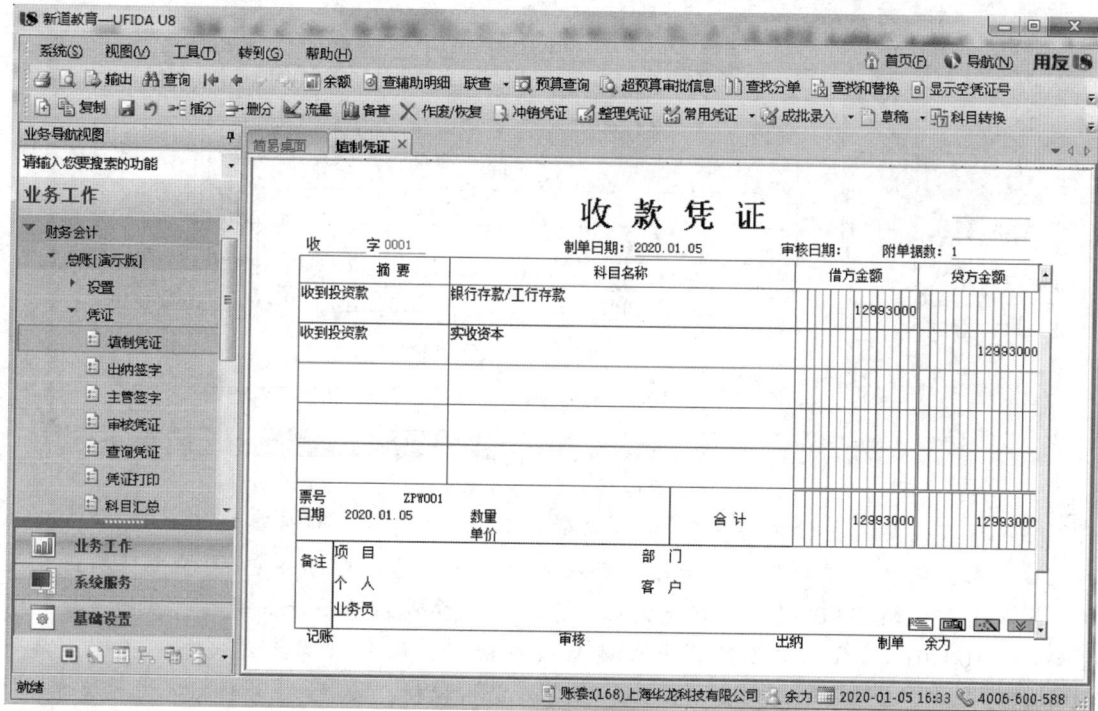

图实4-3   业务3凭证

★业务4

（1）单击【增加】按钮，增加一张空白凭证。

（2）选择凭证类型"收款凭证"；凭证编号由系统自动生成；输入制单日期"2020-01-08"；输入附单据数"1"。

（3）输入摘要"收到货款"；输入科目编码"100201"，按回车键后，系统弹出"辅助项"对话框。输入结算方式代码"202"，票号"ZZR003"，发生日期"2020-01-08"，单击【确定】按钮后输入借方金额"73 200"，按回车键后，系统将摘要带到下一行，输入"应收账款"科目编码"1122"，系统弹出"辅助项"对话框，参照输入客户"东方学校"，业务员"宋玉"，票号ZZR003，日期"2020-01-08"，单击【确定】按钮，按"="号键输入贷方金额。

（4）单击【保存】按钮，系统弹出输入现金流量项目，输入经营活动中"销售商品、提供劳务收到的现金"，单击【确定】按钮，凭证保存，如图实4-4所示，并可填制下一张凭证。

★业务5

（1）单击【增加】按钮，增加一张空白凭证。

（2）选择凭证类型"付款凭证"；凭证编号由系统自动生成；输入制单日期"2020-01-11"；输入附单据数"1"。

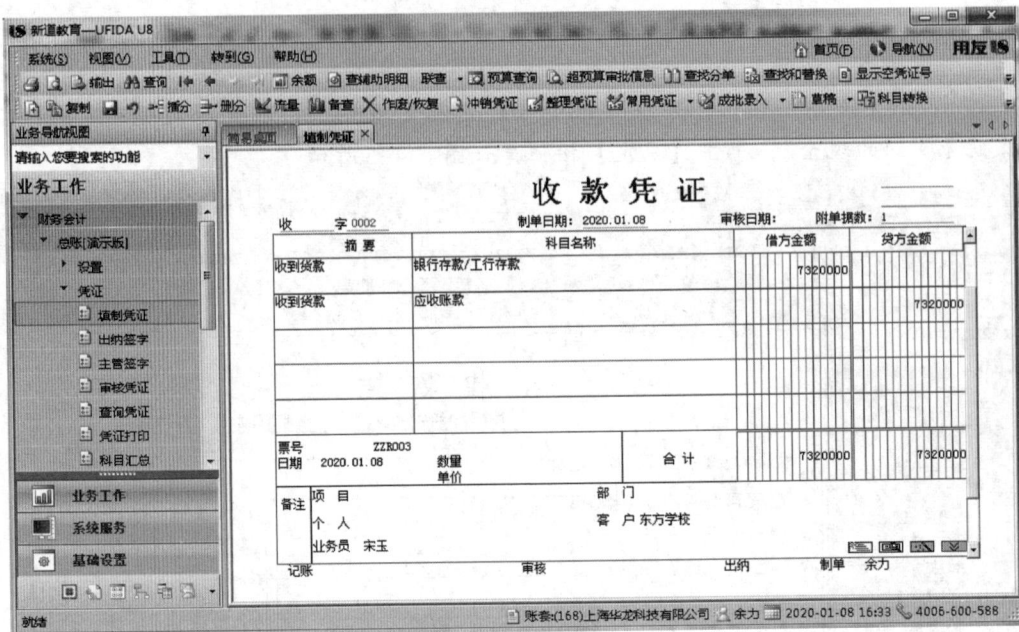

图实4-4　业务4凭证

（3）输入摘要"支付招待费"；输入"管理费用-招待费"科目编码"660205"，按回车键后，系统弹出"辅助项"对话框。输入部门名称"总经理办公室"，单击【确定】按钮，输入借方金额"3 000"，按回车键后，系统将摘要带到下一行，输入"银行存款"科目编码"100201"，系统弹出结算方式辅助项对话框，输入结算方式代码"202"，票号"ZPR003"，发生日期"2020-01-11"，单击【确定】按钮，按"="号键输入贷方金额。

（4）单击【保存】按钮，系统弹出"是否登记支票登记簿"，单击【是】按钮，录入部门"总经理办公室"、领用人"肖剑"及用途"招待"，再输入现金流量项目，输入"支付其他与经营活动有关的现金"项目，单击【确定】按钮，如图4-5所示，并可填制下一张凭证。

★业务6

（1）单击【增加】按钮，增加一张空白凭证。

（2）选择凭证类型"转账凭证"；凭证编号由系统自动生成；输入制单日期"2020-01-12"；输入附单据数"1"。

（3）输入摘要"报销差旅费"；输入"管理费用-差旅费"科目编码"660204"，按回车键后，系统弹出"辅助项"对话框。输入部门名称"总经理办公室"，单击【确定】按钮，输入借方金额"4 000"，按回车键后，系统将摘要带到下一行，输入"其他应收款"科目编码"1221"，系统弹出个人往来辅助项对话框，输入部门、个人、发生日期等信息，单击【确定】按钮，按"="号键输入贷方金额。

（4）单击【保存】按钮，如图实4-6所示，并填制下一张凭证。

★业务7

（1）单击【增加】按钮，增加一张空白凭证。

（2）选择凭证类型"付款凭证"；凭证编号由系统自动生成；输入制单日期"2020-01-15"；输入附单据数"2"。

图实 4-5　业务 5 凭证

图实 4-6　业务 6 凭证

（3）输入摘要"购空白光盘"；输入"原材料"科目编码"140301"，按回车键后，系统弹出"辅助项"对话框，输入数量"10 000"，单价"2"，单击【确定】按钮，系统自动计算"原材料"借方金额"20 000"，按回车键后，系统将摘要带到下一行，输入"应交税费"科目编码"22210101",输入借方金额"1 800",按回车键后,再次复制摘要,输入"银行存款"科目编码"100201",系统弹出结算方式辅助项对话框,输入结算方式代码"202",票号"ZPR009",发生日期"2020-01-15",单击【确定】按钮,按"="号键输入贷方金额或输入贷方金额"21 800"。

(4)单击【保存】按钮,输入现金流量项目,输入"购买商品、接受劳务支付的现金"项目(如没有弹出现金流量数据输入界面,可以单击工具栏的【流量】按钮再输入),单击【确定】按钮,如图实4-7所示,并填制下一张凭证。

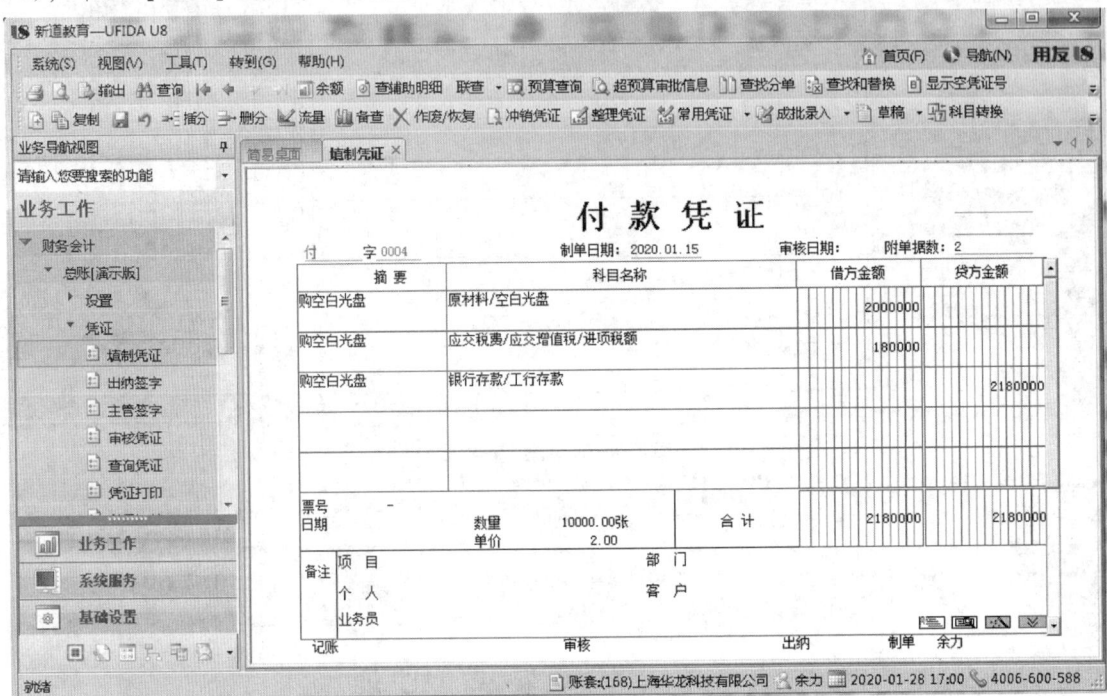

图实4-7　业务7凭证

★业务8

(1)单击【增加】按钮,增加一张空白凭证。

(2)选择凭证类型"转账凭证";凭证编号由系统自动生成;输入制单日期"2020-01-18";输入附单据数"1"。

(3)输入摘要"生产领料";输入"生产成本-直接材料"科目编码"500101",按回车键,系统弹出输入项目名称,输入"方舟杀毒",单击【确定】按钮,输入借方金额"10 000",按回车键后,系统将摘要带到下一行,输入"原材料-空白光盘"科目编码"140301",按回车键后,系统弹出"辅助项"对话框,输入数量"5 000",单价"2",单击【确定】按钮,系统自动计算"原材料"贷方金额"10 000",如图实4-8所示。

(4)单击【保存】按钮,填制下一张凭证。

★业务9

(1)单击【增加】按钮,增加一张空白凭证。

(2)选择凭证类型"付款凭证";凭证编号由系统自动生成;输入制单日期"2020-01-20";输入附单据数"1"。

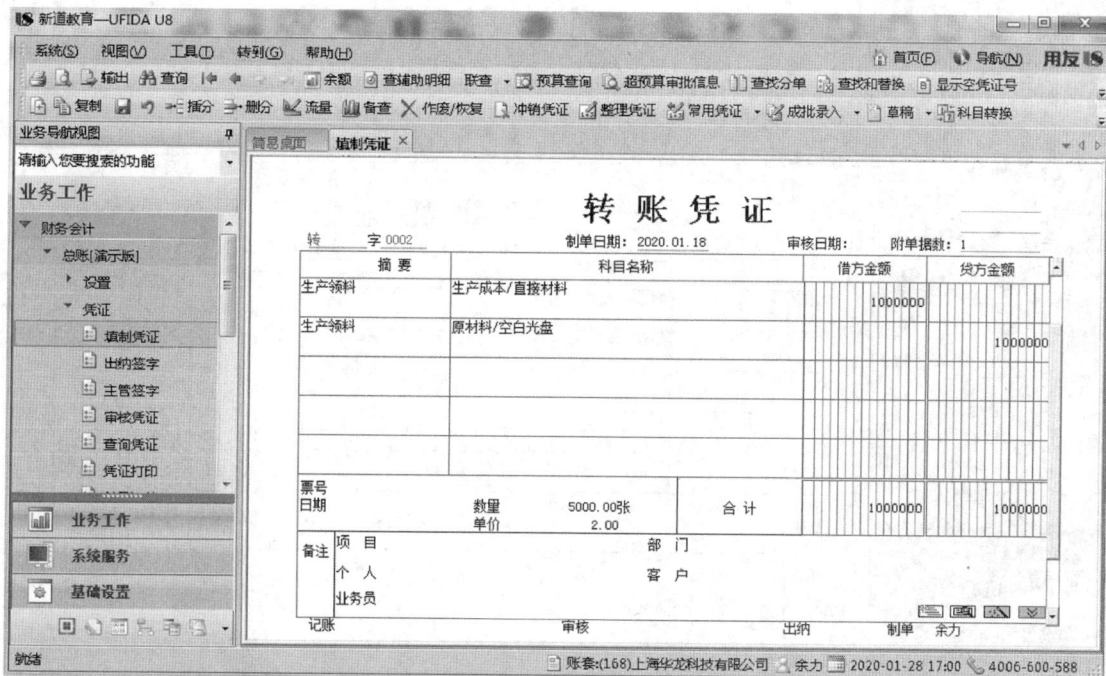

图实4-8   业务8凭证

（3）输入摘要"对外投资"；输入"长期股权投资-股票投资"科目编码"151101"，输入借方金额"100 300"，按回车键后，系统将摘要带到下一行，输入"银行存款"科目编码"100201"，系统弹出结算方式辅助项对话框，输入结算方式代码"202"，票号"ZPR007"，发生日期"2020-01-20"，单击【确定】按钮，按"="号键输入贷方金额，并登记支票登记簿，如图实4-9所示。

（4）单击【保存】按钮，输入现金流量项目，输入"投资支付的现金"项目，单击【确定】按钮，填制下一张凭证。

★业务10

（1）单击【增加】按钮，增加一张空白凭证。

（2）选择凭证类型"收款凭证"；凭证编号由系统自动生成；输入制单日期"2020-01-28"；输入附单据数"1"。

（3）输入摘要"借入长期借款"；输入科目编码"100201"，按回车键后，系统弹出"辅助项"对话框。输入结算方式代码"202"，票号"ZPW002"，发生日期"2020-01-28"。单击【确认】按钮后，输入借方金额"200 000"，按回车键后，摘要自动带到下一行，输入"长期借款"科目编码"2501"，贷方金额"200 000"。

（4）单击【保存】按钮，系统弹出输入现金流量项目，输入"借款收到的现金"，单击【确定】按钮，如图实4-10所示。保存后可填制下一张凭证。

★业务11

（1）单击【增加】按钮，增加一张空白凭证。

（2）选择凭证类型"收款凭证"；凭证编号由系统自动生成；输入制单日期"2020-01-30"；输入附单据数"1"。

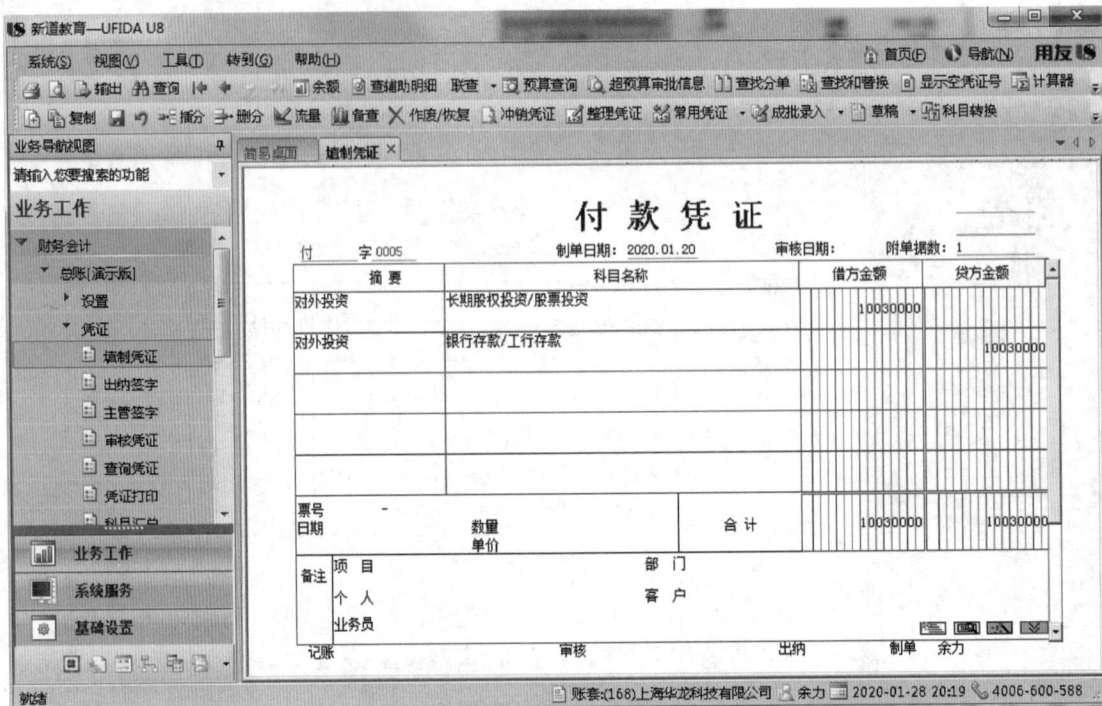

图实 4-9　业务 9 凭证

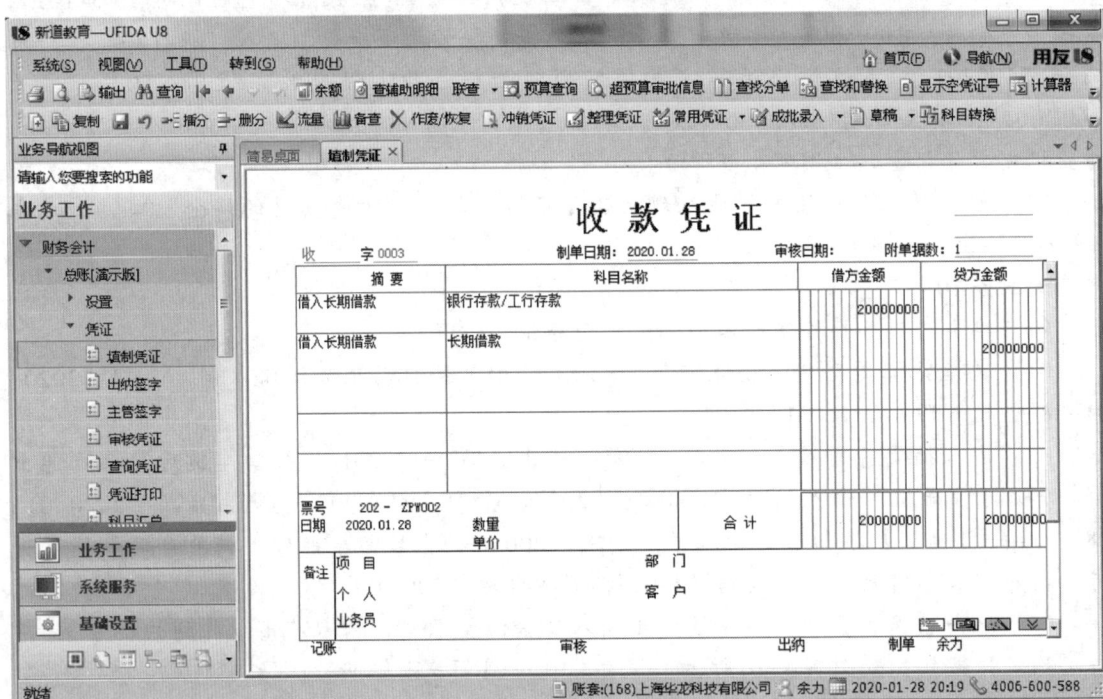

图实 4-10　业务 10 凭证

　　（3）输入摘要"收到现金股利"；输入科目编码"100201"，按回车键后，系统弹出"辅助项"对话框。输入结算方式代码"202"，票号"ZPW004"，发生日期"2020-01-30"。单击【确认】按钮后，输入借方金额"40 000"，按回车键后，摘要自动带到下一行，输入"投资收益"科目编码"6111"，贷方金额"40 000"。

（4）单击【保存】按钮，系统弹出输入现金流量项目，输入"取得投资收益收到的现金"，单击【确定】按钮，如图实 4-11 所示。保存后可填制下一张凭证。

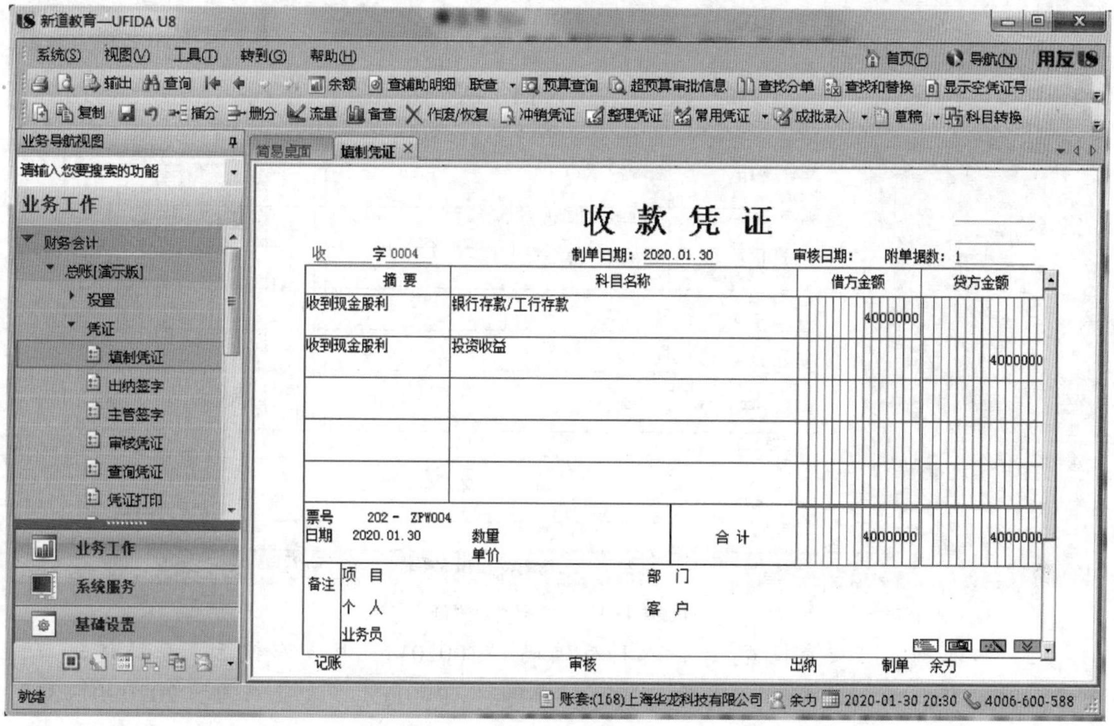

图实 4-11　业务 11 凭证

★业务 12

（1）单击【增加】按钮，增加一张空白凭证。

（2）选择凭证类型"付款凭证"；凭证编号由系统自动生成；输入制单日期"2020-01-31"；输入附单据数"1"。

（3）输入摘要"购买英语软件"；输入"库存商品"科目编码"1405"，输入借方金额"270 000"，按回车键后，系统将摘要带到下一行，输入"应交税费-应交增值税-进项税额"科目编码"22210101"，按回车键后，输入金额"24 300"，再按回车键，系统将摘要带到下一行，输入"银行存款"科目编码"100201"，系统弹出结算方式辅助项对话框，输入结算方式代码"202"，票号"ZPR010"，发生日期"2020-01-31"，单击【确定】按钮，输入贷方金额"294 300"。

（4）单击【保存】按钮，进行支票登记，再单击【保存】按钮，输入现金流量项目，输入"购买商品、接受劳务支付的现金"项目代码，单击【确定】按钮，如图实 4-12 所示。保存后可填制下一张凭证。

★业务 13

（1）单击【增加】按钮，增加一张空白凭证。

（2）选择凭证类型"收款凭证"；凭证编号由系统自动生成；输入制单日期"2020-01-31"；输入附单据数"1"。

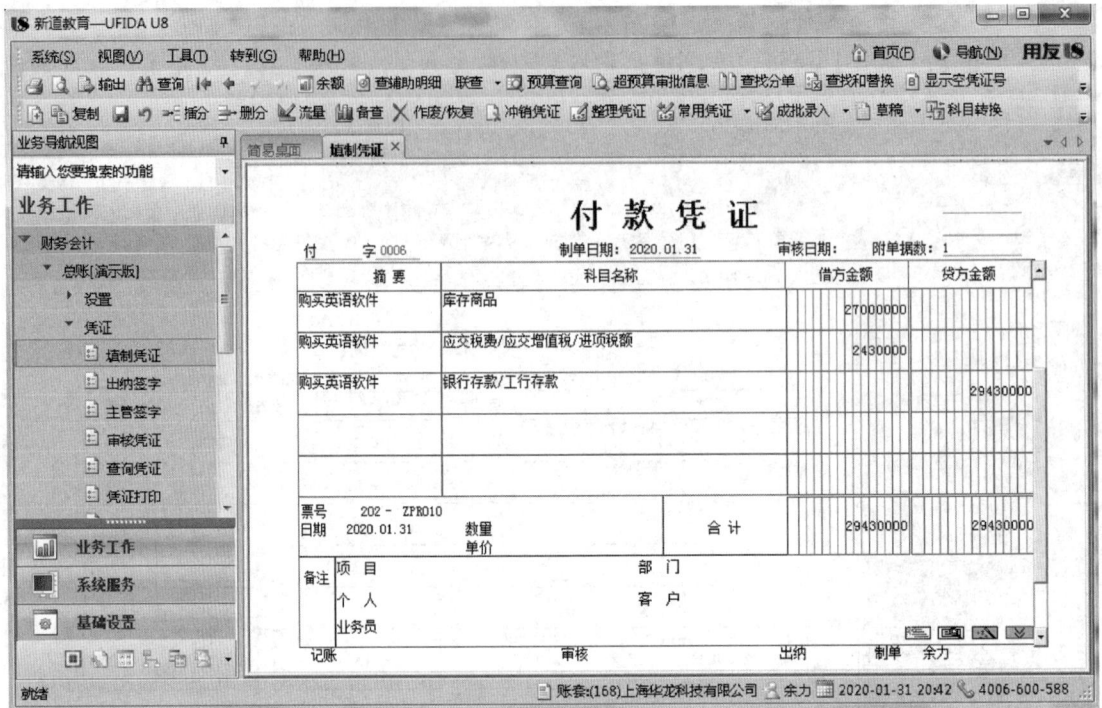

图实 4-12　业务 12 凭证

（3）输入摘要"接受投资"；输入科目编码"100201"，按回车键后，系统弹出"辅助项"对话框。输入结算方式代码"202"，票号"ZPW005"，发生日期"2020-01-31"。单击【确认】按钮后，输入借方金额"2 900 000"，按回车键后，摘要自动带到下一行，输入"实收资本"科目编码"4001"，金额"2 000 000"，按回车键后，输入"资本公积"科目编码"4002"，金额"900 000"。

（4）单击【保存】按钮，系统弹出输入现金流量项目，输入"吸收投资收到的现金"，单击【保存】按钮，如图实 4-13 所示。保存后可填制下一张凭证。

★ 业务 14

（1）单击【增加】按钮，增加一张空白凭证。

（2）选择凭证类型"转账凭证"；凭证编号由系统自动生成；输入制单日期"2020-01-31"。

（3）输入摘要"结转制造费用"；输入"生产成本－制造费用"科目编码"500103"，按回车键后，系统弹出"辅助项"对话框，参照输入项目"方舟杀毒"。单击【确认】按钮后，输入借方金额"12 654.24"，按回车键后，摘要自动带到下一行，输入"制造费用－工资"科目编码"510101"，金额"8 190"，按回车键后，输入"制造费用－折旧费"科目编码"510102"，金额"4 464.24"。

（4）单击【保存】按钮，如图实 4-14 所示。保存后可填制下一张凭证。

★ 业务 15

（1）单击【增加】按钮，增加一张空白凭证。

（2）选择凭证类型"转账凭证"；凭证编号由系统自动生成；输入制单日期"2020-01-31"。

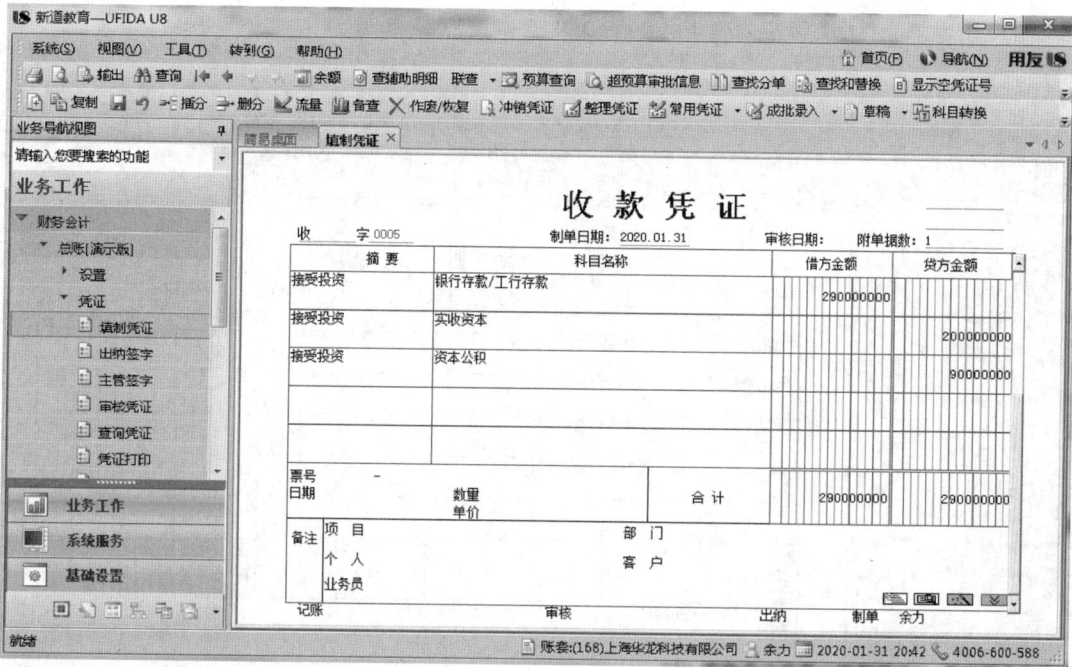

图实 4-13　业务 13 凭证

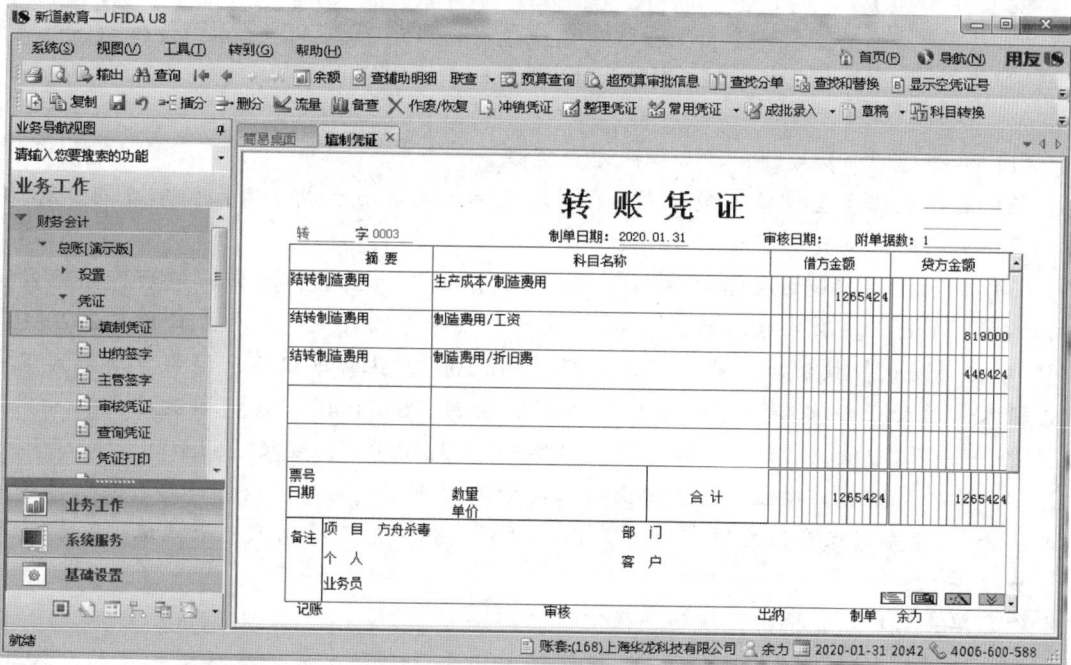

图实 4-14　业务 14 凭证

（3）输入摘要"产成品入库"；输入"库存商品"科目编码"1405"，输入借方金额"16 000"，按回车键后，摘要自动带到下一行，分别输入"生产成本–直接材料""生产成本–直接人工""生产成本–制造费用"科目编码"500101""500102""500103"，按回车键，系统弹出"辅助项"对话框，参照输入项目"方舟杀毒"。单击【确认】按钮后，分别输入贷方金额"5 440""3 840""6 720"，按回车键。

（4）单击【保存】按钮，如图实4-15所示。保存后可填制下一张凭证。

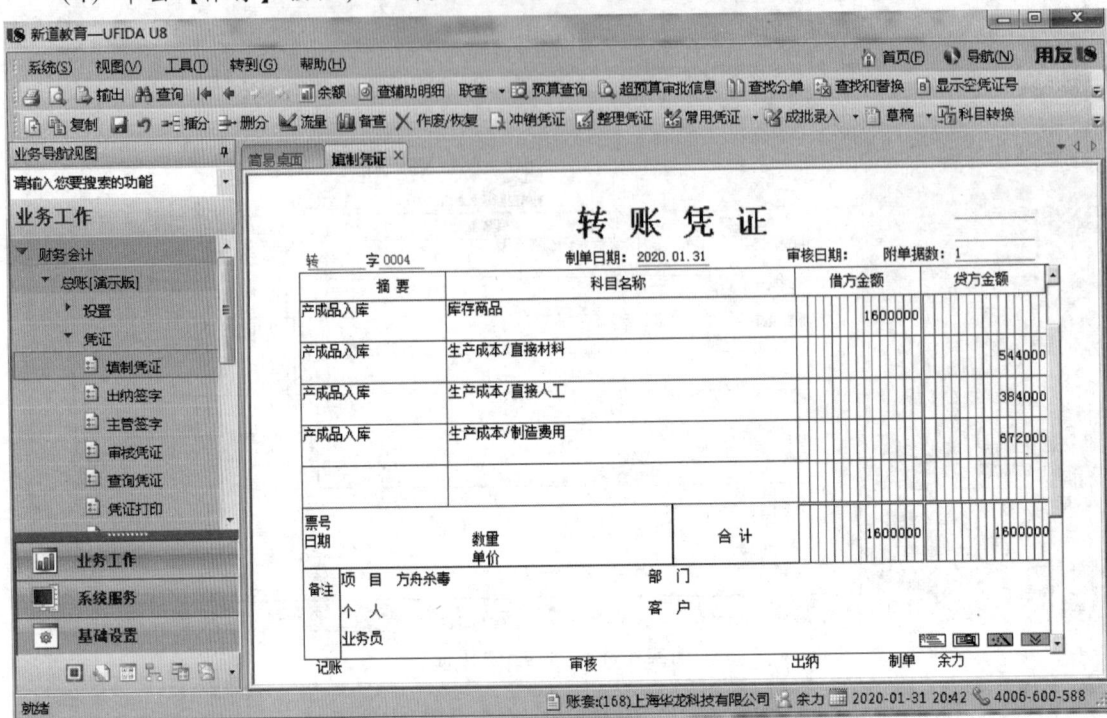

图实4-15　业务15凭证

★业务16

（1）单击【增加】按钮，增加一张空白凭证。

（2）选择凭证类型"收款凭证"；凭证编号由系统自动生成；输入制单日期"2020-01-31"；输入附单据数"2"。

（3）输入摘要"销售英语软件"；输入科目编码"100201"，按回车键后，系统弹出"辅助项"对话框。输入结算方式代码"202"，票号"ZZR005"，发生日期"2020-01-31"。单击【确认】按钮后，输入借方金额"752 100"，按回车键后，摘要自动带到下一行，输入"主营业务收入"科目编码"6001"，金额"690 000"，按回车键后，输入"应交税费——应交增值税（销项税额）"科目编码"22210105"，金额"62 100"。

（4）单击【保存】按钮，系统弹出输入现金流量项目，输入"销售商品、提供劳务收到的现金"，单击【保存】按钮，如图实4-16所示。保存后可填制下一张凭证。

★业务17

（1）单击【增加】按钮，增加一张空白凭证。

（2）选择凭证类型"转账凭证"；凭证编号由系统自动生成；输入制单日期"2020-01-31"。

（3）输入摘要"结转销售成本"；输入"主营业务成本"科目编码"6401"，按回车键后，输入借方金额"540 000"，按回车键后，摘要自动带到下一行，输入"库存商品"科目编码"1405"，按回车键后，输入贷方金额"540 000"，按回车键后，如图实4-17所示。

图实 4-16 业务 16 凭证

图实 4-17 业务 17 凭证

（4）单击【保存】按钮，保存后填制下一张凭证。

★业务 18

批准前处理：

（1）单击【增加】按钮，增加一张空白凭证。

（2）选择凭证类型"转账凭证"；凭证编号由系统自动生成；输入制单日期"2020-01-31"。

（3）输入摘要"方舟杀毒软件盘亏"；输入"待处理财产损溢"科目编码"1901"，按回车键后，输入借方金额"750"，按回车键后，摘要自动带到下一行，输入"库存商品"科目编码"1405"，按回车键后，输入贷方金额"750"，按回车键。

（4）单击【保存】按钮，如图实4-18所示。保存后填制下一张凭证。

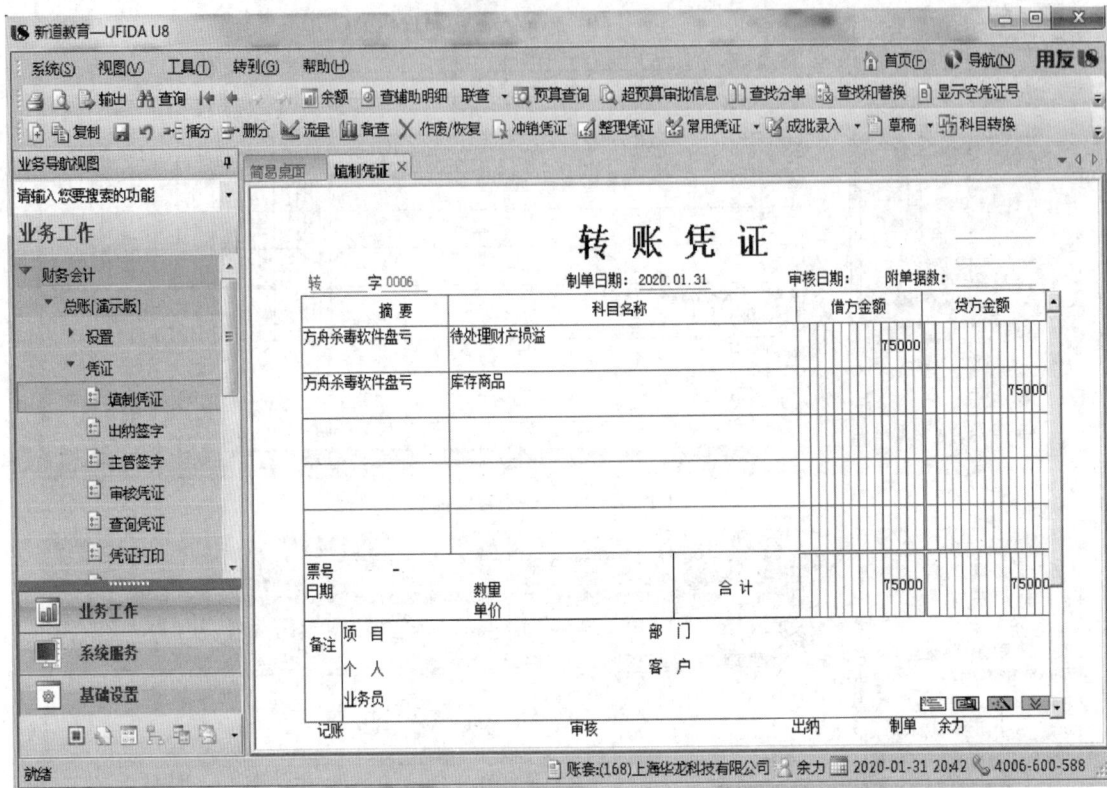

图实4-18　业务18凭证1

批准后，由丁雪赔偿：

（1）单击【增加】按钮，增加一张空白凭证。

（2）选择凭证类型"转账凭证"；凭证编号由系统自动生成；输入制单日期"2020-01-31"。

（3）输入摘要"杀毒软件盘亏处理"；输入"其他应收款"科目编码"1221"，按回车键后，系统弹出输入个人往来辅助项，填写部门"供应部"，人员"丁雪"，单击【确认】按钮后，输入借方金额"750"，按回车键后，摘要自动带到下一行，输入"待处理财产损溢"科目编码"1901"，按回车键后，输入贷方金额"750"，按回车键。

（4）单击【保存】按钮，如图实4-19所示。保存后填制下一张凭证。

2.凭证查询

（1）在总账管理系统执行"凭证→查询凭证"命令，打开"凭证查询"对话框。

（2）进行凭证查询条件设置。凭证查询可以查询全部凭证、已记账凭证、未记账凭证，还可以查询标错凭证、作废凭证；可以按凭证要素（凭证类型、凭证号、填制日期、审核日期、制单人、审核人、出纳人、会计主管）查询，满足了不同查询需求；还可进行多条件查询。单击【辅助条件】按钮，可以进行查询组合条件设置，实现对凭证更精准地查询。

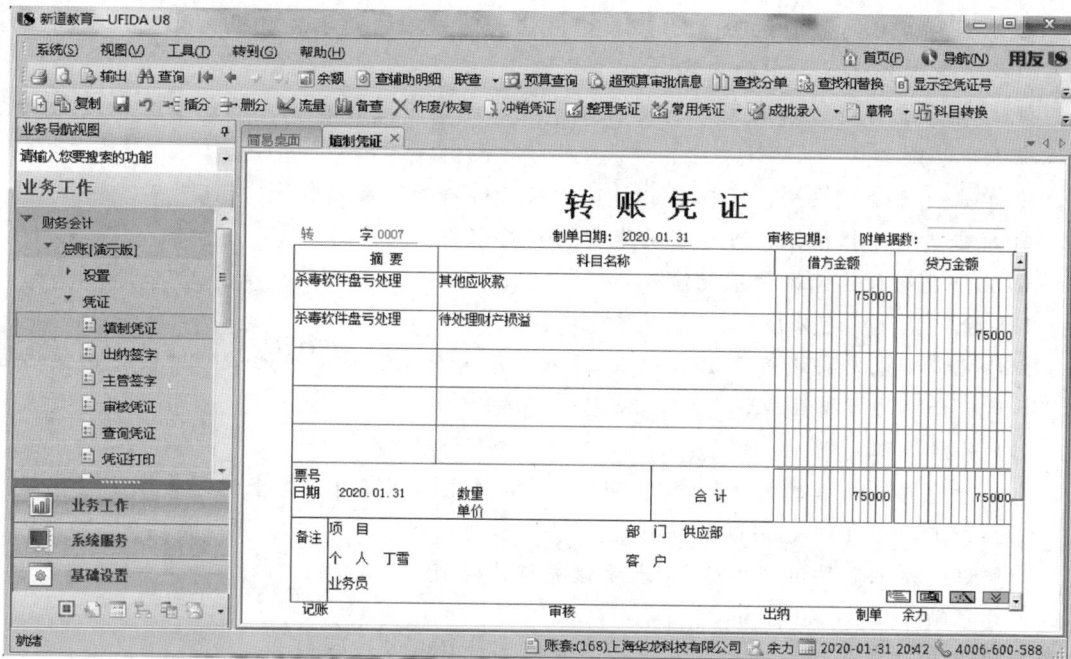

图实 4-19 业务 18 凭证 2

（3）如查询某条件的凭证，在打开的"凭证查询"对话框内设置记账范围为"全部凭证"，凭证标志为"全部"，日期为 2020-01-01 至 2020-01-31 的凭证。单击【确定】按钮，进入"查询凭证列表"窗口。

（4）双击某一凭证行，进入"查询凭证"窗口，屏幕可显示出此张凭证。

3. 凭证修改（可选做，掌握原理与修改方法）

（1）执行"凭证→填制凭证"命令，进入"填制凭证"窗口。

（2）单击工具栏【查询】按钮，输入查询条件（如收款凭证 0001 号），找到要修改的凭证。

（3）在一张凭证中除了灰色部分不可修改外，对于凭证的一般信息，将光标放在要修改的地方，直接修改；如果要修改凭证的辅助项信息，首先选中辅助核算科目行，然后将光标置于备注栏辅助项，待光标变为笔头形状时双击，弹出"辅助项"对话框，在对话框中修改相关信息。

（4）单击【保存】按钮，保存修改后的凭证。

注意事项：

● 凭证从填制开始，到审核、出纳签字、记账、结账等经过一系列会计环节，其修改的方法不一样。凭证修改的原理参见本章理论部分。

● 未经审核的错误凭证可通过"填制凭证"功能直接修改；已审核的凭证应先取消审核后，再进行修改。

● 若已采用制单序时控制，则在修改制单日期时，不能在上一张凭证的制单日期之前。

● 若选择"不允许修改或作废他人填制的凭证"权限控制，则不能修改或作废他人填制的凭证。

● 如果涉及银行科目的分录已录入支票信息，并对该支票做过报销处理，修改操作将不影响"支票登记簿"中的内容。

● 外部系统传递过来的凭证不能在总账管理系统中进行修改，只能在生成该凭证的系统中进行修改。

● 单击【插分】按钮，可在当前科目所在行前增加一条记录。

● 单击【删分】按钮，可在当前光标所在行删除。

● 凭证类别及凭证编号不能修改。

4.删除凭证（可选做）

会计凭证如果需要进行删除，用友U8软件没有提供直接删除的按钮功能，而是通过先"作废凭证"再"整理凭证"的方法。

（1）作废凭证

①执行"凭证→填制凭证"命令，进入"填制凭证"窗口，先查询到要删除的凭证。

②单击工具栏【作废/恢复】按钮。

③凭证的左上角显示"作废"，表示该凭证已作废。

注意事项：

● 作废凭证仍保留凭证内容及编号，只显示"作废"字样。

● 作废凭证不能修改，不能审核。

● 在记账时，已作废的凭证应参与记账，否则月末无法结账，但不对作废凭证作数据处理，相当于一张空凭证。

● 在账簿查询时，查不到作废凭证的数据。

● 若当前凭证已作废，可单击工具栏【作废/恢复】按钮，取消作废标志，并将当前凭证恢复为有效凭证。

（2）整理凭证

①执行"凭证→填制凭证"命令，进入"填制凭证"窗口，单击工具栏【整理凭证】按钮，打开"选择凭证期间"对话框。

②选择要整理的"月份"，单击【确定】按钮，出现提示窗口，选择凭证重排方式。

③打开"作废凭证表"对话框。

④选择真正要删除的作废凭证。

⑤单击【确定】按钮，系统将这些凭证从数据库中删除并对剩下的凭证重新排号。

注意事项：

● 如果作废凭证不想保留，则可以通过"整理凭证"功能，将其彻底删除，并对未记账凭证重新编号。

● 只能对未记账凭证作凭证整理。

● 如果要对已记账凭证作凭证整理，应先恢复本月月初的记账前状态，再作凭证整理。

5.冲销凭证

①执行"凭证→填制凭证"命令，进入"填制凭证"窗口，单击工具栏"冲销凭证"命令，进入"冲销凭证"对话框。

②选择冲销凭证所在月份、凭证类别、凭证号信息。

③单击【确定】按钮，系统自动生成一张红字冲销凭证。

注意事项：

● 执行"冲销凭证"命令增加的凭证，视同正常凭证进行凭证的管理工作，这种修改凭证的方法，称为红字冲销法。

● 红字冲销法只能对已记账凭证进行处理。

6.出纳签字

（1）在企业应用平台初始化窗口单击【重注册】按钮，打开企业应用平台登录对话框，以"李芳"的身份重新注册，进入企业应用平台。

（2）执行"业务工作→财务会计→总账→凭证→出纳签字"命令，打开"出纳签字"对话框。

（3）可以输入查询条件。本实验选择"全部"，单击【确定】按钮，进入"出纳签字"凭证列表窗口（因为只有收字、付字凭证需要出纳签字，所以列表中只有收付类凭证）。

（4）双击某一张需要出纳签字的凭证，进入"出纳签字"窗口。

（5）单击工具栏【签字】按钮，凭证底部的"出纳"处就自动签上出纳人的姓名了，注意对比。

（6）单击工具栏【下一张】箭头按钮，对剩余凭证出纳签字，最后关闭"出纳签字"窗口，完成出纳签字工作。

注意事项：

● 凭证填制人和出纳签字人可以为不同的人，也可以为同一个人。

● 按照会计处理规范的规定，凭证的填制与审核不能是同一个人。

● 在进行出纳签字和审核之前，通常需先更换操作员。

● 涉及指定为现金科目和银行科目的凭证才需出纳签字。

● 凭证一经签字，就不能被修改、删除，只有取消签字后才可以修改或删除，取消签字只能由出纳人自己进行。取消签字在"出纳签字"窗口选择凭证后单击工具栏中【取消】按钮。

● 凭证签字并非审核凭证的必要步骤。若在设置总账参数时，不选择"出纳凭证必须经由出纳签字"，则可以不执行"出纳签字"功能。

● 可以执行"批处理"功能对所有凭证进行出纳签字。单击工具栏中【批处理】按钮右侧下拉三角，有"成批出纳签字"和"成批取消签字"两个命令。

7.审核凭证

（1）以"王伟"的身份重新注册，进入企业应用平台。

（2）执行"业务工作→财务会计→总账→凭证→审核凭证"命令，打开"凭证审核"对话框。

（3）输入查询条件，可采用默认值。单击【确认】按钮，进入"凭证审核"的凭证列表窗口。

（4）双击要审核的凭证，进入"凭证审核"窗口。

（5）检查要审核的凭证，无误后，单击【审核】按钮，凭证底部的"审核"处自动签上审核人姓名。

（6）单击工具栏【下一张】箭头按钮，对其他凭证审核，审核完毕，关闭"凭证审核"窗口。

注意事项：

● 审核人必须具有审核权限。如在总账管理系统"选项"中设置了"凭证审核控制到操作员"，则审核人需要有对制单人所填制凭证的审核权限。

● 作废凭证不能被审核，也不能被标错。

● 审核人和制单人不能是同一个人。

● 凭证一经审核，不能被修改、删除，只有取消审核签字后才可修改或删除，已标记作废的凭证不能被审核，需先取消作废标记后才能审核。

8.记账

（1）在企业应用平台初始化窗口单击【重注册】按钮，打开企业应用平台登录对话框，以"王伟"的身份重新注册，进入企业应用平台。

（2）执行"业务工作→财务会计→总账→凭证→记账"命令，打开"记账"对话框。

（3）选择记账范围，如在收款凭证的"记账范围"栏输入"1-7"，本实验选择全部凭证，单击底部【全部】按钮，记账范围为所有凭证。

（4）单击底部【记账】按钮，系统自动检测期初余额平衡信息。

（5）单击【确定】按钮，系统进行自动记账，并显示记账进程，记账完毕弹出"记账完毕"信息提示框。

（6）再次单击【确定】按钮，系统显示记账报告，这时可以选择打印、预览和输出记账报告。单击【退出】按钮，完成记账工作。

注意事项：

● 第一次记账时，若期初余额试算不平衡，不能记账。

● 上月未记账，本月不能记账。

● 未审核凭证不能记账，记账范围应小于等于已审核范围。

● 作废凭证不需审核可直接记账。

● 记账过程一旦断电或其他原因造成中断后，系统将自动调用"恢复记账前状态"恢复数据，然后再重新记账。

● 一个月可以多次记账。

9.取消记账（可选做）

（1）激活"恢复记账前状态"菜单

①执行"总账→期末→对账"命令，进入"对账"窗口。

②按"Ctrl+H"键，弹出"恢复记账前状态功能已被激活"信息提示框。

③单击【确定】按钮，单击"记账"窗口【退出】按钮。

④在业务工作功能列表中依次打开"财务会计→总账→凭证"下可以看到"恢复记账前状态"功能。

（2）取消记账

①执行"总账→凭证→恢复记账前状态"命令，打开"恢复记账前状态"对话框，输入取消记账的条件，系统默认为恢复到最近一次记账前状态，单击【确定】按钮，系统弹出输入账套主管口令，账套主管输入口令后，系统进行反记账功能，取消最后一次所记

的账。

②单击【确定】按钮，取消记账完毕。

注意事项：

● 取消记账操作，不符合会计处理流程的规定，本实验中只是为了方便学生实验，介绍此功能。

● 如果退出系统后又重新进入系统或在"对账"中按"Ctrl+H"键，将重新隐藏"恢复记账前状态"功能。

● 已结账月份的数据不能取消记账。

● 取消记账后，一定要重新记账。

10. 账簿管理

由于会计账簿查询操作比较简单，用友U8软件提供的账簿类型也比较多，所以这里只介绍部分基本会计账簿和部分辅助账簿的查询。学生可根据需要查询其他账簿。

（1）查询总账

①由有账簿查询权限的操作员登录企业应用平台。此处由"王伟"注册登录。

②在总账管理系统执行"账表→科目账→总账"命令，进入"总账查询条件"对话框。输入查询条件就可以进行各科目总账的查询。此处以查询"应收账款"总账为例。在"总账查询条件"对话框中"科目"后输入"1122"或参照输入。单击【确定】按钮。

③单击【确定】按钮，进入"总账"窗口。

④单击本月发生行，就可进入应收账款明细账页面。

⑤双击当月8日行，就可查询到该业务对应的凭证，这种在记账后从总账到明细账再到相关凭证的查询称为账簿联查，也是用友U8软件的无缝链接技术的体现。

（2）查询其他基本会计账簿

①在总账管理系统执行"账表→科目账→余额表"命令，可查询发生额及余额表。

②在总账管理系统执行"账表→科目账→明细账"命令，可查询明细账。

（3）查询部门总账

①执行"账表→部门辅助账→部门总账→部门三栏总账"命令，进入"部门三栏总账条件"窗口。

②输入查询条件，如科目"660205招待费"，部门"总经理办公室"。单击【确定】按钮，显示查询结果。

③将光标定位在部门总账的某笔业务上，单击【明细】按钮或双击所在行，可以联查部门明细账。

④再单击"摘要"栏下"支付招待费"行，进入"联查凭证"窗口，查看业务发生的记账凭证。

（4）查询部门明细账

①执行"账表→部门辅助账→部门明细账→部门多栏式明细账"命令，进入"部门多栏式明细账条件"窗口。

②输入相关查询条件，如科目"6602管理费用"，部门"总经理办公室"，选择月份范围"2020-01～2020-01"，分析方式"金额分析"。单击【确定】按钮，显示查询结果。

③将光标定位在多栏账的某笔业务上，单击工具栏【凭证】按钮或双击此行，可以联

查该笔业务的凭证。

（5）部门收支分析

①执行"账表→部门辅助账→部门收支分析"命令，进入"部门收支分析条件"窗口。

②在部门收支分析向导中选择分析科目，本实验选择所有的部门核算科目，单击【下一步】按钮。

③选择分析部门，本实验选择所有的部门。

④单击【下一步】按钮。选择分析月份，本实验起止月份为"2020-01～2020-01"。单击【完成】按钮，显示查询结果。

11. 出纳管理

（1）现金日记账

①以"李芳"的身份登录企业应用平台。

②在总账管理系统执行"出纳→现金日记账"命令，打开"现金日记账查询条件"对话框。

③在"现金日记账查询条件"对话框中，选择科目"1001库存现金"，默认月份为"2020-01"，单击【确定】按钮，打开"现金日记账"窗口。

④双击本月发生现金业务的行或用鼠标选择此行并单击【凭证】按钮，实现该业务凭证的联查。

⑤单击【总账】按钮，可查看"库存现金"科目的三栏式总账，查询完毕关闭相关选项卡。

注意事项：

● 如果允许出纳操作员查询凭证和总账，需要在系统管理中授予出纳"查询凭证""查询总账"的权限。

● 如果在总账管理系统的选项中"权限"设置了"明细账查询权限控制到科目"，则账套主管应授予出纳操作员李芳"库存现金"与"银行存款"科目的查询权限。

（2）银行存款日记账

在总账管理系统执行"出纳→银行存款日记账"命令即可按与现金日记账查询相同的方法进行操作。

（3）资金日报表

①在总账管理系统执行"出纳→资金日报"命令，打开资金日报表查询条件对话框。

②修改日期为要查询的日期，勾选"有余额无发生额也显示"复选框。

③单击【确定】按钮，进入"资金日报表"窗口。

（4）支票登记簿

①在总账管理系统执行"出纳→支票登记簿"命令，打开"银行科目选择"对话框。

②科目选择"工行存款（100201）"，单击【确定】按钮，进入"支票登记簿"窗口。

③单击工具栏【增加】按钮，输入领用日期"2020-01-25"，领用部门为"销售二部"，领用人为"宋玉"，支票号为"015"，预计金额为"5 000元"，用途为"垫付运输

费"。单击【保存】按钮，最后关闭"支票登记簿"窗口。

注意事项：

● 只有在结算方式设置中选择"票据管理标志"功能才能在此选择登记。

● 领用日期和支票号必须输入，其他内容可以不输入。

● 报销日期不能在领用日期之前。

● 已报销的支票可成批删除。

12.银行对账

（1）以"李芳"的身份启动和注册用友U8企业应用平台。

（2）在总账管理系统执行"出纳→银行对账→银行对账期初录入"命令，打开"银行科目选择"对话框。

（3）选择科目"100201工行存款"，单击【确定】按钮，进入"银行对账期初"窗口，如图实4-20所示。

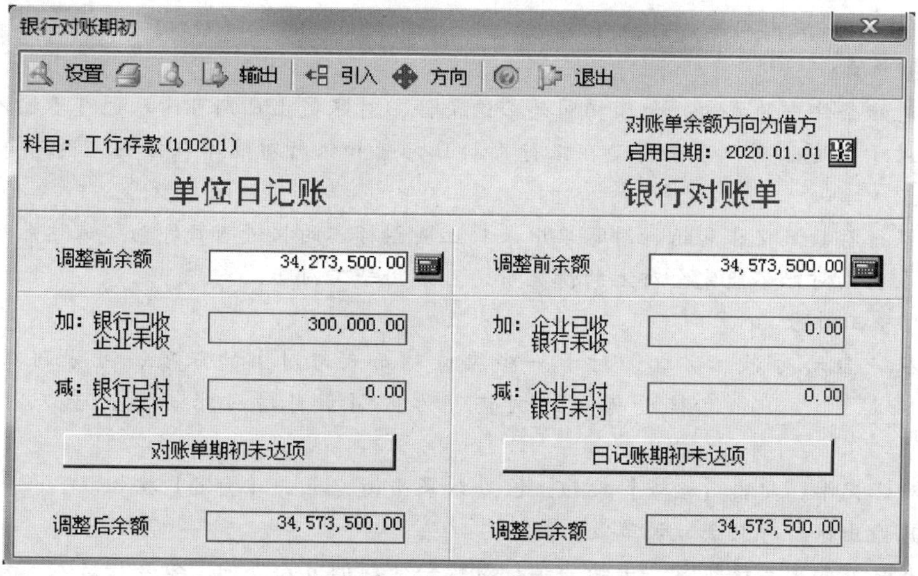

图实4-20　银行对账期初录入

（4）输入"单位日记账"的调整前余额"34 273 500"；输入"银行对账单"的调整前余额"34 573 500"。单击【对账单期初未达项】按钮，进入"银行方期初"窗口，单击【增加】按钮，输入日期"2019-12-31"，结算方式"202"，借方金额"300 000"，单击【保存】按钮，单击【退出】按钮，如图实4-20所示，再退出银行对账期初界面。

（5）同理，重复第（2）到（4）输入中国银行对账期初数据，输入"单位日记账"调整前余额"10 000"美元，"银行对账单"调整前余额"10 000"美元。单击【退出】按钮。

注意事项：

● 第一次使用银行对账功能前，系统要求录入日记账及对账单未达账项，在开始使用银行对账之后不再录入。

● 在录入完单位日记账、银行对账单期初未达账项后，请不要随意调整启用日期。特别是不能向前调，否则可能造成启用日期后的期初数不能再参与对账。

（6）录入银行对账单

①在总账管理系统执行"出纳→银行对账→银行对账单"命令，打开"银行科目选择对话框"，选择科目"工行存款100201"，月份为"2020-01至2020-01"。

②单击【确定】按钮，进入"银行对账单"窗口。单击【增加】按钮，根据实验资料输入银行对账单数据。

（7）自动对账

①在总账管理系统执行"出纳→银行对账→银行对账"命令，打开"银行科目选择对话框"，选择科目"工行存款100201"，月份为"2020-01至2020-01"。单击【确定】按钮，进入"银行对账"窗口。

②单击【对账】按钮，进入"自动对账"条件对话框。输入截止日期为"2020-01-31"，默认系统提供的其他对账条件。

③单击【确定】按钮，显示自动对账结果。

④同理，完成中国银行自动对账。

注意事项：

● 对账条件中的方向、金额相同是必选条件，对账截止日期可输入也可不输入。

● 对于已达账项，系统自动在银行存款日记账和银行对账单双方的"两清"栏打上圆圈标志。

● 银行存款日记账和银行对账单中未打上圆圈标志的收付项目即为"未达账项"。

● 在自动对账不能完全对上的情况下，可采用手工对账。

（8）手工对账

①在"自动对账"窗口，对于一些应勾对而未勾对上的账项，可分别双击"两清"栏，显示"√"，直接进行手工调整。为区别于自动对账标志，手工对账标志为"√"。

②对账完毕，单击【检查】按钮，检查结果平衡，单击【确定】按钮。

（9）输出银行存款余额调节表

①在总账管理系统执行"出纳→银行对账→余额调节表查询"命令，进入"银行存款余额调节表"窗口。

②选择科目"工行存款100201"所在行，双击或单击【查看】按钮，屏幕显示工行存款账户的银行存款余额调节表，单击【打印】按钮，可打印输出。

③同理，可以输出中行存款账户的银行存款余额调节表。

实验五　总账管理系统期末处理

【实验目的】

掌握用友U8V10.1软件中总账管理系统期末处理的相关内容；熟悉总账管理系统期末处理业务的各种操作；掌握自动转账设置与生成、对账和月末结账的操作方法。

【实验准备】

引入实验四的账套数据。（注意，企业如果启用薪资管理系统与固定资产管理系统及其他系统，本实验一般是在其他系统结账后才进行。本书总账管理系统期末处理是在没有启动薪资管理系统与固定资产管理系统的情况下进行的）

【实验内容】

1. 自动转账

2. 对账

3. 结账

【实验要求】

1. 以"余力"的身份进行自动转账操作

2. 以"王伟"的身份进行对账、结账操作

【实验资料】

1. 自定义结转

（1）摊销保险费。

借：管理费用/其他（660207）　　JG（　）

　　贷：长期待摊费用/保险费（180101）12 000/12

（2）按短期借款期末余额计提短期借款利息（年利率4.8%）。

（3）1月末，期末汇率调整，期末汇率为1美元=6.6965元人民币。注意增加"财务费用−汇兑损益"科目，同时在外币设置中设置调整汇率6.6965。

借：银行存款/中行存款（100202）

　　贷：财务费用/汇兑损益（660302）

2. 期间损益结转（除"所得税费用"）

3. 期末业务

期末计算应交所得税并进行税后利润分配。

（1）31日，用自动转账定义的方法计提本月所得税费用（假设不存在纳税调整事项，所得税税率为25%）。

（转账凭证）摘要：计算应交所得税

借：所得税费用（6801）　　　　　　　　　　　　　　　　　46 650

　　贷：应交税费——应交所得税（222106）　　　　　　　　　　46 650

（2）（转账凭证）摘要：结转所得税费用

借：本年利润（4103）　　　　　　　　　　　　　　　　　　46 650

　　贷：所得税费用（6801）　　　　　　　　　　　　　　　　46 650

（3）31日，按净利润的10%提取法定盈余公积。在总账管理系统由余力身份填制提取盈余公积的会计凭证，会计分录如下：

①净利润=本年利润扣除所得税前金额−所得税费用=186 600−46 650=139 950（元）

②在总账管理系统填制的提取法定盈余公积的分录为：

借：利润分配——提取法定盈余公积（410402）　　　　　　　　13 995

　　贷：盈余公积——法定盈余公积（410101）　　　　　　　　　13 995

（4）31日，将净利润的10 000元作为普通股股利分配并以银行存款支付（转账支票号ZPR008）。分配普通股股利的会计分录如下：

①借：利润分配——应付普通股股利（410410）　　　　　　　　10 000

　　贷：应付股利（2232）　　　　　　　　　　　　　　　　　10 000

②填制支付股利凭证，注意填写结算方式（票号ZPR008）、登记支票簿，输入现金流

量项目为"分配股利、利润或偿付利息支付的现金"。其会计分录如下：

借：应付股利（2232）　　　　　　　　　　　　　　　　　　　10 000

　　贷：银行存款——工行存款（100201）　　　　　　　　　　　　　　10 000

（5）31日，结转净利润和利润分配额。

①结转净利润：

借：本年利润（4103）　　　　　　　　　　　　　　　　　　　139 950

　　贷：利润分配——未分配利润（410415）　　　　　　　　　　　　　139 950

②结转利润分配额：

借：利润分配——未分配利润（410415）　　　　　　　　　　　　23 995

　　贷：利润分配——提取盈余公积（410402）　　　　　　　　　　　　13 995

　　　　　　　——应付普通股股利（410410）　　　　　　　　　　　　10 000

4. 对账

5. 结账

6. 反结账

【操作指导】

1. 自动转账定义

（1）摊销保险费。

①以"余力"的身份注册企业应用平台，操作日期：2020-01-31。

②在业务工作的总账管理系统中执行"总账→期末→转账定义→自定义转账"命令，进入"自动转账设置"窗口。

③单击【增加】按钮，打开"转账目录"设置对话框。

④输入转账序号"0001"，转账说明"摊销保险费"，选择凭证类别"转账凭证"。

⑤单击【确定】按钮，继续定义转账凭证分录信息。单击【增行】按钮，选择科目代码"660207"，也可参照输入；部门"总经理办公室"；方向"借"；输入金额公式"JG（ ）"，或利用公式引导，输入"取对方科目计算结果"。单击【保存】按钮。

⑥单击【增行】按钮。选择科目代码"180101"；方向"贷"；输入金额公式"12 000/12"。单击【保存】按钮。

注意事项：

● 转账科目可以为非末级科目，部门可为空，表示所有部门。

● 输入转账计算公式有两种方法：一是直接选择计算公式；二是以引导方式输入公式，但均要求在英文半角状态下输入。

● 借方金额公式"JG（ ）函数"的作用是取对方科目金额，这里也可直接用表达式"12 000/12"来表示。

（2）按短期借款期末余额的4.8%计提短期借款利息。

①在业务工作的总账管理系统中执行"总账→期末→转账定义→自定义转账"命令，进入"自动转账设置"窗口。

②单击【增加】按钮，打开"转账目录"设置对话框。

③输入转账序号"0002"，转账说明"计提短期借款利息"，选择凭证类别"转账凭证"。

④单击【增行】按钮。选择科目代码"660301"，也可参照输入；方向"借"；双击金额公式栏，选择参照按钮，打开"公式向导"对话框，选择期末余额函数"QM（）"，单击【下一步】按钮。选择科目"2001"，其他默认，单击【完成】按钮，金额公式带回自定义转账设置窗口，将光标移到末尾，输入"*0.048/12"，按回车键确认。

⑤单击【增行】按钮。选择"应付利息"科目代码"2231"，方向"贷"；金额公式栏"JG（）"；单击【保存】按钮，如图实 5-1 所示。

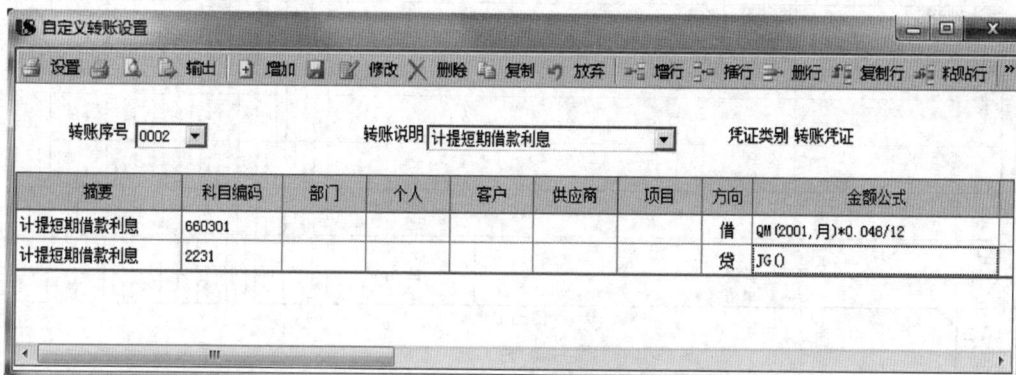

图实 5-1　自定义转账设置

（3）汇兑损益结转

①在业务工作的总账管理系统中执行"总账→期末→转账定义→汇兑损益"命令，进入"汇兑损益结转设置"窗口。

②在"汇兑损益结转设置"窗口中，选择"汇兑损益"科目代码"660302"，凭证类别"收款凭证"，然后双击中行存款"是否计算汇兑损益"栏，使该栏显示"Y"。单击【确定】按钮，完成汇兑损益结转定义。

（4）期间损益结转设置

①在业务工作的总账管理系统中执行"总账→期末→转账定义→期间损益"命令，进入"期间损益结转设置"窗口。

②选择"本年利润"科目代码"4103"，凭证类别"转账凭证"，单击【确定】按钮。

2.自动转账生成

（1）分摊保险费与计提短期借款利息的自动转账生成。

①在业务工作的总账管理系统中执行"总账→期末→转账生成"命令，进入"转账生成"窗口。

②在左边列表中单击"自定义转账"单选框，单击窗口右上角的【全选】按钮，下方是否结转栏显示"Y"，单击【确定】按钮，生成分摊保险费记账凭证。

③单击【保存】按钮，显示凭证已生成。如图实 5-2 所示。

④单击工具栏的【下一张】箭头按钮，出现计提短期借款利息的凭证，单击【保存】按钮，生成凭证，单击【退出】按钮返回"转账生成"界面，如图实 5-3 所示。

（2）汇兑损益结转。

①以"王伟"的身份注册企业应用平台，执行"基础设置→基础档案→财务→外币设置"命令，进入"外币设置"对话框，在月份 2020.01 后的调整汇率栏输入调整汇率"6.6965"，单击【退出】按钮。

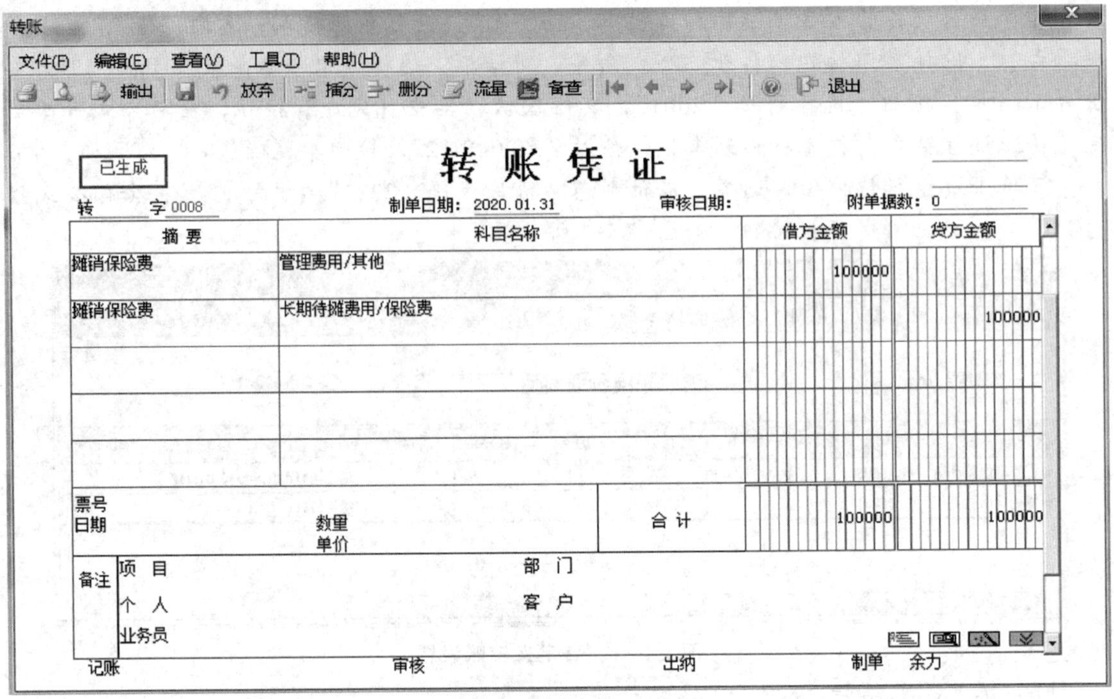

图实5-2　分摊保险费自定义转账凭证生成

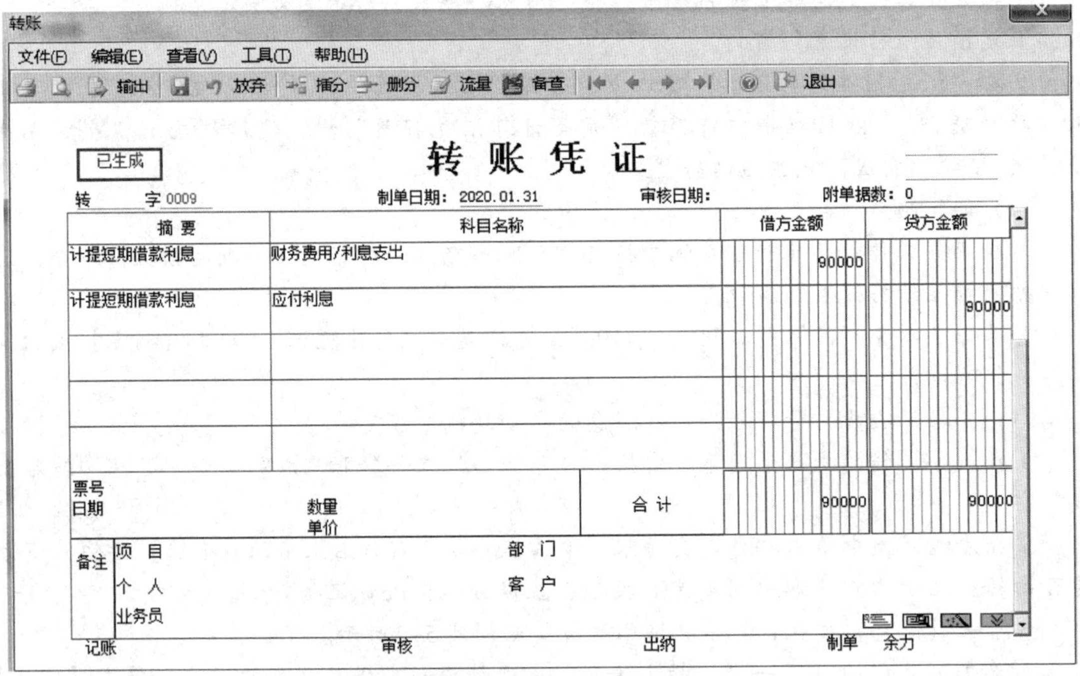

图实5-3　计提短期借款利息自定义转账凭证生成

②以"余力"的身份注册企业应用平台，在业务工作的总账管理系统中执行"总账→期末→转账生成"命令，进入"转账生成"窗口。在左边列表中单击"汇兑损益结转"单选框，单击窗口右上角的【全选】按钮，下方是否结转栏显示"Y"。

③单击【确定】按钮，系统弹出提示"2020.01月或之前有未记账凭证，是否继续结

转"。因为未记账凭证是期末处理生成的分摊保险费与计提短期借款利息的凭证，不影响结果，单击【是】按钮，进入"汇兑损益试算表"窗口。

④在"汇兑损益试算表"对话框中，拖动水平滚动条，可以查看系统生成的所有汇兑损益数据，查看完毕后，单击【确定】按钮。

⑤在打开的转账对话框中，查看凭证类别等信息是否正确，并调整财务费用贷方金额为"借方金额并红字（加负号）"。单击【保存】按钮，弹出"现金流量录入修改"对话框，输入现金流量项目数据，参照输入"汇率变动对现金及现金等价物的影响"项目。单击【确定】按钮，再单击【保存】按钮，显示凭证已生成，如图实5-4所示。最后单击【退出】按钮，完成汇兑损益结转。

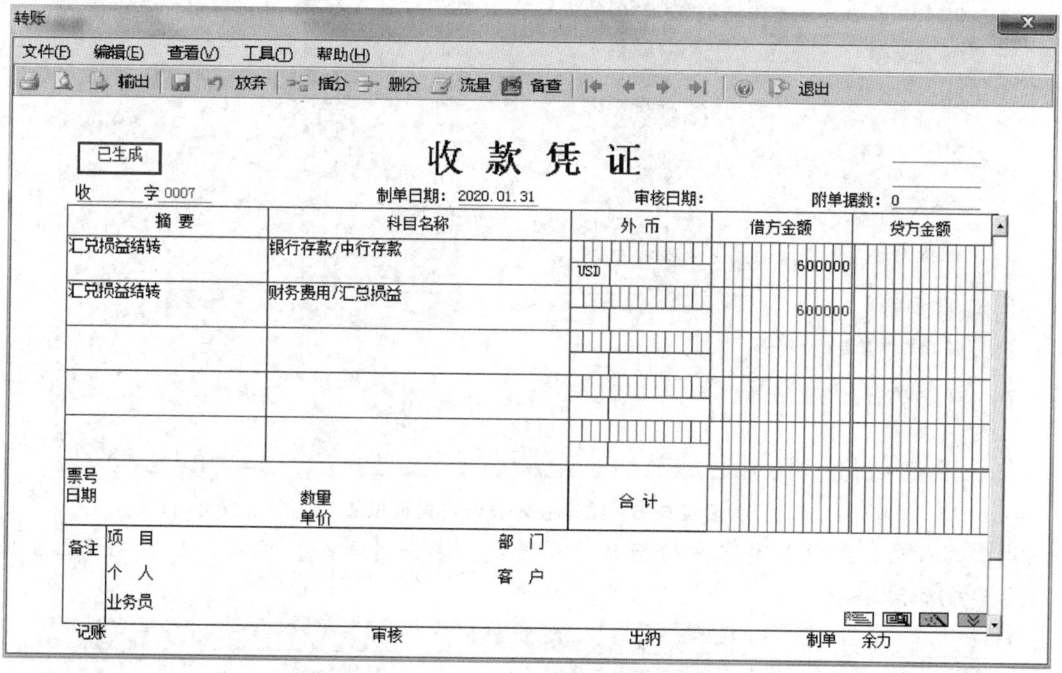

图实5-4　汇兑损益结转自定义转账凭证生成

⑥关闭"转账生成"对话框。

注意事项：

● 进行转账生成之前，先将相关经济业务的记账凭证登记入账。

● 转账凭证每月只生成一次。

● 生成的转账凭证，仍需审核、记账。

● 汇兑损益的确定需要根据期末汇率与期初汇率的大小，如本实验的结果是冲减财务费用，且必须调整到借方，并用红字表示，否则可能导致结果不正确。

（3）以"李芳"的身份重新注册企业应用平台，进行出纳签字（涉及现金、银行存款的收、付款凭证）。

（4）以"王伟"的身份重新注册企业应用平台，在总账管理系统对生成的自定义转账凭证审核、记账。

（5）期间损益结转生成。

检查并确保本月所有凭证记账后，进行期间损益结转。以"余力"的身份重新注册企业应用平台，进行期间损益结转，步骤如下：

①在总账管理系统中执行"总账→期末→转账生成"命令，进入"转账生成"窗口。

②在左边列表中单击"期间损益结转"单选框，在对话框右边窗口显示出所有的损益类会计科目，单击对话框上方"类型"右侧下拉箭头按钮，将"类型"设置为"收入"。

③单击对话框上方的【全选】按钮，如图实5-5所示，再单击【确定】按钮。

图实5-5 结转收入类账户凭证设置

④系统自动生成收入类账户的损益结转凭证，单击【保存】按钮，显示凭证已生成，如图实5-6所示。

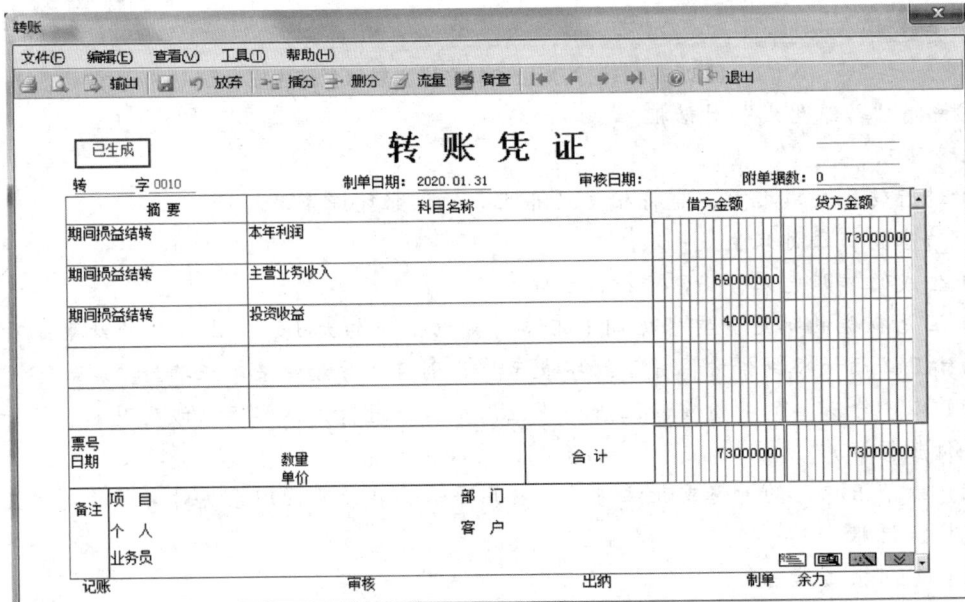

图实5-6 结转收入类账户凭证

⑤单击【退出】按钮，返回到"转账生成"窗口。

⑥在图实5-5中单击对话框上方"类型"右侧下拉箭头按钮，将"类型"设置为"支出"。单击对话框上方的【全选】按钮。

⑦单击【确定】按钮。系统弹出提示"2020.01月或之前有未记账凭证，是否继续结转"。因为期末处理生成的收入类账户的损益结转凭证未记账，不影响结果，单击【是】按钮，系统自动生成支出类账户的损益结转凭证，单击【保存】按钮，显示凭证已生成，如图实5-7所示。

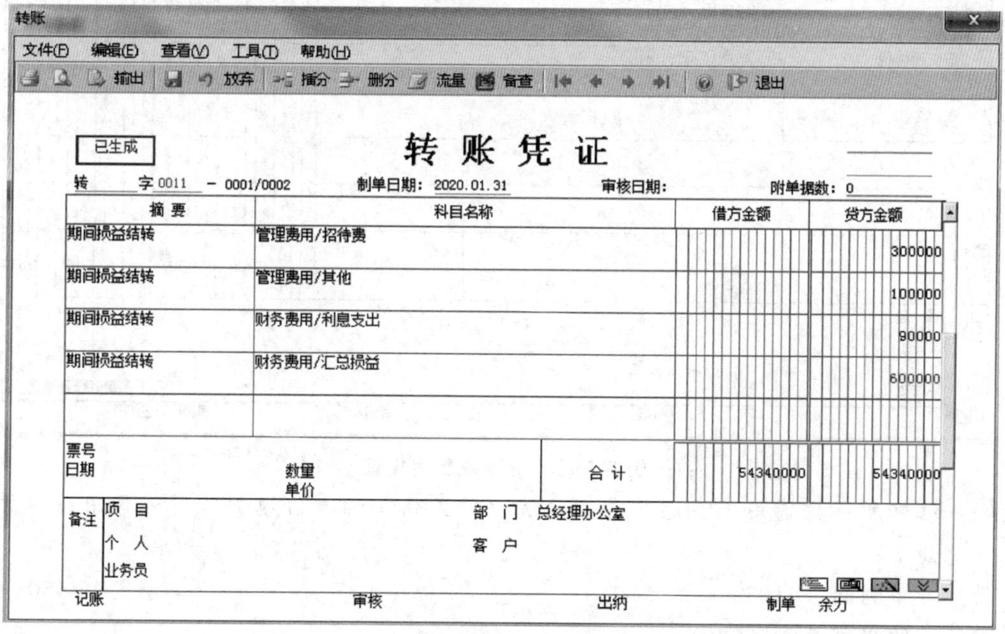

转账						□ X
文件(F)　编辑(E)　查看(V)　工具(T)　帮助(H)						
🖨 🔍 📤输出 💾 ↶放弃 ↦拆分 →删除 📋流量 🔍备查 ⊩ ◀ ▶ ⊪ ❓ ▣退出						

转 账 凭 证

已生成					
转　字 0011 - 0001/0002	制单日期：2020.01.31	审核日期：		附单据数：0	
摘　要	科目名称			借方金额	贷方金额
期间损益结转	管理费用/招待费				300000
期间损益结转	管理费用/其他				100000
期间损益结转	财务费用/利息支出				90000
期间损益结转	财务费用/汇总损益				800000
票号 日期	数量 单价		合计	54340000	54340000
备注	项　目 个　人 业务员	部　门　总经理办公室 客　户			
记账	审核	出纳	制单　余力		

图实5-7　结转费用或支出类账户凭证

⑧单击【退出】按钮，返回到"转账生成"窗口，关闭"转账生成"窗口。

（6）以"王伟"的身份重新注册企业应用平台，对期间损益结转生成的凭证进行审核、记账。

3.期末业务处理

（1）自动转账定义计提所得税费用。

①以"王伟"的身份注册企业应用平台，在业务工作的总账管理系统中执行"总账→期末→转账定义→自定义转账"命令，进入"自动转账设置"窗口。

②单击【增加】按钮，进入转账目录对话框。输入转账序号"0003"，转账说明"计提应交所得税"，凭证类别"转账凭证"，单击【确定】按钮。

③单击【增行】按钮，输入科目编码"6801"，方向为"借"，金额公式为"JG（）"；再单击【增行】按钮，输入科目编码"222106"，方向为"贷"，金额公式为"JE（4103，月）*0.25"，单击【保存】按钮，单击【退出】按钮。

④在总账管理系统中执行"总账→期末→转账生成"命令，进入"转账生成"窗口，在左边列表中单击"自定义转账"单选框，在右侧编号0003后是否结转栏上双击，使单元格显示"Y"。

⑤单击【确定】按钮，生成计提所得税的凭证，单击【保存】按钮，显示凭证已生

成，如图实5-8所示。单击【退出】按钮，关闭"转账生成"窗口。

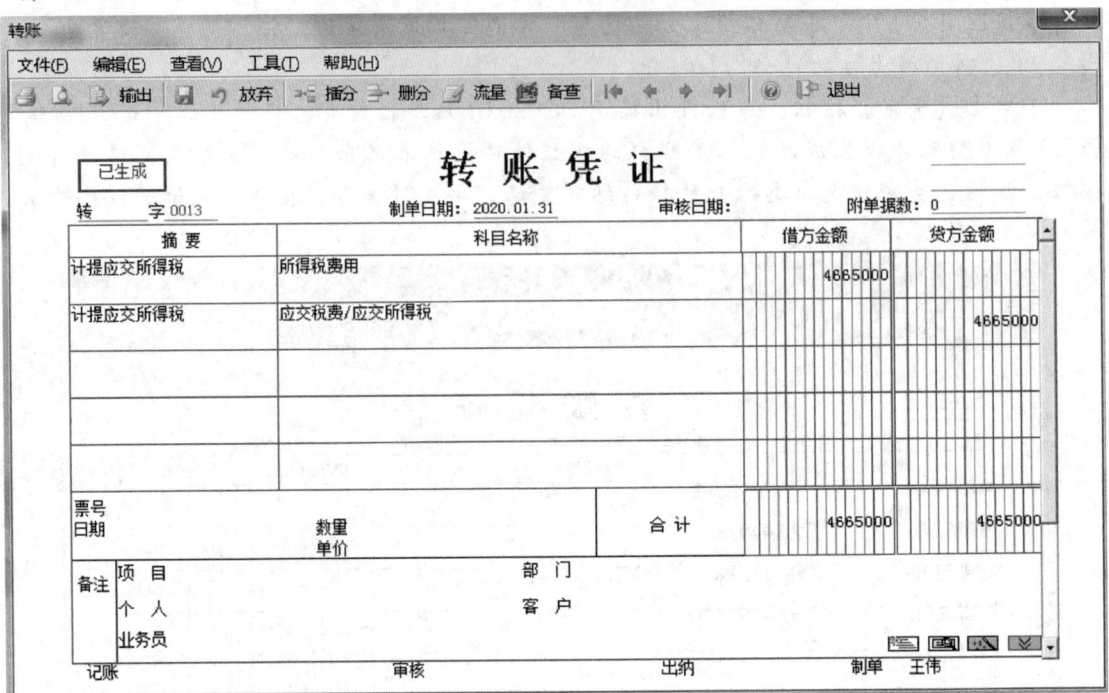

图实5-8　所得税费用凭证

（2）结转所得税费用。在总账管理系统以"王伟"的身份填制所得税费用结转凭证。会计分录如下：

借：本年利润（4103）　　　　　　　　　　　　　　　　　　　　46 650

　　贷：所得税费用（6801）　　　　　　　　　　　　　　　　　　　　46 650

在总账管理系统中，以"余力"的身份审核凭证并记账，这样"本年利润"账户的余额即为净利润。也可通过如下公式计算净利润：

净利润=本年利润扣除所得税前金额−所得税费用=186 600−46 650=139 950（元）

其中，本年利润扣除所得税前金额可在所得税费用相关凭证记账前由总账管理系统的"本年利润"账户获取。

（3）31日，按净利润的10%提取法定盈余公积。在总账管理系统中，以"余力"的身份填制提取盈余公积的会计凭证，会计分录如下：

借：利润分配——提取法定盈余公积（410402）　　　　　　　　　13 995

　　贷：盈余公积——法定盈余公积（410101）　　　　　　　　　　　13 995

（4）31日，将净利润的10 000元作为普通股股利分配并以银行存款支付（转账支票号ZPR008）。分配普通股股利的会计分录如下：

①借：利润分配——应付普通股股利（410410）　　　　　　　　　10 000

　　贷：应付股利（2232）　　　　　　　　　　　　　　　　　　　　10 000

②填制支付股利凭证，注意填写结算方式（票号ZPR008）、登记支票簿、输入现金流量项目为"分配股利、利润或偿付利息支付的现金"。其会计分录如下：

借：应付股利（2232）　　　　　　　　　　　　　　　　　　　　10 000

　　贷：银行存款——工行存款（100201）   10 000

（5）31日，结转净利润和利润分配额。

①结转净利润：

借：本年利润（4103）   139 950

　　贷：利润分配——未分配利润（410415）   139 950

②结转利润分配额：

借：利润分配——未分配利润（410415）   23 995

　　贷：利润分配——提取盈余公积（410402）   13 995

　　　　　　——应付普通股股利（410410）   10 000

（6）以"李芳"的身份重新注册企业应用平台进行出纳签字，再以"余力"的身份重新注册，将生成的转账凭证审核、记账。

4.对账

（1）执行"总账→期末→对账"命令，进入"对账"窗口。

（2）将光标定位在要进行对账的月份"2020-01"，单击【选择】按钮或双击是否对账栏使之显示"Y"。

（3）单击【对账】按钮，开始自动对账，并显示对账结果。

（4）单击【试算】按钮，可以对各科目类别余额进行试算平衡。

（5）单击【确定】按钮完成对账功能。单击【退出】按钮，退出对账界面。

5.结账

在完成银行对账以后，再执行结账。结账前进行备份。

（1）执行"总账→期末→结账"命令，进入"结账"窗口。

（2）按照结账向导，单击要结账月份"2020-01"。

（3）单击【下一步】按钮。单击【对账】按钮，系统对要结账的月份进行账账核对。

（4）单击【下一步】按钮，系统显示"2020年01月工作报告"。如果存在问题，则出现不能进行结账的提示，如"不能通过工作检查"等。如通过工作检查，生成月度工作报告。

（5）单击【下一步】按钮，显示"2020年01月，工作检查完成，可以结账"。

（6）单击【结账】按钮，完成结账工作。

注意事项：

● 结账之前，应先完成其他子系统的结账，如薪资管理系统、固定资产管理系统、采购管理系统、销售管理系统、库存管理系统及存货核算系统等。

● 结账只能由有结账权限的人进行。

● 本月还有未记账凭证时，则本月不能结账。

● 结账必须按月连续进行，上月未结账，则本月不能结账，但可以填制和审核凭证。

● 已结账的月份不能再填制当月凭证。

● 一个月只能结一次账。

● 若总账与明细账对账不符，则不能结账。

● 结账前，要进行数据备份，以便万一结账以后发现数据有错，可以利用备份数据恢复到结账前的状态进行修改。

6.取消结账（可选做）

（1）执行"总账→期末→结账"命令，进入"结账"窗口。

（2）选择要取消结账的月份"2020-01"。

（3）按"Ctrl+Shift+F6"键激活"取消结账"功能。

（4）输入口令"1"，单击【确认】按钮，取消结账标记。

注意事项：

● 结完账后，由于非法操作或计算机病毒或其他原因可能造成数据被破坏，这时可以在此使用"取消结账"功能。

● 取消结账后，必须重新结账。

● 取消结账的权限应当严格控制，这里介绍此功能是为学生实验方便。

第5章 UFO报表系统

【内容提要】

本章主要阐述了UFO报表系统的主要功能、与其他子系统的关系、操作流程，具体介绍了自定义报表格式的设计、公式的定义、报表数据的生成，还讲解了使用报表模板生成报表的方法。

5.1 UFO报表系统概述

5.1.1 UFO报表系统主要功能

UFO (User's Friend Office) 报表系统是一个灵活的报表生成工具，可以自由定义各种财务报表、管理汇总报表、统计分析报表，与总账管理系统和其他业务处理子系统之间有完善的接口，是真正的三维立体报表系统，提供了丰富的实用功能，实现了三维立体表的四维处理能力。UFO报表系统的主要功能包括文件管理功能、报表格式管理功能、报表公式的设计功能、报表数据处理功能、图表管理功能、打印功能和二次开发功能。

5.1.1.1 文件管理功能

UFO报表系统提供了各类文件管理功能，除能完成一般的文件管理外，还能够进行不同文件格式的转换，如文本文件、MDB文件、DBF文件、XLS文件、XLSX文件等，此外，通过UFO报表系统提供的导入和导出功能，可以实现和其他流行财务软件之间的数据交换。

5.1.1.2 格式管理功能

UFO报表系统提供了完善的格式管理功能，包括定义表尺寸、设置行高列宽、画表格线、定义组合单元、设置单元属性等。

5.1.1.3 数据处理功能

UFO报表系统的数据处理功能可以通过固定的格式管理大量不同数据的表页，并在每张表页之间建立有机的联系，此外，还提供了表页排序、查询、审核、舍位平衡、汇总等数据处理功能。

5.1.1.4 图表管理功能

UFO报表系统可以很方便地对数据进行图形组织和分析、制作，包括直方图、立体图、圆饼图、折线图等多种分析图表，并能编辑图表的位置、大小、标题、字体、颜色，还能打印输出图表。

5.1.1.5　打印功能

UFO报表系统提供"所见即所得"和"打印预览"功能，可以随时查看报表或图形的打印效果。报表打印时，可以选择打印格式或数据，可以设置表头和表尾，可以缩放打印，可以横向或纵向打印等。

5.1.1.6　二次开发功能

UFO报表系统提供批命令和自定义菜单，利用该功能可以开发出适合本企业的专用系统。

UFO报表系统的主要功能如图5-1所示。

```
                    UFO报表管理
   ┌──────────┬──────────┬──────────┐
 文件管理      格式管理     数据处理      工具
```

文件管理	格式管理	数据处理	工具
新建	表尺寸	关键字	显示分页
打开	行高	编辑公式	强制分页
保存	列宽	公式列表	显示比例
执行	区域画线	透视	显示风格
文件口令	单元属性	排序	插入图表对象
自定义菜单	组合单元	汇总	图表窗口
常用批命令	可变区	审核	自动求和
生成HTML	保护	舍位平衡	二次开发
其他财务软件数据接口	套用格式	整表重算	DOS文件转换
命令窗	自定义模板	表页重算	发送和接收
打印设置	生成常用报表	表页不计算	
打印	报表模板	计算时提示选择账套	
数据套打		数据采集	
重新登录			

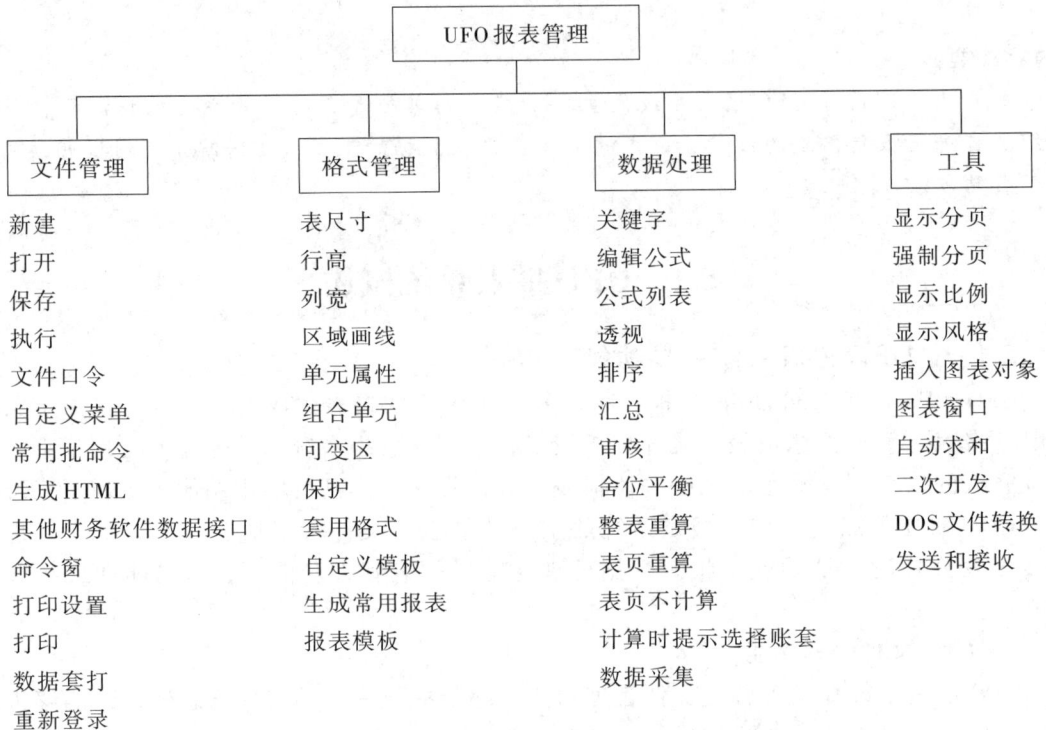

图5-1　UFO报表系统的主要功能

5.1.2　UFO报表系统与其他子系统的关系

UFO报表系统主要是从其他财务系统提取编制报表所需的各种数据。总账管理、薪资管理、固定资产管理、应收应付款管理、财务分析、采购管理、销售管理、库存管理、存货核算等子系统均可向UFO报表系统传递数据，以生成财务部门所需的各种财务报表，可以说其他子系统是UFO报表系统发挥强大表格和数据处理功能的基础，而UFO报表系统是对其他子系统数据进行综合反映的载体。UFO报表系统与其他子系统的接口关系如图5-2所示。

5.1.3　UFO报表系统的操作流程

5.1.3.1　UFO报表系统数据处理流程

UFO报表系统的数据处理流程是：首先进行报表格式的设计或报表模板的调用，形成报表格式文件，然后进行数据采集，报表的数据采集主要来自总账管理系统和其他子系统，部分数据来自UFO报表系统的外部。生成报表数据后，进行报表汇总、打印与分析。具体数据处理流程如图5-3所示。

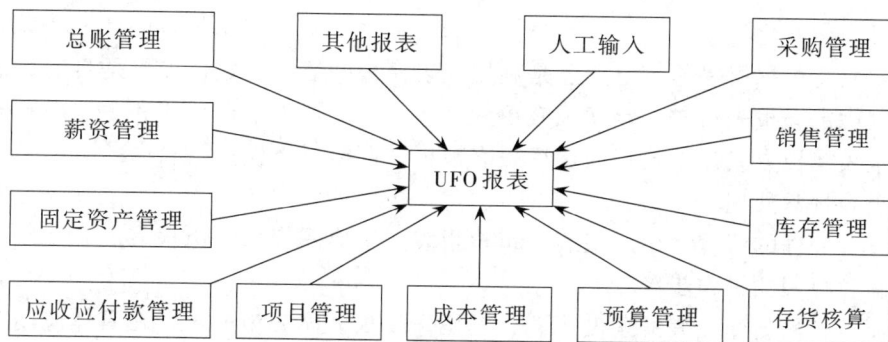

图 5-2   UFO 报表系统与其他子系统的关系

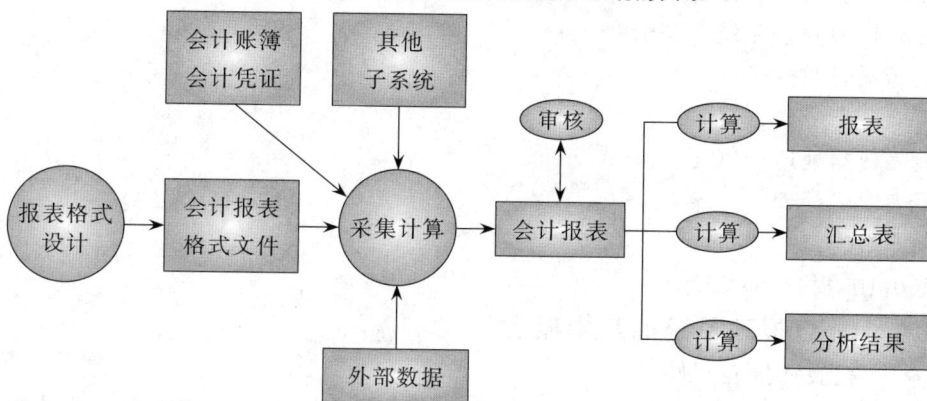

图 5-3   UFO 报表系统的数据处理流程

5.1.3.2   UFO 报表系统的操作流程

UFO 报表系统的操作流程如图 5-4 所示。

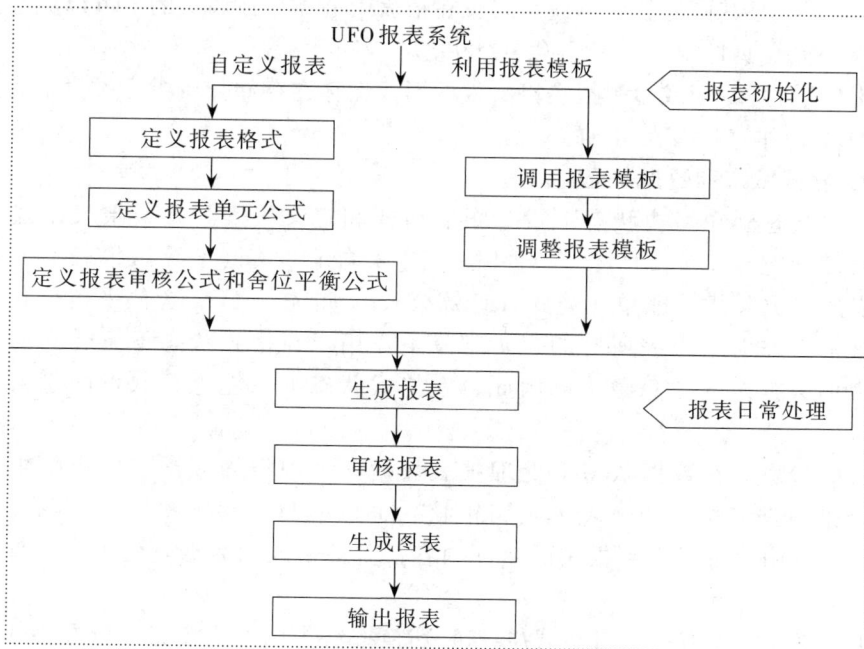

图 5-4   UFO 报表系统的操作流程

UFO 报表系统的操作流程分为报表初始化和报表日常处理两个主要流程。

（1）报表初始化

报表初始化根据报表是自定义还是利用报表模板的情况而定，如果是自定义报表，则其操作流程为定义报表格式、定义报表单元公式、定义报表审核公式和舍位平衡公式；如果是利用报表模板方式，则流程为调用报表模板、调整报表模板。

（2）报表日常处理

报表日常处理的流程为生成报表、审核报表、生成图表、输出报表。

（3）新建报表的操作步骤

总体而言，从新建报表的角度来看，其操作步骤大体分为七步，在具体应用时，具体涉及哪几步应视具体情况而定。

①启动 UFO 报表系统，建立报表；

②设计报表的格式；

③定义各类公式；

④报表数据处理；

⑤报表图形处理；

⑥打印报表；

⑦退出 UFO 报表系统。

5.1.4　UFO 报表系统的基本概念

5.1.4.1　报表和报表文件

（1）报表。报表是 UFO 报表系统存储数据的基本单位。一个 UFO 报表系统中，用户可以根据需要存储不同种类的报表。

（2）表页。一个 UFO 报表系统最多可容纳 99 999 张表页。一个报表中的所有表页具有相同的格式，但是其中的数据不同。表页在报表中的序号在表页的下方以标签的形式出现，称为"页标"。页标用"第 1 页~第 99 999 页"表示。

（3）报表文件。一个或多个报表以文件的形式保存在存储介质中，称为报表文件。后缀名为".REP"，如"利润表.REP"。

5.1.4.2　格式状态和数据状态

（1）格式状态。在格式状态下设计报表格式和定义报表公式，报表格式设计包括表尺寸、行高列宽、单元属性、单元风格、组合单元、关键字等。报表的公式设计可以定义报表的三类公式，即单元公式（计算公式）、审核公式、舍位平衡公式。在格式状态下所做的操作对本报表所有的表页都发生作用。在格式状态下所看到的是报表的格式，报表的数据全部被隐藏了。因此，在格式状态下不能进行数据的录入、计算等操作。

（2）数据状态。在数据状态下处理报表数据。处理报表数据主要包括生成报表数据、输入个别数据、增加或删除表页、审核、舍位平衡、制作图形、汇总、合并报表等。数据状态下用户可以看到报表的全部内容，包括格式和数据。但不能设计、修改报表的格式。

报表工作区左下角有一个【格式/数据】切换按钮，单击该按钮可以在格式状态与数据状态之间进行切换。

5.1.4.3　单元及单元属性

报表中由表行和表列确定的方格称为单元。单元是组成报表的最小单位，单元名用所在行和列的坐标表示，行号用数字 1 ~ 9999 表示，列标用字母 A ~ IU 表示，例如，C2 表示报表中第 2 行第 C 列对应的单元。单元属性包括：单元类型、对齐方式、字体颜色、表格边框等。

单元类型有数值型、字符型和表样型 3 种。

数值单元是报表的数值型数据，在数据状态下输入。数值单元必须是数字，可直接输入，也可由单元存放的公式运算生成。建立一个新表时，所有单元的单元类型均默认为数值型。

字符单元是报表的数据，在数据状态下输入。内容可以是由汉字、字母、数字及各种键盘可输入的符号组成的一串字符。字符单元的内容可以直接输入也可以由单元公式生成。

表样单元是报表的格式，是在格式状态下输入的所有文字、符号或数字。表样单元对所有表页都有效。表样单元在格式状态下输入和修改，在数据状态下只能显示而无法修改。

注：数值单元和字符单元在数据状态下输入，表样单元在格式状态下输入。

5.1.4.4　区域与组合单元

（1）区域。区域也叫块，是由一组相邻的单元组成的矩形块。在 UFO 报表系统中，区域是二维的，最大的区域是一个表页的所有单元（整个表页），最小的区域是一个单元。区域一般用起点单元和终点单元来表示，中间用 "：" 连接，如 B2 单元到 D4 单元的矩形区域可以用 "B2：D4" 来表示。

（2）组合单元。组合单元是由同行（或同列）相邻的两个或两个以上的单元组成的区域，这些单元必须具有同一种单元类型（表样型、数值型、字符型）。系统在处理报表时将组合单元视为一个单元。可以组合同一行相邻的几个单元，可以组合同一列相邻的几个单元，也可以把一个多行多列的平面区域设为一个组合单元。组合单元的名称可以用区域的名称或区域中的单元的名称来表示，如把 B2 到 B4 定义为一个单元，这个组合单元可以用 "B2、B3、B4" 或 "B2：B4" 表示。

5.1.4.5　固定区和可变区

（1）固定区。固定区是指组成一个区域的行数和列数的数量是固定的数字，一旦设定好以后，在固定区域内其单元总数是不变的。

（2）可变区。可变区是指屏幕显示一个区域的行数或列数是不固定的数字，可变区的最大行数或最大列数是在格式状态下设定的。

在一个报表中只能设置一个可变区，或是行可变区，或是列可变区。行可变区是指可变区中的行数是可变的；列可变区是指可变区的列数是可变的。设置可变区后，屏幕只显示可变区的第一行或第一列，其他可变行、可变列隐藏在表体里，在以后的数据操作中，可变行、列数随着需要而增减。

有可变区的报表称为可变表；没有可变区的报表称为固定表。

5.1.4.6　关键字

关键字是游离于单元之外的特殊数据单元，是连接一张空表和有数据报表的纽带，也可通过关键字来唯一标识一个表页，用于在大量表页中快速选择表页。通过在表页中定义关键字并对其取值，可以确定表页所反映的会计主体和会计期间，报表的单元公式也是根据每张表页的关键字取值来确定公式中变量的值，从而采集相应会计期间会计数据的。

通常，将那些引起报表数据发生变化的项目定义为关键字。关键字一般包括：单位名称，单位编号，年、季、月、日等，也可以自行定义关键字。

单位名称：字符型（最多30个字符），为该报表表页编制单位的名称。

单位编号：字符型（最多10个字符），为该报表表页编制单位的编号。

年、季、月、日：数字型，分别为该报表表页反映的年度、季度和日期。

关键字的显示位置在格式状态下设置，关键字的值在数据状态下录入，每张报表可以定义多个关键字。

5.1.4.7 二维表、三维表和四维表

UFO 报表系统中确定某一数据位置的要素称为"维"，按照确定数据位置所需的要素数量，可以把报表分为二维表、三维表和四维表。

（1）二维表。二维表是通过行和列定位数据的表。二维表定位数据的命名方式为<列><行>，如第3列第6行单元表示为：C6。

（2）三维表。三维表由多个相同的二维表组成，通过列、行和表页号来定位命名数据。例如，将1月至12月的资产负债表以按月递增的顺序叠放在一个报表文件中，就构成了一个三维表。三维表定位数据的方式为<列> <行>@ <表页>，如第4个月的资产负债表的C6单元表示为：C6@4。

（3）四维表。四维表由系统中多个不同的三维表组成，通过列、行、表页号和表名来定位命名数据。四维表定位数据的命名方式为<"表名">-><列> <行>@ <表页>，如资产负债表中第4个月的C6单元用四维表表示为："资产负债表"->C6@4。

5.1.4.8 函数

UFO 报表系统中函数的作用是从各种地方取数，自动生成报表数据的关键，因此函数是计算公式中的重要构成要素。按照函数的用途不同，函数可以分为账务函数、自其他业务系统取数函数、统计函数、数学函数、日期时间函数、自本表他页取数函数等，下面举例说明几种常用函数的用法。

（1）自总账管理系统取数的函数。从总账管理系统取出的函数又称账务函数。账务函数通常用来采集总账管理系统中的数据，因此使用得较为频繁，账务函数的基本格式为：

函数名（"科目编码"，会计期间，［ "方向"］，［账套号］，［会计年度］，［编码1］，［编码2］）

上述格式中，科目编码也可以是科目名称，且必须用双引号括起来。

会计期间可以是年、季、月等变量，也可以是具体表示年、季、月的数字。

方向即借或贷，可以省略。

账套号为数字，默认时为 999 账套。

会计年度即数据取数的年度，可以省略。

［编码1］［编码2］与科目编码的核算账类有关，可以取科目的辅助账，如职员编码、

项目编码等，如无辅助核算则省略。

UFO 报表系统主要账务函数见表 5-1。

表 5-1   UFO 报表系统主要账务函数

总账函数	金额式	数量式	外币式
期初余额函数	QC（）	SQC（）	WQC（）
期末余额函数	QM（）	SQM（）	WQM（）
发生额函数	FS（）	SFS（）	WFS（）
累计发生额函数	LFS（）	SLFS（）	WLFS（）
条件发生额函数	TFS（）	STFS（）	WTFS（）
对方科目发生额函数	DFS（）	SDFS（）	WDFS（）
净额函数	JE（）	SJE（）	WJE（）
现金流量项目金额函数	XJLL（）		

（2）统计函数。统计函数一般用来完成报表数据的统计工作，如报表中的"合计"项等，常用的统计函数有数据合计 PTOTAL（）、平均值 PAVG（）、最大值 PMAX（）、最小值 PMIN（）。这些函数一般也是自本表表页取数的函数。

（3）自本表他页取数的函数。自本表他页取数的函数用于从同一报表文件的其他表页中采集数据。

许多报表数据是从以前的历史记录中取得的，如本表其他表页，当然，这类数据可以通过查询历史资料取得，但查询既不方便，也可能因抄写错误而导致数据不真实。如果通过计算公式进行取数，则可以减少工作量，也可确保数据的正确性。

①取确定页号的表页的数据。当所取数据所在的表页页号已知时，可用以下格式方便地取得本表他页的数据。

<目标区域>=<数据源区域>@<页号>

例如，B2=C5@1，表示单元公式令各页 B2 单元均取当前表第一页 C5 单元的值。

②按一定关键字取数。SELECT（）函数常用于从本表他页取数计算。例如，在"利润表"中，累计数=本月数+同年上月累计数，表示为：D=C+SELECT（D，年@=年 and 月@=月+1）。

（4）从其他报表取数的函数。报表间的计算公式与同一报表内各表页间的计算公式很相近，主要区别就是把本表表名换为他表表名，报表与报表间的计算公式分为取他表确定页号表页的数据和用关联条件从他表取数两种。

①取他表确定页号表页的数据的函数。可用以下格式表示：

<目标区域>="<他表表名>"-><数据源区域>[@<页号>]。

<页号>的默认值为本表各页分别取他表各页数据。

②用关联条件从他表取数的函数。

当从他表取数时，已知条件并不是页号，而是希望按年、月、日等关键字的对应关系来取他表数据，这就必须用到关联条件。

表页关联条件的意义是建立本表与他表之间的以关键字或某一单元为联系的默契关系。从他表取数的关联关系的格式为：

RELATION<单元｜关键字｜变量｜常量>WITH "<他表表名>"–<单元｜关键字｜变量｜常量>

5.2　UFO报表系统初始设置

5.2.1　报表格式结构

报表格式是指一张报表的框架。报表的格式在格式状态下设计，整个报表文件的所有表页格式都相同，报表格式设计主要包括报表尺寸定义、单元属性定义、组合单元定义和关键字设置等内容。报表格式设计属于一次性工作，一旦设计完成，可以反复使用。

一张报表的格式一般由标题、表头、表体、表尾四个部分组成。如图5-5所示为资产负债表的一部分。

资产负债表 ← 标题

| 主管部门：　　　　　　　　　　　　　　　　　　会企01表 | | | | 表头 |

编制单位：×××公司　　　2024年1月31日　　　单位：元

资产	行次	年初余额	期末余额
流动资产：			
货币资金	1	126 264.59	
应收账款	8	157 600.00	
资产总计			

表体

会计主管：　　　　　　　　制表人：　　　　　← 表尾

图5-5　报表格式结构

（1）标题。报表标题是报表的名称，主要财务报表的名称应与会计准则以及会计制度要求一致，内部管理自定义报表根据报表主要内容由企业自行命名。

（2）表头。表头主要用来描述报表的编制单位名称、编制日期、计量单位等信息，编制日期随时间改变而改变，其他内容一般每期固定不变。

（3）表体。表体是一张报表的主体部分，反映报表的核心内容，是报表数据的主要呈现区域。表体一般由栏目名称、报表项目名称和报表数据单元组成，报表栏目名称定义了报表的列，报表项目名称定义了报表的行。

（4）表尾。表尾是表体以下进行辅助说明的部分，一般反映编制人或制表人、审核人、会计主管等信息。

5.2.2　报表定义的主要内容

为避免重复说明，结合实例的操作参见"报表管理"部分的详细操作，此处只说明主要操作涉及的内容。格式设计如下：

定义一张报表，首先应该定义报表数据的载体——报表格式。不同的报表，格式定义的内容也会有所不同，但一般情况下报表格式应该包括报表表样、单元类型及单元风格等内容。

（1）启动 UFO 报表。在使用 UFO 报表系统处理财务报表之前，应首先启动 UFO 报表系统，并建立一张空白的报表，然后在这张空白报表的基础上设计报表的格式。启动报表管理系统，创建一个新的财务报表文件。有些软件建立的是一个报表簿，可容纳多张报表；也有些软件只建立一张报表，甚至还需要规定其属性。报表窗口的各个组成元素如图 5-6 所示，主要由名字框、编辑栏、全选钮、行标与列标、常用工具栏、格式工具栏、格式/数据切换按钮等组成。

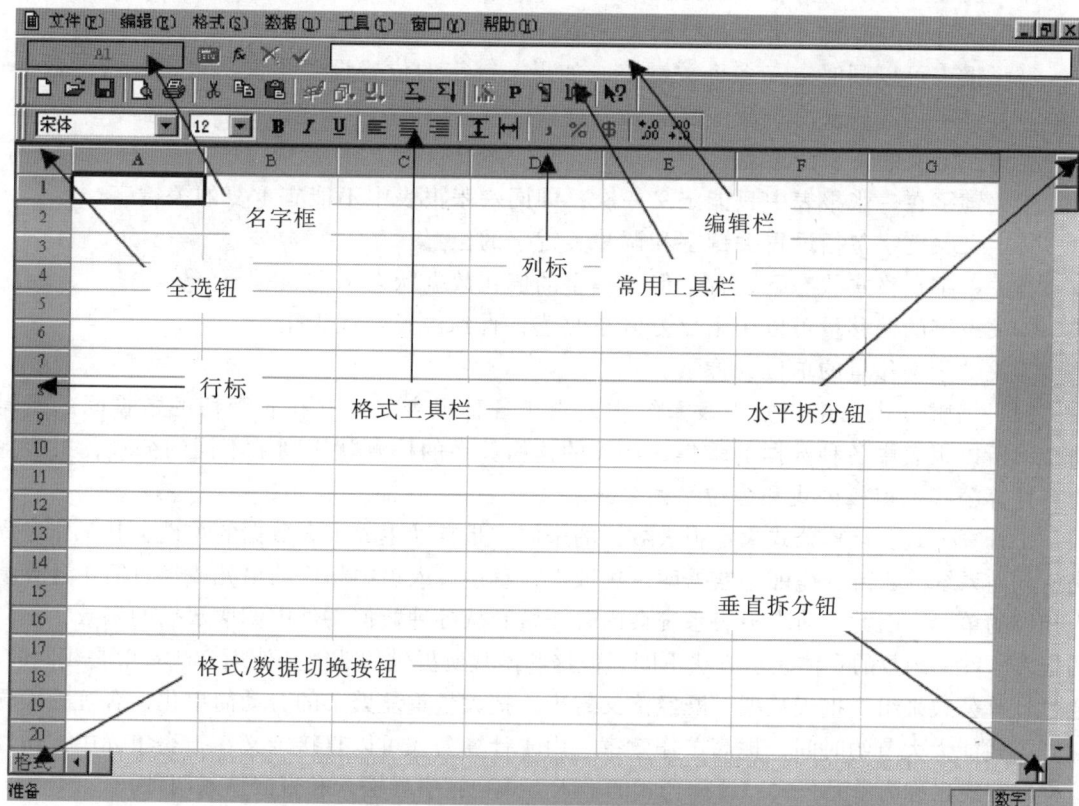

图 5-6　UFO 报表系统报表窗口结构

（2）设计表样。设计表样主要包括设计报表的表格、输入报表的表间项目及定义项目的显示风格、定义单元属性。通过设置报表表样可以确定整张报表的大小和外观。

报表表样设置的具体内容一般包括：设置报表尺寸、定义报表行高列宽、画表格线、定义组合单元、输入表头表体表尾内容、定义单元属性等、设置显示风格。启动 UFO 报表系统，进入格式状态。

①设置报表尺寸。设置报表尺寸是指设置报表的行数和列数。

②定义报表的行高和列宽。如果报表中某些单元的行或列要求比较特殊，则需要调整该行的行高或列的列宽。

③画表格线。报表的尺寸设置完成之后，在数据状态下，该报表是没有任何表格线的，所以为了满足查询和打印的需要，还需要画上表格线。

④定义组合单元。有些内容如标题、编制单位、日期及货币单位等可能一个单元容纳不下，所以为了实现这些内容的输入和显示，需要定义组合单元。

⑤输入表间项目。报表表间项目指报表的文字内容，主要包括表头内容、表体项目和表尾项目等。

⑥定义单元属性。单元属性主要指对单元类型、数字格式、边框样式等内容的设置。

⑦设置单元风格。单元风格主要指的是对单元内容的字体、字号、字形、对齐方式、颜色图案等内容的设置。设置单元风格会使报表更符合阅读习惯，更加美观清晰。

（3）设置关键字。关键字主要有六种：单位名称、单位编号、年、季、月、日，另外还可以根据自己的需要自定义相应的关键字。

每张报表可以同时定义多个关键字。如果关键字的位置设置错误，可以执行"数据"菜单"关键字"下"取消"命令取消后再重新设置。

关键字定义的主要注意点：

①关键字在一张报表中只能定义一次，即同一张报表中不能有重复的关键字。

②定义关键字包括设置关键字和调整关键字的位置。

③关键字在格式状态下设置，但关键字的值在数据状态下录入。

④关键字的偏移量可以用来反复调整位置，直到位置合适为止。

⑤关键字偏移量的单位为像素。

（4）编辑公式。在UFO报表系统中，由于各种报表之间存在着密切的数据间的逻辑关系，所以报表中各种数据的采集、运算的钩稽关系的检测就用到了不同的公式，报表主要有计算公式、审核公式和舍位平衡公式。

①计算公式。计算公式决定报表数据的来源，是自动生成报表数据的关键，其工作过程是从软件系统的账簿、凭证等数据库采集数据，直接填入表中相应的单元或经过简单计算填入相应的单元。因此，通常报表系统会内置一整套从各种数据文件中调取数据的函数，不同的报表软件，函数的具体表示方法不同，但这些函数所提供的功能和使用方法一般是相同的。通过计算公式来组织报表数据，既经济又省事，把大量重复繁杂的劳动简单化，合理地设置计算公式能大大节约时间，提高工作效率。由于计算公式可以直接定义在报表单元中，所以这样的公式也称为单元公式。计算公式的输入方式包括引导输入和直接输入两种。

在对计算公式不熟练的情况下，可通过系统提示，逐步引导输入计算公式。

如果已经掌握了各种函数的用法和规律，在对公式输入比较熟练的情况下，可直接输入计算公式。

②审核公式。审核公式用于审核验证数据的正确性，财务报表中的数据往往存在一定的钩稽关系，如资产负债表中的资产合计应等于负债及所有者权益合计。实际工作中为了确保报表数据的准确性，可以利用这种报表之间或报表内的钩稽关系，对报表的编制进行数据正确性的检查，这种用途的公式称作审核公式。

③舍位平衡公式。对于资产金额较大的企业，对报表进行汇总时，得到的汇总数据可能位数很多，如果报表数据以"元"为单位报送，报表使用者阅读起来就很困难，在这种情况下就需要把以"元"为单位的报表，转换为以"千元""万元"为单位的报表，转换

过程中原报表的平衡关系可能被破坏，因此需要进行调整，使之仍然符合原有的平衡关系，报表经舍位之后，用于重新调整平衡关系的公式，称为舍位平衡公式。

编辑公式时要注意以下四个方面。

①单元公式在输入时，凡是涉及数学符号的均须输入英文半角字符，否则系统将认为公式输入错误而不能被保存。

②账套号和会计年度如果选择默认，以后在选择取数的账套时，需要进行账套初始化工作。如果直接输入，则不需再进行账套初始化。

③如果输入的会计科目有辅助核算，还可以输入相关辅助核算内容。如果没有辅助核算，则"辅助核算"选择框呈灰色，不可输入。

④审核公式在格式状态下编辑，在数据状态下执行审核公式。

（5）保存报表。报表的格式设置完成之后，为了确保今后能够随时调出使用并生成报表数据，应将财务报表的格式保存起来。

5.2.3　报表数据处理

报表数据处理主要包括生成报表数据、审核报表数据和舍位平衡操作等工作，数据处理工作必须在数据状态下进行。处理时，计算机会根据已定义的单元公式、审核公式和舍位平衡公式自动进行取数、审核及舍位等操作。

报表数据处理一般是针对某一特定表页进行的，因此，在数据处理时还涉及表页的操作，如增加、删除、插入、追加表页等。

5.2.3.1　进入报表数据状态

报表数据状态既可以使用菜单进入，也可以直接使用"数据/格式"切换按钮进入。

5.2.3.2　账套初始化

报表的一些原始数据是取自某个指定的账套的，如果在定义单元公式时没有指定某个账套或会计年度，在生成报表数据之前，需要确认单元数据是取自哪一个账套及会计年度的。账套初始化工作既可以在格式状态下进行，也可以在数据状态下进行。

5.2.3.3　录入关键字

关键字是表页定位的特定标识，在格式状态下设置完成关键字以后，只有在数据状态下对其实际赋值才能真正成为表页的鉴别标志，为表页间、表间的取数提供依据。

5.2.3.4　整表重算

当完成报表的格式设计并完成账套初始化和关键字的录入之后便可以计算指定账套、指定报表时间的报表数据了。计算报表数据是在数据状态下进行的，它既可以在录入完成报表的关键字后直接计算，也可以使用菜单功能计算。

5.2.4　报表模板

利用报表模板可以迅速建立一张符合您需要的财务报表。另外，对于一些本企业常用但报表模板没有提供标准格式的报表，在定义完这些报表以后可以将其定制为报表模板，以后使用时可以直接调用这些模板。

5.2.4.1　自定义报表模板

用户除了使用系统中的财务报表模板外还可以根据本单位的实际需要定制内部报表模

板，并将自定义的模板加入系统提供的模板库内，也可以根据本行业的特征，增加或删除各个行业及其内置的模板。

自定义报表模板主要需要定义报表的所属行业及报表名称。

5.2.4.2　调用报表模板

UFO报表系统提供了各种行业的标准财务报表模板。调用报表模板即建立了一张标准格式的财务报表。如果用户需使用系统内的报表模板，则可以直接调用。

（1）利用模板生成资产负债表与利润表。利用模板生成资产负债表与利润表的操作步骤如下：

①在格式状态下调用报表模板。

②调整报表模板。

③切换到数据状态，输入关键字，生成报表数据。

④保存报表文件。

（2）利用报表模板生成现金流量表。系统提供了两种生成现金流量表的方法：一种是现金流量表模块；另一种是利用总账中的项目管理功能和UFO报表系统。第一种方法比较麻烦，本书主要介绍第二种方法。用第二种方法生成现金流量表的步骤如下：

①总账管理子系统中的操作流程：

第一步，在设置会计科目界面，指定"库存现金""银行存款"科目为现金流量科目。

第二步，在总账管理系统的项目目录里，建立现金流量项目大类的各个现金流量项目。

第三步，在凭证中指定现金流量科目所对应的现金流量项目。

在填制凭证时，如果涉及现金流量科目，可以在填制凭证界面中单击【流量】按钮，指定发生的该笔现金流量所属的项目。如果在填制凭证时，未指定现金流量项目，也可以执行"现金流量表→现金流量凭证查询"命令，针对每一张现金流量凭证，单击【修改】按钮，补充录入现金流量项目。

②UFO报表系统中的操作流程：

第一步，调用现金流量表模板。

第二步，补充现金流量表模板中的公式。

第三步，生成现金流量表主要数据。

5.3　UFO报表系统日常业务处理

报表格式设计完成并保存为报表文件后，就可以进行报表数据处理了。报表数据的处理包括报表数据的生成、报表审核、报表舍位平衡、图表处理、报表输出等内容。

5.3.1　报表编制

5.3.1.1　打开报表文件

打开已定义好表格样式及公式的报表文件。一个报表文件可以包含多个表页，每个表页用来存放不同会计期间的数据。如果没有存放当期数据的表页，就需要插入或追加表页。

5.3.1.2　录入关键字

不同会计期间企业经营的数据不同，判定本表页数据取自哪个单位、哪个会计期可以通过设置关键字来识别，因此生成报表数据前最重要的步骤是录入关键字。

5.3.1.3　输入基本数据

某些报表单元的个别数据每月不同，且无法从机内账簿文件中获取或从其他数据源中获取，只能在编制报表时临时输入。

5.3.1.4　生成报表

在完成基本数据输入和关键字录入后，系统将自动根据计算公式从总账管理子系统中或其他子系统中采集数据，并进行计算，生成报表。在生成报表的过程中，系统将对公式的格式进行检查，如有语法或句法错误，系统将给予提示。但值得注意的是，并不能保证数据的正确性。

5.3.1.5　报表审核

报表数据生成后，如果设置了审核公式，系统将根据审核公式中设定的逻辑关系进行检查。当报表数据不符合钩稽关系时，系统会给出预先设定的提示信息，用户据此提示信息修改报表数据，并重新进行审核，直到审核通过，以保证报表各项目钩稽关系的正确性。

5.3.1.6　舍位平衡

如果设置了舍位平衡公式，可以进行舍位平衡处理，生成舍位表。

5.3.2　图表处理

5.3.2.1　图表功能概述

报表数据生成后，为了对报表数据进行更加直观的分析（如结构、趋势分析）和应用，可以利用图表对数据进行直观显示，UFO 报表系统提供了强大的图表分析功能，有直方图、饼形图、折线图、面积图等多种类型、多式样的图表。

图表与报表存在着紧密的联系，图表以报表文件中的数据为生成依据，当报表中的数据发生变化时，图表也随之变化，一个报表文件可以生成多个图表。

5.3.2.2　图表制作

UFO 报表系统所提供的图表类型、式样虽然不同，但建立的方法是类似的，图表制作的前期准备工作要充分，一是要根据分析目的明确数据源，分析的目的不同所需的数据源也不同。数据源可以是所选报表的全部数据，也可以是所选报表的部分数据。二是要准备追加图形显示区域。图表对象和其他数据一样，都要占用一定的报表区域，由于在前面报表格式设计时没有为图形预留空间，如果不增加图形显示区域，插入的图形就会和报表数据重叠在一起，因此一般需要通过执行"编辑→追加行（列）"命令来增加若干行或列，作为专门的图形显示区域。

插入图表对象实际上也属于报表的数据处理，只是改变了数据的表现形式，因此有关图表对象的操作必须在数据状态下进行。选择图表对象显示区域时，区域不能少于 2 行×2 列，否则系统会提示出现错误。

5.3.2.3　编辑图表对象

图表生成后，用户可以根据需要对图表的各个组成部分内容进行修改和编辑，编辑的主要内容包括编辑标题、更改标题的字形字体、定义数据组、更改图表式样。

5.3.2.4　表页管理

表页管理包括插入、追加、删除表页，还可以对表页进行排序。表页排序是指报表子系统可以按照表页关键字的值或报表中的任何一个单元的值重新排列表页，方便用户进行查询和管理。

5.3.3　报表数据管理

5.3.3.1　报表透视

UFO报表子系统中大量数据都是以表页的形式分布的，通常每次只能看到一张表页的数据，如果要对多个表页数据进行比较，可以利用数据透视功能，将多张表页的多个区域的数据显示在一个平面上。数据透视的结果可以保存在报表中。

5.3.3.2　数据汇总

报表数据汇总是报表数据以不同形式的叠加。通过数据汇总功能把结构相同、数据不同的两张报表经过叠加生成一张新的报表，在实际工作中，主要用于同一报表不同时期的汇总，以得到某一期间的汇总数据，或者对同一单位不同部门、不同地区的同一张报表进行汇总，以得到整个单位的合计数字。

实验六　报表管理

【实验目的】

理解报表编制的原理及流程；掌握报表格式定义、公式定义的操作方法；掌握报表单元公式的设置方法；掌握报表数据的处理、表页管理及图表功能；掌握利用报表模板功能生成财务报表。

【实验准备】

1.完成总账管理系统的结账工作。

2.引入总账管理系统结账后备份的账套数据。

【实验内容】

1.自定义一张货币资金表。

2.利用报表模板生成资产负债表、利润表和现金流量表。

【实验要求】

1.以账套主管"王伟"的身份登录企业应用平台，在UFO报表子系统创建货币资金表格式，并设置公式、报表数据处理，生成货币资金表，保存货币资金表到电脑桌面，文件名为"货币资金表.REP"。

2.利用调用报表模板的方法生成资产负债表、利润表和现金流量表。

【实验资料】

1.基本资料

上海华龙科技有限公司已建立账套号为168的公司账套，启用日期为2020年1月1日，公司已完成1月份的日常账务处理和期末业务处理工作，账套主管拥有UFO报表系统的操作权限，现采用自定义的方法编制货币资金表并生成数据。报表格式见表实6-1。

表实 6-1   **货币资金表**

单位名称：上海华龙科技有限公司   2020 年 1 月 31 日   单位：元

项　目	行次	期初数	期末数
库存现金	1		
银行存款	2		
合　计	3		

制表人：王伟

要求：

（1）表头

①将标题"货币资金表"设置为"黑体、18号、居中，前景色为红色"；将"单位："设置为"黑体、12号"，对齐方式为垂直方向居中。

②表尺寸为7行4列，行高8毫米，列宽32毫米。

③第一行设置为组合单元。

④单位名称及年、月、日设为关键字。关键字通过偏移量来调整位置，本实验"年"的偏移量为"-115"，"月"为"-85"，日为"-55"。

（2）表体

将表体中文字设置为"宋体、12号、居中"。

（3）表尾

将"制表人："设置为"宋体、12号、右对齐"。

2.报表公式（或取数函数）

库存现金期初数：C5=QC（"1001"，月）

库存现金期末数：D5=QM（"1001"，月）

银行存款期初数：C6=QC（"1002"，月）

银行存款期末数：D6=QM（"1002"，月）

期初数合计：C7=C5+C6

期末数合计：D7=D5+D6

3.资产负债表、利润表

利用报表模板功能生成资产负债表和利润表。

4.现金流量表

利用报表模板功能生成现金流量表主表。

【操作指导】

1.自定义货币资金表的格式

（1）以"王伟"的身份启动并注册企业应用平台。用户名：001；密码：1；账套：168；会计年度：2020；操作日期：2020-01-31。

（2）在"业务工作"功能列表中执行"财务会计→UFO报表"命令，进入UFO报表系统，并弹出"日积月累"UFO报表知识介绍向导。单击【关闭】按钮。

（3）执行"文件→新建"命令或单击工具栏【新建】按钮，建立一张空白报表，新表自动进入"格式"状态，报表名默认为"report1"。用户在报表保存时可进行文件改名。

（4）设置表尺寸。执行"格式→表尺寸"命令，打开表尺寸设置对话框，根据"货币资金表"的表头、表体与表尾的行列数要求，输入表的行数7，列数4。

（5）单击【确定】按钮，系统自动将报表显示区域的空白表按照所设置的7行4列显示，而不再显示整张空白表页。

（6）设置行高列宽。选定整张表，执行"格式→行高"命令，打开"行高"设置对话框，输入报表行高"8"，单击【确定】按钮。执行"格式→列宽"命令，在打开的"列宽"对话框中输入列宽"32"，单击【确定】按钮。

（7）定义组合单元。选择要合并的单元区域A1：D1，执行"格式→组合单元"命令，打开"组合单元"对话框，选择组合方式"整体组合"，该单元将被合并为一个组合单元。同理，定义A2：D2、A7：D7单元分别为一个组合单元。

（8）画表格线。选中A3：D6区域，执行"格式→区域画线"命令，打开"区域画线"对话框，选择【网线】单选按钮，单击【确定】按钮。

（9）设置单元属性。选中整张表，执行"格式→单元属性"命令，打开"单元属性"对话框。系统默认的单元类型为"数值"型，单击"逗号"前的复选框，单击【确定】按钮。

注意事项：
● 新建的报表，所有单元的单元类型均默认为数值型。
● 格式状态下输入的内容仅默认为表样单元。
● 字符单元和数值单元只对表页有效，表样单元输入后对所有的表页有效。

（10）输入报表项目。选中A1组合单元；输入"货币资金表"字样，选中A2组合单元，输入"单位：元"；选中A7组合单元，输入"制表人：王伟"。

（11）设置单元风格。选中A1组合单元，执行"格式→单元属性"命令，打开"单元属性"对话框。在"字体图案"选项卡中，设置"货币资金表"字样为"黑体"字体，字号为"18"，前景色为"红色"；在"对齐"选项卡中，设置水平方向与垂直方向均"居中"。选中A2单元格，在"单元属性"对话框中设置"单位："字体为"黑体"，字号为"12"；在"对齐"选项卡中，设置垂直方向"居中"。选中A7单元格，在"单元属性"对话框中设置"制表人："为宋体、12号、垂直居右。

（12）设置关键字。选择A2组合单元，执行"数据→关键字→设置"命令，打开"设置关键字"对话框，系统默认设置关键字为"单位名称"，单击【确定】按钮。执行同样的命令，分别设置"年""月""日"关键字。

注意事项：
● 每次只能设置一个关键字，每个报表可以同时定义多个关键字。
● 如果取消关键字，执行"数据→关键字→取消"命令。

（13）调整关键字位置。为保证关键字显示在合适的位置，需要进行位置调整。执行"数据→关键字→偏移"命令，打开"定义关键字偏移"对话框，在相应的关键字后输入偏移量，年"-115"、月"-85"、日"-55"，单击【确定】按钮。

注意事项：
● 关键字的位置可以用偏移量来调整，负数表示向左移，正数表示向右移。

● 关键字偏移量的单位为像素。

（14）录入报表文字内容。双击选定单元，将光标定位在"单位"格，直接在单元中输入内容，也可选定单元后，将光标定位在窗口上方的编辑栏中进行输入。根据实验资料输入货币资金表的内容，再执行格式菜单下单元属性命令进行字体、字号、居中设置。

货币资金表的格式如图实 6-1 所示。

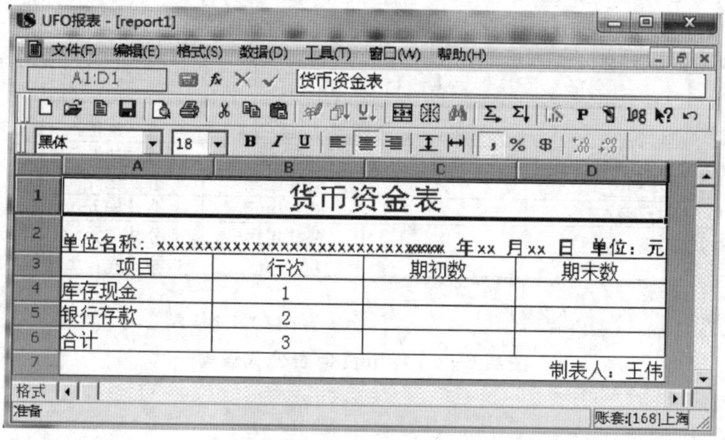

图实 6-1　货币资金表设计

注意事项：

● 报表项目指报表的文字内容，主要包括表头内容、表体项目、表尾项目等，不包括关键字。

● 编制单位、日期一般不作为文字内容输入，而需要设置为关键字。

2.设置货币资金表公式

（1）选中 C4 单元格，执行"数据→编辑公式→单元公式"命令，打开"定义公式"对话框，在"定义公式"对话框中单击【函数向导】按钮，打开"函数向导"对话框，在"函数分类"列表框中选择"用友账务函数"，在右侧的"函数名"列表中选择"期初（QC）"函数。

（2）单击【下一步】按钮，打开"账务函数"对话框，单击【参照】按钮，打开"账务函数"对话框，选择科目"1001"，其余各项均采用系统默认值，单击【确定】按钮，返回"账务函数"对话框。

（3）单击【确定】按钮，返回"定义公式"对话框，再单击【确认】按钮。C4 单元格也可直接输入公式"QC（"1001"，月）"，单击【确认】按钮。

（4）同样，选中 C5 单元格，执行"数据→编辑公式→单元公式"命令，打开"定义公式"对话框，在"定义公式"对话框中直接输入公式"QC（"1002"，月）"；选中 D4 单元格，直接输入公式"QM（"1001"，月）"；选中 D5 单元格，直接输入公式"QM（"1002"，月）"。

（5）选中 C6 单元格，执行"数据→编辑公式→单元公式"命令，打开"定义公式"对话框，在"定义公式"对话框中直接输入公式"C4+C5"；类似地，选中 D6 单元格，在"定义公式"对话框中直接输入公式"D4+D5"。

（6）选中 A3：D6 单元区域，执行"格式→单元属性"命令，打开"单元属性"对话框，在"对齐"选项卡中，设置水平方向与垂直方向"居中"，单击【确定】按钮。公式定义完毕，如图实6-2所示。

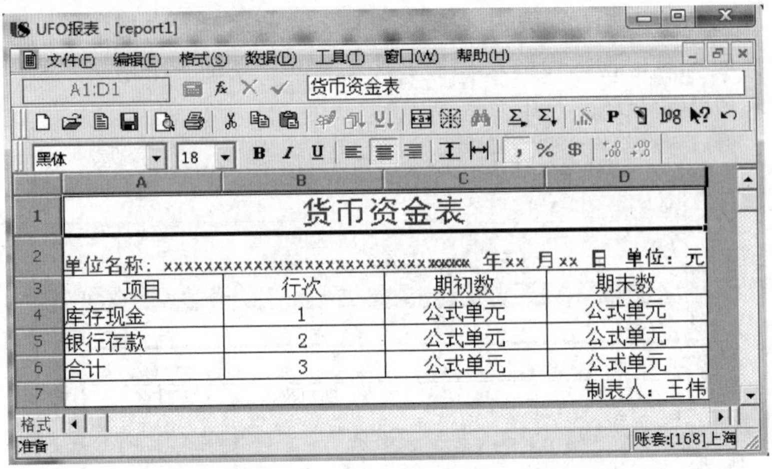

图实6-2　货币资金表公式设置

注意事项：

● 单元公式中涉及的符号均为英文半角字符。

● 单击【fx】按钮或双击某公式，都可以打开"定义公式"对话框。

3.定义审核公式

（1）执行"数据→编辑公式→审核公式"命令，打开"审核公式"对话框。

（2）在"审核关系"栏输入审核公式"C6=C4+C5，D6=D4+D5 MESS"合计数出错！""，单击【确定】按钮。

注意事项：

● 审核公式用于审核表内或报表之间钩稽关系是否正确，即用于报表数据来源定义完成后审核报表的合法性和报表数据生成后审核报表数据的正确性。

4.定义舍位平衡公式

（1）执行"数据→编辑公式→舍位公式"命令，打开"舍位平衡公式"对话框。

（2）输入舍位表名"swb1"，舍位范围"C4：D6"，舍位位数为"3"，平衡公式输入"C6=C4+C5，D6=D4+D5"，如图实6-3所示，单击【完成】按钮。

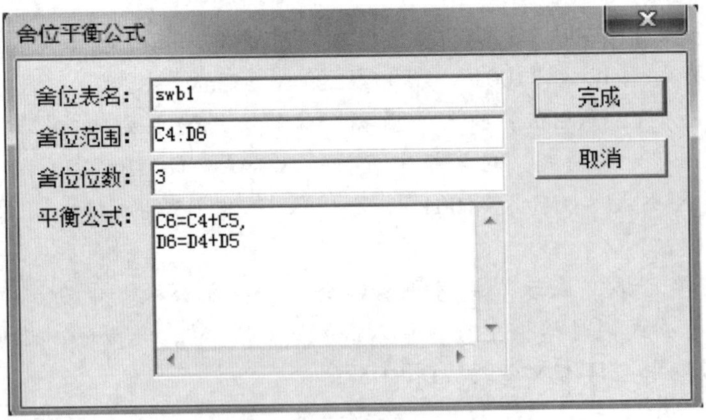

图实6-3　舍位平衡公式设置

注意事项：

● 舍位平衡公式是用来重新调整报表数据进位后的小数位平衡关系的公式。

● 每个公式一行，各公式之间用半角逗号分隔，最后一个公式不用写逗号，否则公式无法执行。

● 等号左边只能为一个单元，不带页号与表名。

● 平衡公式中只能使用 "+" "-" 符号，不能使用其他运算符及函数。

5.保存报表

（1）执行 "文件→保存" 命令，如果是第一次保存，则打开 "另存为" 对话框。

（2）选择要保存的文件夹，输入报表文件名为 "货币资金表"，选择保存的文件类型为 ".REP"，单击【保存】按钮。值得注意的是，此文件必须在 UFO 报表系统中打开。

注意事项：

● 报表格式设置完以后切记要及时将报表格式保存下来，以便以后随时调用。

● 如果没有保存就退出，系统会出现提示："是否保存报表？" 以防止误操作。

● ".REP" 为用友报表文件专用的扩展名。

● 在保存报表格式之前，应先建好存放报表的文件夹。

6.生成报表

（1）单击报表左下角【格式/数据】按钮，将表页切换到数据状态。

（2）执行 "数据→关键字→录入" 命令，打开 "录入关键字" 对话框。输入单位名称 "上海华龙科技有限公司"，输入年 "2020"，月 "1"，日 "31"。

（3）单击【确认】按钮，系统弹出 "是否重算第 1 页？" 提示信息。单击【是】按钮，系统会自动根据单元公式计算 1 月份货币资金表数据；单击【否】按钮，系统不计算 1 月份数据，可利用 "数据" 菜单下 "表页重算" 功能重新计算生成报表数据。生成的货币资金表的结果如图实 6-4 所示。

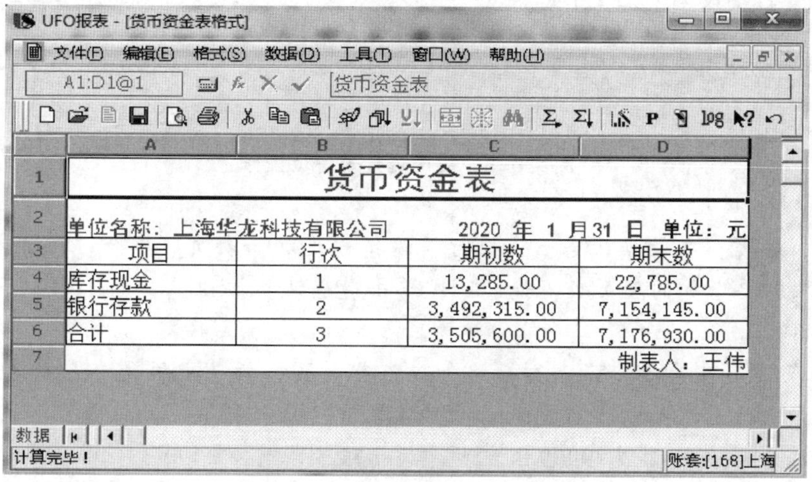

图实 6-4   货币资金表数据生成

注意事项：

● 生成的货币资金表 "库存现金" 与 "银行存款" 的期初、期末数据可以与总账管理系统再进行一次核对。

● 每一张表页对应不同的关键字值，输出时随同单元一起显示。

● 日期关键字可确认报表数据取数的时间范围。

● 可将生成的报表保存到指定位置。

● 当账簿数据发生变化时，可利用"表页重算"功能随时刷新报表数据。

7. 报表舍位操作

舍位平衡公式用于对报表数据进行进位和进位后重新调整平衡关系，在格式状态下可定义舍位平衡公式，在数据状态中使用。报表数据在进行进位时，如以"元"为单位的报表在上报时可能转换为以"千元"或"万元"为单位的报表，原来满足的数据平衡关系可能被破坏，因此需要进行调整，使之符合指定的平衡公式。例如，原始报表数据平衡关系为50.23+5.24=55.47。若舍掉1位数，即除以10后数据平衡关系成为5.02+0.52=5.55，原来的平衡关系被破坏，应调整为5.02+0.53=5.55。报表经舍位之后，重新调整平衡关系的公式称为舍位平衡公式。其中，进行进位的操作叫作舍位，舍位后调整平衡关系的操作叫作平衡调整公式。

格式状态下将上述货币资金表以"元"为单位改为以"千元"为单位，在数据状态下执行"数据→舍位平衡"命令，系统自动根据格式状态下定义的舍位平衡公式进行舍位操作，并将舍位后的报表保存在swb1.REP文件中，如图实6-5所示。

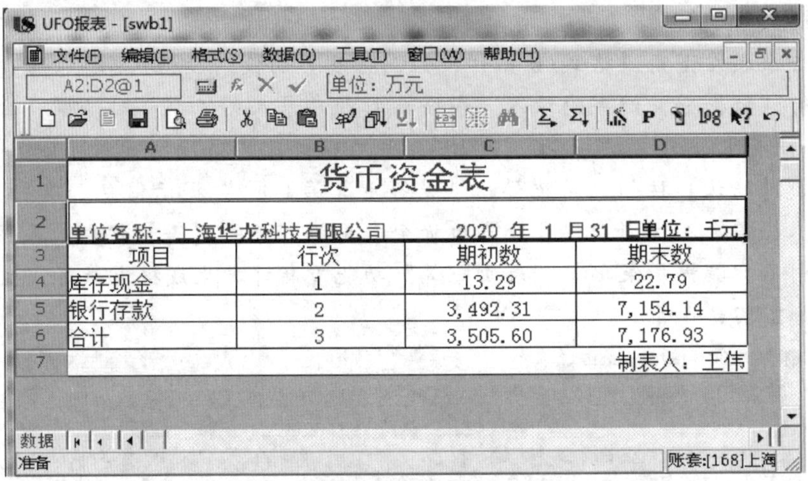

图实6-5　货币资金表舍位操作

8. 表页管理

（1）追加表页。在数据状态下，执行"编辑→追加→表页"命令，打开"追加表页"对话框，输入需要增加的表页数，如"2"，单击【确认】按钮。

注意事项：

● 追加表页是在最后一张表页后追加N张空表页，插入表页是在当前表页后面插入一张空表页。

● 一张报表最多能管理99999张表页，演示版最多为4页。

（2）表页排序。在数据状态下，执行"数据→排序→表页"命令，打开"表页排序"对话框，选择第一关键字"年"，排序方向为"递增"；第二关键字为"月"，排序方向为"递增"，单击【确认】按钮，系统将自动把表页按照年份递增顺序重新排列，如果年份相同，再按月份递增顺序排列。

（3）表页查找。在数据状态下，执行"编辑→查找"命令，打开"查找"对话框，确定查找内容为"表页"，确定查找条件为"月=9"，单击【查找】按钮，查找到符合条件的表页作为当前表页。

9.图表功能

（1）追加图表区域。在格式状态下，执行"编辑→追加→行"命令，打开"追加行"对话框，输入追加行数"9"，单击【确认】按钮。

（2）在数据状态下，选择数据区域A3：D5，执行"工具→插入图表对象"命令，打开"区域作图"对话框，在数据组选择"行"，操作范围选择"当前表页"，输入图表名称为"资金对比分析图"，图表标题为"资金比较"，X轴标题为"期间"，Y轴标题为"金额"。

（3）图表格式选择"成组直方图"，单击【确认】按钮。将图表对象调整到需要的大小与位置。

注意事项：

● 插入的图表对象实际上也属于报表的数据，因此有关图表对象的操作必须在数据状态下进行。

● 选择图表对象显示区域时，区域不能少于2行×2列，否则会提示出现错误。

10.利用报表模板生成资产负债表

（1）在格式菜单下执行"格式→报表模板"命令，打开"报表模板"对话框，选择所在行业为"2007年新会计制度科目"，财务报表为"资产负债表"，单击【确认】按钮，系统弹出"模板格式将覆盖本表格式！是否继续？"提示信息。单击【确定】按钮，即可打开"资产负债表"模板。

（2）单击【数据/格式】按钮，将"资产负债表"处于"格式"状态。根据本公司实际情况，调整报表格式，设置"单位名称"为关键字，修改报表公式，保存调整后的报表模板。

（3）在"数据"状态下，执行"数据→关键字→录入"命令，打开"录入关键字"对话框。输入关键字单位名称"上海华龙科技有限公司"、年"2020"、月"1"、日"31"，单击【确认】按钮，系统弹出"是否重算第1页？"信息提示框。

（4）单击【是】按钮，系统会自动根据单元公式计算1月份的报表数据；单击【否】按钮，系统不计算1月份的报表数据，以后可利用"表页重算"功能生成报表数据。

（5）单击工具栏【保存】按钮，将生成的报表数据保存为"资产负债表.REP"文件。资产负债表如图实6-6所示。

注意事项：

● 资产负债表在由"格式"状态切换到"数据"状态，输入关键字后，执行"表页重算"功能，存在两个重要的相等关系式，即"资产期末余额合计数=负债和所有者权益期末余额合计数""资产期初余额合计数=负债和所有者权益期初余额合计数"，如果出现不相等的情况则进行公式检查。这里特别提醒的是"未分配利润"项目与利润表的钩稽关系。本实验中要对用友U8软件中原定义的两处公式进行调整：一是在资产负债表期末"存货"的公式中加入"制造费用"账户期末余额的数据，即添加公式"QM（"5101"，月,,,年,,)"；二是由于将企业形成的净利润进行了期末指定用途的业务处理，所以修改资产负债表期末"未分配利润"的公式为"QM（"4104"，月,,,年,,)"，取自总账"发生额及余额表"中"利润分配"账户期末余额的数据。这样，资产负债表就达到了平衡。

图实6-6　资产负债表

资产	行次	期末余额	年初余额	负债和所有者权益（或股东权益）	行次	期末余额	年初余额
流动资产：				流动负债：			
货币资金	1	7,176,930.00	3,505,600.00	短期借款	29	225,000.00	225,000.00
交易性金融资产	2	50,000.00	50,000.00	交易性金融负债	30		
应收票据	3			应付票据	31		
应收账款	4	45,200.00	118,400.00	应付账款	32	168,000.00	168,000.00
预付款项	5	20,000.00	20,000.00	预收款项	33	20,000.00	20,000.00
其他应收款	6	2,750.00	6,000.00	应付职工薪酬	34	19,000.00	19,000.00
存货	7	292,650.00	543,400.00	应交税费	35	112,650.00	30,000.00
一年内到期的非流动资产	8			其他应付款	36	4,500.00	3,600.00
其他流动资产	9			一年内到期的非流动负债	37		
流动资产合计	10	7,587,530.00	4,243,400.00	其他流动负债	38		
非流动资产：				流动负债合计	39	549,150.00	465,600.00
债权投资	11			非流动负债：			
其他债权投资	12			长期借款	40	200000.00	
长期应收款	13			应付债券	41		
长期股权投资	14	100,300.00		长期应付款	42		
投资性房地产	15			预计负债	43		
固定资产	16	650,000.00	650,000.00	递延所得税负债	44		
在建工程	17			其他非流动负债	45		
生产性生物资产	18			非流动负债合计	46	200000.00	
油气资产	19			负债合计	47	749150.00	465600.00
无形资产	20	250,000.00	250,000.00	所有者权益（或股东权益）：			
开发支出	21		演示数据	实收资本（或股本）	48	6,389,930.00	4,260,000.00
商誉	22			资本公积	49	900,000.00	
长期待摊费用	23	11,000.00	12,000.00	减：库存股	50		
递延所得税资产	24			盈余公积	51	13,995.00	
其他非流动资产	25			未分配利润	52	545,755.00	429,800.00
非流动资产合计	26	1,011,300.00	912,000.00	所有者权益（或股东权益）合计	53	7,849,680.00	4,689,800.00
	27				54		
资产总计	28	8,598,830.00	5,155,400.00	负债和所有者权益（或股东权益）总计	55	8,598,830.00	5,155,400.00

● 实验材料中期末结转分录的金额可能存在系统自动转账生成分录的数据小数值与手工计算编制分录的金额小数值的结尾情况不同，导致的不平衡。

11.利用报表模板生成利润表

（1）在格式菜单下执行"格式→报表模板"命令，打开"报表模板"对话框，选择所在行业为"2007年新会计制度科目"，财务报表为"利润表"，单击【确认】按钮，系统弹出"模板格式将覆盖本表格式！是否继续？"提示信息。单击【确定】按钮，即可打开"利润表"模板。

（2）单击【数据/格式】按钮，将"利润表"处于"格式"状态。根据本公司实际情况，调整报表格式，设置"单位名称"为关键字，修改报表公式，保存调整后的报表模板。

（3）在"数据"状态下，执行"数据→关键字→录入"命令，打开"录入关键字"对话框。输入关键字单位名称"上海华龙科技有限公司"、关键字年"2020"、月"1"，单击【确认】按钮，系统弹出"是否重算第1页？"信息提示框。

(4) 单击【是】按钮，系统会自动根据单元公式计算1月份的报表数据；单击【否】按钮，系统不计算1月份的报表数据，以后可利用“表页重算”功能生成报表数据。

(5) 单击工具栏【保存】按钮，将生成的报表数据保存为“利润表.REP”文件。生成的利润表如图实6-7所示。

	A	B	C	D
1	利润表			
2				会企02表
3	编制单位:上海华龙科技有限公司	演示数据	1 月	单位:元
4	项　　目	行数	本期金额	上期金额
5	一、营业收入	1	690,000.00	
6	减：营业成本	2	540,000.00	
7	税金及附加	3		
8	销售费用	4	500.00	
9	管理费用	5	8,000.00	
10	财务费用	6	-5,100.00	
11	加：投资收益（损失以“-”号填列）	7	40,000.00	
12	公允价值变动收益（损失以“-”号填列）	8		
13	信用减值损失（损失以“-”号填列）	9		
14	资产减值损失（损失以“-”号填列）	10		
15	资产处置收益（损失以“-”号填列）	11		
16	二、营业利润（亏损以“-”号填列）	12	186,600.00	
17	加：营业外收入	13		
18	减：营业外支出	14		
19	三、利润总额（亏损总额以“-”号填列）	15	186,600.00	
20	减：所得税费用	16	46,650.00	
21	四、净利润（净亏损以“-”号填列）	17	139,950.00	
22	五、每股收益：	18		
23	（一）基本每股收益	19		
24	（二）稀释每股收益	20		

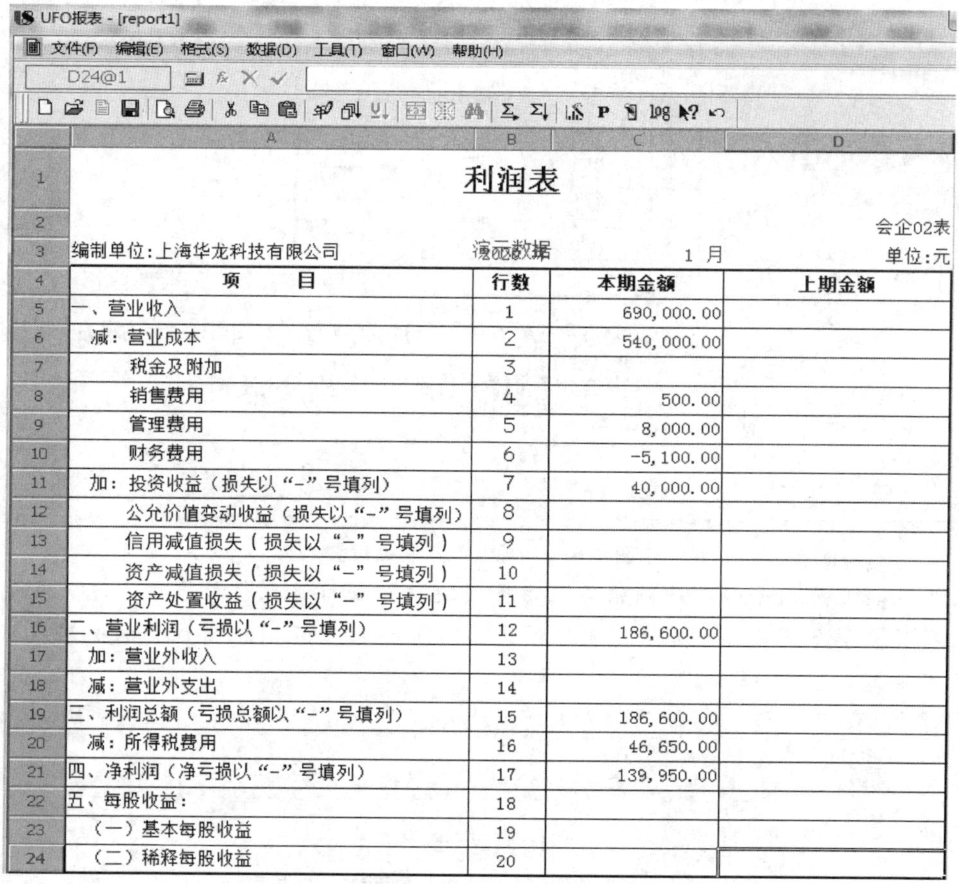

图实6-7　利润表

注意事项：

● 在本实验的自动转账定义中，由于考虑了汇率的变动造成的汇兑损益，在自动转账生成的汇兑损益凭证时，将“财务费用”科目的贷方发生额5 100元调整到借方并取红字。然后对此凭证进行出纳签字、审核并记账，再进行期间损益结转，对“支出”项目进行自动转账生成。这样，最终的利润表“财务费用”取数公式才能正确取数。

12.利用报表模板生成现金流量表

用友U8V10.1系统为现金流量表的编制提供了两种方法：一种方法是利用专门的现金流量表模块；另一种方法是利用总账管理系统的项目管理功能和UFO报表功能。本书以第二种方法为例说明现金流量表的编制方法。

第二种方法实现现金流量表的编制主要按下列步骤进行：

(1) 在会计科目初始化时指定科目功能中进行现金流量科目的指定，如图实6-8所示，将与现金流量有关的“库存现金”、“银行存款”及“其他货币资金”科目从“待选科目”栏选入“已选科目”栏。

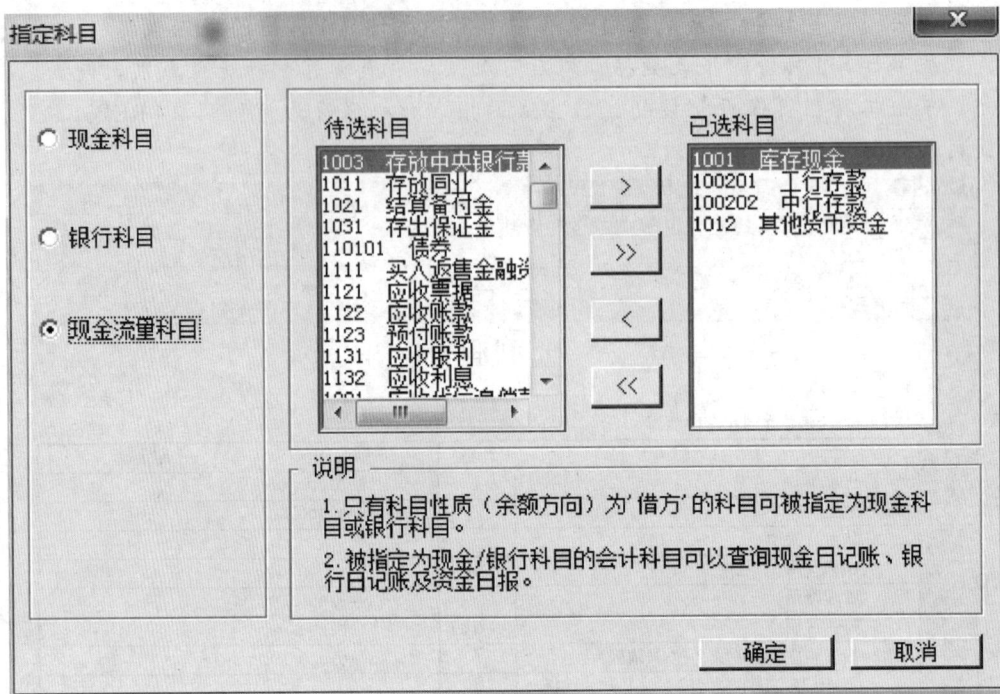

图实 6-8　现金流量科目设置

（2）在企业应用平台"基础档案"财务模块中"项目目录"里建立"现金流量项目"大类，项目分类如图实 6-9 所示，项目目录如图实 6-10 所示（值得注意的是用友 U8 软件已建立完毕）。

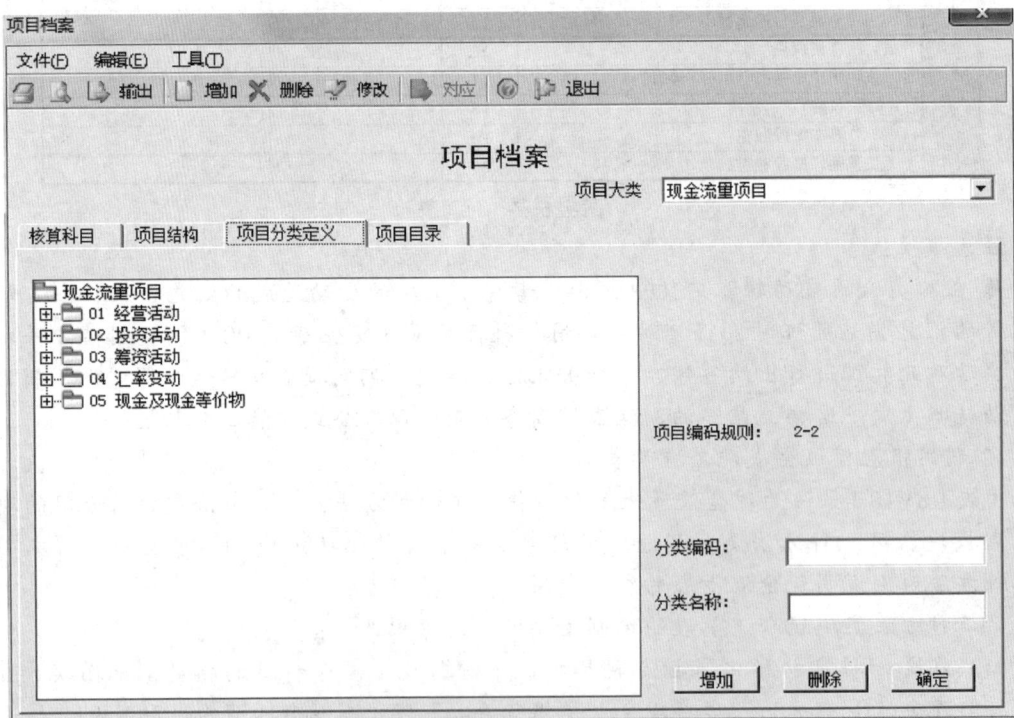

图实 6-9　现金流量表项目分类设置

图实 6-10　现金流量表项目目录设置

（3）在填制记账凭证时如果发生的经济业务中涉及现金流量科目，系统会自动提示进行现金流量项目的录入，或者可以在填制凭证界面单击【流量】按钮，打开"现金流量表"对话框，指定业务发生影响现金流量的所属项目。

（4）如果填制凭证时未能录入现金流量项目，可以执行"总账→现金流量表→现金流量凭证查询"命令，进入"现金流量查询及修改"窗口，对涉及现金流量的凭证，单击【修改】按钮补充输入现金流量项目，如图实 6-11 所示。

图实 6-11　现金流量凭证查询

（5）执行"业务工作→财务会计→UFO报表"命令，进入UFO报表系统，在"格式"状态下，执行"格式→报表模板"命令，打开"报表模板"对话框，选择所在行业"2007年新会计制度科目"，财务报表选择"现金流量表"，单击【确认】按钮，弹出"模板格式将覆盖本表格式！是否继续？"信息提示框。单击【确定】按钮，打开"现金流量表"模板。

（6）调整报表模板。

①在格式状态下，删除"编制单位"字样，设置单位名称关键字。

②在现金流量表中选中单元格C6，单击公式【fx】按钮，打开"定义公式"对话框，单击【函数向导】按钮，打开"函数向导"对话框，在函数分类列表中选择用友账务函数，在右边的函数名列表中选择"现金流量项目金额（XJLL）"。

③单击【下一步】按钮，打开"用友账务函数"对话框，单击【参照】按钮，打开"账务函数"对话框，选择现金流是"流入"还是"流出"，再单击"现金流量项目编码"右边的【参照】按钮，打开"现金流量项目"选项。

④双击选择与单元格A6对应的现金流量项目，单击【确定】按钮，返回"用友账务函数"对话框，单击【确定】按钮，返回"定义公式"对话框，单击【确认】按钮。

⑤选择C列中C7等需要定义公式的单元格，重复②→④步完成这些单元格的公式设置。本实验需要定义的公式如图实6-12所示。

项　目	行次	本期金额
一、经营活动产生的现金流量：		
销售商品、提供劳务收到的现金	1	XJLL(,,"流入","01",,,月,,,,)
收到的税费返还	2	
收到其他与经营活动有关的现金	3	XJLL(,,"流入","03",,,月,,,,)
经营活动现金流入小计	4	ptotal(?C6:?C8)
购买商品、接受劳务支付的现金	5	XJLL(,,"流出","04",,,月,,,,)
支付给职工以及为职工支付的现金	6	
支付的各项税费	7	
支付其他与经营活动有关的现金	8	XJLL(,,"流出","07",,,月,,,,)
经营活动现金流出小计	9	ptotal(?C10:?C13)
经营活动产生的现金流量净额	10	?C9-?C14
二、投资活动产生的现金流量：		
收回投资收到的现金	11	
取得投资收益收到的现金	12	XJLL(,,"流入","09",,,月,,,,)
处置固定资产、无形资产和其他长期资产收回的现金净额	13	XJLL(,,"流入","10",,,月,,,,)
处置子公司及其他营业单位收到的现金净额	14	
收到其他与投资活动有关的现金	15	
投资活动现金流入小计	16	ptotal(?C17:?C21)
购建固定资产、无形资产和其他长期资产支付的现金	17	XJLL(,,"流出","13",,,月,,,,)
投资支付的现金	18	XJLL(,,"流出","14",,,月,,,,)
取得子公司及其他营业单位支付的现金净额	19	
支付其他与投资活动有关的现金	20	
投资活动现金流出小计	21	ptotal(?C23:?C26)
投资活动产生的现金流量净额	22	?C22-?C27
三、筹资活动产生的现金流量：		
吸收投资收到的现金	23	XJLL(,,"流入","17",,,月,,,,)
取得借款收到的现金	24	XJLL(,,"流入","18",,,月,,,,)
收到其他与筹资活动有关的现金	25	
筹资活动现金流入小计	26	ptotal(?C30:?C32)
偿还债务支付的现金	27	
分配股利、利润或偿付利息支付的现金	28	XJLL(,,"流出","21",,,月,,,,)
支付其他与筹资活动有关的现金	29	
筹资活动现金流出小计	30	ptotal(?C34:?C36)
筹资活动产生的现金流量净额	31	?C33-?C37
四、汇率变动对现金及现金等价物的影响	32	XJLL(,,"流入","23",,,月,,,,)
五、现金及现金等价物净增加额	33	?C15+?C28+?C38+?C39
加：期初现金及现金等价物余额	34	QC("1001",月,,,,,,,,,)+QC("1002",月,,,,,,,,,)
六、期末现金及现金等价物余额	35	?C40+?C41

图实6-12　现金流量表公式

⑥单击工具栏中的【保存】按钮，保存调整修改后的现金流量表模板文件。

（7）切换到数据状态下，录入关键字，执行"数据→表页重算"命令，弹出信息提示"是否重算第1页？"，单击【是】按钮，系统自动按照单元公式进行取数计算。结果如图实6-13所示。

	A	B	C	D
1	现金流量表			
2				会企03表
3	单位名称：上海华龙科技有限公司		2020 年　　　1 月	单位：元
4	项　　　　目	行次	本期金额	上期金额
5	一、经营活动产生的现金流量：			
6	销售商品、提供劳务收到的现金	1	825,300.00	
7	收到的税费返还	2		
8	收到其他与经营活动有关的现金	3		
9	经营活动现金流入小计	4	825,300.00	
10	购买商品、接受劳务支付的现金	5	3,161,00.00	
11	支付给职工以及为职工支付的现金	6		
12	支付的各项税费	7		
13	支付其他与经营活动有关的现金	8	3,500.00	
14	经营活动现金流出小计	9	319,600.00	
15	经营活动产生的现金流量净额	10	505,700.00	
16	二、投资活动产生的现金流量：			
17	收回投资收到的现金	11		
18	取得投资收益收到的现金	12	40,000.00	
19	处置固定资产、无形资产和其他长期资产收回的现金净额	13		
20	处置子公司及其他营业单位收到的现金净额	14		
21	收到其他与投资活动有关的现金	15		
22	投资活动现金流入小计	16	40,000.00	
23	购建固定资产、无形资产和其他长期资产支付的现金	17		
24	投资支付的现金	18	100,300.00	
25	取得子公司及其他营业单位支付的现金净额	19		
26	支付其他与投资活动有关的现金	20		
27	投资活动现金流出小计	21	100,300.00	
28	投资活动产生的现金流量净额	22	-60,300.00	
29	三、筹资活动产生的现金流量：			
30	吸收投资收到的现金	23	3,029,930.00	
31	取得借款收到的现金	24	200,000.00	
32	收到其他与筹资活动有关的现金	25		
33	筹资活动现金流入小计	26	3,229,930.00	
34	偿还债务支付的现金	27		
35	分配股利、利润或偿付利息支付的现金	28	10,000.00	
36	支付其他与筹资活动有关的现金	29		
37	筹资活动现金流出小计	30	10,000.00	
38	筹资活动产生的现金流量净额	31	3,219,930.00	
39	四、汇率变动对现金及现金等价物的影响	32		
40	五、现金及现金等价物净增加额	33	3,665,330.00	
41	加：期初现金及现金等价物余额	34	3,505,600.00	
42	六、期末现金及现金等价物余额	35	7,170,930.00	

图实6-13　现金流量表

（8）执行"文件→另存为"命令，文件名为"现金流量表"，保存到指定文件夹。

注意事项：

● 若修改了报表中某报表项目的取数公式，则应在数据状态下重新"录入关键字"，生成正确的报表数据。

● 现金流量表应注意与资产负债表的钩稽关系。具体关系如下：①现金流量表里的期末现金及现金等价物余额=资产负债表的货币资金期末余额。资产负债表中"货币资金"项目的期末余额根据"库存现金"、"银行存款"和"其他货币资金"这三个账户的期末账面余额之和填列。②企业在没有交易性金融资产时，资产负债表中"货币资金"项目的（期末数−期初数）=现金流量表中"现金及现金等价物的净增加额"。③企业有交易性金融资产时，存在以下关系式：资产负债表中"货币资金"项目的（期末数−期初数）+"交易性金融资产"的（期末数−期初数）=现金流量表中现金及现金等价物的净增加额。

第6章 薪资管理系统

【内容提要】

本章首先介绍了薪资管理系统的主要功能、基本概念，分析了薪资管理系统与其他系统的关系、薪资管理系统的操作流程；然后分别详细阐述了薪资管理系统的初始化、日常业务处理和期末处理。

6.1 薪资管理系统概述

6.1.1 薪资管理系统的功能概述

薪资管理系统是用友 U8 软件的重要组成部分。它具有功能强大、设计周到、操作方便的特点，适用于各类企业、行政、事业与科研单位，并提供了同一企业存在多种工资核算类型的解决方案。

薪资管理系统可以根据企业的薪资制度、薪资结构设置企业的薪资标准体系，在发生人事变动或薪资标准调整时执行调资处理，记入员工薪资档案作为工资核算的依据；根据不同企业的需要设计工资项目、计算公式，更加方便地输入、修改各种工资数据和资料；自动计算、汇总工资数据，对形成的工资、福利费等各项费用进行月末、年末账务处理，并通过转账方式向总账管理系统传递会计凭证，向成本管理系统传递工资费用数据。

齐全的工资报表形式、简便的工资资料查询方式、健全的核算体系，为企业多层次、多角度的工资管理提供了方便。

薪资管理系统是由工资管理系统更名而来的，如果启用了人力资源系统下的 HR 基础设置和人事信息管理两个模块，则系统菜单下会显示"薪资标准"、"薪资调整"和"薪资业务单"三组功能节点，这三组功能中的信息与薪资管理系统中其他功能相互独立，不能直接引用，需要手工指定对应关系才可建立关联。

6.1.2 薪资管理系统的主要功能

6.1.2.1 初始设置

（1）设置薪资标准体系。

（2）设置调资业务。

（3）可设置代发工资的银行名称。

（4）可自定义工资项目及计算公式。

（5）可设置人员附加信息、人员类别、部门选择设置、人员档案等基础档案。

（6）提供多工资类别核算、工资核算币种、扣零处理、个人所得税扣税处理、是否核算计件工资、是否启用工资变动审核等账套参数设置。

6.1.2.2 业务处理

（1）调资处理：对人事变动进行处理，应用薪资标准或手工执行薪资调整记录工资变动的项目、金额、批准时间、起薪日期、截止日期。

（2）薪资档案：查看工资档案、工资变动档案。

（3）工资数据变动：进行工资数据的变动、汇总处理，支持多套工资数据的汇总。

（4）工资分钱清单：提供部门分钱清单、人员分钱清单、工资发放取款单。

（5）工资分摊：月末自动完成工资分摊、计提、转账业务，并将生成的凭证传递到总账管理系统。

（6）银行代发：灵活的银行代发功能，预置银行代发模板，适用于由银行发放工资的企业。可实现在同一工资账中的人员由不同的银行代发工资，以及多种文件格式的输出。

（7）扣缴所得税：提供个人所得税自动计算与申报功能。

6.1.2.3 统计分析报表业务处理

（1）提供按月查询凭证的功能。

（2）提供工资表：工资发放签名表、工资发放条、工资卡、部门工资汇总表、人员类别汇总表、条件汇总表、条件明细表、条件统计表、多类别工资表等。

（3）提供工资分析表：工资项目分析表、工资增长分析表、员工工资汇总表、按月分类统计表、部门分类统计表、按项目分类统计表、员工工资项目统计表、分部门各月工资构成分析表、部门工资项目构成分析表等。

6.1.3 薪资管理系统的基本概念

6.1.3.1 工资类别

企业内部的职工是归属于不同部门的人员，在不同的岗位上，人员的工作性质不同、从事的工作内容不同，工资的发放项目和计算方法通常也不同。例如，行政管理人员的薪资一般采用计时制，生产工人的薪资一般采用计件制，退休人员的薪资一般稳定少变。为区别这些不同人员的工资计算与核算，用友U8软件通过设置工资类别来实现对工资的分类管理。所谓工资类别，是指对工资计算方法的归类，一种工资计算方法称为一个工资类别。例如，企业可以将员工分为正式工与临时工，设置正式工工资类别与临时工工资类别。如果企业人员工资计算标准相同，可以设置单个工资类别；如果存在多个不同工资计算标准，就需要设置多个工资类别。用友U8薪资管理系统可为有多个工资核算类型的企业提供解决方案：

（1）所有人员统一工资核算的企业，使用单工资类别核算；

（2）分别对在职人员、退休人员、离休人员进行核算的企业，可使用多工资类别核算；

（3）分别对正式工、临时工进行核算的企业，可使用多工资类别核算；

（4）每月进行多次工资发放，月末统一核算的企业，可使用多工资类别、多次发放核算；

（5）企业有多个工厂，可以设置多个工资类别分别核算；

（6）在不同地区有分支机构，而由总管机构统一进行工资核算的企业，可使用多工类别核算；

（7）高层管理人员可设置一个单独的工资类别核算。

6.1.3.2　人员类别

人员类别是对企业员工属性的分类，可以根据员工所属部门与工作岗位、工作性质的不同设置管理人员、基本生产人员、辅助生产人员等，不同人员的工资项目构成不同，计算公式不同，但需要进行工资的统一管理，因此，可以通过建立多个工资类别实现。用友U8软件提供了人员类别设置功能，便于对工资数据的统计与汇总分析。

6.1.3.3　工资项目

工资总额是指各单位在一定时期内直接支付给本单位全部职工的劳动报酬总额。工资总额由六个部分组成：计时工资、计件工资、奖金、津贴和补贴、加班加点工资、特殊情况下支付的工资。工资项目是指组成一个职员工资的各项内容。单位员工的工资一般由多项内容构成，如基本工资、岗位津贴、奖金、病事假扣款、住房公积金扣款、养老保险金扣款、失业保险金扣款、应发工资、个人所得税扣款和实发工资等。工资项目是企业工资表的组成元素。

工资项目的管理包括两个方面：一是工资项目的设置；二是计算公式的设置。

（1）工资项目的设置

工资项目在薪资管理系统初始化中进行设置，不可自行输入。按照数据库管理思想，工资项目具有类型、长度、小数位数和增减项等属性。

第一，类型。类型有字符型与数值型两种。工资项目中"姓名"的内容一般由汉字构成，是字符型数据；"基本工资"是数值型数据。

第二，长度。长度是工资项目内容储存在存储器中所占的字节数。例如，"基本工资"的金额小于1万元，即基本工资整数部分最大占4位，小数占2位，小数点占1位，所以总长度为7位。再如"姓名"，一个汉字占两个字符，一般人员的姓名占6个字符，复姓如"欧阳"则要多占些字符，所以"姓名"长度一般设置为8位。

第三，小数位数。对于数值型数据，小数位数一般设置为2位。

第四，增减项。为了便于数据参与运算，用友U8软件通常将某一项目设置为增项、减项或其他三种形式。"增项"在公式设置中作为加数计算，"减项"在公式设置中作为减数计算，"其他"则用于字符型项目及其他不直接用于应发工资和扣款合计计算的数值型项目。

工资项目设置从先后顺序上来看，首先是在关闭工资类别的情况下，设置所有工资类别涉及的工资项目，包括添加工资项目与设置属性；然后是在打开某个工资类别后的工资项目设置，此处主要是在已有的工资项目中直接选取本工资类别用到的工资项目。

（2）计算公式的设置

在把工资类别下工资项目设置完毕后，并增加了不同工资类别下员工信息的情况下，打开工资项目设置将会出现"公式设置"选项卡，在左侧选择不同的工资项目，在右侧进行工资项目计算公式定义，只有定义正确的计算公式，后续应发工资与实发工资的计算才有基础。

6.1.3.4　扣零处理

扣零处理是在现金发放工资的情况下，把某一级货币单位以下的金额，如"元"以下的角和分暂时扣下的处理方式。因为在现金发放时，找零工作量巨大，扣零处理解决了这个问题。使用扣零功能把员工工资中的零钱，如扣零至元，则几角几分暂时扣下来，本月不发放，到下月计算工资时，把上月的零钱加入一起计算，避免了找零的麻烦，提高了工资发放效率。

随着信息技术的应用，特别是银行代发工资的普及，发放零钱不再是问题，扣零处理基本不再需要。

6.1.4　薪资管理系统与其他子系统的关系

在企业的生产经营过程中，总是伴随着人、财、物的耗费，成本和费用的计算就是归集与核算人工成本的。在用友 U8 系统中薪资管理系统与总账管理系统、成本核算系统、UFO 报表系统、人力资源管理系统、计件工资管理系统之间存在密切的联系。

工资核算是财务核算的一部分，其日常业务要通过记账凭证反映，薪资管理系统和总账管理系统主要是凭证传递的关系。工资计提、分摊的费用要通过制单的方式传递给总账管理系统进行处理。薪资管理系统向成本核算系统传送人员的人工费用。薪资管理系统向 UFO 报表系统传递数据。薪资管理系统向项目管理系统传递项目的工资数据。

人力资源管理系统将指定了对应关系的工资项目及人员属性等对应信息传递到薪资管理系统中，同时薪资管理系统可以根据人力资源管理系统的要求从薪资管理系统中读取工资数据，作为社保等数据的计提基础；在发生人事变动时人力资源管理系统向薪资管理系统发送人事变动通知。

计件工资从薪资管理系统获取工资类别及计件相关参数（工资类别是否核算计件工资、是否按生产订单核算），工资人员档案（是否计件），并将计件工资汇总的结果传递到薪资管理系统。

薪资管理系统与其他子系统的关系如图6-1所示。

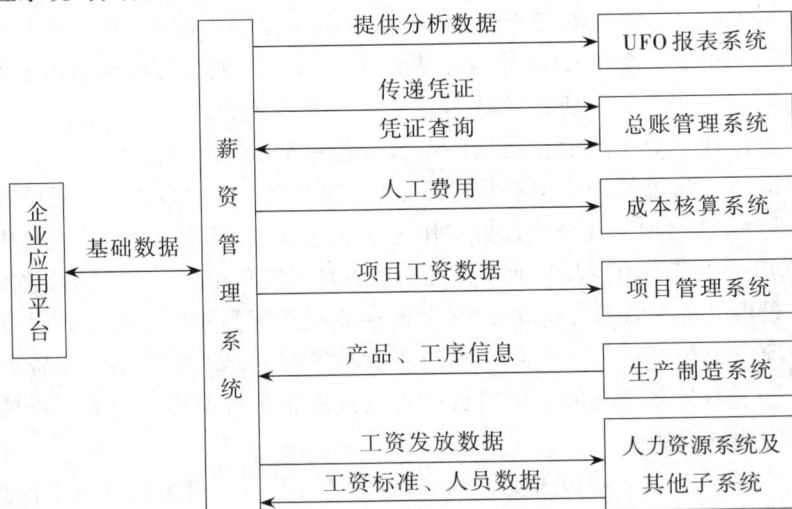

图6-1　薪资管理系统与其他子系统的关系

6.1.5　薪资管理系统数据处理流程

薪资管理系统的数据处理流程包括以下内容，安装并启用薪资管理系统、设置工资账套的参数、设置工资项目；设置薪资标准体系：薪资目录、薪资标准表、薪资公式；设置调资业务；设置工资类别；设置部门；增加/同步人员档案；设置工资计算公式；

工资数据取数并计算；工资发放；工资分摊；月末结账。对于采用多个工资类别核算的新用户来说，薪资管理系统的具体流程如图6-2所示。单个工资类别核算不需要执行图中带*号的部分。

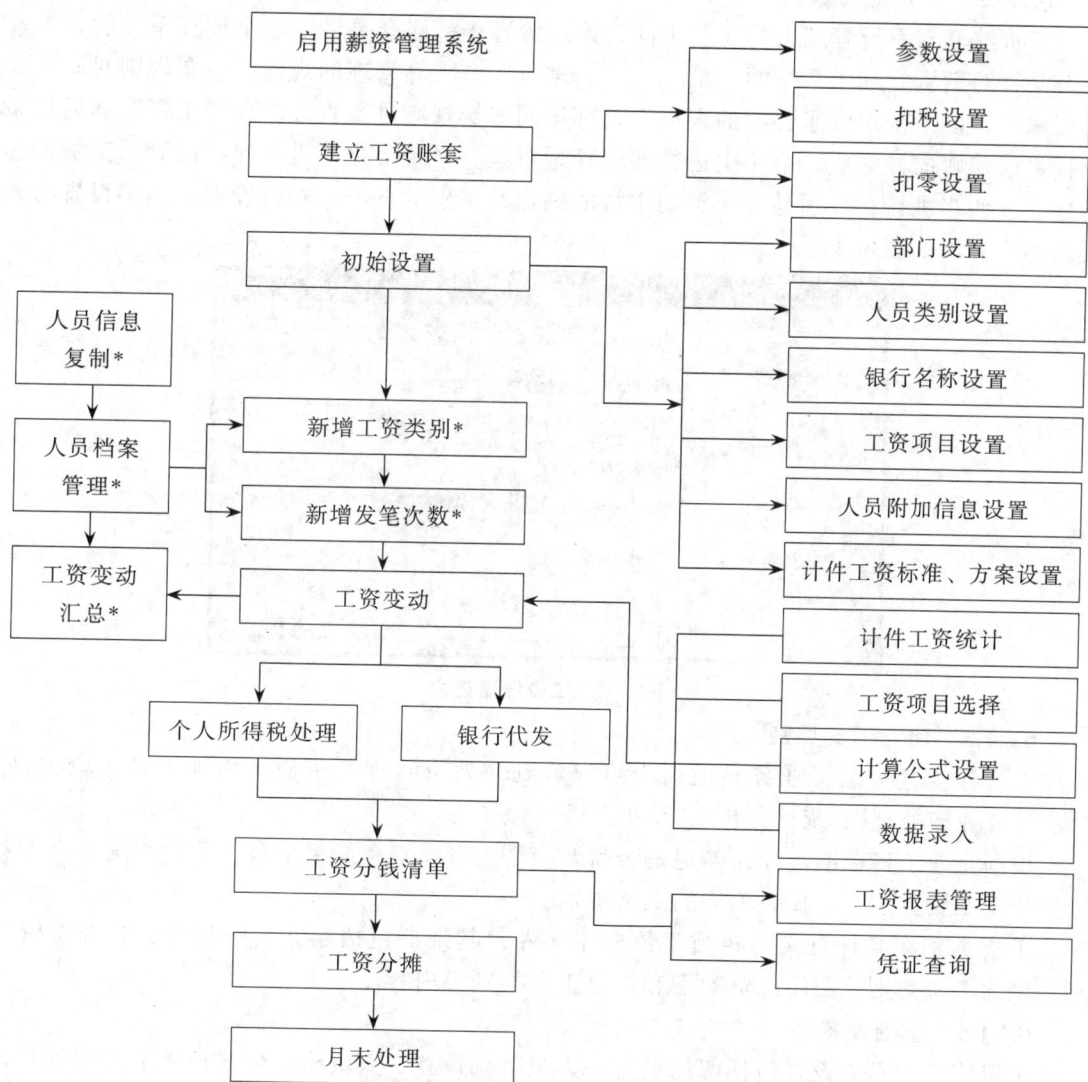

图6-2 薪资管理系统数据处理流程

对于老用户来说，由于已经使用薪资管理系统，因此，年末需要进行数据的结转，以开始下一年度的工作。

在新的会计年度工作开始时，在"设置"菜单中选择需要修改的内容，如人员附加信息、人员类别、工资项目、部门等。

6.2 薪资管理系统日常业务处理

6.2.1 薪资管理系统初始设置

6.2.1.1 启用薪资管理系统与计件工资管理系统

在"企业应用平台"的系统启用模块由账套主管启用"薪资管理"与"计件工资管

理"系统（进行计件工资核算时启用）。

以"admin"的身份注册登录"系统管理"，打开"权限"菜单，进行权限设置。

6.2.1.2　建立工资账套

工资账套与系统管理中的账套不同，系统管理中的账套是针对整个核算系统的，工资账套是针对薪资管理子系统的，是建立一套进行工资核算管理的规则。一套规则对应一个工资账套，同一个工资账套内的人员工资都按同一套规则进行管理。新建工资账套通过系统提供的建账向导完成，第一次运行薪资管理系统，系统会自动进入建账向导。工资账套的建立分四步进行，分别是工资类别个数的确定，币别的选择，扣税设置，扣零设置与人员编码。界面如图6-3所示。

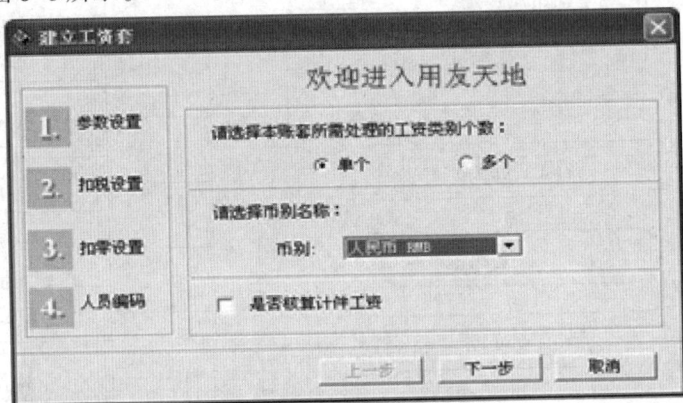

图6-3　工资账套建立

6.2.1.3　建立工资类别

工资账套建完后，业务导航树上可以看到"薪资管理"子树下增加了"工资类别""设置""业务处理""统计分析""维护"等三级子树。

根据企业工资标准实际，确定是否需要多个工资类别。如果是多个工资类别，就需要分别建立工资类别，以核算不同的工资类别。

工资类别在某种意义上相当于数据库文件，其维护包括建立工资类别、打开工资类别、删除工资类别、关闭工资类别和汇总工资类别等内容。

6.2.1.4　基础设置

工资账套的基础设置包括部门设置、人员类别设置、人员附加信息设置、工资项目设置和银行档案设置等内容。

（1）部门设置。部门设置是为不同工资类别设置相应的部门，在工资类别建立时已经选择部门，可以根据需要进行部门设置的修改。修改的方法是先打开需要修改部门设置的工资类别，再进行部门的设置。实际工作中，薪资一般是按照部门进行管理的。

（2）人员类别设置。人员类别设置由账套主管在"企业应用平台"的"基础设置"中操作。人员类别与工资费用的归集、分配与分摊有关，便于准确核算企业人工成本。本书中人员类别设置在"系统管理"中的"基础设置"中已完成。

（3）人员附加信息设置。人员附加信息是为了丰富人员档案内容，便于对人员的有效管理，一般可以增加设置人员的性别、民族与婚否等信息。

（4）工资项目设置。用友 U8 薪资管理系统的工资项目分为两个层次：第一层次是企业工资管理中所用到的所有工资项目，是所有工资类别将使用的工资项目；第二层次是每一个工资类别使用的工资项目。所以，工资项目的设置操作也分两次进行，第一次是设置企业工资管理中所用到的所有工资项目，第二次是区分不同工资类别，从第一次设置的工资项目中选择本工资类别所需要的工资项目。

用友 U8 薪资管理系统中的工资项目设置就是定义工资项目的名称、类型、长度、小数与增减项。其中，有些工资项目，如应发合计、扣款合计和实发合计是工资计算与核算中必不可少的，不能删除与重命名；还有一些项目可以根据工资管理需要进行定义与参照增加，如基本工资、奖励工资等。

（5）银行档案设置。工资由银行代发的企业，需要进行银行档案设置。发放工资可以设置多个代发的银行，这里的银行档案设置是针对所有工资类别的。同一个工资类别中的人员由于不在同一个工作地点，可以在邻近工作地点的不同银行进行代发工资。不同的工资类别也可由不同的银行代发工资。

银行档案的设置由账套主管在"基础设置"中操作。

6.2.1.5 人员档案设置

人员档案设置是设置在本企业领取工资的人员信息。工资账套建立完成后，可以用"批量引入"的方法引入"基础设置"中设置的人员档案数据，以减少工作量。然后对批量引入的人员档案信息进行完善，如补充个人银行账号。

人员档案是从属于不同工资类别的，必须区分不同工资类别进行设置。

人员档案基本数据由账套主管从"基础设置"模块进行录入，然后在薪资管理系统初始化时"批量引入"。

6.2.1.6 计件工资设置

用友 U8 软件的计件工资设置是在计件工资管理子系统完成的，然后传递到薪资管理系统填入工资表的"计件工资"项目里。

计件工资的设置首先由账套主管在"基础设置"的"生产制造"模块设置好工序资料，然后在薪资管理系统初始化时在计件工资管理子系统设置好计件工资的计算方案。

6.2.2 薪资管理系统的日常管理

6.2.2.1 工资变动

职工的工资数据包括基本不变数据与变动数据。基本不变数据如职工姓名、工号，有些是一段时间内基本不变的，如计时工资中的基本工资、岗位津贴，计件工资中的计件单价等，有些是经常变动的数据，如每天的计件数量、一个月的事假与病假天数等。工资变动就是在每个月计算实发工资时从上个月引入相对不变的数据，然后输入每个月发生变动的工资数据。当然，工资变动的管理还包括工资项目的增减、人员的调入与调出、基本工资标准或计件单价的调整等。

6.2.2.2 扣缴个人所得税

企事业单位职工个人所得税的管理一般由所在单位代为扣缴，用友 U8 软件提供了个人所得税的自动计算功能。薪资管理人员通过事先定义好的个人所得税的基数（起征点）和附加费用，系统会自动计算个人所得税税额。

6.2.2.3　工资分钱清单

工资分钱清单适用于用现金发放工资的单位，按单位工资发放的金额计算分钱票面额清单，会计人员根据工资分钱清单从银行提取现款发给各部门。用友 U8 软件提供了票面额设置的功能，自动计算出按部门、按人员、按企业的各种面额的张数。这样在发放工资过程中不用找零，提高了发放工资的效率。

6.2.2.4　银行代发

随着信息技术的应用，无现金业务处理日益普及，许多单位将工资发放委托银行进行，单位每月向银行提供带加密的给定格式的文件 U 盘，使单位送出的代发文件文本格式和银行计算机工资代发系统所需文件格式相一致，或者通过开通单位网银，向工资发放系统提交规定格式的文件，以保证代发业务的顺利进行。这样减轻了财务部门发放工资的繁重工作。

6.2.2.5　工资分摊

工资费用是成本核算的重要内容，工资分配是薪资管理系统的主要工作。单位每月终了，根据工资费用分配表，把工资费用按用途进行分配，计入有关成本费用，如企业管理人员的工资计入管理费用、销售人员工资计入销售费用、生产人员的工资计入相关产品生产成本、车间管理人员的工资计入制造费用。另外，根据国家工资与薪金相关法律进行有关费用的计提，如工会经费、职工教育经费的计提，最后编制转账凭证传递到总账管理系统。

工资分摊需按工资类别分别进行，由有权限的薪资管理人员在"工资分摊"模块进行。

6.2.2.6　工资数据输出

工资日常处理结果最终通过工资表形式反映，可以通过查询模块进行查询和进行各种分析。

用友 U8 软件的工资报表提供了"我的账表""工资表""工资分析表"三个报表账夹。其中，工资表是最主要的工资数据表，包括工资发放签名表、工资发放条、工资卡、部门工资汇总表、人员类别汇总表、部门条件汇总表、条件统计表、条件明细表、工资变动明细表、工资变动汇总表和多工资类别表。这些报表是系统提供的原始工资表，可用于本月工资的发放与各种分析。

6.3　薪资管理系统期末处理

6.3.1　月末结转

工资的月末处理就是将当月工资数据经过处理以后结转到下个月。除了 12 月份的工资数据，每月工资数据处理完毕后均可进行月末结转。对于 12 月份的工资数据的月末结转按年末结转来处理。

员工的工资数据中，包括变动数据与基本不变数据。对于变动的工资数据，每个月均不相同，在每个月工资处理时均需要将这些工资项目数据清零后再输入当月工资数据。此类项目也称为清零项目。

薪资管理系统的月末处理只有账套主管才能执行。

工资的月末处理可以对单个工资类别进行，也可以对多个工资类别进行，若处理多个工资类别，应该打开工资类别，分别进行月末处理。

工资的月末结转需要汇总，如果没有汇总则不允许进行月末结转。月末结转后，当月数据不允许再变动。

6.3.2 年末结转

年末结转是将工资数据经过处理后结转至下年。年末结转后，新年度账自动建立。

实验七　薪资业务处理

【实验目的】

掌握用友U8V10.1软件中薪资管理系统初始设置、日常业务处理、工资分摊及月末处理的操作内容。

【实验准备】

引入实验四的账套数据。

注意：本书为确保教学内容编排、实验体系的相对独立与完整，从实验一至实验六并没有考虑薪资管理系统和固定资产管理系统的相关业务处理。实际操作中读者可按本书的顺序进行实验操作，也可以将薪资业务与固定资产业务发生日期统一当作12月31日发生，并直接在实验四总账日常业务处理后进行薪资与固定资产业务凭证处理，再进行总账期末业务与报表处理。这样做的好处是，读者不需要顾及薪资业务与固定资产业务发生的日期，进而简化处理手续，实际工作中由于分工与实时处理，不存在这些问题。

【实验内容】

1.薪资管理系统初始设置。

2.薪资管理系统日常业务处理。

3.工资分摊及月末处理。

【实验要求】

在"系统管理"的"权限"设置中，增加"余力"的"工资管理"权限，设置"余力"为"正式人员"与"临时人员"两个工资类别的主管，之后的操作由"余力"进行。

【实验资料】

1.建立工资账套

工资类别个数为"多个"，核算币种设置为"人民币RMB"，要求代扣个人所得税，不进行"扣零处理"，人员编码长度设置为"3位"，启用日期设置为实验进行的当月，即2020-01-01。

2.新建工资类别

工资类别名称：正式人员；部门选择：所有部门。

工资类别名称：临时人员；部门选择：制造车间。

3.基础信息设置

（1）人员类别设置。人员类别分为企业管理人员、销售人员、车间管理人员、生产工人四类。注意人员信息与基础档案共享数据，人员类别已在基础档案中进行设置，本实验只作为资料提供，不需要再操作。

（2）人员附加信息设置。增加"性别""身份证号"作为人员附加信息。

（3）工资项目设置。按照国家相关规定，"五险一金"中"生育保险"与"工伤保险"由单位缴纳，个人不用缴纳。"养老保险金""医疗保险金""失业保险金""住房公积金"缴费比例各地也存在差异，实际工作中按相关政策处理。企业工资项目设置信息见表实7-1。

表实7-1　　　　　　　　　　　　　　　　工资项目信息

工资项目名称	类型	长度	小数位数	增减项
基本工资	数字	8	2	增项
岗位工资	数字	8	2	增项
绩效工资	数字	8	2	增项
交通补贴	数字	8	2	增项
应发合计	数字	10	2	增项
养老保险金	数字	8	2	减项
医疗保险金	数字	8	2	减项
失业保险金	数字	8	2	减项
住房公积金	数字	8	2	减项
请假扣款	数字	8	2	减项
代扣税	数字	10	2	减项
扣款合计	数字	10	2	减项
实发合计	数字	10	2	增项
请假天数	数字	8	2	其他

（4）银行名称：中国工商银行徐汇分理处，账号定长为11，自动带出账号长度为7。

（5）正式人员档案。正式人员工资类别选择所有部门，正式人员的档案见表实7-2。

表实7-2　　　　　　　　　　　　　　　　员工信息表

人员编号	人员姓名	部门	人员类别	账号	中方人员	是否计税	工资停发	进入日期
101	肖剑	总经理办公室	企业管理人员	20200010001	是	是	否	2016-01-01
102	王伟	财务部	企业管理人员	20200010002	是	是	否	2016-01-01
103	李芳	财务部	企业管理人员	20200010003	是	是	否	2016-01-01
104	余力	财务部	企业管理人员	20200010004	是	是	否	2017-01-01
201	张兵	销售一部	销售人员	20200010005	是	是	否	2016-01-01
202	宋玉	销售二部	销售人员	20200010006	是	是	否	2017-01-01
203	孙晓	销售三部	销售人员	20200010007	是	是	否	2018-01-01
204	王明	销售四部	销售人员	20200010008	是	是	否	2018-01-01
301	丁雪	供应部	企业管理人员	20200010009	是	是	否	2018-01-01
401	周丽	产品研发	车间管理人员	20200010010	是	是	否	2016-01-01
402	李刚	制造车间	生产工人	20200010011	是	是	否	2016-01-01

正式人员工资类别的工资项目为基本工资、岗位工资、绩效工资、交通补贴、应发合计、养老保险金、医疗保险金、失业保险金、住房公积金、请假扣款、代扣税、扣款合计、实发合计、请假天数。

（6）工资项目计算公式。计算公式见表实7-3。

表实 7-3　　　　　　　　　　　　　　**工资项目公式列表**

工资项目	定义公式
交通补贴	iff（人员类别="销售人员"，500，300）
养老保险金	（基本工资+岗位工资+绩效工资+交通补贴）×0.08
医疗保险金	（基本工资+岗位工资+绩效工资+交通补贴）×0.02
失业保险金	（基本工资+岗位工资+绩效工资+交通补贴）×0.01
住房公积金	（基本工资+岗位工资+绩效工资+交通补贴）×0.12
请假扣款	请假天数×50

（7）临时人员工资类别的人员档案、工资项目及工资项目计算公式设置。

临时人员档案见表实 7-4。

表实 7-4　　　　　　　　　　　　　　**临时人员档案**

人员编号	人员姓名	部门	人员类别	账号	中方人员	是否计税	工资停发	进入日期
403	罗江	制造车间	生产工人	20200010012	是	是	否	2019-12-01
404	刘青	制造车间	生产工人	20200010013	是	是	否	2019-12-01
405	李力	制造车间	生产工人	20200010014	是	是	否	2019-12-01

临时人员工资项目：基本工资、岗位工资、养老保险金、医疗保险金、失业保险金、住房公积金、请假扣款、请假天数。

临时人员工资项目计算公式除"绩效工资""交通补贴"两项目外，同正式人员，参见表实 7-3。

4.工资数据

（1）正式人员工资情况见表实 7-5。

表实 7-5　　　　　　　　　　　　**正式人员工资情况表**　　　　　　　　　金额单位：元

人员编号	姓名	部门	人员类别	基本工资	岗位工资	绩效工资
101	肖剑	总经理办公室	企业管理人员	5 000	2 300	1 500
102	王伟	财务部	企业管理人员	3 000	1 800	1 300
103	李芳	财务部	企业管理人员	2 000	1 300	1 000
104	余力	财务部	企业管理人员	2 500	1 500	1 200
201	张兵	销售一部	销售人员	4 500	2 200	1 400
202	宋玉	销售二部	销售人员	4 000	2 000	1 300
203	孙晓	销售三部	销售人员	3 500	1 900	1 300
204	王明	销售四部	销售人员	5 000	2 300	1 500
301	丁雪	供应部	企业管理人员	3 000	1 800	1 300
401	周丽	产品研发	车间管理人员	2 500	1 500	1 200
402	李刚	制造车间	生产工人	2 000	1 300	1 000

（2）临时人员工资情况见表实7-6。

表实7-6　　　　　　　　　　　　　　**临时人员工资情况表**　　　　　　　　金额单位：元

人员编号	姓名	部门	人员类别	基本工资	岗位工资
403	罗江	制造车间	生产工人	3 000	1 800
404	刘青	制造车间	生产工人	2 500	1 500
405	李力	制造车间	生产工人	3 000	1 800

（3）1月份考勤情况。

肖剑请假2天；丁雪请假1天；罗江请假3天。

（4）1月份绩效工资浮动情况。

因去年经营业绩较好，正式人员每人增加绩效工资500元。

5.代扣个人所得税

计税基数：5 000元。表实7-7为2020年工资、薪金所得适用个人所得税累进税率表。

表实7-7　　　　　　　**2020年工资、薪金所得适用个人所得税累进税率表**

级数	平均月应纳税所得额		税率 （％）	速算 扣除数（元）
	含税级距	不含税级距		
1	不超过3 000元的	不超过2 910元的	3	0
2	超过3 000元至12 000元的部分	超过2 910元至11 010元的部分	10	210
3	超过12 000元至25 000元的部分	超过11 010元至21 410元的部分	20	1 410
4	超过25 000元至35 000元的部分	超过21 410元至28 910元的部分	25	2 660
5	超过35 000元至55 000元的部分	超过28 910元至42 910元的部分	30	4 410
6	超过55 000元至80 000元的部分	超过42 910元至59 160元的部分	35	7 160
7	超过80 000元的部分	超过59 160元的部分	45	15 160

注：

①本表所列含税级距与不含税级距，均为按照税法的规定减除有关费用后的所得额。

②含税级距适用于由纳税人负担税款的工资、薪金所得；不含税级距适用于由他人（单位）代付税款的工资、薪金所得。

③新个人所得税法由十三届全国人大常委会第五次会议审议通过，起征点为5 000元。

6.工资分摊

应付职工薪酬总额等于工资项目"应发合计"；医疗保险金、养老保险金、住房公积金、失业保险金、工会经费、职工教育经费也以此为计提基数。正式人员工资分摊与计提分录情况见表实7-8。正式人员工资类别的工资分摊业务处理完毕后，进行临时人员工资类别的工资分摊业务处理。

表实7-8   **工资费用分配的转账分录表**

部门	人员 工资分摊	职工工资		医疗保险金（2%）养老保险金（8%）		失业保险金（1%）住房公积金（12%）	
		借方	贷方	借方	贷方	借方	贷方
总经理办公室	企业管理人员	660201	2211	660207	2211	660207	2211
财务部	企业管理人员	660201	2211	660207	2211	660207	2211
供应部	企业管理人员	660201	2211	660207	2211	660207	2211
销售部	销售人员	6601	2211	6601	2211	6601	2211
产品研发	车间管理人员	510101	2211	510101	2211	510101	2211
制造车间	生产工人	500102	2211	500102	2211	500102	2211
总经理办公室	企业管理人员	660202	2211	660207	2211	660207	2211
财务部	企业管理人员	660202	2211	660207	2211	660207	2211
供应部	企业管理人员	660202	2211	660207	2211	660207	2211
销售部	销售人员	6601	2211	6601	2211	6601	2211
产品研发	车间管理人员	510101	2211	510101	2211	510101	2211
制造车间	生产工人	500102	2211	500102	2211	500102	2211

7.总账管理系统凭证审核记账

8.工资类别汇总

9.薪资管理系统期末处理

【操作指导】

1.系统启用

前面实验中已启用薪资管理子系统，如果前面没有启用，再以账套主管身份注册"企业应用平台"，执行"基础设置→基本信息→系统启用"命令进行"薪资管理"启用。值得注意的是，若启用一开始建立账套时未启用"薪资管理系统"，需要确保"企业应用平台"中"业务工作"功能树下"总账"处于关闭状态。操作方法是右击"总账"弹出"退出"，单击【退出】按钮即可关闭"总账"模块。

2.建立工资账套

（1）执行"业务工作→财务会计→人力资源→薪资管理"命令，双击进入建立工资账套向导。

注意事项：

①在运行薪资管理系统之前，必须先建立工资账套。

②用户在薪资管理系统注册登记时，若选择的账套是首次使用，系统会自动进入工资建账向导状态。

（2）参数设置。如果本单位属于普通工资核算管理的单位，则工资类别个数应选

"单个"，否则应选择"多个"。本实验中选择"多个"，选择币别名称为"人民币RMB"。

（3）扣税设置。"扣税设置"是指是否需要在工资计算中自动进行扣税处理，若选中此项则意味着需要进行自动扣税处理。本实验中要求代扣个人所得税。

（4）扣零设置。"扣零设置"是指每次发放工资时将工资零头扣下，包括扣零至元、扣零至角、扣零至分、扣零至10元及扣零至100元等，一旦选择了"扣零处理"，系统会自动在固定工资项中增加"本月扣零"和"上月扣零"两个项目。本实验中不进行扣零设置。

（5）人员编码设置。工资账套建立最后一步是人员编码设置，系统要求对员工进行统一编号，人员编码与公共平台的人员编码应保持一致。

（6）单击【完成】按钮，工资账套建立完毕。

3.基础信息设置

（1）建立工资类别

当企业在工资账套建立过程中选择了"多个"工资类别时，系统菜单中会增加"工资类别"项，包括新建工资类别、打开工资类别、删除工资类别等三项功能。

建立工资类别之前要求部门设置已经完成。由于目前的财务软件系统是一体化设计的，因此，薪资管理系统的部门设置信息与总账管理系统的部门设置信息是相互共享使用的。

本实验中首先建立的工资类别为"正式人员"，包括所有部门。

操作步骤：

①在薪资管理系统中执行"工资类别→新建工资类别"命令，进入"新建工资类别"界面，在编辑框中输入工资类别名称"正式人员"。

②单击【下一步】按钮，再单击【选定全部部门】按钮，或将所有部门复选框中打"√"，点击【完成】按钮，系统提示："是否以2020年1月1日为当前工资类别的启用日期？"，选择【是】，完成新建工资类别操作（本实验以2020-01-01为当前工资类别的启用日期）。

③执行"工资类别→关闭工资类别"命令，关闭"正式人员"工资类别。

④类似地，建立临时人员工资类别。注意：选择部门为"制造车间"。

（2）人员类别设置

为了提高管理水平，加强对不同岗位人员的考核，很多单位对不同岗位的人员采取不同的工资计算方法，并设置了不同的工资项目。也有很多单位将工作人员划分为正式人员和临时人员，他们之间的工资项目、工资标准、工资计算方法也有很大的差异。

为了加强工资管理，系统分析员工工资水平，就有必要对单位员工按一定的标准进行分类。本实验中将工作人员划分为正式人员和临时人员，人员类别为：企业管理人员、销售人员、车间管理人员、生产工人。

为了加强工资管理和分析，也为以后调整工资水平储备基础资料，我们不仅要输入每个人员的现行工资数据，还应该掌握每个人员的性别、婚姻状况、技术职称、学历、职务、出生年月和身份证号码等与工资有关的其他信息，这些信息并非属于应付工资和实发工资的计算项目，因此我们称之为人员附加信息。

对于非工资款项的个人信息项可从"人员附加信息设置"中进行初始化定义，定义之后可以在人员档案信息中增加附加信息项。

本实验中将"性别""身份证号"作为人员附加信息。具体操作如下：

在薪资管理系统中选择"设置→人员附加信息设置"，进入"人员附加信息设置"窗口。点击【增加】按钮，光标停在信息名称栏处，可输入人员附加信息名称或从参照栏中选择系统提供的信息名称，本实验中两项附加信息均可从参照栏中选出。

（3）工资项目设置

①在薪资管理系统中，执行"工资类别"下"关闭工资类别"命令。

②调用"设置→工资项目设置"功能，系统弹出"工资项目设置"窗口。增加一个新的工资项目的方法如下：

第一，点击【增加】按钮，此时光标停在"工资项目栏"上，如果所要增加的项目在窗口右边的名称参照列表框中有现成的，则可从中直接挑选，否则需要输入新项目的名称。

第二，工资项目名称输完后，接着确定该项目的数据类型、长度、小数（如果所选类型是数字型），数据类型可通过双击该栏目并在弹出的列表框中进行挑选（数字型或字符型），最后是"增减项"的确认。

③根据实验资料进行工资项目的增减项设置，注意正确选择"增减项"，这样工资计算结果才正确。

注意事项：

● 多类别工资管理时，关闭工资类别后，才能新增工资项目。

● 新增工资项目时，增减项可在"增项"、"减项"以及"其他"3个可选项中选择其一，选择的依据是该项目对所发工资额的影响是增加、扣减还是没有影响。

● 此处的工资项目设置是设置所有可能用到的工资项目，设置完成后，具体工资类别的工资项目可以从中选择。

（4）银行档案设置

①在企业应用平台执行"基础设置→基础档案→收付结算→银行档案"命令，打开"银行档案"对话框。

②点击【增加】按钮，进入"增加银行档案"对话框，在"银行编码"栏输入"01001"，在"银行名称"栏处，输入"工商银行徐汇分理处"，并勾选"定长"复选框，账号长度后文本框输入"11"，自动带出账号长度输入"7"。

③单击此窗口【保存】按钮图标，返回"银行档案"对话框。"中国工商银行徐汇分理处"将成为已有"中国工商银行"的下级单位。单击【退出】按钮，完成银行档案设置。

注意事项：

● 系统默认银行账号定长为选中，长度为"11"位。在此界面还可定义录入时需自动带出的账号长度，手工录入一个小于等于"账号长度"的整数，不允许为空。录入该数值，则在录入"人员档案"的银行账号时，从第二个人开始，系统根据用户在此定义的长度自动带出银行账号的前N位，以方便用户录入。

（5）建立人员档案

建立人员档案的目的是将本单位需要参加工资核算的所有职工的个人基本信息一一输入计算机系统，以便明确职工所属部门、人员类别、银行账号、人员编号等工资核算要用到的关键信息。操作步骤如下：

①打开正式人员工资类别（提示：先要打开工资类别，才能进行人员档案设置）。在企业应用平台执行"业务工作→人力资源→薪资管理→工资类别→打开工资类别"命令，调用"打开工资类别"对话框（打开其他工资类别的方法参照此步，下面不再赘述）。

②选中"正式人员"类别，单击【确定】按钮，即可打开"正式人员"工资类别。

③在企业应用平台执行"业务工作→人力资源→薪资管理→设置→人员档案"命令，进入"人员档案"窗口。

④单击工具栏中的【批增】按钮即可打开"人员批量增加"界面。

⑤在左侧部门列表中勾选正式人员工资类别管理的人员所在部门，再点击窗口中【查询】按钮，右侧下方出现左侧勾选部门中的人员列表信息，并在"选择"栏出现"是"字样，如果有不属于正式人员的，可以去除该人员所在行前的"是"字样。单击【确定】按钮，将正式人员列表显示在"人员档案"窗口。

⑥修改人员档案信息，补充银行名称为"工商银行徐汇分理处"，性别、银行账号与身份证号信息，单击【退出】按钮。

（6）正式人员工资类别中工资项目设置

①打开正式人员工资类别。

②执行"业务工作→人力资源→薪资管理→设置→工资项目设置"命令，打开"工资项目设置"对话框。

③单击【增加】按钮，然后根据实验资料从右侧"名称参照"中将"基本工资""岗位工资""绩效工资""交通补贴""养老保险金""住房公积金""请假扣款"等正式人员工资项目增加到左侧"工资项目"列表中。

（7）设置计算公式

①打开正式人员工资类别。

②执行"业务工作→人力资源→薪资管理→设置→工资项目设置"命令，打开"工资项目设置"对话框。

③单击公式设置选项卡。

④在工资项目窗口点击【增加】按钮，从工资项目下拉框中选择"交通补贴"，并在列表中选择添加"交通补贴"，在右侧"交通补贴公式定义"窗口输入公式"iff（人员类别="销售人员"，500，300）"，或点击【函数公式向导输入】按钮由系统引导输入公式，输入完毕后点击【公式确认】按钮，若计算公式正确，点击后系统不出现提示信息，若公式表达式有误，则系统提示相应出错信息，如图实7-1所示。

⑤根据实验资料按照第④步的原理设置"养老保险金"、"医疗保险金"、"失业保险金"、"住房公积金"和"请假扣款"的公式。

⑥单击【确认】按钮，结束公式设置。

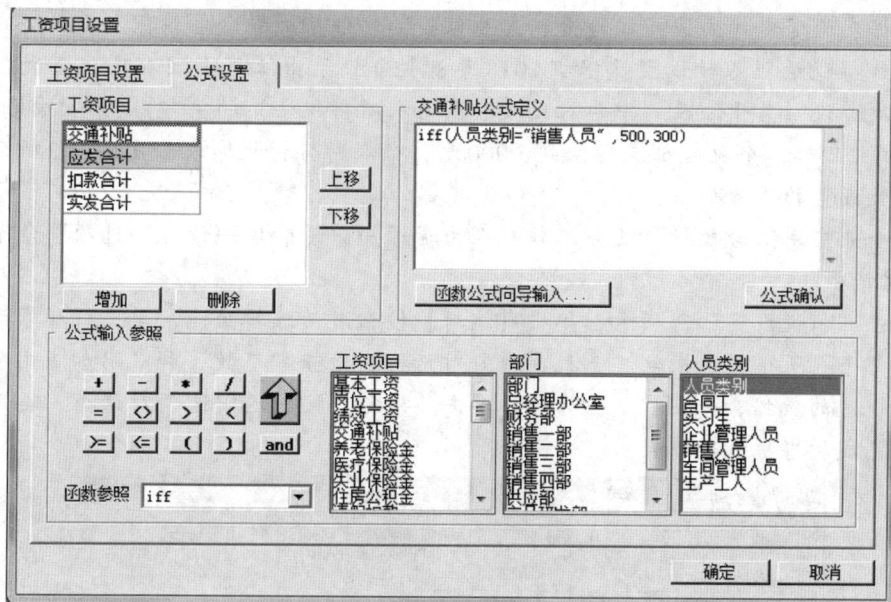

图实7-1　工资项目公式设置

注意事项：

● "公式设置"选择卡中"工资项目"列表一定要存在需要定义公式的工资项目字段变量，如果没有，单击【增加】按钮，从列表中选择，如"交通补贴"就需要增加。

● 公式中的字母、括号、引号、等号、数字等全部为英文半角格式。

● 若需继续定义其他工资项目的计算公式，可从工资项目中选择相应项目，操作方法同上。设置完毕后点击【确认】按钮返回系统主界面。

● 各地经济发达程度不同，养老保险金、医疗保险金、失业保险金与住房公积金的缴费比例存在差异，本实验以实验资料假设数据为例。

（8）设置临时人员工资类别人员档案、工资项目、工资计算公式

①由于在前面基础档案的人员档案中没有这些临时人员，因此在企业应用平台执行"基础设置→基础档案→机构人员→人员档案"命令，打开"人员档案"对话框，将表实7-4中罗江、刘青及李力三名员工档案信息添加进人员档案列表中。

②执行"业务工作→人力资源→薪资管理→设置→工资项目设置"命令，设置临时人员工资项目。工资项目包括基本工资、岗位工资、养老保险金、医疗保险金、失业保险金、住房公积金、请假扣款、请假天数。

③执行"业务工作→人力资源→薪资管理→设置→人员档案"命令，单击【批增】按钮或单击【增加】按钮，建立临时人员档案。

④执行"业务工作→人力资源→薪资管理→设置→工资项目设置"命令，选择"公式设置"选项卡，在工资项目窗口点击【增加】按钮，从工资项目下拉框中选择添加"养老保险金"，在右侧"养老保险金公式定义"窗口输入公式"（基本工资+岗位工资）*0.08"，或点击【函数公式向导输入】按钮由系统引导输入公式，输入完毕后点击【公式确认】按钮，若计算公式正确，点击后系统不出现提示信息，若公式表达式有误，则系统提示相应出错信息。

⑤根据实验资料建立医疗保险金、失业保险金、住房公积金、请假扣款的公式。

（9）所得税纳税基数设置。根据2018年8月31日第十三届全国人民代表大会常务委员会第五次会议《关于修改〈中华人民共和国个人所得税法〉的决定》（第七次修正），从2019年1月1日起，个税起征点提高到5 000元，个人所得税税率表如图实7-2所示。所得税纳税基数设置的步骤如下：

①在企业应用平台执行"业务工作→人力资源→薪资管理→设置→选项"命令，进入"选项"对话框。

②单击"扣税设置"选项卡，单击【编辑】按钮激活编辑功能，单击【税率设置】按钮，进入"个人所得税申报表——税率表"对话框，检查"基数"和"附加费用"是否为当前税法规定的数据，如图实7-2所示。单击【确定】按钮返回选项对话框，再单击【确定】按钮完成所得税基数设置。

个人所得税申报表　——　税率表

基数 5000　　附加费用 0　　您如果修改了纳税的设置，请到工资变动中重新进行工资计算。

计算公式

代扣税		代付税			
级次	应纳税所得额下限	应纳税所得额上限	税率(%)	速算扣除数	
1	0.00	3000.00	3.00	0.00	
2	3000.00	12000.00	10.00	210.00	
3	12000.00	25000.00	20.00	1410.00	
4	25000.00	35000.00	25.00	2660.00	
5	35000.00	55000.00	30.00	4410.00	
6	55000.00	80000.00	35.00	7160.00	
7	80000.00		45.00	15160.00	

增加　删除　　打印　确定　取消

图实7-2　个人所得税税率表

4.薪资管理系统日常业务处理

经过上述一系列初始化工作之后，便可转入日常业务处理阶段。这个阶段的业务主要包括职工基本工资数据录入、扣缴个人所得税、工资分摊等内容。

（1）基本工资数据录入

①在企业应用平台执行"系统服务→权限→数据权限分配"命令，进入"权限浏览"窗口，在用户列表中选择"余力"，在"业务对象"后的下拉列表中选择"工资权限"，单击工具栏【授权】按钮，进入"记录权限设置"窗口。

②勾选"工资类别主管"复选框，选择右侧工资类别"001正式人员"，再次选择"002临时人员"工资类别，勾选"工资类别主管"复选框，这样余力被设为两个工资类别的主管，就可以进行工资管理相关操作了。单击【保存】按钮，关闭"记录权限设置"窗口。关闭"权限浏览"窗口。

③重新注册，以会计"余力"的身份进入"薪资管理系统"，日期可以选择2020年1月31日。

④在薪资管理系统中执行"工资类别→打开工资类别"命令，进入"打开工资类别"对话框，在"类别名称"下选择"正式人员"，单击【确定】按钮，打开正式人员工资类别。

⑤在企业应用平台薪资管理系统执行"薪资管理→业务处理→工资变动"命令，进入"工资变动"模块，录入正式人员基本工资数据。

⑥单击工具栏【计算】与【汇总】按钮，系统将按照前述计算公式计算交通补贴、养老保险金、医疗保险金、失业保险金、住房公积金、代扣税、扣款合计与应发合计等数据，并进行汇总。

注意事项：

● 如果只需对某些项目进行录入，如水电费、缺勤扣款等，可使用项目过滤功能，选择某些项目直接录入。

● 如果需要录入某个指定部门或人员的数据，可先点击"定位"图标，让系统自动定位到需要输入数据的部门或人员上，然后录入。

● 如果需要对部分人员的工资数据进行修改，最好采用数据过滤的方法，先将所要修改的人员过滤出来，然后进行工资数据修改。修改完毕后点击"重新计算"和"汇总"功能，这样可大大提高计算速度。

（2）扣缴个人所得税

①执行"业务处理→扣缴所得税"命令，调用"业务处理"菜单下的"扣缴所得税"模块后，选择所在地区名（本实验选择"系统"），报表类型选择"扣缴个人所得税报表"，单击【打开】按钮。进入"所得税申报"窗口，进行查询范围、方式等设置后，单击【确定】按钮，得到系统扣缴个人所得税报表。

②单击【退出】按钮，关闭"扣缴个人所得税"窗口。

（3）工资数据变动

① 打开正式人员工资类别，执行"业务处理→工资变动"命令，进入"工资变动"模块。

②根据实验资料输入本月考勤情况数据，即输入肖剑请假2天、丁雪请假1天。

③绩效工资浮动数据的输入方法：单击工具栏【全选】按钮，将"工资变动"窗口"选择"一列全部打上"Y"字样，单击工具栏【替换】按钮，进入"工资项数据替换"对话框。

④在工资项目下拉列表中选择"绩效工资"，在"替换成"后文本框中输入"绩效工资+500"，单击【确定】按钮，弹出"数据替换后将不可恢复，是否继续？"，单击【是】按钮，执行数据替换命令。系统又弹出"11条记录被替换，是否重新计算？"，单击【是】按钮。系统执行计算操作。

⑤可再次单击工具栏中的【计算】按钮和【汇总】按钮，重新计算和汇总工资数据，生成工资变动表。

⑥执行"业务处理→扣缴所得税"命令，再次生成正式人员"扣缴个人所得税报表"。

（4）临时人员工资业务处理

①在薪资管理系统打开临时人员工资类别。

②执行"业务处理→工资变动"命令，进入"工资变动"模块。根据实验资料输入临时人员基本工资与岗位工资数据，同时输入临时人员罗江请假天数3天数据。

③单击工具栏中的【计算】按钮和【汇总】按钮，计算和汇总工资数据，生成工资变动表。

④执行"业务处理→扣缴所得税"命令，生成临时人员"扣缴个人所得税报表"。

（5）工资分摊

①执行"薪资管理→工资类别→打开工资类别"命令，进入"打开工资类别"窗口，选择"正式人员"，单击【确定】按钮。

②执行"业务处理→工资分摊"命令，在"工资分摊"窗口，选中"明细到工资项目"。

③单击【工资分摊设置】按钮，进入"分摊类型设置"窗口，单击【增加】按钮，进入"分摊计提比例设置"窗口，计提类型名称栏输入"职工工资"，分摊计提比例选择"100%"，点击【下一步】按钮，按表实7-8分别确定"部门名称""人员类别""项目""借方科目""贷方科目"，分摊各部门人员的工资。注意：由于"生产成本"科目进行了项目辅助核算，"500102生产成本—直接人工"科目需要设置"借方项目大类"与"借方项目"内容。本处借方项目大类为"生产成本"，借方项目为"方舟杀毒"。

④单击【完成】按钮。

⑤同理，单击【增加】按钮，在"计提类型名称"中分别输入"医疗保险金"，分摊计提比例：2%；"养老保险金"，分摊计提比例：8%；"住房公积金"，分摊计提比例：12%；"失业保险费"，分摊计提比例：1%；"职工福利费"，分摊计提比例：2%；"职工工会经费"，分摊计提比例：2%；"职工教育经费"，分摊计提比例：1.5%，并设置相关部门、项目、借贷方科目，设置完毕后，如图实7-3所示。

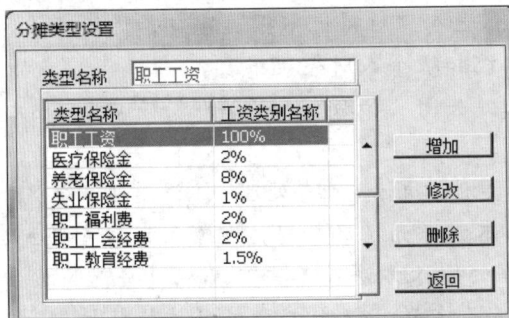

图实7-3　工资分摊设置示例

在图实7-3中单击【返回】按钮，回到"工资分摊"窗口，如图实7-4所示。

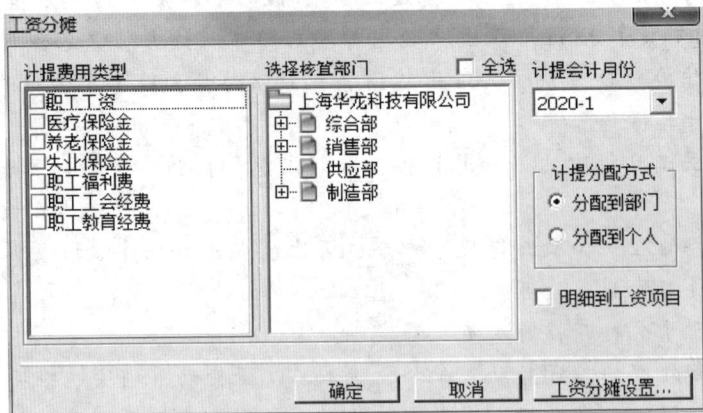

图实7-4　工资分摊设置完毕界面

⑥分摊各部门人员的医疗保险金、养老保险金、失业保险金、住房公积金、职工福利费、工会经费及职工教育经费。在图实7-4中勾选所有"计提费用类型"、"核算部门"及

"明细到工资项目",如图实7-5所示。

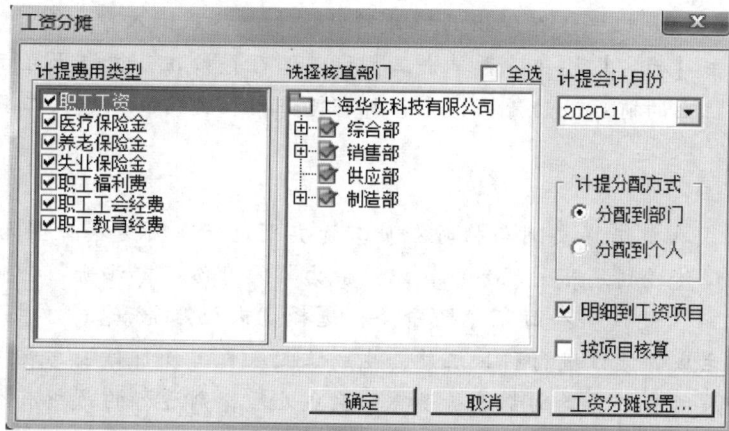

图实7-5 工资分摊操作

⑦进行工资分摊凭证生成。

在人力资源管理系统中打开正式人员工资类别,执行"薪资管理→业务处理→工资分摊"命令,分别选择图中所有"计提费用类型"和"选择核算部门",并勾选"明细到工资项目",单击【确定】按钮,进入"工资分摊明细"窗口,分别选择"类型"下拉列表中的职工工资、医疗保险金、养老保险金、失业保险金、住房公积金、职工福利费、职工工会经费、职工教育经费等名称,在弹出的"职工工资一览表""职工医疗保险金一览表""职工养老保险金一览表""职工住房公积金一览表""职工失业保险金一览表""职工福利费一览表""职工工会经费一览表""职工教育经费一览表"中,勾选"合并科目相同、辅助项相同的分录",单击【批制】按钮,进入凭证生成界面,凭证类别选择:"转账凭证";制单日期:"1月31日",凭证中遇有"生产成本"科目的需要将光标停留在科目旁,鼠标移动辅助核算信息显示的"项目"附近,待光标变为笔头形状时,双击,在弹出的项目辅助信息中参照输入"方舟杀毒",完成项目信息录入后,单击【确定】按钮,再单击工具栏【保存】按钮,凭证上显示"已生成"信息。接着按工具栏上的前后滚动箭头,完善所有凭证的相关信息,单击工具栏【保存】按钮生成凭证。

⑧临时人员工资处理。

打开临时人员工资类别,执行"业务处理→工资分摊"命令,在"工资分摊"对话窗口,选中"明细到工资项目",单击【工资分摊设置】按钮,参照正式人员工资类型的"工资分摊设置",勾选所有"计提费用类型",在"选择核算部门"栏选择临时人员所在的"制造车间",并勾选"明细到工资项目",单击【确定】按钮,进入"工资分摊明细"窗口。

分别选择"类型"下拉列表中的职工工资、医疗保险金、养老保险金、失业保险金、住房公积金、职工福利费、职工工会经费、职工教育经费等名称,在弹出的"职工工资一览表""职工医疗保险金一览表""职工养老保险金一览表""职工住房公积金一览表""职工失业保险金一览表""职工福利费一览表""职工工会经费一览表""职工教育经费一览表"中,勾选"合并科目相同、辅助项相同的分录",单击【批制】按钮,进入"凭证生成"界面,凭证类别选择:"转账凭证";制单日期:"1月31日",凭证中遇有"生产成本"科目的需要将光标停留在科目旁，鼠标移动至辅助核算信息显示的"项目"附近，待光标变为笔头形状时，双击，在弹出的项目辅助信息中参照输入"方舟杀毒"，完成项目信息录入后，单击【确定】按钮，再单击工具栏【保存】按钮，凭证上显示"已生成"信息。接着按工具栏上的前后滚动箭头，完善所有凭证的相关信息，单击工具栏【保存】按钮，生成凭证。

（6）传递凭证

在分别对正式人员工资类别与临时人员工资类别进行工资分摊设置与工资分摊处理后，将生成的凭证传递到总账管理系统，以"余力"的身份"重注册"企业应用平台，在总账管理系统执行"凭证→科目汇总"命令，选择"未记账凭证"，单击【汇总】按钮，对薪资管理系统生成的凭证进行科目汇总，生成正式人员工资科目汇总表或临时人员工资科目汇总表。如果所有工资类别都进行了凭证生成处理，则进行的是所有人员的工资科目汇总。

（7）凭证审核、记账

以"王伟"的身份"重注册"企业应用平台，在总账管理系统执行"凭证→审核凭证"命令，进行凭证审核，并进行记账。

（8）汇总工作类别

①以"王伟"的身份"重注册"企业应用平台，在薪资管理系统，执行"薪资管理→工资类别→关闭工资类别"命令（如果已关闭所有工资类别，则忽略此步骤）。

②执行"维护→工资类别汇总"命令，打开"选择工资类别"对话框，选择要汇总的工资类别，单击【确定】按钮，完成工资类别汇总。

③以"王伟"的身份"重注册"企业应用平台，在薪资管理系统执行"工资类别→打开工资类别"命令，打开"选择工资类别"对话框，选择"汇总工资类别"，单击【确定】按钮，打开"汇总工资类别"窗口，可以执行"工资变动"命令查看所有工资类别的工资变动情况，可以执行"薪资管理→统计分析→账表"命令查看工资类别汇总后的"工资表""工资分析表"中的各项数据。

注意事项：

● 该功能必须在关闭所有工资类别后才可使用。

● 所选工资类别中必须有汇总月份的工资数据。

● 如果是第一次进行工资类别汇总，需在汇总工资类别中设置工资项目计算公式。如果每次汇总的工资类别一致，公式无须重新设置。如与上一次所选的工资类别不一致，则需重新设置计算公式。

● 汇总工资类别前不能进行月末结算和年末结算。

（9）薪资管理系统账表查询

以账套主管身份注册企业应用平台，在薪资管理系统打开不同的工资类别，包括打开"汇总工资类别"窗口，查看"工资分钱清单"、"工资发放条"、"工资表"和"个人所得税扣缴申报表"，还可以查看按部门的统计分析表等。

5.薪资管理系统的期末处理

（1）以"王伟"的身份"重注册"企业应用平台，在薪资管理系统执行"工资类别→关闭工资类别"命令，关闭工资类别。

（2）执行"薪资管理→业务处理→月末处理"命令，打开"月末处理"对话框，选择工资类别"正式人员"后的"选择清零项目"栏，弹出"请选择清零项目"列表框，从中选择"请假天数""请假扣款""绩效工资"项目，单击【>】按钮，将所选项目移动到右侧的列表框中，单击【确定】按钮，

（3）同理，选择与临时人员工资项目对应的"选择清零项目"栏，在出现的"选择清零项目"列表框中，单击选择"请假天数""请假扣款""岗位工资"项目，单击【>】按钮，将所选项目移动到右侧的列表框中，单击【确定】按钮，返回到"月末处理"界面。

（4）在"选择"栏打上"Y"，激活【确定】按钮。

（5）单击【确定】按钮，系统弹出"是否确认月结，所选清零工资项目将清零？"信息提示对话框，单击【是】按钮，完成月末处理工作。

注意事项：

● 月末结转只有在会计年度的1月至11月进行。

● 如果本月工资数据未汇总，系统将不允许进行月末结转。

● 进行月末处理后，当月数据将不再允许变动。

● 月末处理功能只有账套主管才能使用。

第7章 固定资产管理系统

【内容提要】

本章首先介绍了固定资产管理系统的主要功能，然后分析了固定资产管理系统与其他系统的关系和操作流程，最后介绍了固定资产管理系统的日常业务处理与期末处理。

7.1 固定资产管理系统概述

7.1.1 固定资产管理系统含义

固定资产管理系统是一套用于各类企业和行政事业单位进行固定资产核算和管理的软件，能够帮助企业进行固定资产净值、累计折旧数据的动态管理，协助企业进行部分成本核算，协助设备管理部门做好固定资产管理工作。

该系统的主要作用是完成企业固定资产日常业务的核算和管理，生成固定资产卡片，按月反映固定资产的增加、减少、原值变化及其他变动，并输出相应的增减变动明细账，按月自动计提折旧，生成折旧分配凭证，同时输出相关的报表和账簿。

7.1.2 固定资产管理系统的功能概述

7.1.2.1 初始设置

固定资产管理系统的初始设置是固定资产管理系统日常业务处理与期末处理的基础，主要功能包括自定义资产分类编码方式和资产类别，同时定义该类别级次的使用年限、残值率和缺省入账科目等信息；根据需要选择外币管理资产设备；自定义部门核算科目，转账时自动生成凭证；自定义使用状况，并增加折旧属性；恢复月末结账前状态。

7.1.2.2 业务处理

固定资产管理系统的日常业务处理功能包括自由设置卡片项目，固定资产卡片批量打印，按类别定义卡片样式，固定资产卡片批量复制、批量变动及从其他账套引入，资产附属设备和辅助信息的管理，提供原值变动表、启用记录、部门转移记录、大修记录、清理信息等附表，处理各种资产变动业务（包括原值变动、部门转移、使用状况变动、使用年限调整、折旧方法调整、净残值（率）调整、工作总量调整、累计折旧调整、资产类别调整等），以及对固定资产的评估功能（包括对原值、使用年限、净残值率、折旧方法等进行评估）。

7.1.2.3 折旧计提

折旧计提是固定资产管理与核算十分重要的内容之一，用友U8固定资产管理系统提供了自定义折旧分配周期、折旧公式功能，还提供了固定资产折旧计提的常用方法，并按分配表自动生成记账凭证。折旧分配表可以按部门折旧与类别折旧提供，考虑原值、累计折旧、使用年限、净残值和净残值率、折旧方法的变动对折旧计提的影响，系统自动更改折旧计算、计提折旧，生成折旧分配表，并自动制作记账凭证。

7.1.2.4　账表输出多样化

固定资产管理系统提供了丰富的账表，包括固定资产总账与明细账，按部门、使用情况、价值结构的分析表、固定资产评估表及多种统计表，还提供固定资产折旧表及减值准备表。

7.1.3　固定资产管理系统与其他子系统的关系

固定资产管理系统与总账管理系统共享基础数据，固定资产管理系统与成本核算系统、总账管理系统、UFO报表系统、采购管理系统、设备管理系统等子系统存在接口，实现数据传递，它们相互依存。固定资产管理系统中资产的增加、减少以及原值和累计折旧的调整、折旧计提都要将有关数据通过记账凭证的形式传递到总账管理系统，同时通过对账保持固定资产账目与总账的平衡，并可以修改、删除及查询凭证。固定资产管理系统为成本核算系统提供计提折旧有关费用的数据。采购管理系统的入库单传递到本系统后结转生成采购资产卡片，并与采购资产卡片联查入库单列表、结算单列表。本系统为成本核算系统和UFO报表系统提供数据支持，向项目管理系统传递项目的折旧数据，向设备管理系统提供卡片信息，同时还可以从设备管理系统导入卡片信息。固定资产管理系统与其他子系统的关系如图7-1所示。

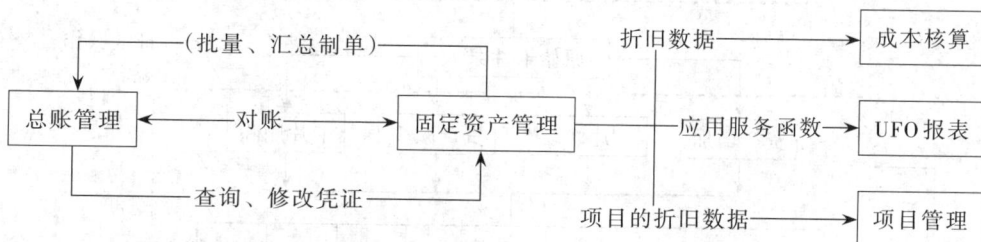

图7-1　固定资产管理系统与其他子系统的关系

7.1.4　固定资产管理系统操作流程

7.1.4.1　新用户固定资产管理系统操作流程

（1）系统初始化。打开新建账套，第一步要做的工作是系统初始化。

（2）基础设置。初始化工作完成后，进行基础设置操作。基础设置操作包括部门设置、卡片项目定义、卡片样式定义、折旧方法定义、类别设置、使用状况定义、增减方式定义等部分。

（3）原始卡片录入。原始卡片录入是把使用系统前的原始资料录入系统，以保持固定资产管理和核算的连续性和完整性。鉴于原始资料可能较多，在一个月内不一定能录入完毕，所以本系统原始卡片录入不限于第一个月。也就是说如果第一个月到月底原始资料没有录入完毕，您可以有两种选择：一是，一直以该月日期登录，直到录入完毕，再进行以下各部分操作；二是，月底前在没有完成全部原始卡片录入的情况下，继续以上各部分操作，以后各月陆续进行录入。由于固定资产管理系统和其他系统的制约关系，本系统不结账，总账管理系统不能结账，所以在特定情况下，必须执行第二种做法。

（4）日常操作。①卡片操作：包括卡片录入（原始卡片资料、新增资产卡片、新增采购资产卡片）、卡片修改、卡片删除、资产减少、卡片查询、卡片打印等操作。②资产变动操作：因为资产发生原值变动、部门转移、使用状况调整、折旧方法调整、累计折旧调整、净残值（率）调整、工作总量调整、使用年限调整、类别调整、计提减值准备、增值税调整、资产评估，需制作变动单或评估单。该部分主要是制作变动单和评估单的操作。

（5）月末处理。月末处理包括与相关系统的数据传递、对账、计提折旧、结账、查看及打印报表等操作。

新用户操作流程如图7-2所示。

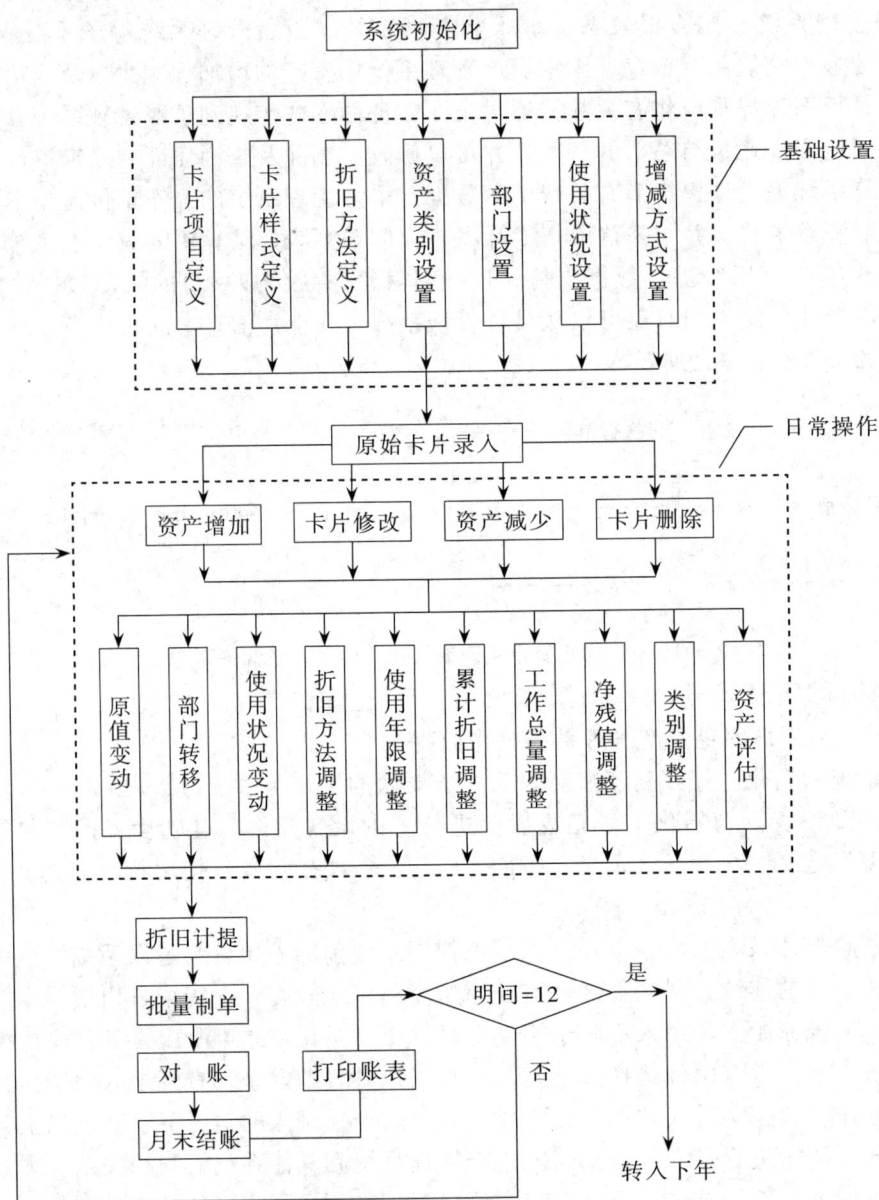

图7-2 新用户操作流程

资料来源：来自用友软件 U8V10.1 操作手册。

7.1.4.2　老用户操作流程

本年度最后一个会计期间月末结账后，该年的工作结束，开始以后各年的操作，老用户操作流程如图 7-3 所示。

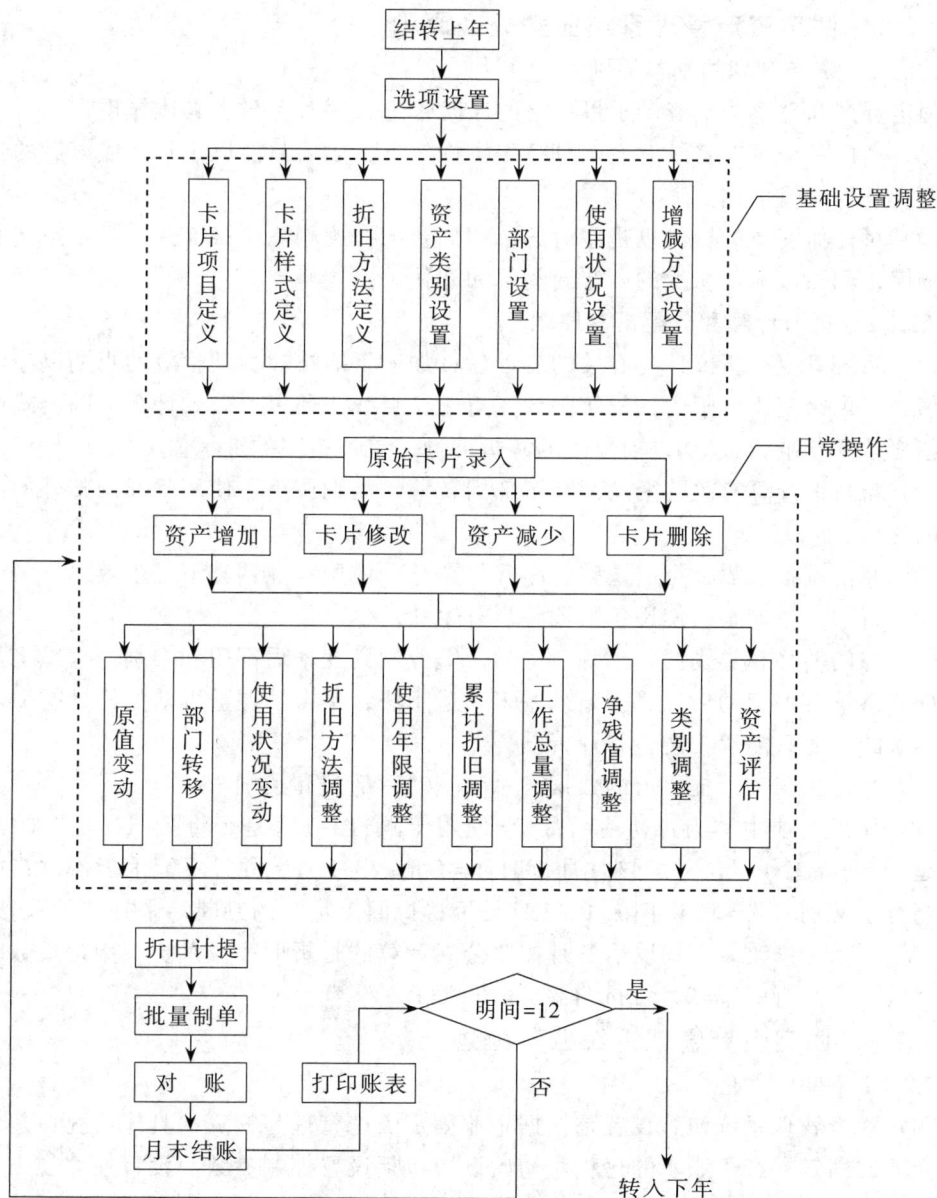

图 7-3　老用户操作流程

注：本图来自用户软件 U8V10.1 操作手册。

（1）结转上年。将上年的各项资料转入本年的账套，该部分操作在系统管理模块中完成。

（2）选项设置。对初始化的设置或系统的一些参数在年初可进行调整。

（3）基础设置调整。年初可对各项设置在系统允许的范围内进行调整，实际上这部分不是必需的步骤，也不是只能在年初进行，在建账当年也可调整。

（4）日常操作、月末处理、年末结转部分与建账当年的操作相同。

7.2 固定资产管理系统日常业务处理

7.2.1 固定资产管理系统业务处理原则

7.2.1.1 资产管理的基本原则

固定资产管理系统对资产采用严格的序时管理，序时到日，具体体现在：

（1）当以一个日期登录对系统进行编辑操作后，以后只能以该日期或以后的日期登录才能再次进行编辑操作。

（2）对任何资产的操作也是序时的，比如要无痕迹删除一张卡片，必须按与制作时相反的顺序，删除该卡片所做的所有变动单和评估单。

7.2.1.2 折旧计算和分配汇总原则

（1）系统发生与折旧计算有关的变动后，加速折旧法在变动生效的当期以净值作为计提原值，以剩余使用年限为计提年限计算折旧；直线法还以原公式计算（因公式中已考虑了价值变动和年限调整）。以前修改的月折旧额或单位折旧的继承值无效。

（2）与折旧计算有关的变动是除了部门转移、类别调整、使用状况调整外的由变动单引起的变动。

（3）原值调整、累计折旧调整、净残值调整、使用状况调整下月生效。

（4）折旧方法调整、使用年限调整当月生效。

（5）部门转移和类别调整当月计提的折旧分配到变动后部门和类别。

（6）系统各种变动后计算折旧采用未来适用法，不自动调整以前的累计折旧。采用追溯适用法的企业只能手工调整累计折旧。

（7）当月折旧和计提原值的数据汇总到变动后部门和类别。

（8）如果选项中"当月初使用月份=使用年限*12-1时是否将折旧提足"的判断结果是"是"，则除工作量法外，该月月折旧额=净值-净残值，并且不能手工修改；如果选项中"当月初使用月份=使用年限*12-1时是否将折旧提足"的判断结果是"否"，则该月不提足，且可手工修改，但如以后各月按照公式计算的月折旧率或月折旧额是负数时，认为公式无效，令月折旧率=0，月折旧额=净值-净残值。

7.2.2 固定资产管理系统业务处理

7.2.2.1 初始设置

固定资产管理系统初始设置是根据企业固定资产管理与核算的具体情况，建立一个适合本企业的固定资产子账套的过程。初始设置包括设置控制参数、设置核算规则、输入期初固定资产卡片。

（1）设置控制参数。控制参数包括约定与说明、启用月份、折旧信息、编码方式及账务接口等，这些参数在初次启动固定资产管理系统时设置，其他参数可以在"选项"中补充。

（2）设置核算规则。

①资产类别设置。固定资产的种类繁多，规格不一。要强化固定资产管理，及时准确做好固定资产核算必须科学地处理好固定资产的分类，为核算和统计管理提供依据。

②部门设置。在部门设置中，可对单位的各部门进行设置，以便确定资产的归属，在"企业应用平台"的"基础设置"中的部门设置是共享的。

③部门对应折旧科目设置。对应折旧科目是指折旧费用的入账科目，资产计提折旧后必须把折旧归入成本或费用，根据不同企业的具体情况，按部门或类别归集。部门对应折旧科目的设置，就是给每个部门选择一个折旧科目，这样在输入卡片时，该科目自动填入卡片中，不必一个一个输入。如果对某一上级部门设置了对应的折旧科目，下级部门继承上级部门的设置。

④增减方式设置。增减方式包括增加方式和减少方式两类。系统内置的增加方式有直接购买、投资者投入、捐赠、盘盈、在建工程转入、融资租入6种。系统内置的减少方式有出售、盘亏、投资转出、捐赠转出、报废、毁损、融资租出7种，用友U8软件固定资产管理系统的增减方式可以设置两级，可以根据需要自行增加。当固定资产开始使用日期的会计期间=录入会计期间时，才能通过资产增加录入。新卡片第一个月不提折旧，折旧额为空或零。

⑤折旧方法设置。折旧方法设置是系统自动计算折旧的基础，系统提供了常用的6种折旧方法：不提折旧、平均年限法（一）和（二）、工作量法、年数总和法、双倍余额递减法，并列出了它们的折旧计算公式，这几种方法是系统默认的折旧方法，只能选用，不能删除和修改。另外，这几种方法可能由于各种原因，不能满足需要，系统提供了折旧方法的自定义功能。

（3）输入期初固定资产卡片。固定资产卡片是固定资产核算和管理的基础依据，为保持历史资料的连续性，必须将建账日期以前的数据录入到系统中，原始卡片的录入，不限制必须在第一个期间结账前，任何时候都可以录入原始卡片。

7.2.2.2   固定资产管理系统日常业务处理

固定资产管理系统日常业务处理主要包括资产增减、资产变动、折旧处理、生成凭证和账簿管理。

（1）资产增减。资产增加是指购进或通过其他方式增加企业资产，资产增加需要输入一张新的固定资产卡片，与固定资产期初输入相对应。资产减少是指资产在使用过程中，由于各种原因，如毁损、出售、盘亏等退出企业，此时要做资产减少处理，资产减少需输入资产减少卡片并说明减少原因。

只有当账套开始计提折旧后，才可以使用资产减少功能，否则，减少资产只有通过删除卡片来完成。对于误减少的资产，可以使用系统提供的纠错功能来恢复，只有当月减少的资产才可以恢复，如果资产减少操作已制作凭证，必须删除凭证后才能恢复。只要卡片未被删除，就可以通过卡片管理中"已减少资产"来查看减少的资产。

（2）资产变动。资产的变动包括原值变动、部门转移、使用状况变动、使用年限调整、折旧方法调整、净残值（率）调整、工作总量调整、累计折旧调整、资产类别调整、变动单管理、其他项目的修改，如名称、编号、自定义项目等的变动等可直接在卡片上进行。资产变动要求输入相应的变动单来记录资产调整结果。

①原值变动。资产在使用过程中，其原值增减有5种情况：根据国家的规定对固定资产重新估价、增加补充设备或改良设备、将固定资产的一部分拆除、根据实际价值调整原

来的暂估价值、发现原记录固定资产价值是有误的。原值变动包括原值增加和原值减少两部分。

②部门转移。资产在使用过程中因内部调配而发生的部门变动应及时处理，否则将影响部门的折旧计算。

③资产使用状况的调整。资产使用状况分为在用、未使用、不需用、停用、封存5种。资产在使用过程中可能因为某种原因，使得资产的使用状况发生变化，这种变化会影响设备折旧的计算，因此，应及时调整使用状态。

④资产使用年限的调整。资产在使用过程中其使用年限可能由于资产的重估、大修等调整。进行使用年限调整的资产在调整的当月就按调整后的使用年限计提折旧。

⑤资产折旧方法的调整。一般地，资产折旧方法一年之内很少改变，但如有特殊情况需要调整改变的，可以进行调整。

⑥变动单管理。变动单管理可以对系统制作的变动单进行查询、修改、制单、删除等处理。

（3）折旧处理。自动计提折旧是固定资产管理系统的主要功能之一，可以根据录入系统的资料，利用系统提供的折旧计提功能，对各项资产每期计提一次折旧，并自动生成折旧分配表，然后制作记账凭证，将本期的折旧费用自动登账。

当开始计提折旧时，系统将自动计提所有资产当期折旧额，并将当期的折旧额自动累加到累计折旧项目中，计提工作完成后，需要进行折旧分配，形成折旧费用，系统除了自动生成折旧清单外，同时还生成折旧分配表，从而完成本期折旧费用登账工作。

系统提供的折旧清单应显示所有应计提折旧资产所计提的折旧数据；折旧分配表是制作记账凭证把计提折旧额分配到有关成本和费用的依据。折旧分配表有两种类型：类别折旧分配表和部门折旧分配表。生成折旧分配表由折旧汇总分配周期决定，因此，制作记账凭证要在生成折旧分配表后进行。

（4）资产评估。资产评估是根据国家资产评估的要求与会计核算方法将评估机构的数据或定义公式录入到系统中，然后生成评估结果，再对评估单进行管理。

（5）资产盘点。通过固定资产管理系统资产盘点功能，首先在卡片管理中打印输出固定资产盘点单，再在资产盘点中按部门或类别进行资产盘点，输入盘点数据，并与盘点单核对资产的完整情况，最后对盘点单进行管理并进行盈亏处理。

（6）生成凭证。固定资产管理系统和总账管理系统之间存在着数据的自动传输，这种传输是固定资产管理系统通过记账凭证向总账管理系统传递有关数据的，如资产增加、减少、累计折旧调整以及折旧分配等记账凭证，制作记账凭证可以采取立即制单或批量制单的方法实现。

（7）账簿管理。固定资产管理系统通过账表管理功能及时掌握固定资产的统计、汇总和其他各方面的信息。账表包括账簿、折旧表、统计表、分析表4类。另外，系统还提供了自定义报表功能满足实际需要。

①账簿。系统自动生成的账簿有固定资产总账、单个固定资产明细账、部门与类别固定资产明细账、固定资产登记簿。这些账簿以不同方式序时地反映了固定资产变化情况，

还可联查某时期部门、类别明细及相应原始凭证以获得所需财务信息。

②折旧表。系统提供了 4 种折旧表，即部门折旧计提汇总表、固定资产累计折旧表（一）和（二）、固定资产折旧计算明细表，通过该类表可以了解并掌握本企业所有固定资产本期、本年乃至某部门计提折旧及其明细情况。

③统计表。统计表是出于管理固定资产的需要，按管理目的统计的数据。这些统计表包括：固定资产原值一览表、固定资产统计表、评估汇总表、评估变动表、盘盈盘亏报告表、逾龄资产统计表、役龄资产统计表 7 种。

④分析表。分析表主要通过对固定资产的综合分析，为管理者提供管理和决策依据，管理者通过这些表了解本企业资产计提折旧的程度和剩余价值的大小。这些固定资产分析表包括：价值结构分析表、固定资产使用状况分析表、部门构成分析表、类别构成分析表。

⑤自定义报表。当系统提供的报表不能满足企业要求时，用户也可以自己定义报表。

7.2.2.3　期末处理

固定资产管理系统的期末处理工作主要包括对账和结账。

①对账。当初次启动固定资产的参数设置或选项中的参数设置选择了"与账务系统对账"参数才可使用本系统的对账功能。为保证固定资产管理系统的资产价值与总账管理系统中"固定资产"科目的数值相等，可随时使用对账功能对两个系统进行审查，系统在执行月末结账时自动对账一次，并给出对账结果。

②月末结账。当固定资产管理系统完成了本月全部制单业务后，可以进行月末结账。月末结账每月进行一次，结账后当期数据不能修改，如有错必须修改，可通过系统提供的"恢复月末结账前状态"功能反结账，再进行相应修改，由于成本核算系统每月从本系统提取折旧费数据，因此，一旦成本核算系统提取了某期的数据，则该期不能反结账。本期不结账，将不能处理下期的数据，结账前一定要进行数据备份，否则数据一旦丢失将造成无法挽回的后果。

实验八　固定资产业务处理

【实验目的】

掌握用友 U8V10.1 软件中固定资产管理系统初始设置、日常业务处理及期末处理的操作内容。

【实验准备】

引入实验四的账套数据。

注意：本书固定资产日常业务发生的日期均假设为 1 月 31 日，以简化实际教学中模块选择因业务日期带来的不便。因此，固定资产相关业务处理凭证填制日期均为 1 月 31 日。

【实验内容】

1. 固定资产管理系统初始设置。
2. 固定资产管理系统日常业务处理。
3. 固定资产管理系统期末处理。

【实验要求】

以账套主管的身份登录系统并进行相关业务处理。

【实验资料】

1.初始设置

（1）控制参数（见表实 8-1）

表实 8-1　　　　　　　　　　　　　　　控制参数设置

控制参数	参数设置
约定与说明	我同意
启用月份	2020-01
折旧信息	本账套计提折旧 折旧方法：平均年限法（一） 折旧汇总分配周期：1 个月 当"月初已计提月份=可使用月份—1"时，将剩余折旧全部提足
编码方式	资产类别编码方式：2-1-1-2 固定资产编码方式：按"类别编码+部门编码+序号"自动编码，卡片序号长度为"3"
账务接口	与账务系统进行对账 对账科目： 固定资产对账科目：1601 固定资产 累计折旧对账科目：1602 累计折旧 勾选"在对账不平情况下允许固定资产月末结账"
"选项"补充参数	业务发生后立即制单 月末结账前一定要完成制单登账业务 固定资产缺省入账科目：1601 累计折旧缺省入账科目：1602 固定资产减值准备缺省入账科目：1603 增值税进项税额缺省入账科目：22210101 固定资产清理缺省入账科目：1606

（2）资产类别（见表实 8-2）

表实 8-2　　　　　　　　　　　　　　　资产类别

编码	类别名称	使用年限	净残值率	单位	计提属性
01	交通运输设备	10	4%		正常计提
011	经营用设备	10	4%	辆	正常计提
012	非经营用设备	10	4%	辆	正常计提
02	电子设备及其他通信设备	10	4%		正常计提
021	经营用设备	10	4%	台	正常计提
022	非经营用设备	10	4%	台	正常计提
03	房屋及建筑物	20	4%		正常计提
031	经营用房	20	4%	幢	正常计提

（3）部门对应折旧科目（见表实8-3）

表实8-3　　　　　　　　　　　　　部门对应折旧科目

部　门	对应折旧科目
总经理办公室、财务部、供应部	660206，管理费用——折旧费
销售部	6601，销售费用
产品研发、制造车间	510102，制造费用——折旧费

（4）增减方式对应入账科目（见表实8-4）

表实8-4　　　　　　　　　　　　增减方式对应入账科目

增减方式	对应入账科目
增加方式：直接购入	100201，工行存款
增加方式：在建工程转入——自行建造	1604，在建工程
减少方式：出售、毁损	1606，固定资产清理

（5）原始卡片（见表实8-5）

表实8-5　　　　　　　　　　　　　　　原始卡片

固定资产名称	类别编码	所在部门	增加方式	可使用年限	开始使用日期	原值（元）	累计折旧（元）	可抵扣税额（仅限于与生产经营有关的固定资产）（元）
轿车	012	总经理办公室	直接购入	6	2018-11-01	265 470	37 254.75	不能抵扣
笔记本电脑	022	总经理办公室	直接购入	5	2018-12-01	28 900	5 548.80	不能抵扣
传真机	022	总经理办公室	直接购入	5	2018-11-01	3 510	1 825.20	不能抵扣
计算机	021	制造车间	直接购入	5	2018-12-01	6 490	1 246.08	584.10
经营用设备	021	制造车间	直接购入	5	2018-12-01	200 000	65 000.00	18 000.00
经营用房	031	制造车间	在建工程转入	20	2017-12-01	264 140	12 879.09	23 772.60

注：净残值率均为"4%"，使用状况均为"在用"，折旧方法均采用"平均年限法（一）"。

2.日常及期末业务（假定都发生在期末）

（1）31日，制造车间购入不需安装的设备一台，价款90 000元，增值税8 100元，包装费及运费1 100元。以银行存款支付价款、包装费及运费91 100元，支付增值税8 100元（转账支票号ZPR004）。净残值率4%，预计使用年限5年。设备已交付使用。

（付款凭证）摘要：直接购入资产

借：固定资产（1601）　　　　　　　　　　　　　　　　　　　91 100

　　应交税费——应交增值税（进项税额）（22210101）　　　　8 100

　　贷：银行存款——工行存款（100201）　　　　　　　　　　　　　　99 200

（2）31日，财务部以银行存款购买扫描仪一台，价值1 500元，净残值率4%，预计使用年限5年，增值税135元（转账支票号ZPR005）。

（付款凭证）摘要：购扫描仪

借：固定资产（1601）　　　　　　　　　　　　　　　　　　　1 500

　　应交税费——应交增值税（进项税额）（22210101）　　　　135

　　　　贷：银行存款——工行存款（100201）　　　　　　　　　　　　　　　　　1 635

　　（3）31日，对轿车进行资产评估，评估结果为原值200 000元，累计折旧45 000元（自动生成转账凭证）。

　　（转账凭证）摘要：评估资产

　　借：资本公积（4002）　　　　　　　　　　　　　　　　　　　　　65 470

　　　贷：固定资产（1601）　　　　　　　　　　　　　　　　　　　　　　65 470

　　借：管理费用——折旧费（660206）　　　　　　　　　　　　　　　7 745.25

　　　贷：累计折旧（1602）　　　　　　　　　　　　　　　　　　　　　　7 745.25

　　（4）31日，计提本月折旧费用（自动生成转账凭证）。

　　（转账凭证）摘要：计提第（1）期间折旧

　　（5）31日，制造车间毁损计算机一台，作为非常损失处理。

　　（转账凭证）摘要：资产减少

　　借：固定资产清理（1606）　　　　　　　　　　　　　　　　　　131 800

　　　累计折旧（1602）　　　　　　　　　　　　　　　　　　　　68 200

　　　贷：固定资产（1601）　　　　　　　　　　　　　　　　　　　　　200 000

　　（转账凭证）摘要：结转毁损计算机损益

　　借：营业外支出（6711）　　　　　　　　　　　　　　　　　　　131 800

　　　贷：固定资产清理（1606）　　　　　　　　　　　　　　　　　　　131 800

【操作指导】

1.系统启用

　　如果前面没有启用，以账套主管的身份注册企业应用平台，执行"基础设置→基本信息→系统启用"命令进行"固定资产"启用。以"王伟"的身份注册进入用友U8V10.1主界面进行固定资产管理子系统的初始设置。如果前面已启用，则忽略此步。

2.固定资产管理系统初始设置

（1）建立固定资产账套并初始化。

①首次使用固定资产管理系统打开一个账套时，系统会提示："这是第一次打开此账套，还未进行过初始化，是否进行初始化？"，点击【是】按钮。进入初始化账套向导界面，如图实8-1所示。

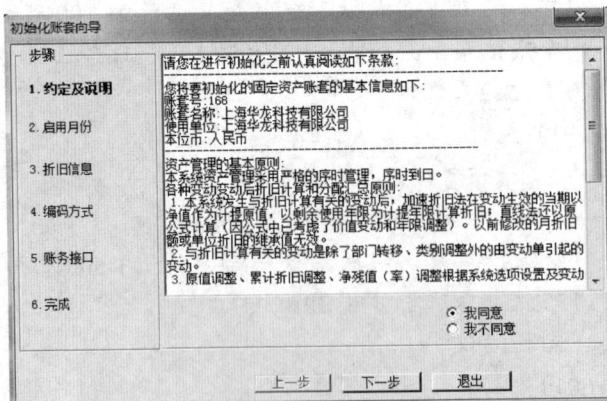

图实8-1　固定资产管理系统账套新建界面

②初始化账套向导共分六个步骤。第一步"约定与说明",在对话框中选择"我同意",如图实8-1所示,单击【下一步】按钮。

③账套启用月份同"固定资产"管理子系统启用同年同月,系统为灰色,不需修改,单击【下一步】按钮。

④折旧信息设置。根据实验资料设置折旧信息,包括勾选"本账套计提折旧"、折旧方法选择"平均年限法(一)"、折旧汇总分配周期为1个月、勾选"当'月初已计提月份=可使用月份-1'时,将剩余折旧全部提足",单击【下一步】按钮。

⑤编码方式设置。资产类别编码方式为2-1-1-2,单击"自动编码"方式,在自动编码方式下拉列表中选择"类别编码+部门编码+序号",卡片序号长度为"3",如图实8-2所示,单击【下一步】按钮。

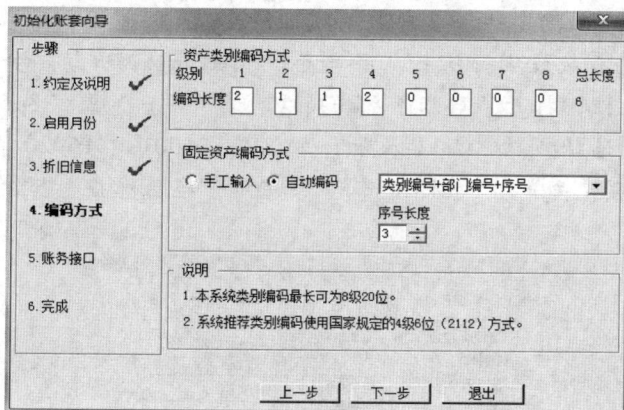

图实8-2　固定资产编码方式设置

⑥账务接口设置。勾选"与账务系统进行对账",在"固定资产对账科目"后输入编码"1601",系统自动带出汉字科目"固定资产",在"累计折旧对账科目"后输入编码"1602",系统自动带出汉字科目"累计折旧",勾选"在对账不平情况下允许固定资产月末结账",单击【下一步】按钮,进入固定资产账套初始信息设置汇总界面,如图实8-3所示,进行信息核对,核对无误,单击【完成】按钮,系统出现"已完成新账套的所有设置工作。是否确定所有设置的信息完全正确并保存对新账套的所有设置",如图实8-4所示,单击【是】按钮,系统弹出"已成功完成本账套的初始化",单击【确定】按钮。

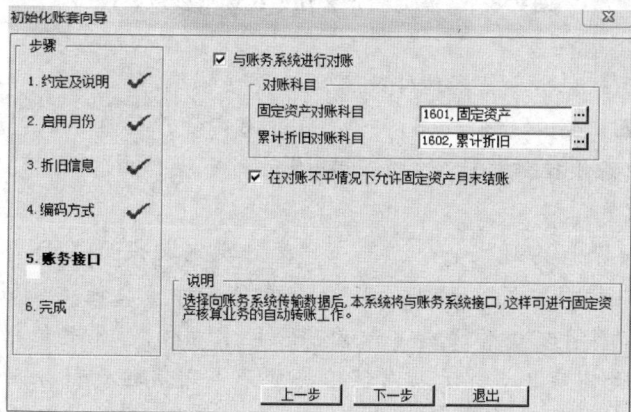

图实8-3　固定资产账务接口设置

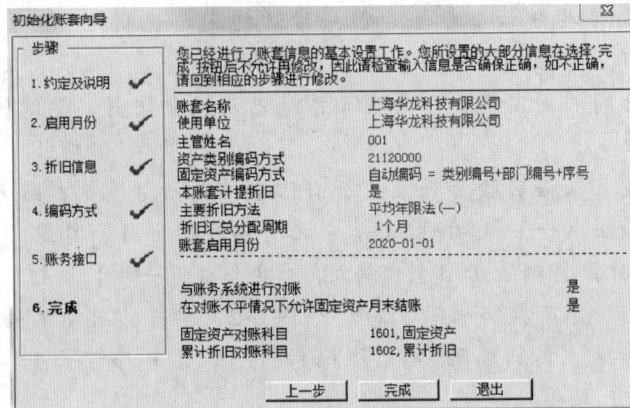

图实 8-4　固定资产管理系统账套设置总信息

　　⑦ "选项" 补充参数设置。执行 "固定资产→设置→选项" 命令，进入 "选项" 窗口，单击【编辑】按钮，打开 "与账务系统接口" 选项卡，如图实 8-5 所示，勾选 "业务发生后立即制单"、选择或输入缺省入账科目编码 "1601" "1602" "1603" "22210101" "1606" 分别对应 "固定资产" "累计折旧" "固定资产减值准备" "增值税进项税额" "固定资产清理" 科目。

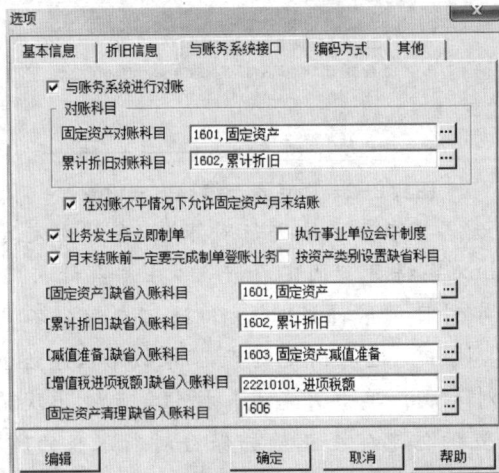

图实 8-5　固定资产管理系统选项参数设置

注意事项：

　　● 初始化完成后，有些参数不能修改，所以要谨慎填写。

　　● 如果参数设置出错，必须改正。可以通过固定资产管理系统 "维护→重新初始化账套" 功能实现，注意该操作将清空对该子账套的所有操作内容。

　　(2) 资产类别设置。

　　①执行 "设置→资产类别" 命令，进入 "资产类别" 设置界面。点击工具栏的【增加】按钮，类别编码栏由系统自动编号，输入类别名称 "交通运输设备"、使用年限为 "10" 年，净残值率为 "4%"，卡片样式改为 "含税卡片样式"，其他栏目按默认值，点击【保存】按钮，结果如图实 8-6 所示。同理根据资产类别实验资料分别输入 "电子设备及其他通信设备" "房屋及建筑物"，使用年限分别为 10 年及 20 年，净残值率均为 4%，其他

栏目按默认值，点击【保存】按钮完成资产大类增加操作。

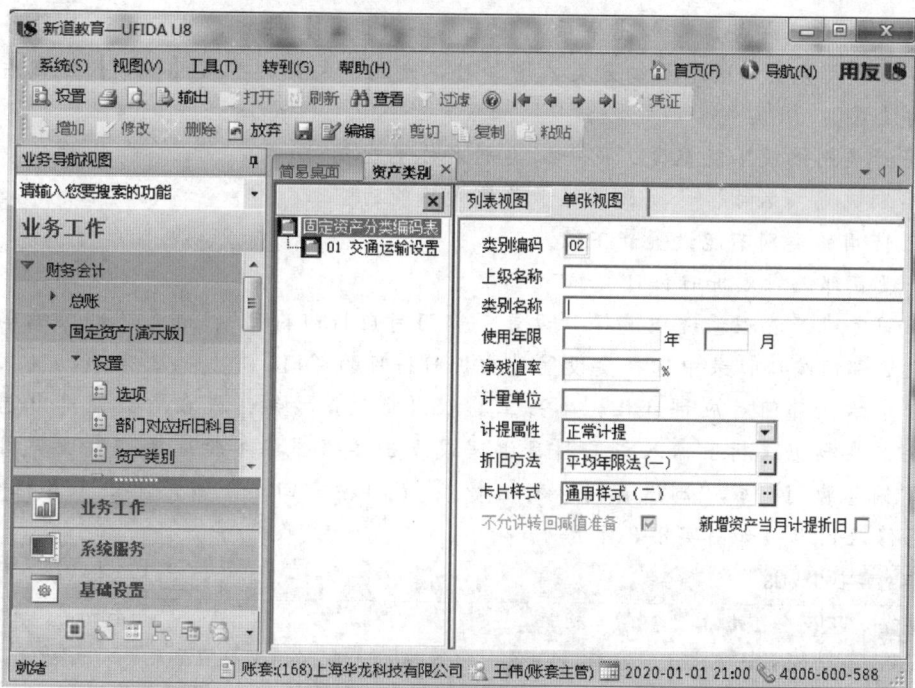

图实8-6   固定资产类别设置

②关闭资产类别增加界面，选择"固定资产分类编码表"下资产类别列表中"交通运输设备"，单击【增加】按钮，分别输入"交通运输设备"大类资产下所属明细类别名称"经营用设备""非经营用设备"，类别编码由系统自动生成，分别单击【保存】按钮。

③采用同样的方法，分别输入"电子设备及其他通信设备""房屋及建筑物"两类资产的明细类别，结果如图实8-7所示。

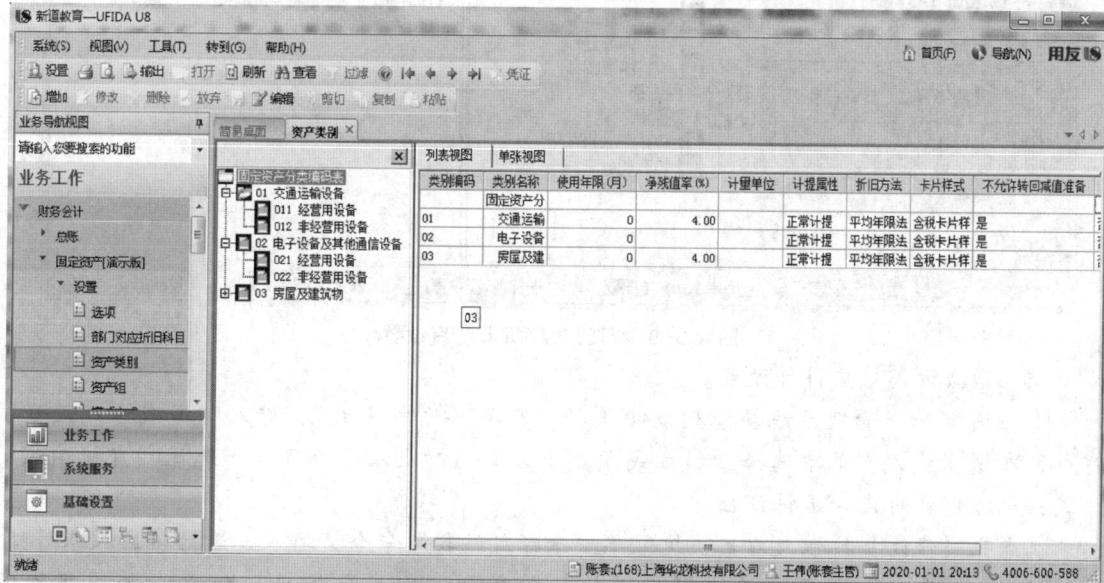

图实8-7   固定资产类别列表

注意事项:

● 先增加资产大类,增加完毕后,应先单击【退出】按钮,然后再进入设置资产类别界面,增加大类下的所属明细分类,增加时,先选中大类,单击【增加】按钮后再进行明细类别设置。

● 资产类别编码不能重复,同一级类别名称不能相同。

● 类别编码、名称、计提属性与卡片格式不能为空。

● 已使用的类别不能设置新下级。

(3) 设置部门对应折旧科目。

①在固定资产管理系统中选择"设置→部门对应折旧科目",进入"部门编码表"界面,在左边部门编码目录中选择要设置对应折旧科目的部门。

②选中右侧部门对应科目栏,单击工具栏【修改】按钮,或在右键菜单中选择"编辑"命令,在数据编辑区输入折旧科目编码或点击参照图标参照选择"管理费用—折旧费"或"销售费用"或"制造费用—折旧费";直接按"回车"键或单击工具栏【保存】按钮保存修改内容,如图实8-8所示。

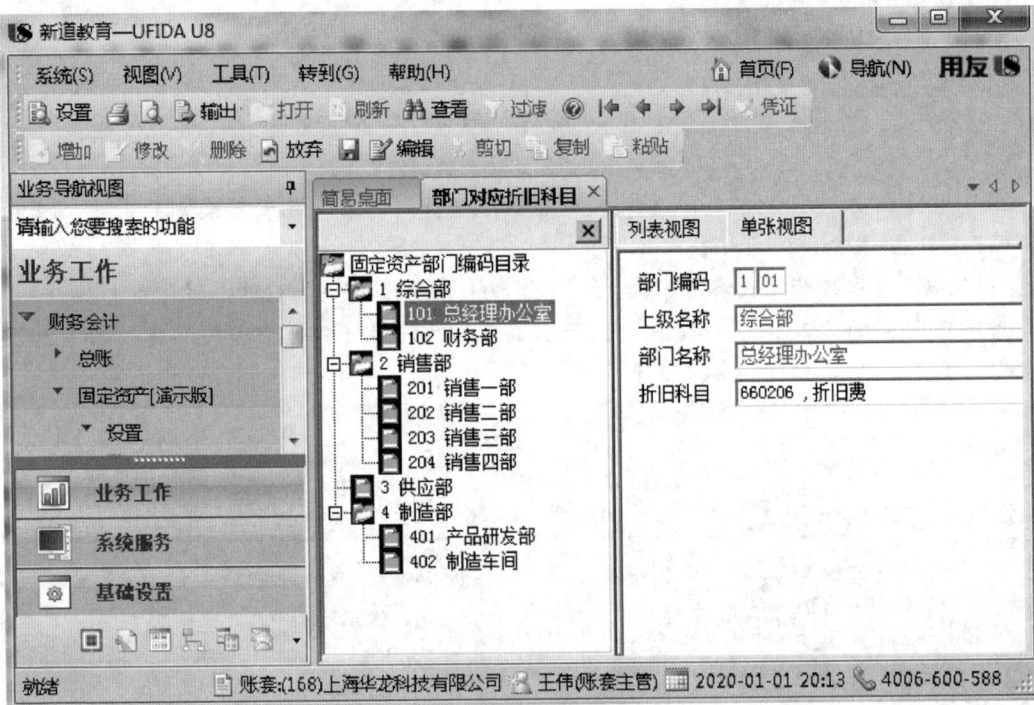

图实8-8　部门对应折旧科目设置

(4) 增减方式对应科目设置。

①在固定资产管理系统功能列表中选择"设置→增减方式",进入"增减方式设置"窗口,在增减方式名称中选择增加方式或减少方式的对应入账科目,如选择"直接购入"方式,光标停在对应入账科目栏。

②点击【修改】按钮或右击快捷菜单中选择"编辑"命令,输入或选择对应入账科目"100201 工行存款"之后,单击【保存】按钮或按"回车"键确认保存,如图实8-9所示。

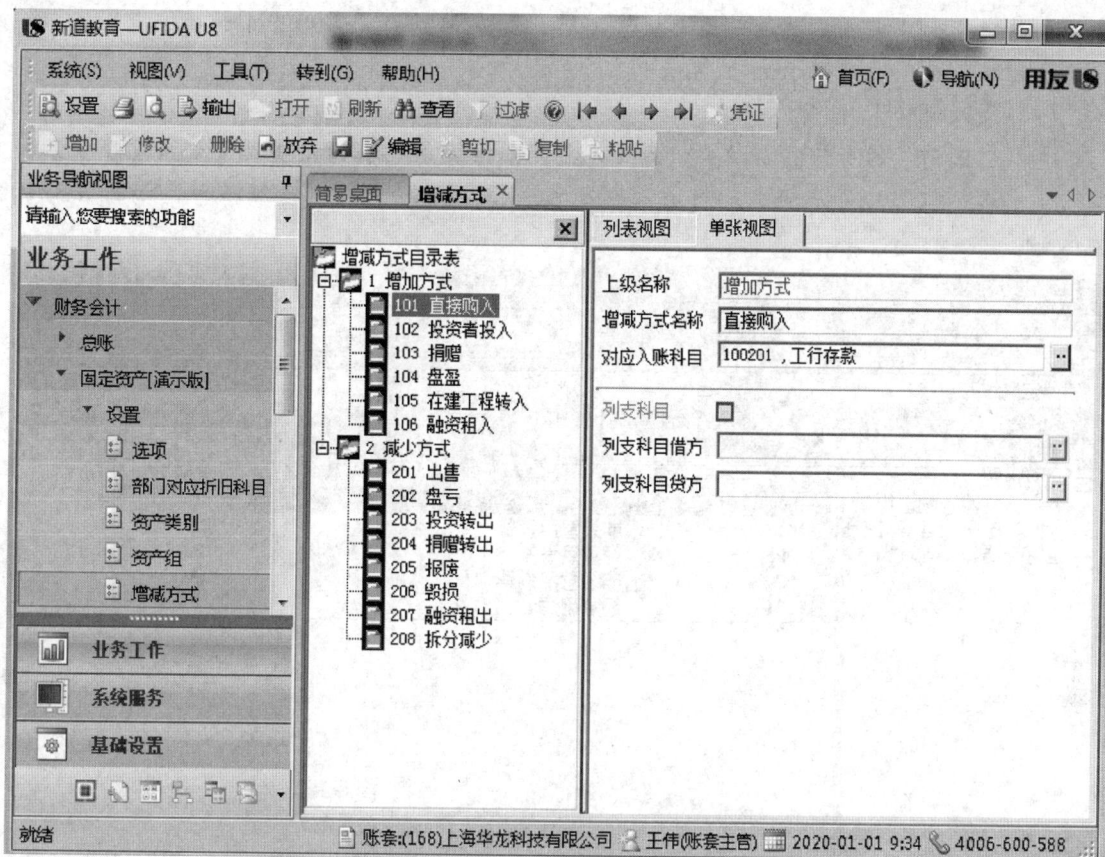

图实 8-9 增减方式对应科目设置

③类似地，分别选择增减方式"在建工程转入""出售""毁损"并输入对应入账科目。

注意事项：

● 若要为某增减方式增加下级明细项目，则在选中该增减方式后，先点击【增加】按钮，输入明细名称，再选择或输入对应入账科目，增加完毕，单击【保存】按钮。

● 设置对应入账科目是为了在生成凭证时使用，例如，以购入方式增加资产时对应科目可设置为"银行存款"，投资者投入时对应科目可设置为"实收资本"，该科目将缺省在贷方；资产减少时，对应科目可设置为"固定资产清理"，将缺省在借方。为原有增减方式设置对应入账科目时，也可从增减方式目录中选中要修改的对应入账科目，单击【修改】按钮，修改该方式对应入账科目，修改完毕，单击【保存】按钮，保存修改的内容。

④卡片项目定义。卡片项目是固定资产卡片上用来记录固定资产详细资料的栏目，如原值、净残值、资产名称等，它们是最基本的卡片项目。

实际工作中每个企事业单位都会有自己特定的卡片格式，因此各个单位固定资产卡片上记载的项目也不尽相同。

固定资产管理系统提供了允许用户增加卡片项目的功能。固定资产管理系统提供了一些常用卡片必需的项目，称为系统项目，如果这些项目不能满足企业对资产特殊管理的需要，可以通过卡片项目定义来定义自定义项目，这两部分构成卡片项目目录。

本实验采用系统默认卡片项目。

（5）录入原始卡片。

①以"王伟"的身份重新注册进入固定资产管理系统，在固定资产管理系统目录区树型列表中选择"固定资产→卡片→录入原始卡片"，显示资产类别参照界面，如图实 8-10 所示。

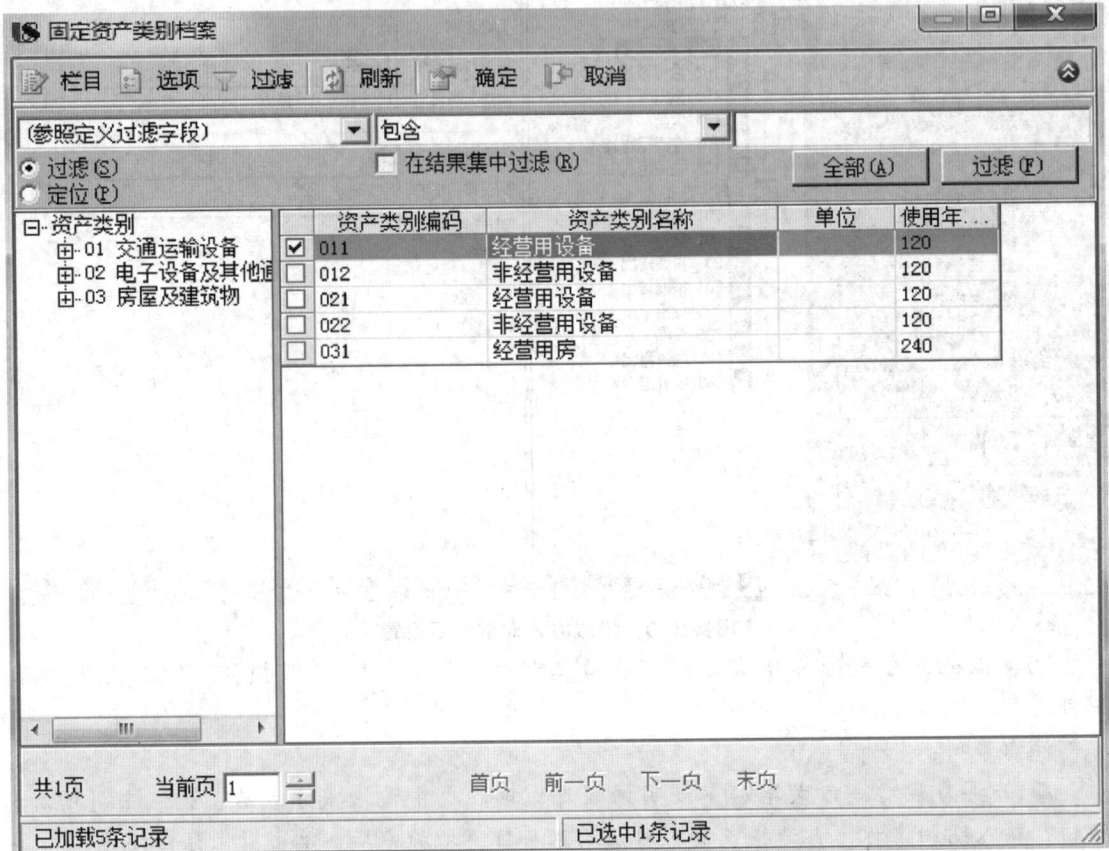

图实 8-10　固定资产类别档案

②从中选择要录入固定资产卡片所属的明细资产类别。如果资产类别较多时可以使用系统提供的查询方式查找。

③双击选中的资产类别或点击工具栏【确定】按钮，显示固定资产卡片录入界面，根据资料录入或参照选择各项目的内容。

④固定资产编号由系统产生，输入固定资产名称：轿车，类别编码参照输入 012，类别名称由系统自动带出，参照输入使用部门：总经理办公室，参照输入增加方式：直接购入，参照输入使用状况：在用，输入开始使用日期：2018-11-01，输入原值：265 470，累计折旧：37 254.75，输入使用年限：72，其他信息或暂不输入或由系统自动计算，如图实 8-11 所示。

⑤单击【保存】按钮后，系统提示卡片已成功保存，并显示下一张空白卡片供继续录入。

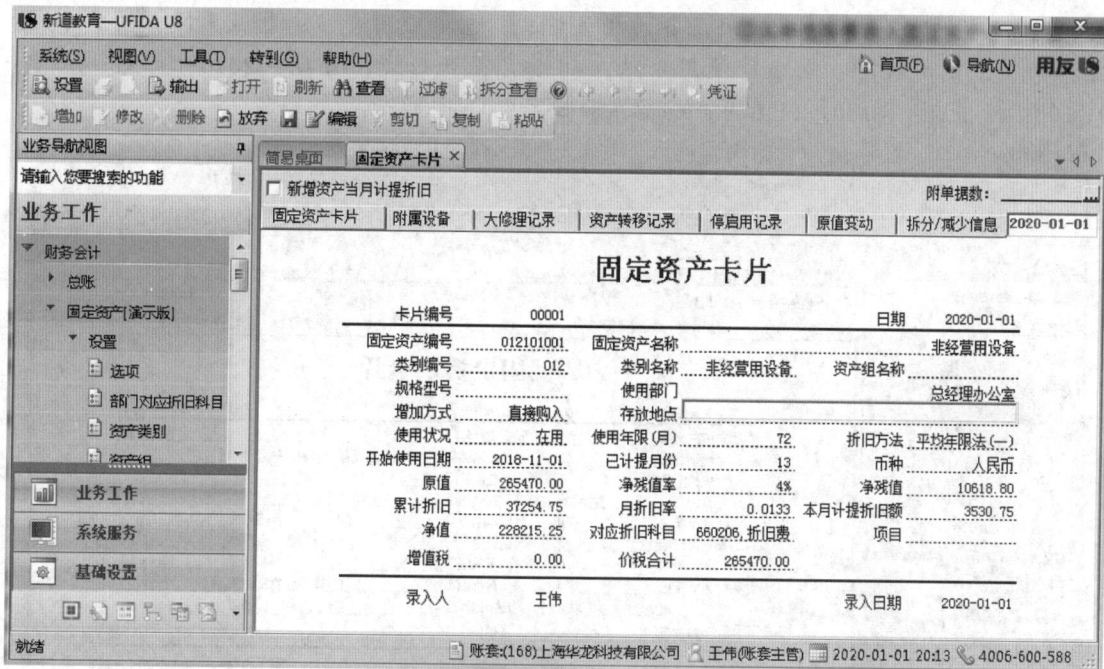

图实 8-11　固定资产卡片新增界面

注意事项：

● 与计算折旧有关的项目录入后，系统会按照输入的内容将本月应提的折旧额显示在"月折旧额"项目内，可将该值与手工计算的值比较，看是否有录入错误。

● 其他页签录入的内容只是为管理卡片设置，不参与计算。除附属设备外，其他内容在录入月结账后除"备注"外不能修改和输入，由系统自动生成。

● 原值、累计折旧、累计工作量录入的必须是卡片录入月月初的数值，否则将会出现计算错误。

● 已计提月份必须严格按照该资产已经计提的月份数计算，不包括使用期间停用等不计提折旧的月份，否则不能正确计算折旧。

● 固定资产原始卡片录入后，可在"卡片→卡片管理"中查看，以检查录入中是否有误，若发现输入有误，可通过设置"卡片管理"窗口中"开始使用日期"，进入卡片固定资产列表，双击条目或单击【修改】或【编辑】按钮进行修改。

3.固定资产日常业务处理

由于假设固定资产日常业务发生的日期均在1月31日，所以固定资产实验日常业务处理既可以引入"实验三总账管理系统初始化"后的账套数据，也可引入"实验四总账管理系统日常业务处理"结束后的账套数据。这样既可以保持模块的相对独立，又可以将总账管理系统与薪资管理系统、固定资产管理系统融合起来做实验。

★业务1　经营用资产增加

（1）在固定资产管理系统中执行"设置→资产类别"命令，将"经营用设备"的卡片样式设置为"含税卡片样式"。如果前面已进行设置，则忽略此步。

（2）在固定资产管理系统中执行"卡片→资产增加"命令，在"资产类别参照"对话框中，选择"021经营用设备"，单击【确定】按钮，在弹出的"固定资产卡片"录入窗口，输入 1 月 31 日购入的经营用设备的相关信息，包括使用部门：制造车间；增加方式：直接购入；使用状况：在用；使用年限：60 个月；开始使用日期：2020-01-31；原值：91 100；增值税：8 100。固定资产新增界面如图实 8-12 所示。

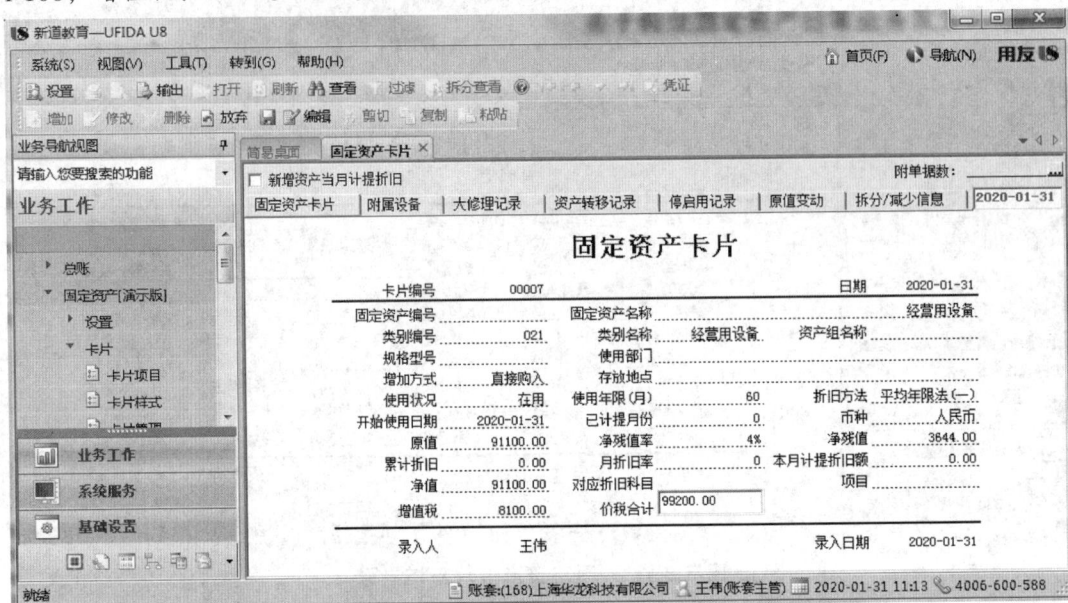

图实 8-12　固定资产新增设置界面

（3）单击【保存】按钮，系统进入凭证填制界面，修改凭证类型为"付款凭证"，日期为 2020-01-31，摘要为直接购入资产，附单据数为 2。

（4）检查凭证要素，再单击【保存】按钮，弹出现金流量项目录入界面，输入"购建固定资产、无形资产及其他长期资产支付的现金"。单击【确定】按钮，再单击【保存】按钮，系统提示凭证已生成，如图实 8-13 所示。

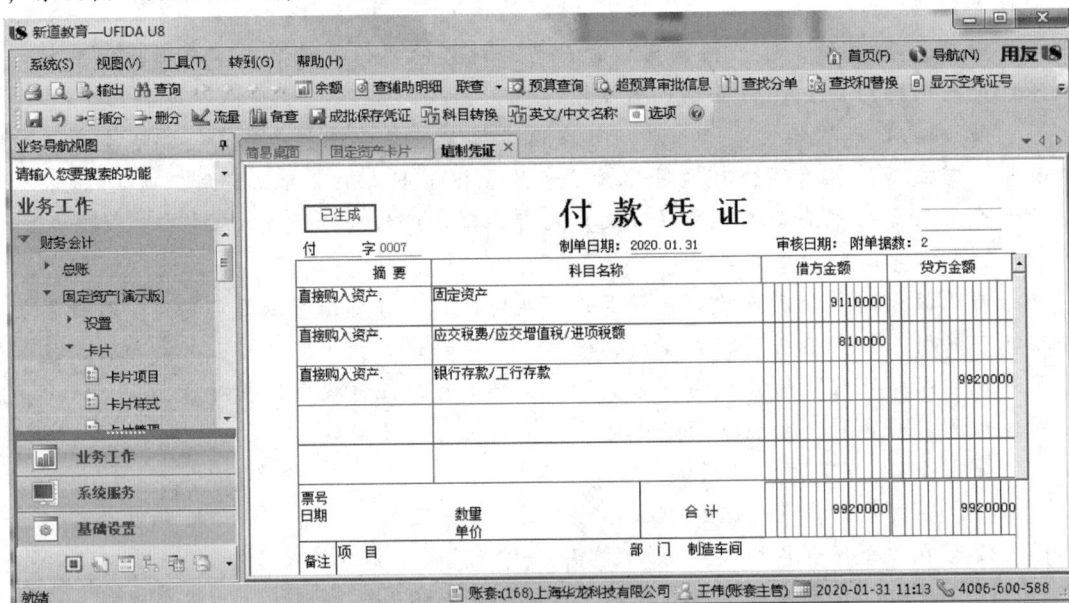

图实 8-13　固定资产购建业务凭证

★业务2　非经营用资产增加

（1）在固定资产管理系统中执行"卡片→资产增加"命令，在"资产类别参照"对话框中，选择"022非经营用设备"，单击【确定】按钮，在弹出的"固定资产卡片"录入窗口，输入1月31日购入的非经营用电子设备扫描仪的相关信息，包括使用部门：财务部；增加方式：直接购入；使用状况：在用；使用年限：60月；开始使用日期：2020-01-31；原值：1 500；增值税：135。

（2）单击【保存】按钮，系统进入凭证填制界面，修改凭证类型为"付款凭证"，日期为2020-01-31，附单据数为2。

（3）再单击【保存】按钮，弹出现金流量项目录入界面，输入"购建固定资产、无形资产及其他长期资产支付的现金"。单击【确定】按钮，再单击【保存】按钮，系统提示凭证已生成。

★业务3　资产评估

（1）在固定资产管理系统中执行"卡片→资产评估"命令，单击【增加】按钮，在"评估资产选择"窗口的"可评估项目"列表中勾选"原值""累计折旧"，对"选择评估资产"勾选"手工选择"，单击【确定】按钮，进入"资产评估"界面。

（2）输入卡片编号"00001"或参照输入卡片编号，选择轿车一行，资产编号自动带出，单击【确定】按钮，输入评估后原值"200 000"，评估后累计折旧"45 000"，单击【保存】按钮，弹击"是否确认要进行资产评估？"，单击【是】按钮，系统弹出填制凭证界面。

（3）修改凭证类别为"转账凭证"，日期为2020年1月31日，第一行固定资产科目补充部门为"总经理办公室"（输入方法，光标停留在"固定资产"科目，鼠标指向部门辅助栏，变为笔头形状时双击，显示部门输入界面），第二行输入资本公积科目编码"4002"，第四行输入"管理费用-折旧费"科目编码"660206"，在弹出的部门辅助项中输入"总经理办公室"，再单击【保存】按钮，如图实8-14所示。

图实8-14　固定资产评估业务凭证

★业务4　折旧计提

在固定资产管理系统中执行"处理→计提本月折旧"命令，系统弹出"是否要查看折旧清单？"提示框，单击【是】按钮，系统又弹出"本操作将计提本月折旧，并花费一定时间，是否要继续？"提示框，单击【是】按钮，进入"折旧清单"查询窗口，选择"按部门查询"，可以看到各项固定资产计提折旧情况，单击工具栏【退出】按钮，系统提示"折旧计提完成"，单击【确定】按钮，选择工具栏【凭证】按钮，系统出现凭证填制窗口，选择凭证类型为"转账凭证"，单击【保存】按钮，凭证已生成，如图实8-15所示。

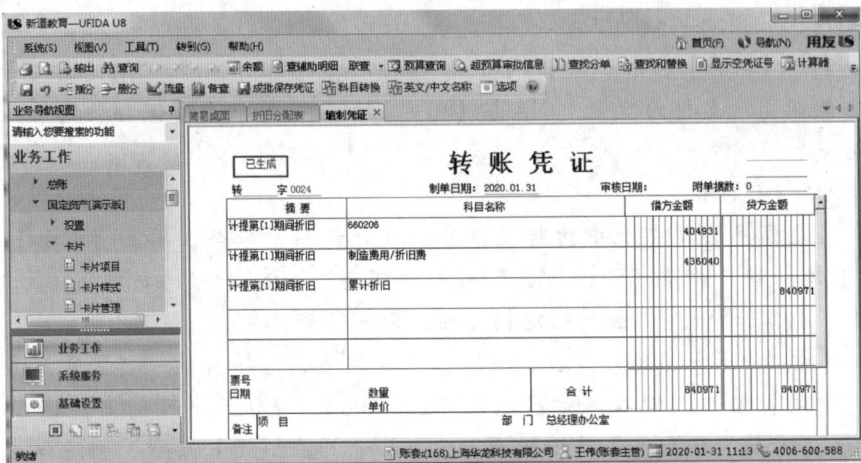

图实8-15　折旧计提凭证

★业务5　资产减少——毁损

（1）在固定资产管理系统执行"卡片→资产减少"命令，在"资产减少"窗口，输入卡片编号：00005，资产编号：02140200002，单击窗口右侧的【增加】按钮，参照输入减少方式：毁损；清理原因输入"毁损"，单击【确定】按钮。系统弹出"减少卡片已经成功"提示框，单击【确定】按钮，并显示填制凭证界面。

（2）修改凭证类型为"转账凭证"。单击【保存】按钮，凭证生成，如图实8-16所示。

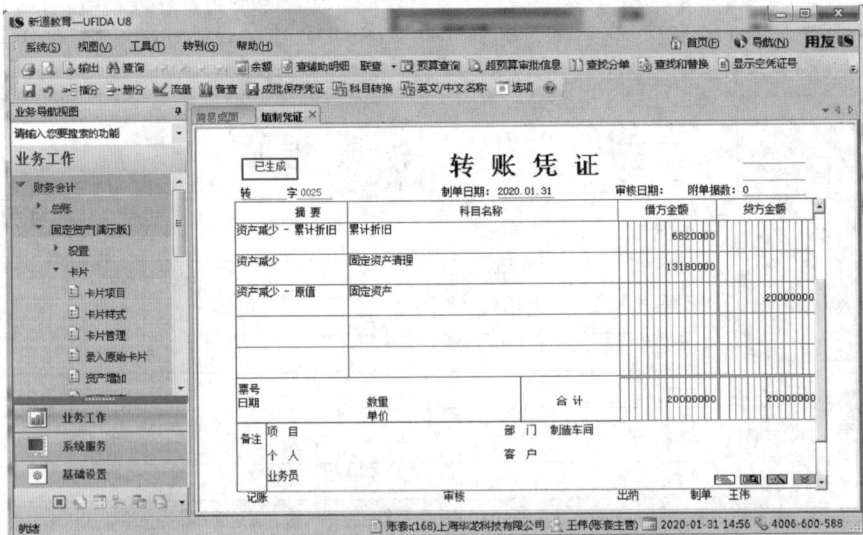

图实8-16　固定资产减少业务处理凭证

（3）在总账管理系统填制固定资产清理净损益的会计凭证，本实验是清理净损失，会计分录为：

借：营业外支出（6711）　　　　　　　　　　　　　　131 800
　　贷：固定资产清理（1606）　　　　　　　　　　　　131 800

4.期末处理

固定资产管理系统生成的凭证自动传递到总账管理系统，需要在总账管理系统中对传递过来的凭证进行出纳签字、审核与记账等相关操作，才能进行固定资产管理系统与总账管理系统的对账工作。

（1）以出纳操作员"李芳"的身份登录企业应用平台，在总账管理系统中进行出纳签字。

（2）以账套主管"余力"的身份在总账管理系统中进行审核与记账。

（3）在固定资产管理系统执行"账表→我的账表"命令，进入固定资产"报表"窗口，单击"折旧表"，选择"（部门）折旧计提汇总表"，单击【打开】按钮，或双击，打开"条件"对话框。选择期间"2020-01"，部门级次"1-2"，单击【确定】按钮，系统显示"（部门）折旧计提汇总表"，如图实8-17所示。

图实8-17　（部门）固定资产折旧计提汇总表

（4）对账。

在固定资产管理系统中，执行"处理→对账"命令，系统弹出"与账务对账结果"信息提示对话框，显示固定资产原值、累计折旧与账套对账结果平衡，单击【确定】按钮。

注意事项：

● 总账管理系统记账完毕，固定资产管理系统才能进行对账。对账平衡，开始月末结账。

● 如果在初始设置时，选择了"与账务系统对账"功能，对账的操作将不限制执行的时间，任何时间都可以进行。

● 如果固定资产账套建立时，在"账务接口"中勾选了"在对账不平情况下允许固定资产月末结账"复选框，则可以直接进行月末结账。

（5）结账。

①执行"处理→月末结账"命令，打开"月末结账"对话框，如图实8-18所示。

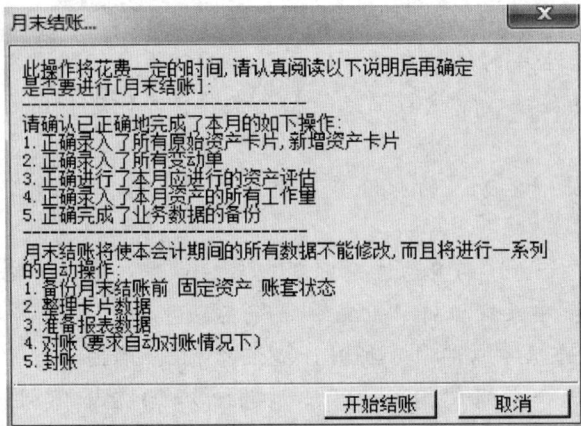

图实8-18　固定资产管理系统月末结账界面

②对图实8-18中相关信息检查后，单击【开始结账】按钮，系统弹出"与账务对账结果"信息提示框，结果显示平衡，单击【确定】按钮。系统弹出"月末结账成功完成！"信息提示框，单击【确定】按钮，再次单击【确定】按钮，完成结账工作。

注意事项：

● 本会计期间操作完月末结账工作后，所有数据资料将不能再进行修改。

● 本会计期间没有完成月末结账工作，系统将不允许处理下一个会计期间的数据。

● 月末结账前一定要进行数据备份，否则数据一旦丢失，将造成无法挽回的后果。

（6）取消结账。

执行"处理→恢复月末结账前状态"命令，系统弹出"是否继续？"信息提示框，单击【是】按钮，系统弹出"成功恢复月末结账前状态！"信息，单击【确定】按钮。

第8章 应收款管理系统

【内容提要】

本章首先讲述了应收款管理系统的功能、分析了应收款管理系统的核算方案、应收款管理系统与其他系统的关系及应用流程；然后分析了应收款管理系统初始化、日常业务处理及期末处理的方法。

8.1 应收款管理系统概述

8.1.1 应收款管理系统的主要功能

应收款管理系统主要核算和管理客户往来款项，即管理企业在日常经营过程中所产生的各种应收款数据信息，对销售业务、其他应收业务产生的应收款以及这些应收款的收回、坏账、转账等情况进行处理。

对于应收款的核算与管理，不仅可以深入到各种产品、各个地区、各个部门和每位业务员，还可以从不同的角度，对应收款项进行分析预测，使购销业务系统和账务系统有机地联系起来。

在实际经营活动中，企业与其他单位和个人发生应收款项是非常频繁的，收款工作量比较大，拖欠款的情况也时有发生，因此，对应收款项的管理是一项相当繁杂的工作，应收款管理系统可以使企业管理好应收款项，及时收回欠款，积极开展正常的经营活动。应收款管理系统，可以直接根据销售管理子系统产生的发票和定金自动生成凭证，记入总账管理子系统。客户交款时，可冲抵客户应收款，并自动计算现金折扣，生成收款凭证。系统可追踪客户的交款及拖欠款情况，及时提供客户的信用信息，可以实现对已形成的应收款进行账龄分析和估算坏账损失的功能，应收款管理子系统与总账管理子系统可以实现数据共享，可随时查询与应收款有关的账务处理情况。

应收款管理系统的主要功能包括初始设置、日常业务处理、其他业务处理、期末处理等四个方面。

8.1.1.1 初始设置

初始设置主要完成应收款管理系统的初始设置，包括系统参数设置、公用基础信息的设置、专用基础信息的设置、期初余额的录入等。

8.1.1.2 日常业务处理

日常业务处理主要包括应收单据处理与收款单据处理、票据处理、转账处理、汇兑损益处理、制单处理、坏账处理和单据查询及相关账表管理等。

8.1.1.3　其他业务处理

其他业务处理包括远程数据传递，并对核销、选择收款、转账、票据、坏账等处理进行恢复。

8.1.1.4　期末处理

期末处理指用户在月末进行的结算汇兑损益以及月末结账工作。如果企业有外币往来，则月末需要计算外币单据的汇兑损益，并对其进行相应的处理，如果当月业务已经全部处理完毕，就需要执行月末结账工作，只有月末结账后，才可以开始下月工作。

8.1.2　应收款管理系统的处理方式

不同规模的企业，应收款业务多少不同。如果企业应收款业务不多，也不需要追踪每笔业务的来龙去脉，则可以直接在总账管理系统中填制凭证，并审核记账，完成应收款业务处理。如果企业对应收款业务管理要求较高，则可以采用下列两种方式处理。

8.1.2.1　在应收款管理系统核算客户往来款项

如果在销售业务中，应收款核算与管理的内容比较复杂，需要追踪每一笔业务的应收款、收款情况，或者需要将应收款核算具体到产品，那么可以选择在应收款管理系统中核算，在这种方式下，所有的客户往来凭证，全部由应收款管理系统生成，其他系统不再生成这类凭证，并由应收款管理系统实现对应收账款的核算管理。

8.1.2.2　在销售管理系统核算客户往来业务

如果企业的销售业务比较多，而且复杂，需要追踪到每一笔销售发票、销售调拨单以及代垫费用单等的情况，同时需要了解每一笔业务的应收款、收款情况，则可以选择这种方式，这种方式需要同时启用总账管理系统、应收款管理系统、销售管理系统。所有销售发票、销售调拨单及代垫费用单均在销售管理系统录入，单据录入完毕，自动传递到应收款管理系统，应收款管理系统接收销售管理系统传递过来的发票，对其进行审核制单处理，并将生成的记账凭证传递到总账管理系统中，再在总账管理系统中进行凭证的审核与记账。

8.1.3　应收款管理系统应收账款核算方案

应收款管理系统提供两种应收账款核算方案，即简单核算和详细核算，用户可以进行选择，系统默认的是详细核算方案。

8.1.3.1　简单核算

简单核算是应收款管理系统只完成将销售管理系统传递过来的发票生成凭证，并传递给总账管理系统的任务。如果企业的销售业务以及应收款业务相对简单，或者现销较多，则企业可以选择简单核算方案。简单核算的流程如图8-1所示。

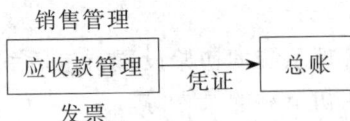

销售管理

应收款管理　——凭证——→　总账

发票

图8-1　应收款管理系统简单核算流程

8.1.3.2　详细核算

详细核算方案可以对往来业务进行详细的核算、控制、查询分析，如果企业的销售业务以及应收款核算与管理业务比较复杂，或者需要追踪每一笔业务的应收款、收款等情况，或者企业需要将应收款核算到产品一级，则需要选择详细核算方案。

详细核算主要包括记录应收款的形成，处理应收项目的收款和转账情况，对应收票据进行记录和管理，对应收项目的处理过程自动生成凭证并向总账管理系统进行传递，对外币业务及汇兑损益处理，提供针对多种条件的各种查询分析。详细核算的流程如图8-2所示。

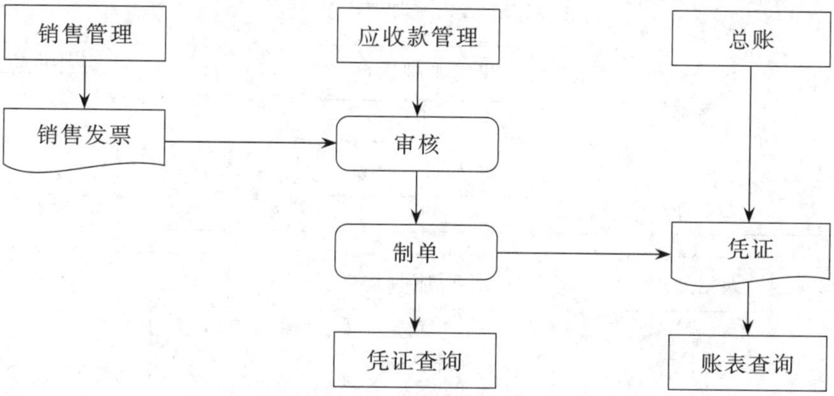

图8-2　应收款管理系统详细核算流程

在系统启用时或者在还没有进行任何业务（包括期初数据录入）时才允许从简单核算改为详细核算；从详细核算改为简单核算随时可以进行，但用户要慎重，一旦有数据，简单核算就改不回详细核算了。

8.1.4　应收款管理系统与其他系统的关系

应收款管理系统对客户应收款核算和管理的程度不同，系统的功能、接口、操作流程等也存在差异，在应收款管理系统核算客户往来款项中，应收款管理系统与其他子系统的关系如图8-3所示。销售管理子系统为应收款管理系统提供已审核的销售发票、销售调拨单，及代垫费用单据，再生成凭证，并对发票进行收款结算处理。应收款管理系统也为销售管理系统提供销售发票、销售调拨单的结算情况及代垫费用的核销情况。应收款管理子系统与应付款管理子系统之间可以进行转账处理，比如，应收冲应付业务处理。应收款管理子系统生成的凭证传递到总账管理系统，可以在总账管理系统查询并进行审核、记账处理。应收款管理子系统还将数据传递到财务分析系统，可以进行相关的财务分析。

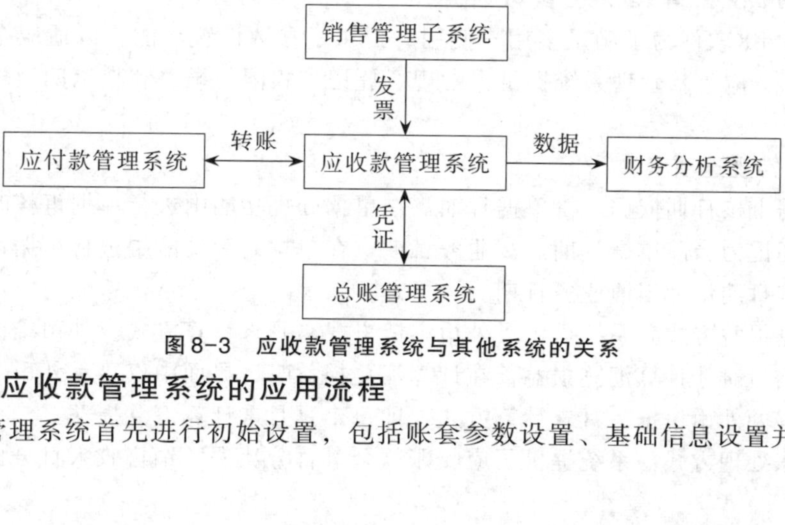

图8-3　应收款管理系统与其他系统的关系

8.1.5　应收款管理系统的应用流程

应收款管理系统首先进行初始设置，包括账套参数设置、基础信息设置并输入期初余额，再进行日常处理。日常处理包括应收款的形成、票据处理、坏账处理、收款结算、转账处理，进行制单、日常查询统计。最后进行期末处理。期末处理包括汇兑损益处理与期末结账。应收款管理系统应用流程如图8-4所示。

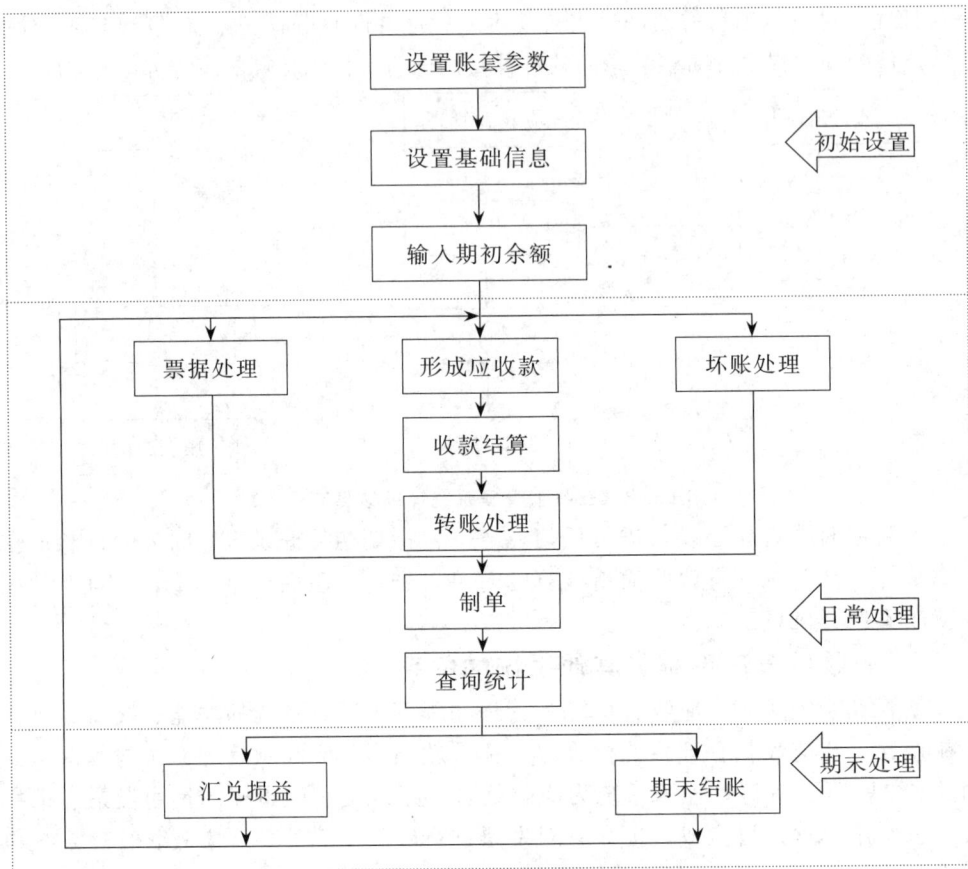

图8-4　应收款管理系统的应用流程

8.2　应收款管理系统初始设置

8.2.1　应收款管理系统参数设置

用友 ERP U8 软件为了满足多用户使用，提供了参数设置功能，以适应企业会计核算和管理的要求，应收款管理系统提供了常规、凭证、权限与预警和核销四个方面的主要参数设置。

8.2.1.1　常规选项卡

（1）单据审核日期依据。①单据日期。在单据处理功能中进行单据审核时，自动将单据的审核日期记为当前单据日期。②业务日期。在单据处理功能中进行单据审核时，自动将单据的审核日期记为当前业务日期。

（2）汇兑损益方式。系统提供了外币结清方式与月末计算方式。外币结清方式是当某种外币余额结清时才计算汇兑损益，在计算汇兑损益时，界面中仅显示外币余额为零且本币余额不为零的外币单据。月末计算方式，即每个月月末计算汇兑损益。

（3）坏账处理方式。系统提供了应收账款余额百分比法、销售收入百分比法、账龄分析法、直接转销法 4 种坏账处理方式。用户如果选择了前三种方式中的任一种，则需要在初始设置中录入坏账准备期初余额和计提比例或输入账龄区间等，并在"坏账处理"功能中进行后续处理。如果选择直接转销方式，则当坏账发生时，直接将应收账款转为费用即可。

（4）代垫费用类型。系统默认其他应收单，用户也可在单据类型设置中自行定义单据类型，然后在系统参数中设置。

（5）应收账款核算方案。系统提供了两种核算方案，即简单核算与详细核算。

常规选项卡还包括自动计算现金折扣、是否进行远程应用、是否进行支票登记、改变税额是否反算税率、业务账表发货单需要出库确认、应收票据直接生成收款单等方面的设置。

8.2.1.2　凭证选项卡

（1）受控科目制单方式。"受控科目制单方式"是应收款管理系统制单时，如果使用的会计科目是受应收款管理系统限制的会计科目（称受控科目），解决生成的凭证只反映客户信息还是既要反映客户信息又要反映单据信息的问题，系统提供两种制单方式：明细到客户方式和明细到单据方式。

（2）非控科目制单方式。"非控科目制单方式"是应收款管理系统制单时，如果使用的会计科目是不受应收款管理系统限制的会计科目（称非受控科目），解决生成的凭证是只反映客户信息还是既反映客户信息又反映单据信息或者只反映总的金额的问题，系统提供三种制单方式：明细到客户方式、明细到单据方式和汇总方式。

（3）控制科目依据。控制科目是指所有带有客户往来核算并受控于应收款管理系统的科目。"控制科目依据"是解决应收款业务发生时，控制科目是按照哪种基础信息反映在单据和凭证上的问题。系统提供了六种设置控制科目的依据，即按客户分类、按客户、按地区、按销售类型、按存货分类、按存货。

（4）销售科目依据。"销售科目依据"是解决应收款业务中存货销售的对应科目是按照哪种基础信息反映在单据和凭证上的问题，系统提供了五种设置存货销售科目的依据，按存货分类、按存货，按客户分类、按客户、按销售类型，通过设置的销售科目为系统自动制单时科目取值提供依据。

（5）月结前全部生成凭证。当选中此选项时，则在期末结账时，系统将检查截至结账月份是否有未制单的单据和业务处理，若有未制单的，系统将提示不能进行本次月末结账处理，若没有未制单的，则可以继续本月末结账处理。

当未选中此选项时，则在进行月末结账时只允许查询截至结账月的未制单单据和业务处理，不进行强制限制月末结账处理，即可以进行月末结账。

（6）方向相反的分录合并。当选中此选项时，则系统在生成凭证时自动把入账科目相同、方向相反的金额合并。未选中此项时，则不合并。

（7）核销生成凭证。当选中此项时，则系统在核销业务完成后，借贷方科目不相同时会自动生成凭证；当未选中此项时，则系统在核销业务完成后，借贷方科目如果不同，系统也不会自动生成凭证。

（8）预收冲应收生成凭证。当选中此项时，则系统在预收冲应收业务完成后自动生成凭证；如果未选中此选项，则系统在预收冲应收完成后不自动生成凭证。

（9）红票对冲生成凭证。当选中此选项时，则系统在红票对冲完成后，借贷方科目不同时会自动生成凭证；如果未选中此选项，则系统在红票对冲完成后，借贷方科目不同也不会自动生成凭证。

（10）单据审核后立即制单。当选中此选项时，系统在审核业务完成后会自动生成凭证；当未选中此选项时，系统在审核业务完成后不会自动生成凭证。

8.2.1.3 权限与预警选项卡

（1）控制客户权限。只有在企业应用平台"系统服务—权限—数据权限控制设置"中的"客户档案"中的"记录及数据采集控制"被选中时，该选项才可以设置。账套参数中对"可以使用应收受控科目"无论权限控制与否，在应收款管理系统中对客户都可以进行数据权限控制。

（2）控制部门权限。只有在企业应用平台"系统服务—权限—数据权限控制设置"中的"部门档案"中的"记录及数据采集控制"被选中时，该选项才可以设置。在应收款管理系统中，对部门可以进行数据权限控制。

（3）控制业务员权限。只有在企业应用平台"系统服务—权限—数据权限控制设置"中的"业务员"中的"记录及数据权限控制"被选中时，该选项才可以设置。在应收款管理系统中，对业务员可以进行数据权限控制。

（4）控制合同类型权限。只有在企业应用平台启用了"合同管理系统"之后，并在"系统服务—权限—数据权限控制设置"中的"合同类型"中的"记录及数据权限控制"被选中时，该选项才可以设置。在应收款管理系统中，对合同类型可以进行数据权限控制。

（5）控制操作员权限。只有在企业应用平台"系统服务—权限—数据权限控制设置"中的"用户"中的"记录及数据权限控制"被选中时，该选项才可进行设置。在应收款管理系统中，对操作员可以进行数据权限控制。

（6）单据报警。"单据报警"用于设置企业对客户应收款管理系统的报警方式，系统提供信用方式、折扣方式两种报警方式。

（7）信用额度控制。"信用额度控制"解决企业对客户的应收款管理是否可以通过信用额度的方式进行控制的问题。

（8）录入发票时显示提示信息。如果选中"录入发票时显示提示信息"，则在操作员录入发票时，系统会显示该客户的信息、信用额度、余额以及最后的交易情况，否则不显示。

8.2.1.4 核销选项卡

（1）应收款核销方式。"应收款核销方式"是解决系统核销时采用按"单据"还是按"产品"核销的问题。如果企业收回款项时没有指定收回某个具体存货的货款，则可以采用按单据核销；而对于企业销售单位价值较高的存货，可以采用按产品核销，即收回款项时需要指定具体存货名称。一般的企业按单据核销即可，选择不同的核销方式，将影响账龄分析的精确度。

（2）规则控制方式。如果选中"按严格"，则核销时严格按照选择的核销规则进行核销，如不符合就不能核销；如果选中"按提示"，则核销是部分核销，系统给予提示后，可以手工选择是否完成核销。

（3）核销规则。"核销规则"解决核销时按照哪种组合核销规则进行核销的问题，系统默认按客户进行核销，也可以按"客户+其他项"进行组合选择，如选择"客户+部门"，则表示核销时需要客户相同，而且部门相同，其他以此类推，可组合的选项有客户与部门、业务员、合同、订单、项目、发（销）货单。

（4）收付款单审核后核销。"收付款单审核后核销"是解决何时核销以及采用手工核销还是自动核销的问题。

8.2.2 公用基础信息设置

公用基础信息设置通过"企业应用平台"完成，在"企业应用平台"中已经设置的基础档案，如会计科目、部门档案、职员档案、供应商分类、供应商档案、外币及汇率、结算方式、地区分类等可以在应收款管理系统共享使用，如果应收款管理系统需要使用其他基础档案信息，则可以随时在企业应用平台进行补充设置。

（1）信用额度和信用期限的设置。

（2）存货档案的设置。企业可以对存货进行分类管理，以便对业务数据进行统计和分析。如果选择对存货进行分类管理，就需要先设置存货分类，再设置计量单位分组及计量单位，最后设置存货档案。

（3）银行档案及本单位开户银行设置。本单位开户银行设置功能用于维护及查询本单位的开户银行信息，系统提供了一部分银行信息可供用户选择，同时企业也可以通过银行档案，根据用户的需要进行修改、增加、删除、查询和打印，在设置时，一般先设置"银行档案"，然后设置"本单位开户银行"，开户银行一旦被引用，就不能进行修改与删除的操作。

8.2.3 专用基础信息设置

应收款管理系统和其他子系统一样，为了简化业务发生的操作，需要设置一些自适应本系统的特殊信息来满足其需求，这些专门设置的基础信息包括基本科目设置、控制科目设置、产品科目设置、结算方式科目设置、坏账准备设置、账期内账龄区间设置、逾期账龄区间设置、报警级别设置、单据类型设置、中间币种设置等，应收款管理系统的专用信息是在特定的参数控制下设置的，参数选择不同，这些专用信息也不尽相同。

（1）基本科目设置。"基本科目"是企业在核算应收款项时经常用到的科目，可以在此处设置成常用科目，在业务发生后生成凭证时，系统根据业务规则自动弹出相关默认科目，以简化财务人员的工作，提高工作效率。

（2）控制科目设置。"控制科目设置"是在核算对客户的赊销时，按客户或者按客户分类、地区分类、销售类型分类、存货分类、存货分别设置应收账款科目和预收账款科目，可以先在账套参数中选择设置的依据，然后在此处进行设置，系统依据制单业务规则将设置的科目自动带出。

（3）产品科目设置。"产品科目设置"是企业在进行销售（退回）商品核算时，按销售（退回）的产品不同设置销售收入科目、应交增值税销项税额科目、销售退回科目，以便经济业务发生时，系统直接生成记账凭证的入账科目，简化财务人员的工作，提高工作效率。

（4）结算方式科目设置。"结算方式科目设置"是为每一种结算方式设置一个默认的科目，根据默认科目，系统在生成凭证时，结算的入账科目自动生成，简化财务人员的工作，提高工作效率。

（5）坏账准备设置。"坏账准备设置"是通过对计提坏账准备比例和坏账准备期初余额的设置，由系统根据企业的应收账款自动进行坏账准备的计提。

（6）账龄区间设置。"账龄区间设置"是便于企业根据自己定义的应收账款时间间隔，进行应收款或收款的账龄查询和账龄分析，了解企业在一定期间内所发生的应收款和收款的动态变化情况，包括账期内账龄区间设置和逾期账龄区间设置。

（7）报警级别设置。通过报警级别的设置，企业将客户按照赊销欠款余额与其授信额度的比例分为不同的类型，以便掌握各个客户的信用情况。

（8）单据类型设置。单据类型设置是将企业的往来业务与单据类型建立对应关系的工作，以便能快速地处理业务并进行分类汇总、查询、分析等，系统提供了发票和应收单两大类型的单据，发票是系统默认的类型，不能修改、删除，而应收单是记录发票以外的应收款情况，在本系统中，企业可以设置应收单的不同类型。将应收单设置不同的类型，是为了区分应收账款以外的其他应收款项，比如应收代垫费用单、应收罚款单等。

8.2.4　单据格式设计与单据编号设置

（1）单据格式设计。单据格式设计功能主要是根据系统预置的单据模板定义本企业所需要的单据格式，用友U8软件单据格式设计可对U8系列产品中的报账中心、采购、存货、库存、项目管理、销售、应收、应付等模块中的各种单据进行格式设计，每一种单据格式设计都分为单据显示模板和单据打印模板。

（2）单据编号设置。单据编号设置是对各种单据的编号方式进行设置。

8.2.5　期初余额录入

首次使用应收款管理系统，要在启用本系统前将所有客户的应收账款、预收账款、应收票据的期初数据录入系统，这样既可以保证数据的连续性与完整性，又可以在日常业务中，对期初发票、应收单、预收款、票据进行后续的核销和转账处理，当进入第二个年度处理时，系统自动将上一年度末没有处理完的单据转到第二个年度，作为第二个年度的期初余额，在第二个年度的第一个会计期间，可以进行期初余额的调整。

期初余额的录入包括期初销售专用发票的录入、期初销售普通发票的录入、期初其他应收单的录入、期初预收单的录入、期初应收票据的录入。

8.2.6　与总账对账

"与总账对账"用于检查核对企业应收款管理系统期初余额与总账管理系统中的往来账是否相符，若不相符，查看造成不符的原因。如果应收款管理系统与总账管理系统同时启动，则在"期初余额"选项卡主界面显示"对账"功能按钮，可以直接单击【对账】按钮，在"对账结果"选项卡主界面，显示出各客户应收款管理系统与总账管理系统对账情况，如果应收款管理系统与总账管理系统没有同时启用，则需要执行"账表管理→业务账表→与总账对账"功能，在"对账结果"选项卡主界面，列示出各客户应收款管理系统与总账管理系统的对账情况。

8.3　应收款管理系统日常业务处理

应收款管理系统的日常业务处理主要完成企业日常的应收单据处理、收款单据处理、核销处理、票据管理、坏账处理和制单处理，通过及时记录应收、收款业务的信息，为查询统计和分析往来业务提供连续、完整、系统的资料，以加强对往来款项的监督和管理，提高工作效率。

8.3.1　应收单据处理

应收单据处理是指用户进行单据输入和单据管理工作。应收单据处理是应收款管理系统处理的起点，在应收单据处理中可以输入销售业务中的各类发票以及销售业务之外的应收单据，通过单据输入、单据管理可查询各种应收业务单据，完成应收业务管理的日常工作，它的基本业务流程是：单据输入→单据审核→单据制单→单据查询。

（1）单据输入。单据输入是指对未收款项的单据进行输入，输入时先输入代码，系统自动带出客户名称，与客户相关的内容由系统自动显示，然后进行货物名称、数量和金额等内容的输入。在进行单据输入之前，要确定单据名称、单据类型以及方向，再根据业务内容输入有关信息。

（2）单据审核。单据审核是指在单据保存后对单据的正确性做进一步的审核确认。单据输入后，必须经过审核后才能参与结算。审核人和制单人可以是同一个人，单据被审核后将从单据处理功能中消失，但可以通过单据查询功能，查看单据的详细资料。

（3）单据制单。单据制单是指在单据审核后由系统自动编制凭证，也可以集中处理。在应收款管理系统中生成的凭证将由系统自动传递到总账管理系统中，并由有关人员进行审核和记账的账务处理工作。

（4）单据查询。单据查询是对未审核单据的查询，通过单据查询功能可以查看全部单据。

8.3.2　收款单据处理

收款单据处理是对已收到款项的单据进行输入，并进一步核销的过程。在单据结算功能中可以输入收款单、付款单，并对发票及应收单进行核销，形成预收款并核销预收款，处理代付款。

应收款管理子系统的收款单用来记录企业收到的客户款项，款项性质包括应收款、预收款、其他费用等，其中应收款、预收款性质的收款单将与发票、应收单、付款单进行核销处理。当应收款管理子系统的付款单用来记录发生销售退货时，企业开具的退付给客户的款项形成的付款单可以与应收、预收性质的收款单、红字应收单、红字发票进行核销处理。

（1）输入结算单据。输入结算单据是对已经交来的应收款项的单据进行输入，由系统自动进行计算，在根据已收到应收款项的单据进行输入时，首先必须输入客户的名称，再进行相应操作，系统会自动显示相应客户的信息，其次必须输入结算科目、金额、相关部门、业务员等内容，单据输入完毕后，由系统自动生成相关内容，如果输入的是新的结算方式，则应在"结算方式"中，增加新的结算方式，如果要录入另一客户的收款单，则需要重新选择客户的名称。

（2）单据核销。单据核销是对往来已达账项做删除处理的过程，表示本笔业务已经结清，即在确定收款单与原始发票之间的对应关系后，进行系统内自动冲销的过程。

单据核销的作用是解决收回客户款项核销给客商应收款的处理，建立收款与应收款的核销记录，监督应收款及时核销，加强对往来款项的管理，明确核销关系后，可以进行精确的账龄分析，更好地管理应收款项。

如果结算金额与上期余额相等，则销账后余额为零。如果结算金额比上期余额小，则其余额为销账后的余额。

单据核销可以由计算机自动进行，也可以手工进行。由计算机处理采用建立往来辅助账的方式进行往来业务的管理，为了避免辅助账过于庞大而影响计算机运行速度，对于已核销的业务应进行删除，删除工作通常在年底结账时进行。

当会计人员准备核销往来账时，应在确认往来已达账后进行核销处理，删除已达账。为了防止操作不当误删记录，财务软件中一般都会设计放弃核销或核销前作两清标志功能。如有的财务软件中设置往来账两清功能，在已达账项上打上已结清标志，待核实后才执行核销功能，经删除后的数据不能恢复。有的财务软件设置了放弃核销功能，一旦发现操作失误，可以通过此功能把删除的数据恢复。

8.3.3 票据管理

财务人员可以在票据管理中管理银行承兑汇票和商业承兑汇票，包括记录票据详细信息、记录票据处理情况。如果要进行票据登记簿管理，必须将"应收票据"科目设置成带有客户往来辅助核算的科目。

当用户收到银行承兑汇票或商业承兑汇票，将该汇票在应收款管理子系统的票据管理中录入，会自动根据票据生成一张收款单。用户可以对收款单据查询，并对应收单核销勾对，冲减客户应收账款。在票据管理中，用户还可以对票据进行计息、贴现、转出、结算与背书等处理。

8.3.4 转账处理

转账处理是指在日常业务处理中经常发生的应收冲应付、应收冲应收、预收冲应收以及红票对冲的处理。

（1）应收冲应付。应收冲应付是指用客户的应收账款冲抵供应商的应付款项，系统通过应收冲应付功能，将应收款业务在客户和供应商之间进行转账，实现应收业务的调整，解决应收债权与应付债务的冲抵。

（2）应收冲应收。应收冲应收是将客户的应收账款转到另一个客户手中，通过应收冲应收功能可将应收款业务在客户之间转入、转出，实现应收业务的调整，解决应收款在不同客户之间入错户与合并户的问题。

（3）预收冲应收。预收冲应收是指处理客户的预收款和该客户应收欠款的转账和核销，也就是当某一个客户有预收款时，可用该客户的一笔预收款冲抵其一笔应收款。

（4）红票对冲。红票对冲是实现客户的红字应收单与蓝字应收单、收款单与付款单之间的冲抵，例如当发生退票时，用红字发票对冲蓝字发票。红票对冲通常可以分为系统自动冲销与手工冲销两种处理方式。自动冲销可同时对多个客户依据红票对冲规则进行红票对冲，提高红票对冲的效率；手工冲销是对一个客户进行红票对冲，可自行选择红票对冲的单据，提高红票对冲的灵活性。

8.3.5　坏账处理

所谓坏账是指购货方因某种原因到期不能付款，造成货款不能收回的信用风险。坏账处理就是对坏账采取的措施，主要包括计提坏账准备、坏账发生、坏账收回、生成并输出催款单等。

（1）计提坏账准备。计提坏账准备的方法主要有销售收入百分比法、应收账款余额百分比法和账龄分析法。

①销售收入百分比法。销售收入百分比法由系统自动算出当年销售收入总额，并根据计提比例计算出本次具体金额。初次计提时，如果没有预先的设置，应先进行初始设置，设置的内容包括计提比率、坏账准备期初余额。销售总额的默认值为本会计年度发票总额，企业可以根据实际情况进行修改，但计提比例不能再次修改，只能在初始设置中改变。

②应收账款余额百分比法。应收账款余额百分比法由系统自动计算出当年应收账款余额，并根据计提比例计算出本次计提金额。初次计提时如果没有预先设置，应先进行初始设置，设置的内容包括计提比率及坏账准备期初余额。应收账款的余额默认值为本会计年度最后一天的所有未结算完的发票和应收单据余额之和减去预收款数额的差额。在有外币账户的情况下，使用其本位币余额。企业可以根据实际情况对默认值进行修改。计提比例不能在此修改，只能在初始设置中改变。

③账龄分析法。账龄分析法是根据应收账款入账时间的长短和信用期来估计坏账损失的方法，它是企业加强应收账款回收与管理的重要方法之一。一般来说，账款拖欠的时间越长，发生坏账的可能性就越大。系统自动计算出各区间的应收账款余额，并根据计提比率计算本次计提金额。

初次计提时，如果没有预先设置，应先进行初始设置。各区间余额由系统自动生成，也可以根据实际情况对其进行修改，但计提比例不能在此修改，只能在初始设置中改变。

（2）坏账发生。发生坏账损失，通常要输入以下内容，包括客户名称、日期、业务员，以及部门。如果不输入部门表示选择所有部门。

（3）坏账收回。处理坏账收回业务时，通常需输入以下内容，包括客户名称、收回坏账日期、收回的金额、业务员编号或名称、部门编号或名称、选择所需的币种、结算单号。

（4）生成并输出催款单。催款单是对客户或对本单位职工的欠款催还的管理方式。催款单用于设置有辅助核算的"应收账款"和"其他应收款"科目。不同行业的催款单的预制格式不同，其内容主要包括两部分——系统预置的文字性的描述和系统自动取数生成的应收账款或其他应收款对账单。通常可以对其内容进行修改编辑，在修改退出时，系统会自动保存本月所做的最后一次修改。

8.3.6　制单处理

使用制单功能进行批处理制单，可以快速、成批地生成凭证，制单类型包括应收单据制单、结算单制单、坏账制单、转账制单、汇兑损益制单。企业可以根据实际情况选取需要制单的类型，制单时一般包括制单日期、凭证类别、选择要进行制单的单据、进入凭证界面编制凭证等内容。

8.3.7　账表查询

应收款管理子系统的一般查询主要包括单据查询、凭证查询和账款查询等，用户在各种查询结果的基础上可以进行各种统计分析。统计分析包括欠款分析、账龄分析、综合分析、收款预测分析。通过统计分析，可以按用户定义的账龄区间进行一定期间的应收账款账龄分析、收款账龄分析、往来账龄分析，了解各个客户应收款的周转天数、周转率，了解各个账龄区间内应收款、收款及往来情况，及时发现问题，加强对往来款项的动态管理。

（1）单据查询。单据的查询包括对发票、应收单、结算单和凭证的查询，可以查询已经审核的各类型的应收单据的收款、结余情况，也可以查询结算单的使用情况，查询本系统所生成的凭证。

（2）业务账表查询。业务账表查询可以进行总账、明细账、余额表和对账单的查询，并可以实现总账、明细账、单据之间的联查。

（3）业务账表分析。业务账表分析是应收款管理系统的一项重要功能。对于资金往来比较频繁、业务量大、金额也比较大的企业，业务账表分析功能更能满足企业的需要，具有战略分析的功能，主要包括应收账款的账龄分析、收款账龄分析、欠款分期、收款预测等。

8.4　应收款管理系统期末处理

企业在期末主要应完成汇兑损益、月末结账两项处理工作。

8.4.1　汇兑损益

如果客户往来有外币核算，而且在应收款管理系统中核算客户往来款项，则在月末需要计算外币单据的汇兑损益并进行相应的处理。在计算汇兑损益之前，应首先在系统初始设置中选择汇兑损益的处理方法。通常系统会提供两种汇兑损益的处理方法：月末计算汇兑损益和单据结清时计算汇兑损益。

8.4.2　月末结账

本月的各项业务如果已经处理完毕，可以进行月末结账。结账后本月不能再进行单据、票据转账等任何业务的增加、删除、修改等处理。值得注意的是如果上个月没有结账，则本月不能结账，同时一次只能选择一个月进行结账。

如果用户觉得某月的月末结账有错，可以取消月末结账，但取消记账操作，只有在本月总账管理子系统未结账时才能进行。

如果启用了销售管理系统，则只有在销售管理子系统结账后，才能进行应收款管理系统的结账工作。

结账时还应注意本月的单据在记账前应该全面审核，若本月的结算单，还有没核销的，不能记账；如果结账期间是本年度最后一个期间，则本年度进行的所有核销、坏账、转账等处理必须制单，否则不能向下一个年度结转，而且对于本年度外币余额为零的单据，必须将本币余额结转为零，即必须进行汇兑损益相关处理。

8.4.3　取消结账

应收款管理系统的取消结账是指将已经结账的应收款管理系统恢复到结账前状态。由具有权限的操作员注册登录企业应用平台，在应收款管理系统中执行"期末处理"功能下"取消月结"命令进行取消结账工作，恢复到结账前状态。

实验九　应收款管理系统

【实验目的】

1.掌握用友 U8 软件中有关应收款管理系统的流程与基本操作；

2.掌握应收款管理系统初始化、日常业务处理及月末处理的操作；

3.理解应收款管理与总账管理、销售管理系统的关系。

【实验准备】

引入实验三的账套数据。

【实验内容】

1.初始化：设置账套参数、初始设置；

2.日常处理：形成应收、收款结算、转账处理、坏账处理、制单、查询统计；

3.期末处理：月末结账。

【实验要求】

授予"余力"应收款管理系统操作权限，并以"余力"的身份登录企业应用平台操作。

【实验资料】

1.初始设置

（1）银行信息设置。开户银行编码：001；开户银行名称：工行徐汇分理处；银行账号：100988688599；账户名称：上海华龙科技有限公司；币种：人民币；开户日期：2020 年 1 月 1 日。开户银行编码：002；开户银行名称：中国银行上海分行浦口分理处；银行账号：200988688588；账户名称：上海华龙科技有限公司；币种：美元；开户日期：2020 年 1 月 1 日。

（2）选项设置（见表实 9-1）。

表实 9-1　　　　　　　　　　　　　选项设置

选项卡	参数设置
常规	单据审核日期依据：单据日期 坏账处理方式：应收账款余额百分比法 其他采用系统默认值
凭证	受控科目制单方式：明细到单据 销售科目依据：按存货 取消"核销生成凭证" 其他采用系统默认值
权限与预警/核销设置	采用系统默认值

（3）设置科目。①基本科目设置：应收科目为1122，预收科目为2203，代垫费用科目为1001，现金折扣科目为660303，销售收入科目为6001，税金科目为22210105。②结算方式科目设置：现金结算对应1001，现金支票结算对应100201，转账支票结算对应100201。

（4）坏账准备设置（见表实9-2）。

表实9-2　　　　　　　　　　　坏账准备设置

控制参数	参数设置
提取比例	0.5%
坏账准备期初余额（元）	1 000
坏账准备科目	1231
对方科目	660207

（5）账期内账龄区间设置（见表实9-3）。

表实9-3　　　　　　　　　　账期内账龄区间设置

序号	起止天数	总天数
01	0~30	30
02	30~60	60
03	60~90	90
04	90~120	120
05	120以上	

（6）报警级别设置（见表实9-4）。

表实9-4　　　　　　　　　报警级别设置

序号	起止天数	总比率（%）	级别名称
01	0~10	10	A
02	10~30	30	B
03	30~50	50	C
04	50~100	100	D
05	100以上		E

（7）计量单位组（见表实9-5）。

表实9-5　　　　　　　　　　　　　　　　计量单位组

计量单位组编号	计量单位组名称	计量单位组类别
01	无换算关系	无换算率

（8）计量单位（见表实9-6）。

表实9-6　　　　　　　　　　　　　　　　计量单位

计量单位编号	计量单位名称	所属计量单位组名称
01	张	无换算关系
02	个	无换算关系
03	套	无换算关系
04	千米	无换算关系

（9）存货分类（见表实9-7）。

表实9-7　　　　　　　　　　　　　　　　存货分类

类别编码	类别名称
01	原材料
02	产成品
0201	外购
0202	自制
03	应税劳务

（10）存货档案（见表实9-8）。

表实9-8　　　　　　　　　　　　　　　　存货档案

存货编码	存货代码	存货名称	所属分类码	存货属性	计量单位	主要供货单位
1001	001	空白光盘	01	外购、生产耗用	张	北京畅想公司
1002	002	包装盒	01	外购、生产耗用	个	北京畅想公司
2001	003	挑战学习光盘	0201	外购、销售	张	北京畅想公司
2002	004	乐享英语	0201	外购、销售	套	北京畅想公司
2003	005	方舟杀毒	0202	自制、销售	套	
3001	006	运输费	03	应税劳务	千米	

（11）根据收发类别确定各存货的对方科目（在存货核算系统中进行科目设置，选择对方科目）（见表实9-9）。

表实 9-9   **确定各存货的对方科目**

类别编码	收发类别	对方科目	暂估科目
1	采购入库	材料采购（1401）	材料采购（1401）
2	产成品入库	生产成本——直接材料（500101）	
3	盘盈入库	待处理流动资产损溢（190101）	
4	销售出库	主营业务成本（6401）	

（12）采购类型。

采购类型编码：00；采购类型名称：普通采购；入库类别：采购入库；是否默认值：是。

（13）销售类型。

销售类型编码：00；销售类型名称：普通销售；出库类别：销售出库；是否默认值：是。

（14）期初余额（见表实 9-10）。

表实 9-10   期初余额

会计科目：1122   应收账款   余额：借 120 000 元

日期	客户	销售部门	科目	商品名称	数量	单价	税率	金额
2019-12-25	东方学校	销售二部	1122	乐享英语	305	240	9%	73 200
2019-12-10	丽达公司	销售二部	1122	乐享英语	195	240	9%	46 800

会计科目：2203   预收账款   余额：贷 20 000 元

日期	客户	销售部门	科目	商品名称	票号	数量	单价	税率	金额
2019-12-26	丽达公司	销售二部	1122	乐享英语	C011	305	240	9%	73 200

2.2020 年 1 月发生的经济业务

（1）1 月 3 日，销售二部业务员宋玉接受用户北京东方学校订货，销售"挑战学习"光盘 2 000 张（成品库），不含税价格 100 元/张，适用的增值税税率为 9%，销售部开出增值税专用发票（票号 3210025678），货已发出，款项尚未收到，同时以现金代垫了运费 500 元（应收单据录入）。

（2）1 月 11 日，收到 1 月 3 日销售的货款，通过银行转账结算。北京东方学校开户银行：工商银行北京上地分行；税号：111111；账号：222222；转账支票号：ZZR011（收款单据录入）。

（3）1 月 13 日，销售二部业务员宋玉向北京东方学校销售"乐享英语"软件 1 000 套，（成品库），不含税价格 230 元/套，适用的增值税税率为 9%，无约定付款条件。1 月 23 日收到货款，通过银行转账结算。北京东方学校开户银行：工商银行北京上地分行；税号：111111；账号：222222；转账支票号：ZZR002。

（4）1月15日，收到丽达公司交来的转账支票一张，金额46 800元，支票号ZZR015，用于支付2019年12月10日的购买乐享英语货款46 800元，款项结清，进行核销处理（采取选择收款，批量制单方式制单）。

（5）计提坏账准备。1月31日，计提坏账准备（批量制单方式制单）。

3.应收款管理系统期末业务处理

（1）查询所有客户的欠款情况。

（2）进行月末结账。

【操作指导】

1.应收款管理系统初始化

（1）启用"应收款管理"模块。（注意：在启用新的模块前不要运行已启用模块，如总账管理系统模块正在运行，则右击后单击"退出"，再来启用应收款管理系统）。打开"基础设置→系统启用→应收款管理"启动"应收款管理"模块。如果已启用请忽略此步。

（2）打开"基础设置→基础档案→财务→会计科目"窗口，设置"应收账款"受控于"应收系统"。

（3）检查操作员权限，授予操作员"余力"应收款管理系统操作权限。

（4）执行"基础设置→基础档案→收付结算→本单位开户银行"命令，进入"本单位开户银行"窗口，单击【增加】按钮输入本单位开户银行信息。开户银行名称为"工行徐汇分理处"和"中国银行上海分行浦口分理处"。

（5）执行"业务工作→财务会计→应收款管理→设置→选项"命令，打开"账套参数设置"对话框。单击【编辑】按钮进入编辑状态，在"常规"选项卡设置"单据审核日期依据"为"单据日期"，"坏账处理方式"为"应收账款余额百分比法"，勾选"自动计算现金折扣""登记支票"。

（6）在"账套参数设置"对话框再选择"凭证"选项卡，"受控科目制单方式"选择"明细到单据"，"销售科目依据"选择"按存货"，取消勾选"核销生成凭证"，其他采用系统默认值，单击【确定】按钮，完成选项设置。

注意事项：

● 应收款管理系统的核销方式一经确定，不允许调整。

● 如果当年已计提过坏账准备，则坏账处理方式不允许修改，只能在下一年度修改。

（7）初始设置。

①在"应收款管理系统"执行"设置→初始设置"命令，打开"初始设置"窗口。

②选择"基本科目设置"，单击【增加】按钮，按实验资料进行基本科目设置。双击"基础科目种类"下第一行，选择"应收科目"，科目栏输入或参照输入"1122"，币种为"人民币"；同理在新增的一行对应栏目选择"预收科目"，科目栏输入"2203"；再在新增的一行中选择"销售收入科目"，编码为"6001"；接着选择"代垫费用科目"，输入编码"1001"，"现金折扣科目"编码为"660303"，"税金科目"编码为"22210105"，如图实9-1所示。

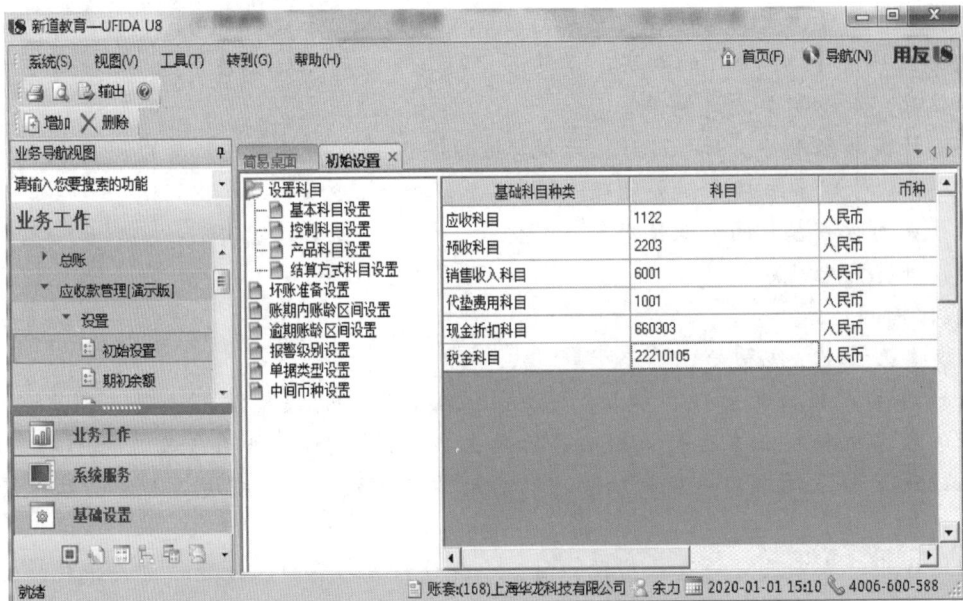

图实9-1　应收款管理系统初始设置

③进行结算方式科目设置。选择"结算方式科目设置"，在右侧的"结算方式"栏选择"现金结算"，币种选择"人民币"，科目选择或输入"1001"；类似地在新增的一行中选择"现金支票结算"，科目选择或输入"100201"；再在新增的一行中选择"转账支票结算"，科目编码输入"100201"，设置完毕关闭"初始设置"窗口退出。

④坏账准备设置。选择"坏账准备设置"，在右侧的"提取比率""坏账准备期初余额""坏账准备科目""对方科目"后的文本框内分别依次输入"0.5""1000""1231""660207"，单击【确定】按钮，提示已保存。

⑤账期内账龄区间设置。选择"账期内账龄区间设置"，在"总天数"栏输入"30"后，按"回车"键，再在"总天数"栏输入"60"，类似地输入"90""120"。

⑥报警级别设置。选择"报警级别设置"，在"总比率"栏输入"10"，在"级别名称"栏输入"A"，输入完按"回车"键，系统自动增加新行，再分别输入"30，B""50，C""100，D""E"。

（8）设置计量单位组与计量单位。

①以"王伟"的身份注册登录企业应用平台，在"企业应用平台"中，执行"基础设置→基础档案→存货→计量单位"命令，打开"计量单位-计量单位组"窗口。

②单击【分组】按钮，打开"计量单位组"对话框，单击【增加】按钮，根据实验资料输入计量单位组编码"01"、计量单位组名称"无换算关系"，在"计量单位组类别"右侧下拉列表中选择"无换算率"，单击【保存】按钮。单击【退出】按钮，返回到"计量单位-计量单位组"窗口。

③选择左侧计量单位组中"无换算关系"组，单击工具栏【单位】按钮，进入"计量单位"窗口。

④单击【增加】按钮，根据实验资料输入计量单位编码、计量单位名称。输入结果如图实9-2所示，单击【退出】按钮。

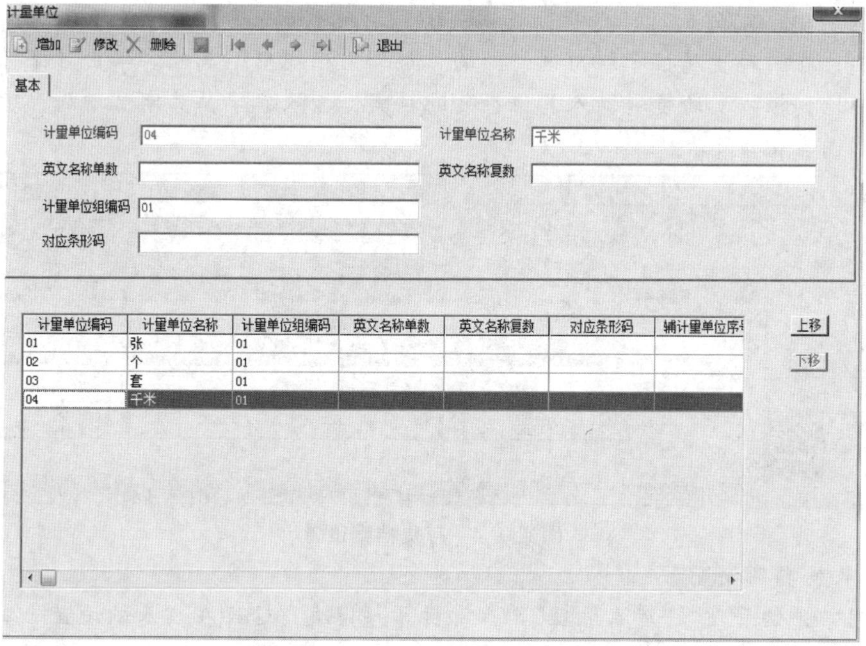

图实9-2 计量单位设置

（9）设置存货分类。

①在"企业应用平台"中，执行"基础设置→基础档案→存货→存货分类"命令，打开"存货分类"窗口。单击【增加】按钮，输入分类编码：01；类别名称：原材料，单击【保存】按钮。

②继续单击【增加】按钮，根据实验资料输入其他存货类别。结果如图实9-3所示。

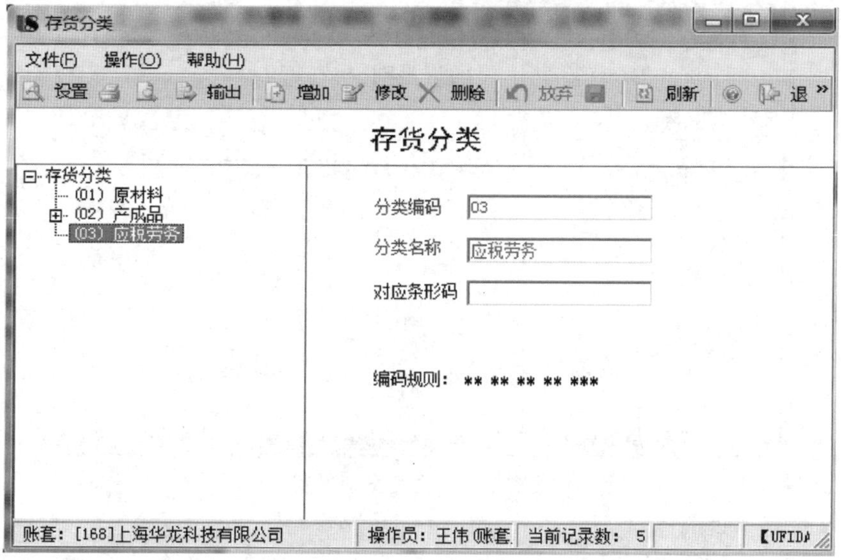

图实9-3 存货分类设置

（10）设置存货档案。

①在"企业应用平台"中，执行"基础设置→基础档案→存货→存货档案"命令，打开"存货档案"窗口。单击【增加】按钮，进入"增加存货档案"页面，输入存货编码：

1001；存货名称：空白光盘；存货分类码：01；存货代码：001；计量单位组：01；主计量单位：01；在"存货属性"栏勾选"外购"与"生产耗用"属性。单击【保存】按钮。

②类似地，根据实验资料输入其他存货的档案，输入完毕，关闭"增加存货档案"页面。结果如图实9-4所示。

图实9-4　存货档案设置

（11）收发类别设置。

①启用"采购管理""库存管理""存货核算"模块，这样在"基础设置→基础档案→业务"下才出现"收发类别"。同时实验材料中"对应科目"栏数据到"业务工作→供应链→存货核算→初始设置→科目设置→对方科目"设置。

②在"企业应用平台"中，执行"基础设置→基础档案→业务→收发类别"命令，进入"收发类别"设置窗口。

③单击【增加】按钮，根据实验资料输入收发类别编码与名称，如图实9-5所示。

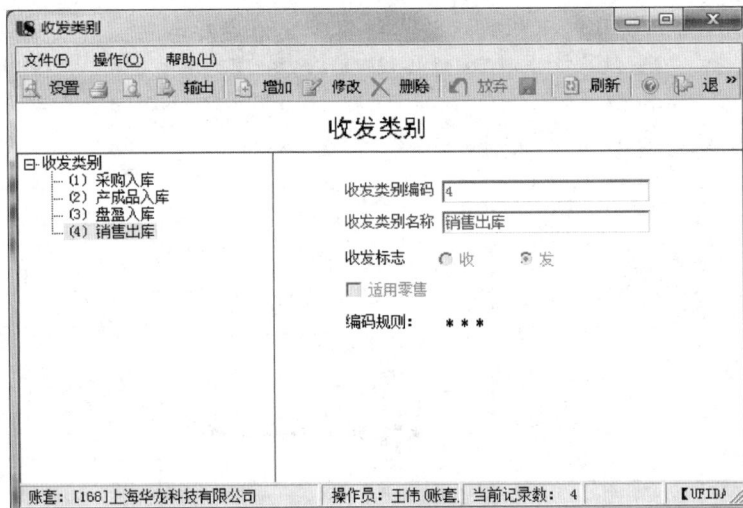

图实9-5　收发类别设置

（12）采购类型设置。

①在"企业应用平台"中，执行"基础设置→基础档案→业务→采购类型"命令，进入"采购类型"设置窗口。

②单击【增加】按钮，根据实验资料输入采购类型编码与名称、入库类别为"采购入库"，其余默认值为"是"，单击【保存】按钮。

（13）销售类型设置。

①在"企业应用平台"中，执行"基础设置→基础档案→业务→销售类型"命令，进入"销售类型"设置窗口。

②单击【增加】按钮，根据实验资料输入销售类型编码与名称、出库类别为"销售出库"，其余默认值为"是"，单击【保存】按钮。

（14）录入应收款管理系统的期初余额。

①以"王伟"的身份重注册，执行"业务工作→财务会计→应收款管理→设置→期初余额"命令，打开"期初余额–查询"对话框。

②单击【确定】按钮，进入"期初余额明细表"窗口。单击【增加】按钮，打开"单据类型"对话框，选择单据名称为"销售发票"，单据类型为"销售专用发票"，方向"正向"。单击【确定】按钮，进入"期初销售专用发票"窗口，单击工具栏【增加】按钮，根据实验资料，输入开票日期"2019–12–25"，客户名称为"东方学校"，销售部门为"销售二部"，科目编码为"1122"。

③在下半部表体部分"货物编号"选择输入"2002"，"货物名称"输入"乐享英语"，税率"9%"，输入数量"305"，价税合计"73 200"，其余系统自动计算。单击【保存】按钮。用同样的方法，输入第二笔数据，单击工具栏【刷新】按钮可以看到相关数据。

（15）输入预收账款期初余额。

①在应收款管理系统执行"设置→期初余额"命令，打开"期初余额–查询"对话框。

②单击【确定】按钮，进入"期初余额明细表"窗口。单击【增加】按钮，打开"单据类型"对话框，选择单据名称为"预收款"，单据类型为"收款单"，方向"正向"。

③单击【确定】按钮，进入"期初单据录入"窗口，根据实验资料输入预收账款相关数据：结算方式为"转账支票"，票号为"C011"，并录入其他相关信息。单击【保存】按钮。关闭"期初单据录入"窗口。

（16）期初对账。

①在应收款管理系统执行"设置→期初余额"命令，打开"期初余额–查询"对话框。

②单击【确定】按钮，进入"期初余额明细表"窗口。

③单击【对账】按钮，进入"期初对账"窗口，查看应收款管理系统与总账管理系统的期初余额是否平衡。

注意事项：

● 如果退出了录入期初余额的单据，在"期初余额明细表"窗口中没有看到新录入的期初余额，单击【刷新】按钮，就可以列示所有期初余额的内容了。

● 录入预收款的单据类型仍然为"收款单"，但款项类型为"预收款"。

● 期初余额所录入的票据保存后自动审核。

2.日常业务处理

★业务1

①录入销售专用发票。在应收款管理系统中，执行"应收单据处理→应收单据录入"命令，打开"单据类别"对话框，系统默认的单据名称为"销售发票"，单据类型为"销售专用发票"，单击【确定】按钮，打开"销售专用发票"窗口，单击【增加】按钮，录

入发票的"销售日期""销售类型""客户""销售部门""业务员"相关信息，单击【保存】按钮，如图实9-6所示。

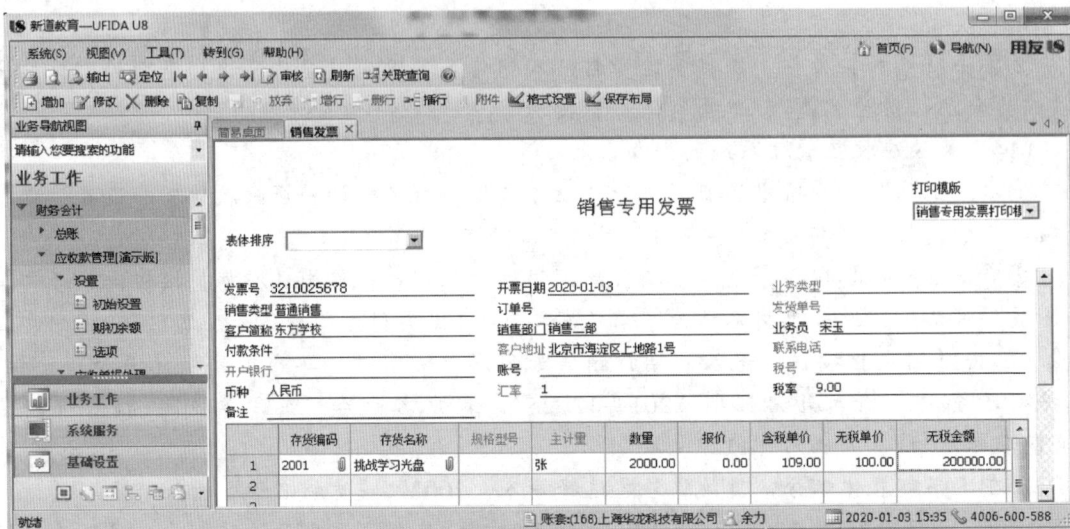

图实9-6　销售专用发票录入

②审核销售专用发票并制单。单击【审核】按钮，系统提示"是否立即制单?"，单击【是】按钮，生成销售凭证，选择凭证类别为"转"字，单击【保存】按钮。凭证上出现"已生成"字样，如图实9-7所示。关闭凭证与销售发票窗口。

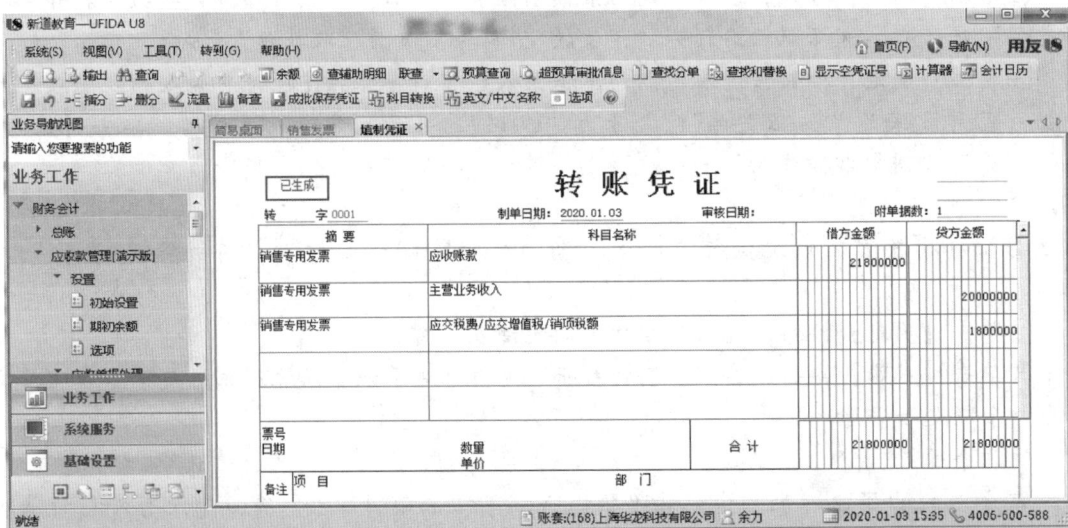

图实9-7　销售业务凭证

③录入其他应收单。执行"应收单据处理→应收单据录入"命令，选择单据名称"应收单"，单据类型"其他应收单"，单击【确定】按钮，打开"应收单"窗口，单击【增加】按钮，输入表头内容，如日期"2020-01-03"，选择客户"东方学校"，输入金额"500"，摘要为"代垫运费"，单击表体第一行，输入贷方科目编码"1001"，单击【保存】按钮。

④审核其他应收单并制单。单击【审核】按钮，系统提示"是否立即制单?"，单击【是】按钮，生成代垫运费凭证，选择凭证类别为"付"字，单击【保存】按钮。系统弹

出现金流量项目录入对话框，选择"支付与其他经营活动有关的现金"，单击【确定】按钮，单击【保存】按钮，凭证上出现"已生成"字样。关闭凭证窗口，系统自动将当前凭证传递到总账管理系统等待审核记账。同时返回"应收单"填制窗口。

注意事项：

● 录入销售发票或应收单后，可以直接进行审核，直接审核后系统会提示"是否立即制单？"，此时可以直接制单。如果录入销售发票或应收单后不能直接审核，可以在审核功能中审核，再到制单功能中重制单。

● 填制应收单时，只需录入上半部分的内容，下半部分的内容除对方科目外，均由系统自动生成，下半部分的对方科目如果不录入，也可以在生成凭证后再手工录入。

● 已审核或已制单生成凭证的单据不能修改或删除，必须在"单据查询→凭证查询"窗口将凭证删除，取消审核后，才能进行单据修改或删除，查询凭证时，要特别注意凭证查询日期的选择，如果选择不正确，将查询不到相应的凭证。

★业务2

①录入收款单。执行"应收款管理→收款单据处理→收款单据录入"命令，进入"收付款单录入"窗口，单击【增加】按钮，根据实验资料输入日期、客户、结算方式、金额218 500（货款218 000、代垫运费500）、部门、业务员等信息。在表体第一行则显示款项类型、客户、金额等相关信息，单击【保存】按钮。

②审核收款单并制单。单击【审核】按钮，系统提示"是否立即制单？"，单击【是】按钮，生成收回欠货款与代垫运费凭证，选择凭证类别为"收"字，单击【保存】按钮，弹出现金流量项目录入对话框，选择"销售商品、提供劳务收到的现金"，单击【确定】按钮，再次单击【保存】按钮，凭证出现"已生成"标志，关闭"填制凭证"窗口。返回"收付款单录入"窗口，如图实9-8所示。

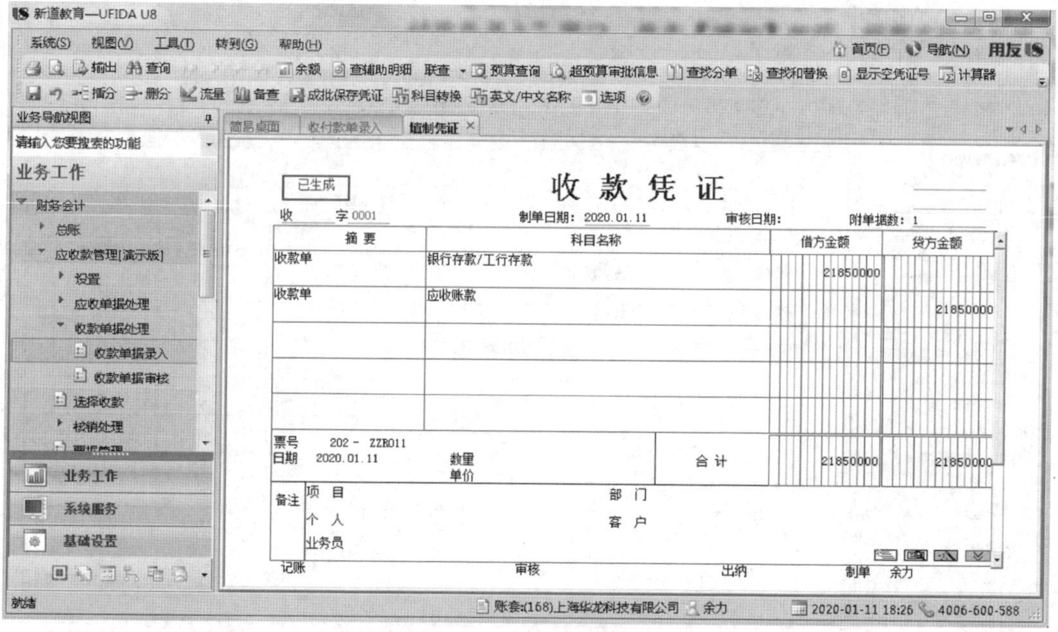

图实9-8　收回欠款凭证

③进行款项核销。在"收付款单录入"窗口，执行"核销→自动核销"命令，系统提

示"是否进行自动核销?",单击【是】按钮,系统给出"自动核销报告",确定无误后,单击【确定】按钮。

注意事项:

● 单击收款单的【保存】按钮后,系统会自动生成收款单表体的内容,表体中的款项类型系统默认为"应收款",可以进行修改。

● 核销处理就是指确定收款单与原始的发票、应收单之间的对应关系,冲减本期应收账款的操作。

● 收款单据必须审核后,才能进行核销操作。

● "单据核销"窗口上方为"结算单列表",主要是收款单记录,下方为被核销单据列表,主要是应收款记录。核销时,可以修改结算单列表中的"本次结算金额",但是不能大于该记录的原币金额。

● 如果在执行核销处理过程中操作有误,可通过执行"其他处理→取消操作"命令,将其恢复到操作前状态,如果该处理已经制单,应先删除其对应的凭证,再进行恢复。

★业务3

①录入销售专用发票。同业务1的第一步,在应收款管理系统中,执行"应收单据处理→应收单据录入"命令,打开"单据类别"对话框,系统默认的单据名称为"销售发票",单据类型为"销售专用发票",单击【确定】按钮,打开"销售专用发票"窗口,单击【增加】按钮,录入发票"销售日期""销售类型""客户""销售部门""业务员"相关信息,在表体第一行输入存货名称、存货数量,单击【保存】按钮。

②审核销售专用发票并制单。单击【审核】按钮,系统提示"是否立即制单?",单击【是】按钮,生成销售凭证,选择凭证类别为"转"字,单击【保存】按钮,凭证上出现"已生成"标志,如图实9-9所示。关闭填制凭证窗口。

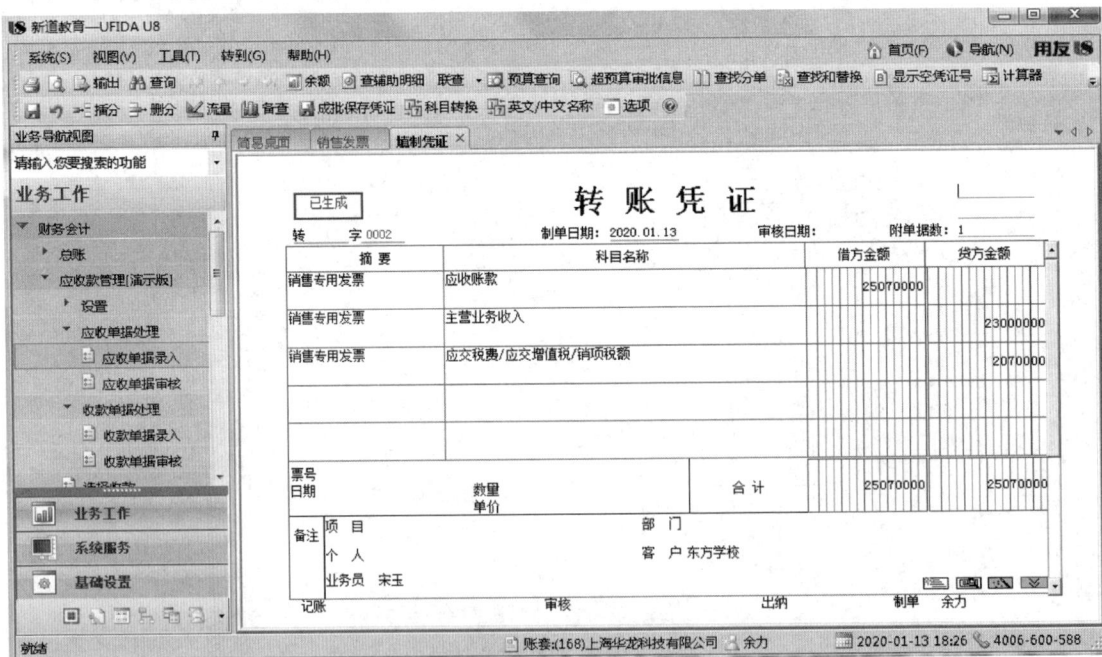

图实9-9　销售业务制单

③录入收款单。执行"收款单据处理→收款单据录入"命令，进入"收付款单录入"窗口，单击【增加】按钮，根据实验资料输入日期、客户、结算方式、金额"250 700"、部门、业务员等信息。在表体第一行则显示款项类型、客户、金额等相关信息，单击【保存】按钮，如图实9-10所示。

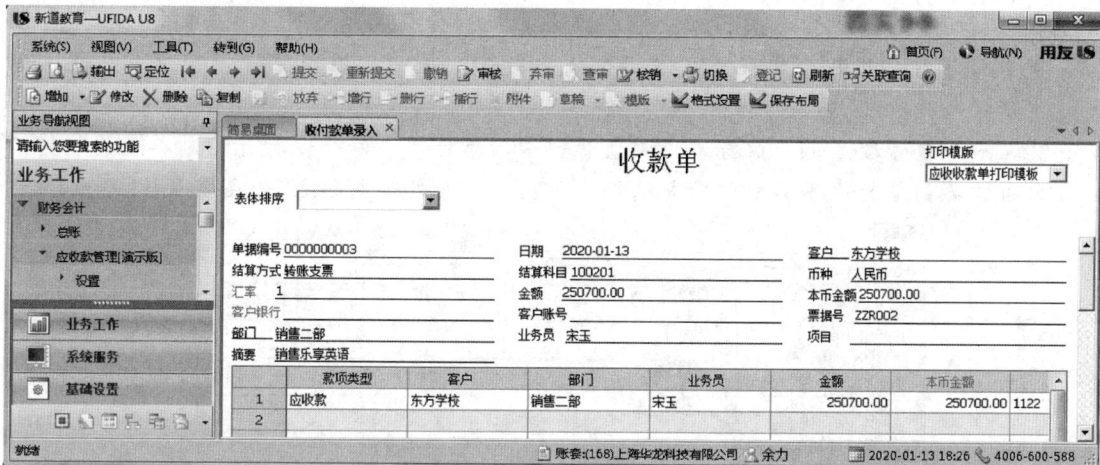

图实9-10　收款单录入

④审核收款单并制单。单击【审核】按钮，系统提示"是否立即制单?"，单击【是】按钮，生成收回货款凭证，选择凭证类别为"收"字，单击【保存】按钮，系统弹出"现金流量项目录入"对话框，选择"销售商品、提供劳务收回的现金"，单击【确定】按钮，再次单击【保存】按钮，凭证上出现"已生成"标志。

⑤进行款项核销。在"收付款单录入"窗口，执行"核销→自动核销"命令，系统提示"是否进行自动核销?"，单击【是】按钮，系统给出"自动核销报告"，确定无误后，单击【确定】按钮。再关闭"收付款单录入"窗口。

★业务4

①在应收款管理系统，执行"应收款管理→选择收款"命令，打开"选择收款-条件"对话框，输入收款日期"2020-01-15"，选择客户"丽达公司"，单击【确定】按钮。

②进入"选择收款列表"窗口，单击"丽达公司"的记录，在"收款金额"处输入"46 800"，单击【确认】按钮，系统弹出"选择收款-收款单"窗口，选择结算方式为"转账支票"，输入票据号"ZZR015"，输入摘要"收回欠货款"，单击【确定】按钮，返回"选择收款列表"窗口。

★业务5

在应收款管理系统，执行"应收款管理→坏账处理→计提坏账准备"命令，打开"应收账款余额百分比法"窗口，单击【确认】按钮，系统提示"是否立即制单?"，单击【是】按钮，则弹出生成凭证，凭证类别改为"转"字号，单击【保存】按钮，凭证保存。如果单击【否】按钮，关闭窗口退出，可以进行下面第②步操作制单。

日常业务批量制单：

对本月应收款管理系统发生的尚未完成制单处理的经济业务进行批量制单。操作步骤如下：

①在应收款管理系统，执行"应收款管理→制单处理"命令，打开"制单查询"对话框，单击需要制单的业务类型前的复选框，如单击"收付款制单"，单击【确定】按钮，进入"制单"窗口，单击【全选】按钮，选择凭证类别为"收款凭证"，单击【制单】按钮，进入"填制凭证"窗口，选择日期，确认凭证类型，单击【保存】按钮，弹出现金流量项目对话框，选择现金流量项目"销售商品、提供劳务收到的现金"，单击【确定】按钮，单击【保存】按钮，出现凭证"已生成"标志。关闭"填制凭证"窗口，关闭"制单"窗口。

②在应收款管理系统，执行"应收款管理→制单处理"命令，打开"制单查询"对话框，单击需要制单的业务类型前的复选框，单击"坏账处理制单"，如图实9-11所示。

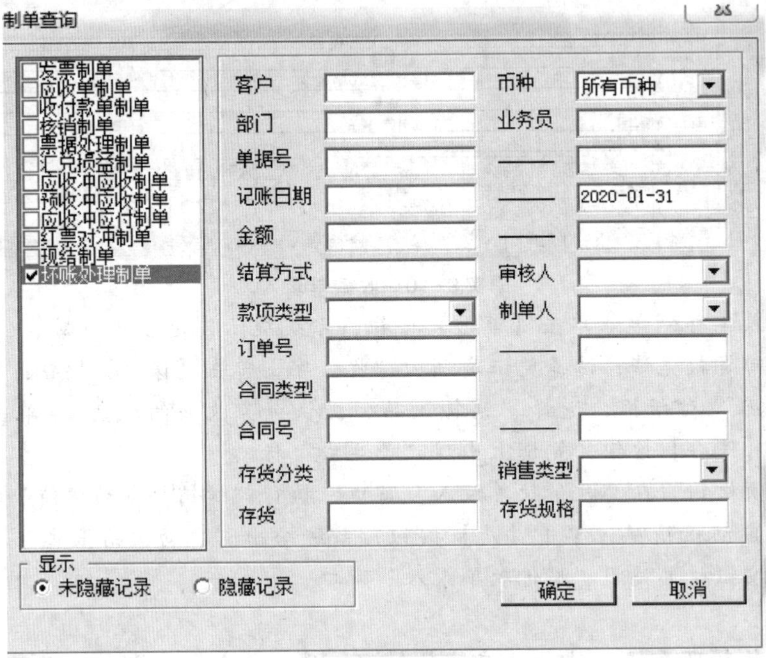

图实9-11 批量制单窗口

③单击【确定】按钮，进入"制单"窗口，单击工具栏【全选】按钮，单击【制单】按钮，进入"填制凭证"窗口，修改凭证类型为"转账凭证"，单击【保存】按钮，凭证已生成。

3.期末处理

（1）查询公司所有客户的欠款情况。

①在应收款管理系统，执行"账表管理→统计分析→欠款分析"命令，打开"欠款分析"对话框，单击【确定】按钮，进入"欠款分析"窗口，就可以看到客户的欠款情况及信用额度等数据。

②单击【比率】按钮，可以得到欠款及预收款比例情况的数据。

（2）期末结账。

①在应收款管理系统，执行"期末处理→月末结账"命令，打开"月末处理"窗口，在"1月份"的"结账标志"栏双击，显示"Y"字符，单击【下一步】按钮。

②打开"月末处理"提示窗口，系统显示各种处理类型均已完成，单击【完成】按

钮，系统提示"1月份结账成功"，单击【确定】按钮，完成月末结账工作。

注意事项：

● 进行月末处理时，一次只能选择一个月进行结账，前一个月未结账，这个月不能结账。

● 如果结账过程不顺利，可以根据"月末处理-处理情况表"的检查结果进行相应处理，在此可以单击任意一项，以检查详细情况。

● 在执行月末结账功能后，如果发现该月还需要处理有关业务或之前操作过程中有错误，则可以对应收款管理系统取消结账。

● 如果当月总账管理系统已结账，则不能执行应收款管理系统取消结账功能。

第9章　应付款管理系统

【内容提要】

　　本章首先介绍了应付款管理系统的主要功能、两种核算方案、核算流程，然后分析了其与其他系统的关系，详细阐述了应付款管理系统初始化、日常业务处理与期末处理过程。

9.1　应付款管理系统概述

9.1.1　应付款管理系统的主要功能

　　应付款管理系统主要用于核算和管理供应商往来款项，能实现对采购业务、其他应付业务产生的应付款以及这些应付款的付款、转账等情况进行处理，通过发票、其他应付单、付款单等单据的录入，对企业的往来账款进行综合管理，准确、及时地提供供应商的往来账款余额资料，提供各种分析报表，帮助企业合理地进行资金调配，提高资金的利用效率。应付款管理系统主要有系统设置、日常业务处理、期末处理等功能模块。

　　系统设置模块主要完成应付款管理系统的初始设置，主要包括系统参数的设置、公用基础信息的设置、专用基础信息的设置、期初余额的录入。

　　日常业务处理模块是应付款管理系统的重要组成部分，主要完成应付单据和付款单据的处理、票据的管理、转账处理、制单处理、单据查询和账表管理。此外，其他处理可以进行远程数据采集并进行核销、转账、票据管理等处理和对数据恢复。

　　期末处理模块，主要完成月末结账工作和反记账的工作。

9.1.2　应付款管理系统的处理方式

　　企业可以根据自身对往来业务核算的需要，选择不同的处理方式，如果其他应付款不多，且不需要详细追踪每一笔业务的来龙去脉，则可以直接在总账管理系统填制凭证、审核凭证、记账，来完成应付业务；如果企业对往来业务的核算和管理要求比较高，需要掌握每一笔业务的来龙去脉，就可以根据其实际情况，从以下两种应用处理方式中选择一种进行应付款业务管理。

　　（1）在采购管理系统核算供应商往来业务。

　　如果企业的采购业务比较多，而且复杂，需要追踪到每一笔采购发票、采购订单以及运费发票等情况，同时需要了解每一笔业务的应付款、付款情况，则可以选择本方式，这种方式需要同时启用总账管理系统、应付款管理系统和采购管理系统，该方式下所有的采购发票、采购订单和运费发票等均在采购管理系统中录入，单据录入完毕后，自动传递到应付款管理系统，应付款管理系统接受采购管理系统传递过来的发票，对其进行审核并制单处理，通过制单功能，将生成的记账凭证传递到总账管理系统，再在总账管理系统中进行记账凭证的审核与记账工作。

（2）在应付款管理系统核算供应商往来业务。

如果企业的应付款管理系统内容比较复杂，需要追踪到每一笔业务的应付款、付款等情况，或者需要将应付款核算到产品级，则可以选择该方式，这种方式需要同时启用总账管理系统和应付款管理系统，所有的应付单据、付款单据都在应付款管理系统中录入，单据录入、审核之后，通过自带功能生成记账凭证，并自动传递到总账管理系统，在总账管理系统中进行审核并记账。

9.1.3　应付账款核算方案

应付款管理系统提供两种应付账款核算方案，即简单核算和详细核算，用户可以根据企业自身的实际情况进行选择，但必须选择其中一种核算方案，系统默认选择详细核算方案。

简单核算方案下，应付款管理系统只是完成将采购管理系统传递过来的发票生成凭证，并传递给总账管理系统的任务，如果企业的采购业务以及应付账款业务相对简单或者赊购业务较少，则企业可以选择此方案，如图9-1所示。

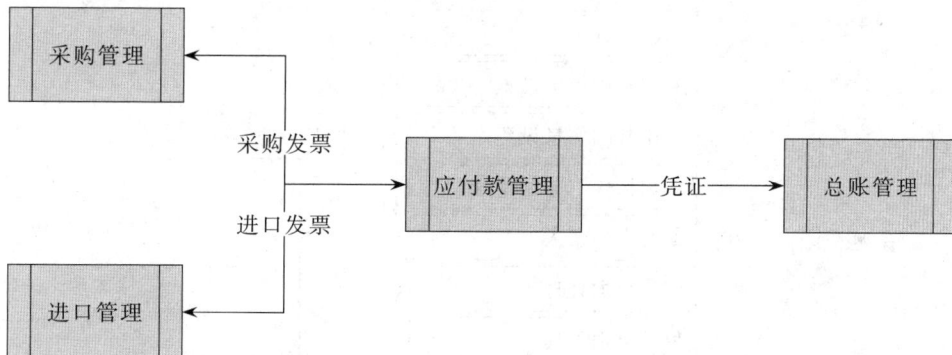

图9-1　应付账款简单核算方案

详细核算方案下，应付款管理系统可以对往来业务进行详细的核算、控制、查询、分析。如果企业的采购业务以及应付款核算和管理比较复杂，或者企业需要追踪每一笔业务的应付账款、付款等情况，或者企业需要将应付款核算到产品级，则需要选择详细核算方案。

详细核算方案的主要内容包括记录应付款的形成，处理应付项目的付款转账情况，对应付票据进行记录和管理，随应付项目的处理过程自动生成凭证并向总账管理系统进行传递，对外币和汇兑损益进行处理，提供针对多种条件的各种查询分析，如图9-2所示。

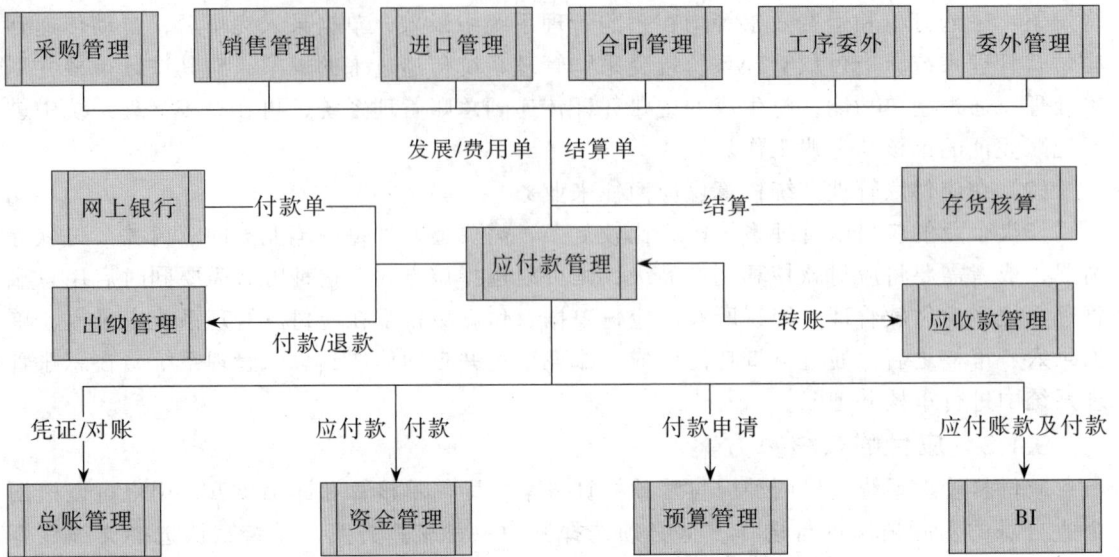

图9-2　应付账款详细核算方案

9.1.4　应付款管理系统的主要内容

应付款管理系统主要包括三个方面的任务，即初始设置、日常业务处理、期末处理。具体如图9-3所示。

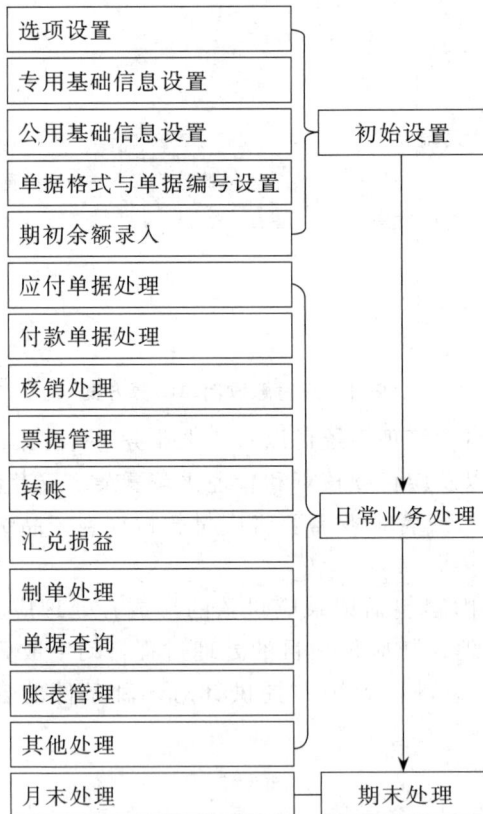

图9-3　应付款管理系统应用流程

9.1.5　应付款管理系统与其他系统的关系

采购管理系统向应付款管理系统提供已经复核的采购发票、采购订单和运费发票。在应付款管理系统中对采购发票进行审核，并进行付款结算处理、生成凭证；应付款管理系统为采购管理系统提供各种单据的付款结算情况以及核销情况；应付款管理系统和应收款管理系统之间可以进行转账处理；应付款管理系统向总账管理系统传递凭证；应付款管理系统向 UFO 报表系统提供应用函数；应付款管理系统与网上银行进行付款单的导入与导出；应付款管理系统向财务分析系统提供相关数据，以便于进行数据分析。应付款管理系统与其他系统之间的相互关系如图 9-4 所示。

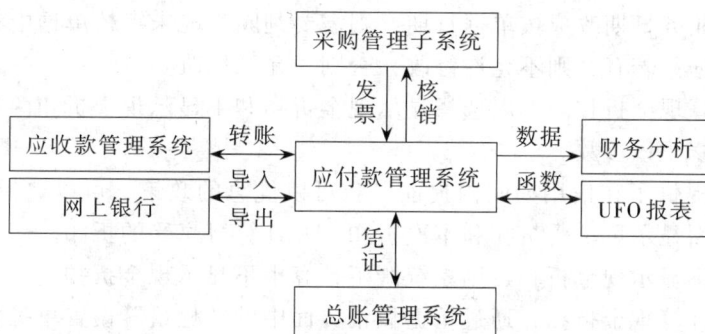

图 9-4　应付款管理系统与其他系统的关系

9.2　应付款管理系统初始设置

9.2.1　选项参数设置

选项又称为账套参数，是企业结合自身情况对供应商往来款项的管理要求进行的参数设置，是应付款管理系统运行的基础，系统参数是一个系统的灵魂，它将影响整个账套的使用效果，有些选项在系统使用后就不能修改，所以在选择时要结合本单位实际情况，事先进行慎重选择。系统选项分为常规选项、凭证选项、核销规则，以及权限与预警。参数设置在"设置"中的"选项"下进行。

9.2.1.1　常规选项卡设置

（1）应付账款核算模型。系统提供两种应付款管理系统的核算模型，用户可以选择简单核算和详细核算。用户必须选择其中一种方式，系统缺省选择详细核算方式。该选项在系统启用时或者还没有进行任何业务（包括期初数据录入）时才允许进行选择设置、修改。

选择简单核算。应付款管理系统只是完成将采购管理系统、进口管理系统传递过来的发票生成凭证并传递给总账管理系统的工作。（在总账管理系统中以凭证为依据进行往来业务的查询）如果您的采购业务以及应付账款业务简单，或者现结业务很多，则您可以选择此方案。

选择详细核算。应付款管理系统可以对往来款项进行详细的核算、控制、查询、分析。如果您的采购业务以及应付款核算与管理业务比较复杂；或者您需要追踪每一笔业务的应付款、付款等情况；或者您需要将应付款核算到产品级；那么您需要选择详细核算方案。

（2）单据审核日期依据。系统提供两种确认单据审核日期的依据，即单据日期和业务日期。

如果选择单据日期，则在单据处理功能中进行单据审核时，自动将单据的审核日期（即入账日期）记为该单据的单据日期。如果以单据日期为审核日期，则月末结账时单据必须全部审核。因为下月无法以单据日期为审核日期。业务日期无此要求。

如果选择业务日期，则在单据处理功能中进行单据审核时，自动将单据的审核日期（即入账日期）记为当前业务日期（即登录日期）。因为单据审核后记账，故单据审核日期依据单据日期还是业务日期，决定单据登记业务总账、业务明细账、余额表等的入账日期及查询期间取值。在账套使用过程中，可以随时将选项从按单据日期改成按业务日期；若需要将选项从按业务日期改成按单据日期，则需要判断当前未审核单据中有无单据日期在已结账月份的单据。若有，则不允许修改；否则才允许修改。

（3）自动计算现金折扣。可以选择显示现金折扣和不显示现金折扣两种方式。在账套使用过程中可以修改该参数。

如果供应商提供了在信用期间内提前付款可以优惠的政策，可以选择显示现金折扣，系统会在核销界面显示可享受折扣和本次折扣，并计算可享受的折扣。

如果选择了不显示现金折扣，则系统既不计算也不显示现金折扣。

若选择自动计算现金折扣，通过单据核销界面中的"栏目"设置单据栏目，将可享受折扣和本次折扣栏目设为显示状态。

（4）是否登记支票。"是否登记支票"是系统提供给用户付款时自动登记支票登记簿的功能。该选项可以随时修改。用户需要在结算方式定义中将需要登记支票登记簿的结算方式如转账支票等在"是否票据管理"中打钩表示进行票据管理。

如果选择登记支票，则系统自动将具有票据管理结算方式的付款单登记支票登记簿。若不选择登记支票登记簿，则用户也可以通过付款单上的【登记】按钮，进行手工登记支票登记簿。

该选项首先需要在总账管理系统选项中选择"支票控制"。

（5）改变税额是否反算税率。税额一般不用修改，在特定情况下，如系统和手工计算的税额相差几分钱，用户可以对税额进行调整。如果需要调整税额，还应当选择反算税率或不反算税率。

若选择是，则税额变动反算税率，不进行容差控制。

若选择否，则税额变动不反算税率，系统将进行容差控制。容差是可以接受的误差范围。在调整税额尾差（单笔）、保存（整单）时，系统将检查是否超过容差：超过则不允许修改；未超过则允许修改。用户需要设置以下两项容差：单笔容差，默认为0.06；整单容差，默认为0.36。

税额变动时，系统将变动差额与容差进行比较，如果变动差额大于设置的容差数值，系统提示"输入的税额变化超过容差"，恢复原税额或返回单据。

变动差额=无税金额×税率-税额。

单笔容差根据表体无税金额、税额、税率计算；整单容差根据无税金额合计、税额合计、表头税率计算。

若单据表体存在多种税率，则系统不进行合计容差控制。

（6）应付票据直接生成付款单。此选项默认选择是。如果选择是，则表示应付票据保存时，同时生成付款单。如果选择否，则表示应付票据保存后，不生成付款单，需在票据界面手工点击【生成】按钮才可生成付款单。

9.2.1.2　凭证选项卡设置

（1）受控科目制单方式。受控科目制单有两种方式供选择，即明细到供应商、明细到单据。

明细到供应商。当将一个供应商的多笔业务合并生成一张凭证时，如果核算这多笔业务的控制科目相同，系统将自动将其合并成一条分录。这种方式的目的是在总账管理系统中能够根据供应商来查询其详细信息。

明细到单据。当将一个供应商的多笔业务合并生成一张凭证时，系统会将每一笔业务形成一条分录。这种方式的目的是在总账管理系统中也能查看到每个供应商的每笔业务的详细情况。

在账套使用过程中，可以随时修改该参数的设置。

（2）非控科目制单方式。非控科目制单有三种方式供选择，即明细到供应商、明细到单据、汇总制单。

明细到供应商。当将一个供应商的多笔业务合并生成一张凭证时，如果核算这多笔业务的非控科目相同，其所带辅助核算项目也相同，则系统自动将其合并成一条分录。这种方式的目的是在总账管理系统中能够根据供应商来查询其详细信息。

明细到单据。当将一个供应商的多笔业务合并生成一张凭证时，系统会将每一笔业务形成一条分录。这种方式的目的是在总账管理系统中也能查看到每个供应商的每笔业务的详细情况。

汇总制单。当将多个供应商的多笔业务合并生成一张凭证时，如果核算这多笔业务的非控科目相同，其所带辅助核算项目也相同，则系统自动将其合并成一条分录。这种方式的目的是精简总账管理系统中的数据，在总账管理系统中只能查看到该科目的一个总的发生额。

在账套使用过程中，可以随时修改该参数的设置。非控科目在合并分录时若自动取出的科目相同，辅助项为空，则不予合并成一条分录。

（3）控制科目依据。控制科目在本系统指所有带有供应商往来辅助核算的科目。本系统提供了几种设置控制科目的依据，即按供应商分类、按供应商、按地区、按采购类型、按存货分类、按存货。

按供应商分类设置。供应商分类指根据一定的属性将您的往来供应商分为若干大类，例如可以将供应商根据时间分为长期供应商、中期供应商和短期供应商。在这种方式下，可以针对不同的供应商分类设置不同的应付科目和预付科目。

按供应商设置。这种设置方式可以针对不同的供应商在每一个供应商下设置不同的应付科目和预付科目。这种设置适合特殊供应商的需要。

按地区设置。这种设置方式可以针对不同的地区分类设置不同的应付科目和预付科目。例如，将供应商分为华东、华南、东北等地区，可以在不同的地区分类下设置科目。

按采购类型设置。这种设置方式可以针对不同的采购类型设置不同的应付科目和预付科目。

按存货分类设置。这种设置方式可以针对不同的存货分类设置不同的应付科目和预付科目。

按存货设置。这种设置方式可以针对不同的存货设置不同的应付科目和预付科目。

设置控制科目依据是为了在"初始设置—控制科目设置"中可针对不同的依据（供应商分类、供应商、地区分类、采购类型、存货分类、存货）设置不同的控制科目。

（4）采购科目依据。本系统提供了五种设置存货采购科目的依据，即按存货分类、按存货、按采购类型、按供应商、按供应商分类。在此设置的采购科目，是系统自动制单科目取值的依据。

按存货分类设置。存货分类是指根据存货的属性对存货划分的大类。例如，可以将存货分为原材料、燃料及动力、在产品及产成品等大类。这种设置方式可以针对这些存货分类设置不同的科目。

按存货设置。如果存货种类不多，可以直接针对不同的存货设置不同的科目。

按采购类型设置。这种设置方式可以针对用户的采购类型设置不同的科目。

按供应商设置。如果供应商不多，可以直接针对不同的供应商设置不同的科目。

按供应商分类设置。供应商分类是指根据供应商的属性对供应商划分的大类。这种设置方式可以针对这些供应商分类设置不同的科目。

在账套使用过程中，可以随时修改该参数的设置。设置采购科目依据是为了在"产品科目设置"中可以针对不同的依据（存货分类、存货、供应商、供应商分类、采购类型）设置不同的采购科目、应交增值税科目。

（5）月末结账前是否全部生成凭证。月末结账前是否需要全部制单，在账套使用过程中可以修改该参数。

如果选择了月末结账前需要将全部的单据和处理生成凭证，则在进行月末结账时将检查截止到结账月是否有未制单的单据和业务处理。若有，系统将提示不能进行本次月结处理，但可以详细查看这些记录；若没有，才可以继续进行本次月结处理。

如果选择了月末结账前不需要将全部的单据和处理生成凭证，则在月结时只是允许查询截止到结账月的未制单单据和业务处理，不进行强制限制。

（6）方向相反的分录是否合并。科目相同、辅助项相同、方向相反的凭证分录是否合并，系统缺省选择不合并分录，该选项可以随时修改。

如果选择合并，则在制单时若遇到满足合并分录的要求，且分录的情况如上所述，则系统自动将这些分录合并成一条，根据显示为正数的原则来显示当前合并后分录的显示方向。

如果选择不合并，则在制单时若遇到满足合并分录的要求，且分录的情况如上所述，则不能合并这些分录，还是按原样显示在凭证中。

（7）核销是否生成凭证。核销是否需要生成凭证，缺省为是，可以随时修改。选择"否"时，不管核销双方单据的入账科目是否相同均不需要对这些记录进行制单。选择"是"，则需要判断核销双方的单据当时的入账科目是否相同，不相同时，需要生成一张调整凭证。

（8）预付冲应付是否生成凭证。系统缺省选择生成凭证，该选项可以随时修改。

选择"是"，则对于预付冲应付业务，当预付、应付科目不相同时，系统生成一张转账凭证。在选择生成凭证时，月末结账时需要对预付冲应付进行是否生成凭证记录的检查。

选择"否"，则对于预付冲应付业务，不管预付、应付科目是否相同均不生成凭证。在选择不生成凭证时，月末结账时不需要检查预付冲应付记录是否生成凭证。

（9）红票对冲是否生成凭证。红票对冲是否生成凭证，有如下两种选择，如在系统选项中选择红票对冲生成凭证，则对于红票对冲处理，当对冲单据所对应的受控科目不相同时，系统生成一张转账凭证。

在选择需要生成凭证的情况下，月末结账时将对红票对冲处理分别进行有无需要生成凭证的记录的检查。

选择不生成凭证，则对于红票对冲处理，不管对冲单据所对应的受控科目是否相同均不生成凭证。

在选择不需要生成凭证的情况下，月末结账时不需要检查红票对冲处理生成凭证情况。系统缺省选择需要进行制单，该选项可以随时修改。

（10）凭证是否可编辑。系统默认的选项是凭证生成后仍可以进行编辑，选项为空；如果对该选项进行标记，则意味着生成的凭证不可编辑，选项不为空。不可编辑意味着凭证上的各个项目均不可编辑。

（11）单据审核后是否立即制单。默认选择"是"。选择"是"，表示所有单据审核或业务处理后需要提示是否立即生成凭证。选择"否"，表示所有单据审核或业务处理后不再提示是否立即生成凭证。

（12）凭证合并规则。系统选项"凭证页签"中增加"凭证合并规则"，细分分为科目、辅助项、摘要、结算方式、票据号、表头自定义项。默认科目、辅助项为置灰必选，不可修改。其他几项可多选。当选择后，单据制单时，判断选择项是否一致，如果一致，表头科目合并；如果不一致，则表头科目不合并。

9.2.1.3　权限与预警选项卡设置

（1）控制供应商权限。只有在"企业门户控制台—数据权限控制设置"中对供应商进行记录级数据权限控制时该选项才可设置，账套参数中对供应商的记录级权限不进行控制时应付款管理系统中不对供应商进行数据权限控制。

如果选择启用，则在所有的录入、处理、查询中均需要根据该用户的相关供应商数据权限进行限制。操作员只能录入、处理、查询有权限的供应商的数据，没有权限的数据操作员无权处理与查询。通过该功能，企业可加大供应商管理的力度，提高数据的保密性。

如果选择不启用，则在所有的处理、查询中均不需要根据该用户的相关供应商数据权限进行限制。启用供应商数据权限，且在应付款管理系统中查询包括对应客户数据时不考虑该用户是否对对应客户有权限，即只要该用户对供应商有权限就可以查询包含其对应客户的数据。系统缺省表示不需要进行数据权限控制，该选项可以随时修改。

（2）控制部门权限。只有在"企业门户控制台—数据权限控制设置"中对部门进行记录级数据权限控制时该选项才可设置，账套参数中对部门的记录级权限不进行控制时应付款管理系统中不对部门进行数据权限控制。

选择启用，则在所有的录入、处理、查询中均需要根据该用户的相关部门数据权限进行限制。操作员只能录入、处理、查询有权限的部门的数据，没有权限的数据操作员无权处理与查询。通过该功能，企业可加强部门管理的力度，提高数据的保密性。

选择不启用，则在所有的处理、查询中均不需要根据该用户的相关部门数据权限进行限制。

（3）控制业务员权限。只有在"企业门户控制台-数据权限控制设置"中对业务员进行记录级数据权限控制时该选项才可设置，账套参数中对业务员的记录级权限不进行控制时应付款管理系统中不对业务员进行数据权限控制。

选择启用，则在所有的处理、查询中均需要根据该用户的相关业务员数据权限进行限制。通过该功能，企业可加大业务员管理的力度，提高数据的安全性。

选择不启用，则在所有的处理、查询中均不需要根据该用户的相关业务员数据权限进行限制。

系统缺省表示不需要进行数据权限控制，该选项可以随时修改。

（4）控制合同类型。只有在"企业门户控制台-数据权限控制设置"中对合同类型进行记录级数据权限控制时该选项才可设置，账套参数中对合同类型的记录级权限不进行控制时应付款管理系统中不对合同类型进行数据权限控制。

选择启用，则在所有的处理、查询中均需要根据该用户的相关合同类型数据权限进行限制。通过该功能，企业可加大合同管理的力度，提高数据的安全性。

选择不启用，则在所有的处理、查询中均不需要根据该用户的相关合同类型数据权限进行限制。

系统缺省表示不需要进行数据权限控制，该选项可以随时修改。

（5）控制操作员权限。只有在"企业门户控制台-数据权限控制设置"中对操作员进行记录级数据权限控制时该选项才可设置，账套参数中对操作员的记录级权限不进行控制时应付款管理系统中不对操作员进行数据权限控制。

选择启用，则在所有的处理、查询中均需要根据该用户的操作员数据权限进行限制。通过该功能，企业可加大操作员管理的力度，提高数据的安全性。

选择不启用，则在所有的处理、查询中均不需要根据该用户的操作员数据权限进行限制。

（6）单据报警。如果选择了根据信用方式报警，则还需要设置报警的提前天数。用户在使用预警平台时会依据这个设置将"单据到期日-提前天数≤当前注册日期"的已经审核的单据显示出来，提醒您及时付款。

如果选择了根据折扣方式报警，则还需要设置报警的提前天数。用户在使用预警平台时会依据这个设置自动将"单据最大折扣日期-提前天数≤当前注册日期"的已经审核的单据显示出来，提醒如不及时付款哪些业务将不能享受现金折扣待遇。

如果选择了超过信用额度报警，则在满足上述设置的单据报警条件的同时，还需满足该供应商已超过其设置的信用额度这个条件才报警。

在账套使用过程中可以修改该参数。

（7）采购发票单据报警。采购发票单据报警是解决企业对供应商的应付款管理系统下的采购发票单据采用报警时间的依据问题，系统提供了两种选择，如果选中开票日期，则表示采购发票依据开票日期进行报警；如果选中单据日期，则表示采购发票是依据单据日期报警的。

9.2.1.4　核销选项卡设置

（1）应付款核销方式。核销即付款冲销应付款的操作，本系统提供两种应付款的冲销方式，即按单据、按存货两种方式。

按单据核销。系统将满足条件的未结算单据全部列出，选择要结算的单据，根据所选择的单据进行核销。

按存货核销。系统将满足条件的未结算单据按存货列出，选择要结算的存货，根据所选择的存货进行核销。

企业在付款时，如果没有指定具体支付的是哪个存货的款项，则可以采用按单据核销。对于单位价值较高的存货，企业可以采用按存货核销，即付款指定到具体存货上。一般企业，按单据核销即可。

在账套使用过程中，可以随时修改该参数的设置。

（2）规则控制方式。默认为严格，如果选择严格的控制方式，则核销时严格按照选择的核销规则进行核销，如不符合核销规则，则不能完成核销操作。

选择提示，则核销时若不符合核销规则，提示后，由用户选择是否完成核销操作。

（3）核销规则。默认为按供应商核销。可供选择的有供应商、部门、业务员、订单、合同、项目。可按供应商+其他项进行组合选择。如选择供应商+部门，则表示核销时，需供应商相同，且部门相同。其他以此类推。

（4）收付款单审核后核销。默认为不选择，表示收付款单审核不进行立即核销操作。

可修改为选择，并默认为自动核销，表示收付款单审核后立即自动地进行核销操作；选择手工核销，则表示在收付款单审核时，立即自动进入手工核销界面，由用户手工完成核销。

9.2.2　公用基础信息设置

公用基础信息设置在企业应用平台完成，在企业应用平台中已经设置的基础档案，如存货分类、计量单位、存货档案、会计科目、部门档案、职员档案、供应商分类、供应商档案、外币汇率、结算方式、地区分类等可以被应付款管理系统共享使用，如果应付款管理系统需要使用其他基础档案信息，可以随时在企业应用平台添加设置。

（1）信用额度和信用期限设置。企业可以对供应商进行信用额度、信用期限设置。

（2）存货档案设置。企业可以根据自身对存货管理的需要，对存货进行分类管理，以便对存货业务数据进行统计和分析，如果企业选择对存货进行分类管理，需要先设置存货分类，再设置存货档案。存货档案的设置包括存货分类、计量单位、计量单位分组、存货档案，设置的操作步骤及方法可参见应收款管理系统存货档案设置，此处不再重复。

9.2.3　初始设置

应付款管理系统的初始设置又称为专用信息设置，是企业根据需要设置一些只适应本企业的特殊信息，主要包括基本科目设置、控制科目设置、产品科目设置、结算方式科目设置、账期内账龄区间设置、逾期账龄区间设置、报警级别设置、单据类型设置等。

9.2.3.1 设置科目

由于本系统业务类型较固定，生成的凭证类型也较固定，因此为了简化凭证生成操作，可以在此处将各业务类型凭证中的常用科目预先设置好。

（1）基本科目设置。用户可以在此定义应付款管理系统凭证制单所需要的基本科目，包括应付科目、预付科目、采购科目、税金科目等。若用户未在单据中指定科目，且控制科目设置与产品科目设置中没有明细科目的设置，则系统制单依据制单规则取基本科目设置中的科目。

（2）控制科目设置。控制科目设置进行应付科目、预付科目的设置，依据在系统初始设置中的控制科目选项而显示设置依据。若单据上有科目，则制单时取单据上的科目，若无，则系统依据单据上的供应商信息在制单时自动带出控制科目。若控制科目没有输入，则系统取基本科目设置中的应付、预付科目。

（3）产品科目设置。产品科目设置进行采购科目、应交增值税科目设置，依据系统初始设置中的采购科目依据选项而显示设置依据。若单据上有科目，则制单时取单据上的科目，若无，则系统依据单据上的存货信息在制单时自动带出采购科目、税金科目等。若产品科目没有输入，则系统取基本科目设置中的采购科目、税金科目。如果按存货分类进行科目设置，则可按存货分类+税率进行科目的设置。

（4）结算方式科目设置。结算方式科目设置进行结算方式、币种、科目的设置。对于现结的发票及收付款单，系统依据单据上的结算方式查找对应的结算科目，系统制单时自动带出，若未输入，则用户需手工输入凭证科目。

9.2.3.2 账期内账龄区间设置

账期内账龄区间设置指用户定义应付账款或付款时间间隔的功能，它的作用是便于用户根据自己定义的账款时间间隔，进行账期内应付账款或付款的账龄查询和账龄分析，清楚了解在一定期间内所发生的应付款、付款情况。

序号由系统生成，从01开始，不能修改。序号为01的区间由系统自动生成，不能修改、删除。总天数设置，直接输入该区间的截止天数。起止天数设置，系统会根据您输入的天数自动生成相应的区间。

9.2.3.3 逾期账龄区间设置

逾期账龄区间设置指用户定义应付账款或付款时间间隔的功能，它的作用是便于用户根据自己定义的账款时间间隔，进行逾期应付账款或付款的账龄查询和账龄分析，清楚了解在一定期间内所发生的应付款、付款情况。

序号由系统生成，从01开始，不能修改。序号为01的区间由系统自动生成，不能修改、删除。总天数设置，直接输入该区间的截止天数。起止天数设置，系统会根据您输入的天数自动生成相应的区间。

9.2.3.4 报警级别设置

通过对报警级别的设置，可以将供应商按照供应商欠款余额与其授信额度的比例分为不同的类型，以便掌握各个供应商的信用情况。

（1）序号。序号由系统生成，从01开始。序号为01的区间由系统自动生成，不能修改、删除。

（2）级别名称。用户应直接输入级别名称，用户可以采用编号或者用户喜欢的任何形式。注意名称最好能够上下对应。

（3）比率。用户应直接输入该区间的比率。

（4）起止比率。系统会根据用户输入的比率自动生成相应的区间。

9.2.3.5 单据类型设置

单据类型设置指用户将自己的往来业务与单据类型建立对应关系，达到快速处理业务以及进行分类汇总、查询、分析的效果。

用户可以在此设置单据的类型。系统提供了发票和应付单两大类型的单据。应付单记录采购业务之外的应付款情况。在本功能中，设置应付单的不同类型，可以将应付单划分为不同的类型，以区分应付货款之外的其他应付款。例如，可以将应付单分为应付费用款、应付利息款、应付罚款、其他应付款等。应付单的对应科目自己定义。只能增加应付单的类型，应付单中的其他应付单为系统默认类型，不能修改、删除。发票的类型是固定的，不能修改、删除。不能删除已经使用过的单据类型。

9.2.3.6 中间币种设置

在异币种核销或转账时，我们需要进行中间币种的设置，用于核销单据和被核销单据按照中间币种设置的汇率进行折算后进行核销或转账处理。

点击初始设置里的中间币种设置，系统自动弹出一个对应币种汇率的设置界面。选择中间币种，并设置异币种核销或转账时允许的误差。按实际设置各个币种对应中间币种的汇率，对应本位币的汇率。

默认显示的中间币种是本位币。如果核销或转账在允许的误差里，则可成功完成异币种核销或转账。

9.2.3.7 单据设计

单据设计主要有两个功能：其一进行操作员显示模板的定义；其二进行操作员打印模板表头、表体项目的定义。

单据模板设置指用户可依据自己的往来业务要求设计自己的单据模板，即操作员可与单据模板一一对应，它的主要作用是可以充分利用操作员在单据模板设置中所建立的自定义单据模板，使单据更加符合其需要。

操作员可在自定义的单据模板上进行表头、表体项目的删减，并可通过自定义设置使单据完全符合自己的需要。操作员可分别设置单据的显示模板及打印模板。

9.2.4 期初余额录入

9.2.4.1 期初余额概述

通过期初余额功能，用户可将正式启用账套前的所有应付业务数据录入到系统中，作为期初建账的数据，系统即可对其进行管理，这样既保证了数据的连续性，又保证了数据的完整性。

初次使用本系统时，要将上期未处理完全的单据都录入到本系统中，以便于以后的处理。当您进入第二年度处理时，系统自动将上年度未处理完全的单据转为下一年度的期初余额。在下一年度的第一个会计期间里，可以进行期初余额的调整。

期初发票是指还未核销的应付账款，在系统中以单据的形式列示，已核销部分金额不显示。

期初应付单是指还未结算的其他应付单，在系统中以应付单的形式列示，已核销部分金额不显示。

期初预付单是指提前支付给供应商的款项，在系统中以付款单的形式列示。

期初合同结算单是合同管理系统在应付款管理系统启用前的未结算应付类合同余额。

期初票据是指还未结算的票据。

9.2.4.2　操作步骤

（1）点击"设置—期初余额"，在期初余额明细表中，点击【增加】按钮。输入需要增加的单据类别后，点击【确认】按钮，系统会出现空白单据，进行录入。

（2）录入期初余额，包括未结算完的发票和应付单、预付款单据、未结算完的应付票据。这些期初数据必须是账套启用会计期间前的数据。

（3）引入合同金额，点击【引入】按钮，您可以同时对会计分录的科目、项目加以选择，然后点击【是】按钮对引入加以确认，系统会将应付款管理系统启用月之前合同管理系统的应付类合同结算单金额全部生成应付款管理系统的期初余额。

（4）期初余额录入或引入后，可与总账对账。

（5）对期初发票、应付单、预付款、票据、合同结算单进行后续的核销、转账处理。

（6）在应付业务账表中查询期初数据。

9.2.4.3　增加期初余额

选择"设置"菜单下的"期初余额"，点击【确认】按钮，进入期初余额查询界面，选好查询条件后，进入期初余额明细表。

（1）录入期初余额。

①点击【增加】按钮，选择单据名称、单据类型和方向，再点击【确认】按钮，屏幕即出现该类型单据的界面。

②可以输入有关栏目。点击【取消】按钮，系统会取消刚才的操作。

③输入各种类型单据的期初余额后，点击【保存】按钮，即可保存所进行的操作。

④继续增加，重复以上②～④，也可以点击【复制】按钮，将当前单据复制到新增单据上再进行修改。

（2）引入合同金额。

①点击【引入】按钮，对会计分录的科目、项目加以选择，然后点击【是】按钮，对引入加以确认，系统会将应付款管理系统启用月之前合同管理系统的应付类合同结算单金额全部生成应付款管理系统的期初余额，点击【否】按钮取消引入合同余额操作。

②重复上述操作，系统可以引入合同管理系统中符合条件但未引入过的单据。

9.2.4.4　修改期初余额

（1）如果当前在期初余额主界面，首先选中要修改的单据，然后双击鼠标，则可以进入该单据的界面。

（2）当进入某张单据界面后，点击【修改】按钮，修改当前单据。

（3）修改完成后，点击【保存】按钮，保存当前修改，点击【放弃】按钮取消此次修改。

（4）已进行后续处理如转账、核销等的不允许修改。

（5）引入的合同结算单无法修改。

（6）第一个月结账后，不允许增、删、改、引。

9.2.4.5   删除期初余额

（1）如果当前在期初余额主界面，首先选中要删除的单据，然后点击【删除】按钮，则可以进入该单据的删除界面。

（2）如果当前已经处于某张单据的界面，则可以直接点击【删除】按钮，删除当前单据。

（3）已进行后续处理如转账、核销等的期初余额不允许删除。

（4）第一个月结账后，不允许增、删、改、引。

9.2.4.6   查询期初余额

在期初余额主界面中点击【过滤】按钮，输入查询条件后，点击【确认】按钮，系统会将满足条件的数据全部列示出来。

9.2.4.7   单据定位

在期初余额主界面中点击【定位】按钮，输入定位条件后，点击【确认】按钮，系统会将光标定位在满足条件的第一条记录上。

9.2.4.8   期初余额排序

在期初余额主界面中点击任一列，可进行该列的升序或降序排列。

9.2.4.9   联查单据

联查单据有两种方法：其一，将光标定位在需要查询的单据记录上，点击【单据】按钮，即可显示该单据卡片；其二，双击需要查询的单据记录，即可显示该单据卡片。

9.2.4.10   与总账对账

在期初余额主界面中点击【对账】按钮。屏幕中列出的是应付款管理系统的各控制科目与总账的对账情况。

9.3   应付款管理系统日常业务处理

应付账款是企业因购买材料、商品和接收劳务供应等应支付给供应者的款项。应付款管理系统主要提供用户对应付账款的管理，包括应付账款的形成及其偿还情况。应付业务来源于采购业务，与采购业务息息相关，企业在实际业务中，会因为采购业务付款方式、付款时点的不同而产生不同的会计处理。故本章将采购与付款的关系分为应付款业务、预付款业务、现结业务分别来阐述应付账款、预付账款的形成及其偿还情况的系统处理。应付款业务是企业先收到采购发票，形成应付账款，后付款的业务。预付款业务是企业先付款，后收货的业务。现结业务是采购与付款同时发生的业务，分完全现付和部分现付。

9.3.1   应付款业务

9.3.1.1   确认应付账款

确认应付账款可以通过手工处理与系统处理完成。如果手工处理完成，一般来说，企业因购买材料、商品或接受其他劳务后，供货单位向企业提供进项税发票、发票清单或其他应付单据，企业据此登记入账。

如果系统处理，首先需要在系统中依据供货单位提供的原始票据填制采购发票或应付单，然后对采购发票或应付单进行审核，系统用审核来确认应付业务的成立，即系统在用户填制采购发票、其他应付单后，对发票进行审核后确认应付账款，并记入应付账款明细账。本系统提供的审核有三种含义：其一确认应付账款；其二对单据输入的正确与否进行审查；其三对应付单据进行记账。

在本系统中，采购发票和应付单的处理都是在该发票或应付单据已经审核的基础上。

9.3.1.2　应付单据录入

手工处理。企业向供应商购买材料或接受劳务，取得供应商开具的进项税发票及发票清单。

系统处理。在系统中填制采购发票、应付单，统称应付单据。应付单据的录入包括应付单的录入和采购发票的录入。应付单是记录非采购业务所形成的应付款情况的单据；采购发票是从供货单位取得的进项税发票及发票清单。应付单据录入是本系统处理的起点。

（1）采购发票录入。若启用采购管理系统，则采购发票不在应付款管理系统中录入，应在采购管理系统录入，并传递给应付款管理系统，在应付款管理系统进行审核。若未启用采购管理系统，则应在"应付单据录入"界面录入采购业务中的各类发票，以及采购业务之外的应付单。

①增加采购发票。若没有启用采购管理系统，则在应付款管理系统"应付单据录入"界面录入采购发票，依据原始发票上的项目进行录入，若遇到系统没有提供的项目，可以通过自定义进行项目的添加，若系统提供的单据格式不符合要求，则可以通过"单据设计"对单据进行修改。若启用采购管理系统，则采购发票在采购管理系统录入，传递到应付款管理系统。

发票分为普通发票与专用发票两种类型，这两类发票的区别之处在于普通发票录入的单价为含税单价，专用发票录入的单价为不含税单价。

②修改采购发票。在未启用采购管理系统的情况下，若发现采购发票错了，则可以在应付款管理系统"应付单据录入"界面对采购发票进行修改，除单据的名称和类型不能修改外，其他的都可修改。如果要修改的是单据名称或类型，则可以把发票删了，重新填制发票。

在启用采购管理系统的情况下，从采购管理系统传递的采购发票不允许在应付款管理系统中修改，需要在采购管理系统中进行修改。

如果对采购发票做过后续的处理，如审核、制单、核销等，则发票不能修改，但系统对所有的操作都提供了逆向操作的功能，用户可以通过"取消操作"来达到修改的目的。

③删除采购发票。在未启用采购管理系统的情况下，如果发现录入的发票作废，则用户可以在应付款管理系统"应付单据录入"中把录入的采购发票删除。

在启用采购管理系统的情况下，从采购管理系统传递的采购发票不允许在应付款管理系统中删除，需要在采购管理系统中，对采购发票进行删除。单据删除后不能恢复，应慎重处理。

④数据权限控制。在手工处理下，如果企业对采购发票有严格的要求，如指定专人进行某部门、某供应商票据的审核确认，则企业需要对采购业务进行权限分配。

系统处理。用户首先需要到企业应用平台“控制台-数据权限”中进行供应商、部门的数据权限控制设置，并设置操作员与供应商、部门的对应关系。然后在应付款管理系统“系统选项”中选择启用供应商、部门数据权限，则操作员在录入、处理、查询时，将受权限控制。操作员只能查询、录入、修改有权限的供应商或部门的记录。

如果一张单据中操作员有其部门权限，没有该供应商权限，则该单据用户无权查看、编辑，反之亦然。

（2）应付单录入

无论是否启用采购管理系统，非采购业务形成的应付单都在应付款管理系统中录入。

①增加应付单。在这里，应付单除了需要输入其原始的业务信息外，还需要填入科目。系统提供的应付单实质是一张凭证，除了记录采购业务之外所发生的各种其他应付业务信息外，还记录科目信息。

应付单表头中的信息相当于凭证中的一条分录的信息，表头科目应该为核算所欠供应商款项的一个科目；应付单表头科目必须是应付款管理系统的受控科目。表头科目的方向即为所选择的单据的方向。

应付单表体中的一条记录也相当于凭证中的一条分录。当输入了表体内容后，表头、表体中的金额合计应借、贷方相等。这里输入科目的目的，是系统对该应付单制单的时候，可以自动带出科目信息。可以不输入科目，这样，在制单时，可能需要手工输入。

②修改应付单。发现已录入的应付单有错，可执行修改功能进行修改操作。修改的操作与采购发票同。

③删除应付单。若发现已录入的应付单已作废，则可删除该应付单。已经审核、制单的单据不允许删除。单据删除后不能恢复，应慎重处理。

④应付单据审核。应付单据的审核即对应付单据进行记账，并在单据上填上审核日期、审核人的过程。已审核的应付单据不允许修改、删除。

在采购管理系统中增加的发票也在应付款管理系统中审核入账。不能在已结账月份进行审核处理；不能在已结账月份进行弃审处理。已经审核的单据不能进行重复审核；未经审核的单据不能进行弃审处理。做过后续处理（如核销、转账、汇兑损益等）的单据不能进行弃审处理。

第一，审核日期。审核日期主要决定入账日期，审核日期依据系统选项而定，可选择单据日期或业务日期。当选项中设置审核日期的依据为“单据日期”时，该单据的入账日期选用当前的单据日期。若选择单据日期为“入账日期”，则在月末结账前需要将单据全部审核。当选项中设置审核日期的依据为“业务日期”时，该单据的入账日期选用当前的登录日期。

第二，审核人。单据审核后，系统自动以当前操作员填列审核人。

第三，审核采购发票和应付单的方法。只需要找到要确认的发票和应付单，点击【审核】按钮即可。对于本系统录入的应付单据，可以在“应付单据录入”界面进行审核。

对于从采购管理系统传递来的应付单据，可以在“应付单据审核”界面进行审核。在“应付单据审核”界面中也可以对应付款管理系统录入的应付单据进行审核。

可以在“应付单据录入”界面中录入一张单据就审核一张单据，也可以在“应付单据审核”界面定期对一批单据进行批量审核。系统对审核提供单张审核、自动批审、批量审核等功能，以提高工作效率。

第四，取消审核。手工处理方式。在实际业务中，会发生一些输入错误或者一些正在进行的业务因某种原因而改变，企业会计需要根据不同的情形进行调整记账。

系统处理方式。系统对这方面的处理，是通过取消审核功能实现的，即将此笔业务信息从应付账款明细账中抹去，同时，清空审核人和审核日期，回到未记账的状态，此时，可以根据实际情况，对该应付单据进行修改或是作废。

同样，对取消审核操作，系统提供批量弃审和单张弃审的操作，以提高使用方便性。

⑤合同结算单审核。合同结算单的审核是对从合同管理系统传入的合同结算单进行审核或取消审核，可以查看这些合同结算单。只有在合同管理系统启用的情况下本功能菜单才会显示。可显示的合同结算单包括已审核与未审核的，但做过后续处理如核销、制单、转账等的单据不显示。可供审核的合同结算单是应付款管理系统启用后由合同管理系统传入的。不能在已结账月份进行审核处理；不能在已结账月份进行弃审处理。已经审核的单据不能进行重复审核；未经审核的单据不能进行弃审处理。做过后续处理（如核销、转账、坏账、汇兑损益等）的单据不能进行弃审处理。针对选项中的不同选择，对合同结算单的日期要求进行勾选：一是按单据日期审核。合同结算单的生效日期要大于应付款管理系统的启用月及已结账月。二是按业务日期审核。登录日期要在启用月及已结账月之后，对生效日期无要求。

⑥进口发票审核。进口发票的审核是对从进口管理系统传入的进口发票在应付款管理系统进行审核或取消审核，并可以进行查看。只有在进口管理系统启用的情况下本功能菜单才会显示。可显示的进口发票包括已审核与未审核的，但做过后续处理如核销、制单、转账等的单据不显示。可供审核的进口发票是应付款管理系统启用后由进口管理系统传入的。不能在已结账月份进行审核处理；不能在已结账月份进行弃审处理。已经审核的单据不能进行重复审核；未经审核的单据不能进行弃审处理。做过后续处理（如核销、转账、汇兑损益等）的单据不能进行弃审处理。

9.3.1.3　冲销应付账款

在实际业务中，企业通过直接付款，支付银行承兑汇票、商业承兑汇票或应收账款冲销，红蓝票对冲等业务进行应付账款冲减。

（1）付款申请单。付款申请单录入，是依据供应商的订单或发票或其他单据，生成付款申请单据，然后进行审核后支付给供应商的相应款项。

应付款管理系统的付款申请单主要来源于采购订单、采购发票；进口订单、进口发票；委外订单、委外发票；工序委外的加工费发票；合同、合同执行单、合同结算单；其他应付单及无来源的付款申请。

来源于订单或合同的付款申请，默认生成的付款单，其款项类型为预付款；来源于发票或合同结算单或其他单据的付款申请，默认生成的付款单，其款项类型为应付款。

红字的单据，不进行付款申请的处理；但红蓝混开的发票，在申请时，会依据单据表体明细进行列示，但进行付款申请时也不自动进行红字记录的扣减。

①新增付款申请单。依据实际申请业务，选择付款申请单的来源单据，输入需要的过滤条件。选择来源单据，则与该单据相关的内容系统将自动带到付款申请单上，如供应商、订单号、银行账号、合同号、科目等信息。

表头必须录入的项目有：供应商、单据日期、单据编码、币种，当币种为外币时，汇率也必须输入。表体必须输入的项目有：金额、预计付款日期。

②复制付款申请单。点击【复制】按钮，可对当前付款申请单进行复制，复制的付款申请单，保存后都是无来源的付款申请单。

③修改付款申请单。同币种的付款申请单，原币金额不可改大，只可改小，异币种的付款申请单，不允许修改原币金额。

④删除付款申请单。保存付款申请单后，若发现错误，可以直接将付款申请单删除。

⑤关闭付款申请单。若付款申请单后续不再继续付款，可进行关闭操作。

（2）付款申请单审核。

用户填制付款申请单后，首先要做的就是对付款申请单进行审核。

付款申请单的审核，即在单据上填上审核日期、审核人的过程。已审核的付款单据不允许修改、删除。此处还可以根据业务需要设置审批流，审批流的设置和详细说明请参照"基础信息"中的"审批流"设置。不能在已结账月份进行审核处理；不能在已结账月份进行弃审处理。已经审核的单据不能进行重复审核；未经审核的单据不能进行弃审处理。做过后续处理（如付款等）的单据不能进行弃审处理。

①审核付款申请单。只需要找到要确认的付款申请单，点击【审批】按钮，弹出审核框。输入审批结果和批注，确定后即完成对这张单据的审核。可以在"付款申请单录入"中进行单张审核，也可以在"付款申请单审核"中进行审核或批量审核。

②批量审核。用户可在"付款申请单审核"中输入过滤条件后，点击【确认】按钮，进入"付款申请单单据列表"界面，通过点击【全选】【全消】按钮将列表中的记录全部打上选择标志或取消选择标志。

将需要进行批审的付款申请单打上选择标志，点击【审核】按钮，系统先对不需要走审批流的单据进行审核。然后在第一条需要走工作流的单据上弹出的审核框中输入审核结果及意见。点击【确认】按钮后，系统提示"是否以下单据均照此意见审核"，请根据情况选择。

③取消审核。对于有错或需要作废的付款申请单，可以通过【取消】按钮将单据恢复到未审核状态，然后进行修改或删除。系统提供单张弃审和批量弃审功能，您可以在"付款申请单录入"中进行单张弃审，也可以在"付款申请单审核"中进行审核或批量审核。系统检查单据是否按工作流审核，如是仍将按工作流弃审。

（3）付款。

手工处理：企业收到因购买材料或接受其他单位提供的劳务后供货单位提供的发票后，直接付款、记账。

系统处理：系统通过付款单来记录支付的供应商款项。企业支付款项后，在"付款单据录入"中填制付款单。付款单中表体项目款项类型，就是用来区别企业每支付的一笔款项，是因为购买材料、商品而支付的货款，还是提前支付给供应商的货款，或是企业支付的其他款项。在付款单中需要指明每一笔款项的用途，如果支付的款项中同时包含这几种类型，需要分开记录，因为系统依据不同的款项用途进行后续的处理。对于前述业务，该付款单中的款项类型若为应付款，即该付款冲销应付账款。

在本系统，每增加一张收/付款单，都需要指定其款项用途。系统提供三种款项类型：

应付款、预付款、其他费用。不同的用途，后续的业务处理及约束也会不同。因此，对于同一张付款单，如果包含不同用途的款项，应指明该笔付款中哪些属于冲销应付款、哪些属于形成预付款，哪些属于支付的其他费用。

①新增付款单。依据付款业务，填制付款单上的内容。输入了供应商，则与供应商相关的内容系统将自动带出，如供应商的银行名称、银行账号、合同号等信息（前提是在供应商档案中记录了这些信息）。

表头必须录入的项目有：供应商、单据日期、单据编码、结算方式、币种、原币金额，当币种为外币时，汇率也必须输入。表体必须输入的项目有：款项类型、供应商、原币金额。

表体部门、业务员、原币金额全部等于表头的对应数据。表体金额合计必须等于表头金额。用户可以对系统缺省带入的表体记录进行增、删、改处理。表头、表体均支持数量项目的录入。

录入付款单，可分别根据业务需要参照订单号、合同号等。

如果启用了付款申请业务，则点击【生单】按钮，可选择已审核的付款申请单参照生成付款单，如果未到预计付款日期付款，系统会提示是否提前付款。

②款项类型。系统通过内置的三种款项类型来区分款项用途，应付款、预付款、其他费用。不同的款项用途决定后续业务处理的不同。每一笔付款都应指定其款项用途。若同一付款单中具有不同用途的款项，应分别指明。

选择应付款，其款项用途为冲销应付账款，表体对应的科目为控制科目；选择预付款，其款项用途是形成预付账款，表体对应的科目为控制科目；选择其他费用，则该款项性质为结算其他费用，且其表体的科目不能是收付系统的控制科目。

只有应付款和预付款性质的付款记入应付账款明细账，才可以与采购发票、应付单进行核销勾对。

③代付款的处理。代付款，是指原本应支付给供应商甲的款项，现改为支付给供应商乙。在一张付款单中，若表头供应商与表体供应商不同，则表示表体记录所在的款项为代付款，则在核销时，代付款的供应商的记录只能与其本身的应付款核销。

④修改单据。输入完付款单后，若发现错误，可以对付款单进行修改，修改后，点击【保存】按钮才能保存当前修改结果。

⑤删除单据。输入完付款单后，若发现错误，可以直接将付款单删除。

⑥登记支票登记簿。手工处理：企业会计用支票支付货款后，需要登记支票登记簿，对支票的发出、结算进行管理。系统处理：用户首先需要在结算方式上选择哪些结算方式需要登记支票登记簿，如转账支票。填制付款单时，若其结算方式为转账支票，则该收付款单的结算科目必须录入，且录入的科目必须是有银行标志的末级科目。

系统选项"是否登记支票"，若选择"是"，则系统自动将结算方式+票据号登记在总账的支票登记簿中。

若选择"否"，则结算方式有票据管理标识的，系统不自动登记支票登记簿。但可在单据上点击【登记】按钮，将结算方式+票据号手工登记在总账的支票登记簿中。

⑦付款单审核。手工处理：实际业务中，企业确认付款的时点为企业支付货款时。

系统处理：系统用审核来确认付款业务的成立。系统在用户填制付款单后，对付款单进行审核后记入应付账款明细账。本系统提供的审核有三种含义：其一是确认付款；其二是对单据输入的正确与否进行审查；第三是记入应付账款明细账。

付款单的审核即对付款单据进行记账，并在单据上填上审核日期、审核人的过程。

已审核的付款单据不允许修改、删除。用户在此还可以根据业务需要设置审批流，审批流的设置和详细说明请参照"基础信息"中的"审批流"设置。不能在已结账月份进行审核处理；不能在已结账月份进行弃审处理。已经审核的单据不能进行重复审核；未经审核的单据不能进行弃审处理。做过后续处理（如核销等）的单据不能进行弃审处理。

第一，审核付款单。只需要找到要确认的付款单，点击【审核】按钮，弹出审核框。输入审批结果和批注，确定后即完成对这张单据的审核。

用户可以在"付款单据录入"中进行单张审核，也可以在"付款单据审核"中进行自动审核或批量审核。

第二，自动批审。用鼠标点击"付款单据处理-付款单据审核"，即可进入本功能界面。输入过滤条件，用户可直接点击【批审】按钮，系统在后台直接进行审核。若未审核单据中存在需要多级审核（启用工作流）的单据，则不能进行自动批审。

第三，批量审核。用户可在"付款单据审核"中输入过滤条件后，点击【确认】按钮。进入"收付款单单据列表"界面，通过点击【全选】【全消】按钮将列表中的记录全部打上选择标志或取消选择标志。

将需要进行批审的收付款单打上选择标志，点击【审核】按钮，系统先对不需要走审批流的单据进行审核。然后在第一条需要走工作流的单据上弹出的审核框中输入审核结果及意见。点击【确认】按钮后，系统提示"是否以下单据均照此意见审核"，请根据情况选择。对当前收付款单进行审核并记入明细账。

第四，取消审核。对于有错或需要作废的付款单，可以通过【取消审核】按钮将单据恢复到未审核状态，进行修改或删除。系统提供单张弃审和批量弃审，可以在"付款单据录入"中进行单张弃审，也可以在"付款单据审核"中进行自动弃审或批量弃审。系统检查单据是否按工作流审核，如是仍将按工作流弃审。

⑧核销处理。手工处理：企业将付款单与应付发票、应付单进行勾对的业务，即为核销。

系统处理：系统通过核销功能进行付款结算，即将付款单与发票或应付单相关联，冲减本期应付款，减少企业债务。系统提供按单据核销与按产品核销两种方式，可以选择。系统提供核销规则及核销的控制方式，可以选择。

若系统选项中选择"核销方式按单据"时，被核销单据列表按单据显示记录，若此时有产品栏目，则只显示该单据的第一个产品信息；

若系统选项中选择"核销方式按产品"时，被核销单据列表明细到产品显示记录，产品栏目中显示每条记录对应的产品信息。

（4）应付票据结算。

手工处理：实际业务中，企业采用商业汇票支付方式购买商品，包括银行承兑汇票和商业承兑汇票。商业承兑汇票是付款人签发并承兑，或由收款人签发交由付款人承兑的汇票。银行承兑汇票是由在承兑银行开立存款账户的存款人签发，由承兑银行承兑的票据。

系统处理：系统提供"票据管理"功能完成对商业承兑汇票和银行承兑汇票的处理。它的主要功能是记录票据详细信息和记录票据处理情况。

①增加票据。在票据录入界面，输入各必输项，输入完成后，点击【保存】按钮，则保存当前票据。如果选项选择应付票据直接生成付款单，则保存完毕，自动生成一张付款单，可对此付款单进行后续处理，如审核、核销等。

如果启用付款申请业务，则在票据录入界面，点击【生单】按钮，可参照已经审核的付款申请单生成票据。

②删除票据。为了删除一张票据，应首先用鼠标点击【票据管理】按钮，弹出票据查询对话框，输入各种条件后，单击【确认】按钮进入主界面。在票据列表界面选中要删除的票据，点击工具栏中的【删除】按钮，则当前票据被删除。在票据单据界面，定位要删除的票据，点击工具栏中的【删除】按钮，则当前票据被删除。收到日期在已经结账月的票据不能被删除。票据所形成的付款单已经核销的不能被删除。已经进行计息、结算、转出等处理的票据不能被删除。

③修改票据。为了修改一张票据，应首先用鼠标点击【票据管理】按钮，弹出票据查询对话框，输入各种条件后，单击【确认】按钮进入票据列表界面。选中要修改的票据，双击进入票据卡片界面，点击【修改】按钮，对当前票据进行修改。收到日期在已经结账月的票据不能被修改。票据所形成的付款单已经核销的不能被修改。已经进行计息、结算、转出等处理的票据不能被修改。

④票据结算。票据结算是指企业支付票据。

第一，用鼠标点击【票据管理】按钮，弹出票据查询对话框，输入各种条件后，单击【确认】按钮进入票据管理主界面。

第二，选中一张票据，然后点击工具条上的【结算】按钮，就可以对当前的票据进行结算处理。

第三，输入结算金额等栏目后，点击【确认】按钮，结算完成，未全额结算的票据，可进行其他处理。

⑤票据转出。由于某种原因票据不能如期支付的，需要重新恢复应付账款。

（5）应付账款转账。

系统提供转账处理来满足用户应付账款调整的需要。针对不同的业务类型进行调整，分为应付冲应付、应付冲应收、红票对冲等调整业务。

①应付冲应付。应付冲应付指将供应商、部门、业务员、项目和合同的应付款转到另一个中去。

手工处理：在实际业务中，若发现供应商之间进行合并，或发现已审核的采购发票或其他应付单据中供应商错了；或者某个部门撤销了，要将该部门名下的应付款全部转到另一个部门名下；或者某个业务员离职了，要将该业务员名下所有的应付款转到另一个业务员名下，这时财务人员需要将这些业务进行调整，进行转账处理。

系统处理：通过"应付冲应付"功能将应付款业务在供应商、部门、业务员、项目和合同之间进行转入、转出，实现对应付款业务的调整，解决应付款业务在不同供应商、部门、业务员、项目和合同间入错户或合并户问题。

应付冲应付的操作步骤如下：

第一，在货款、其他应付款、预付款和合同结算单复选框中选择需要处理的单据，并选择并账类型，默认按供应商进行并账，可选择按部门、业务员、项目和合同进行并账。

第二，输入转出户（供应商、部门、业务员、项目和合同）、转入户（供应商、部门、业务员、项目和合同）、币种等过滤条件。

第三，输入完成后，单击【过滤】按钮，系统会将该转出户所有满足条件的单据全部列出。可手工输入或双击选择并账金额，金额大于 0，小于等于余额，双击本行系统将余额自动填充为并账金额。

第四，输入有关信息后，点击【确认】按钮，系统会自动进行转出、转入处理。点击【取消】按钮，系统将会取消上述操作。

②应付冲应收。应付冲应收是指用某供应商的应付账款，冲抵某客户的应收款项。

手工处理：在实际工作中，既存在又是供应商又是客户的情况，同时也存在企业欠供应商甲的钱，供应商甲又欠客户乙的钱，客户乙又欠本企业的钱这样的关系。因此，财务人员需要进行转账处理，调整应付账款。

系统处理：系统通过"应付冲应收"功能将应付款业务在供应商和客户之间进行转账，实现对应付款业务的调整，解决应付债务与应收债权的冲抵。

应付冲应收的处理。如果需要红字应付单冲销红字应收单，则可以将负单据复选框选中。点击"应付款"页签，输入查询条件，点击"应收款"页签，输入查询条件，点击【确定】按钮，系统会将该供应商和客户所有满足条件的应付款和应收款的单据类型、单据编号、日期、金额等项目按上下列表的方式全部列出。用户可以在转账金额一栏里输入每一笔应付款的转账金额。每一笔应付款的转账金额都不能大于其余额。输入有关应付款和应收款的信息后，点击【确认】按钮，系统会自动地将两者对冲。点击【取消】按钮，系统将会取消上述操作。

③红票对冲。红票对冲是指用某供应商的红字发票与其蓝字发票进行冲抵。

手工处理：在实际工作中，当同一个供应商，既有蓝字发票，又有红字发票时，财务人员需要将红蓝发票进行冲销，调整应付账款。

系统处理：系统通过"红票对冲"功能将应付款业务在供应商红蓝票之间进行冲销，实现对应付款业务的调整。系统提供自动红票对冲和手工红票对冲两种方式。如果红字单据中有对应单据号，系统会自动执行红冲；如果单据发票中无对应单据号或红字单据所对应的单据已经转账，可以手工选择相互转账的单据以冲减部分应付款。

红票对冲可以分为自动红票对冲和人工红票对冲。

自动红票对冲。输入有关的栏目如日期、供应商、币种、红票的过滤条件和蓝票的过滤条件后，点击【确定】按钮，系统将自动进行红蓝票对冲。

人工红票对冲。输入日期、币种、供应商、红票的过滤条件和蓝票的过滤条件后，点击【过滤】按钮，屏幕会显示该供应商所有满足条件的红字和蓝字单据。选择需要冲销的单据，可以在对冲金额中输入要对冲的金额或通过【分摊】按钮，将红票金额进行分摊。完成后，点击【保存】按钮，保存所做的操作。

自动分摊。在"手工红票对冲"的主界面，选择要对冲的红蓝单据后，点击【分摊】按钮，将红票对冲金额依排列顺序分摊到蓝票中。用户可以通过工具栏上的【栏目】按钮，进行单据显示栏目，以及单据的排列顺序的设置。

9.3.2　预付款业务

9.3.2.1　确认预付款

手工处理：有些企业由于生产的产品供不应求，需要预先打款订货。企业提前支付的款项就是预付款，财务人员付款后，记账。

系统处理：系统用付款单来记录预付款的业务，首先需要在系统中录入此笔款项，表体款项类型为预付款，该笔款项在系统中被视为预付款，然后对该付款单进行审核，系统用审核来确认预付款业务的成立。用户填制预付款单后，系统用审核作为标志确认预付账款，并记入应付账款明细账。本系统提供的审核有三种含义：其一是确认预付账款；其二是对单据输入的正确与否进行审查；其三是对预付款单进行记账。

在本系统中，预付款单的处理都是在该单据已经审核的基础上。

9.3.2.2　预付款录入

对于预付款的业务，每支付一笔预付款，都需要在系统中增加一张付款单，指定其款项性质为预付款。

（1）新增付款单。依据原始单据，填制付款单上的内容。输入了供应商，则与供应商相关的内容系统将自动带出，如供应商的银行名称、银行账号等信息（前提是在供应商档案中记录了这些信息）。

表头必须录入的项目有：供应商、单据日期、单据编码、结算方式、币种、原币金额，当币种为外币时，汇率也必须输入。表体必须输入的项目有：款项类型、供应商、原币金额。

表体部门、业务员、原币金额全部等于表头的对应数据。用户可以对系统缺省的表体记录进行增、删、改处理。

（2）款项类型。系统通过内置的三种款项类型来区分款项性质：应付款、预付款、其他费用。不同的款项用途决定后续业务处理的不同。每一笔款项都应指定其款项性质。若同一付款单具有不同性质的款项，应分别指明。

（3）预付款审核。手工处理：在实际业务中，企业支付货款，确认预付款。

系统处理：系统用审核来确认预付款业务的成立。系统在用户填制付款单后，对付款单进行审核后记入应付账款明细账。付款单的审核即对付款单据进行记账，并在单据上填上审核日期、审核人的过程。已审核的付款单据不允许修改、删除。同时需注意两点：一是不能在已结账月份进行审核处理；不能在已结账月份进行弃审处理。二是已经审核的单据不能进行重复审核；未经审核的单据不能进行弃审处理；做过后续处理（如核销、制单等）的单据不能进行弃审处理。

①预付款单审核。用户可直接在付款单上点击【审核】按钮，则系统将当前操作员填列为审核人。

②审核日期。付款单的审核日期=单据日期。

③审核人。单据审核后，系统自动将当前操作员填列为审核人。

④自动审核。点击"付款单据处理"下"付款单据审核",即可进入审核过滤界面。输入过滤条件,用户可直接点击【批审】按钮,系统在后台直接进行审核。

⑤批量审核。用户也可在输入过滤条件后,点击【确认】按钮。进入"收付款单单据列表"界面,通过点击【全选】【全消】按钮来将列表中的记录全部打上选择标志或取消选择标志。将需要进行批审的收付款单打上选择标志,点击【审核】按钮,对当前收付款单进行审核并记账。

⑥取消审核。对于有错或需要作废的付款单,可以通过【取消审核】按钮将单据恢复到未记账状态,进行修改或删除。系统提供单张弃审和批量弃审,可以在"付款单据录入"中进行单张弃审,也可以在"付款单据审核"中进行自动弃审或批量弃审。

（4）冲销预付账款

手工处理:将预付款与发票、应付单勾对的业务。

系统处理:系统中依据供货单位提供的发票和发票清单填制采购发票,并审核,在"核销处理"或"付款单据录入"中将预付款单与应付单过滤出来,进行核销。除此之外,系统同时提供预付冲应付来进行冲销操作。

①同币种核销处理。如果发票或应付单上的原币币种与实际支付给供应商的预付款币种相同,用户可以在"付款单据录入"中进行同币种核销,也可以在"核销处理"中进行手工核销或自动核销。

手工核销指由用户手工确定核销付款单与它们对应的应付单的工作,选择需要核销的单据,然后手工核销。手工核销较灵活。

自动核销指用户确定核销付款单与它们对应的应付单的工作。通过自动核销可以根据查询条件选择需要核销的单据,然后系统自动核销。这种核销方式加强了往来款项核销的效率性。

②异币种核销处理。如果企业有外币业务,且发票或应付单上的原币币种与实际支付给供应商的币种不同时,需要在"付款单据录入"中进行异币种核销,异币种核销时,需要进行中间币种设置。

③设置中间币种及误差。在异币种核销之前应该先进行中间币种的设置,可以设置为外币表中的任何一种币种,也可以是本位币。中间币种设置主要起到异币种核销时的桥梁作用,以此来确认双方核销的有效性。

当中间币种为本位币时,对应中间币种汇率和对应本位币汇率系统会自动保持一致,即无论修改哪一项,另一项均会自动修改。

设置汇率时,若该币种即为中间币种,则其对应中间币种的汇率系统将自动保持1不变。预付款核销的处理同币种与异币种规则一致。

（5）预付冲应付

手工处理:企业将应付供应商款项与已付供应商款项进行对冲,填制转账凭证,同时减少应付账款和预付账款账面余额,抵减企业债务。

系统处理:在应付款管理系统中填制采购发票,并审核,通过预付冲应付处理企业的预付款和该企业应付欠款的转账核销业务。

预付冲应付步骤如下:

①选择"转账"中的"预付冲应付"。

②直接点击【自动转账】按钮，则系统会自动进行成批的预付冲抵应付款工作。

③还可以进行单个供应商的预付冲抵应付款工作。

④单击"预付款"页签进行输入，输入完成后，点击【过滤】按钮，系统会将该供应商所有满足条件的预付款的日期、转账方式、金额等项目列出，可以在"转账金额"栏里输入每一笔预付款的转账金额。每一笔预付款的转账金额都不能大于其余额。

⑤单击"应付款"页签进行输入，输入过滤条件后，点击【过滤】按钮，系统会将该供应商所有满足条件的应付款的单据类型、单据编号、单据日期、单据金额、转账金额等项目列出，可以在"转账金额"栏里输入每一笔应付款的转账金额。

分摊的方法如下：

①可以使用【分摊】按钮对当前各单据的转账金额根据输入的转账总金额进行分摊和取消分摊处理。

②无论是手工输入的单据的转账金额还是自动分摊填入的转账金额，均不能大于该单据的余额。

③最终确认的转账金额以单据上输入的转账金额为准。

9.3.3　现结业务

手工处理：在实际业务中，存在一手交钱一手交货的情况，在企业货款全部付清的情况下，不形成应付账款。有时，企业不是全额支付，只是部分现结，在这种情况下，尚未支付的部分形成应付账款，财务人员需要将这些业务入账。

系统处理：系统分为两种模式，即完全现结和部分现结。

9.3.3.1　完全现结

企业在采购业务发生的同时付清货款，为完全现结。

（1）启用采购管理系统。完全现结的采购业务不形成应付账款，故应付款管理系统不对完全现结的业务进行处理，但提供现结制单的功能。

发生完全现结业务时，用户需要在采购管理系统中录入采购发票，并在采购发票工具栏中点击【现结】按钮，输入结算方式、结算金额等信息。传递到应付款管理系统，对采购发票审核时，系统自动将结算金额与发票金额进行核销，不形成应付账款。

在修改中通过现结输入的付款单，不在付款单审核列表中进行审核，也不在结算单制单类型中进行制单，它们是在对应发票审核的时候同时进行审核的，制单是在现结制单类型中处理的。用户在应付款管理系统"制单处理"中进行"现结制单"，系统自动将该发票进行现结制单。

（2）未启用采购管理系统。未启用采购管理系统的，对于完全现结的业务处理，在总账管理系统中直接填制凭证即可或可以通过存货核算系统对采购业务进行结算制单。

9.3.3.2　部分现结

企业在采购业务发生的同时，付清一部分货款，为部分现结。

（1）启用采购管理系统。部分现结的采购业务部分形成应付账款，应付款管理系统对部分现结的业务进行处理仅限于处理尚未结清的那部分金额，对已结算的部分提供现结制单的功能，对尚未结算的部分提供核销、转账等后续处理功能。

发生部分现结业务时，用户需要在采购管理系统中录入采购发票，并在采购发票工具栏中点击【现结】按钮，输入结算方式、结算金额等信息。传递到应付款管理系统，对采购发票审核时，系统自动将结算金额与发票金额进行核销，余额形成应付账款。对形成应付账款的部分的处理与其他单据同。

在采购中通过现付输入的付款单，不在付款单审核列表中进行审核，也不在收付款单制单类型中进行制单，它们是在对应发票审核的时候同时进行审核的，制单是在现结制单类型中处理的。

用户在应付款管理系统"制单处理"中进行"现结制单"，系统自动将该发票进行现结制单。余额处理的制单与其他单据同。

（2）未启用采购管理系统。未启用采购管理系统的，对于部分现结的业务处理，可在总账管理系统中对已现结的部分直接填制凭证；对未结算部分可在"应付单据录入"中直接录入采购发票、应付单，参与后续处理。

9.3.4　红字应付业务

手工处理：在实际业务中，企业会遇到购买的材料或商品存在质量不合格或企业转产等其他原因发生退货的业务，财务人员需要视具体情况，重新调整账簿数据。

系统处理：按不同的情况，系统分别进行以下处理。具体的操作参见应付业务，此处不再详述。

9.3.4.1　红字应付业务的分类

（1）收到采购发票、企业已付款。手工处理：企业退回不合格品，供货单位给企业开具红字发票，并退回退货款。

系统处理：在货到、票到、已付款的情况下，可以在应付款管理系统"应付单据录入"或采购管理系统"红字发票"中录入一张红字发票，并在"付款单据录入"中通过【切换】按钮，将付款单切换成收款单，录入一张收款单。然后将红字发票与收款单进行核销，冲减本期应付和本期付款。

（2）收到采购发票、企业尚未付款。手工处理：企业将货物退回，支付剩余货款，供货单位补开红字发票。

系统处理：在票到、未付款的情况下，可以在应付款管理系统"应付单据录入"或采购管理系统"红字发票"中录入一张红字发票，然后将红字发票与原发票进行冲销，冲减本期应付和本期付款，可以通过"红票对冲"进行红蓝票冲销。

（3）采购发票未收、企业尚未付款。手工处理：在货到的情况下，直接将货物退回；货未到，则无须处理。系统处理：不需处理。

（4）采购发票未收、企业已经付款。手工处理：已到货，则企业将不合格品退回，供货单位将货款退回；未到货，则供货单位直接退款。

系统处理：在系统中，对货到、票未到、已付款的情况，需要在应付款管理系统"付款单据录入"中填制一张收款单，将这张收款单与原预付款在"付款单据录入"或"核销处理"中进行核销，冲减本期付款。

9.3.4.2 红字应付单据录入

（1）增加红字采购发票。如果没有启用采购管理系统，则在应付款管理系统"应付单据录入"中录入红字采购发票，用户需要在单据类别中选择单据方向为负向的采购发票。

如果已启用采购管理系统，则红字采购发票在采购管理系统中录入，传递到应付款管理系统。

对红字采购发票的修改、删除等操作参见采购发票说明。

（2）增加红字应付单。应付款管理系统在"应付单据录入"中录入红字应付单，用户需要在单据类别中选择单据方向为负向的应付单。

（3）审核红字采购发票和应付单。只需要找到您要确认的发票和应付单，点击【审核】按钮即可。

对于本系统录入的应付单据，可以在"应付单据录入"中进行审核。

对于从采购管理系统传递过来的应付单据，可以在"应付单据审核"中进行审核。在"应付单据审核"中也可以对应付款管理系统录入的应付单据进行审核。

（4）取消审核。若需要修改已审核单据，则需要取消审核才可以进行修改。

9.3.4.3 收款单录入

（1）收款单录入。应付款管理系统的收款单用来记录发生采购退货时，供应商退付给企业的款项。该收款单可与应付、预付性质的付款单、红字应付单、红字发票进行核销。

依据购货单位退回的款项，企业填制收款单。用户在"付款单据录入"中点击【切换】按钮，显示收款界面，表头必须录入的项目有：供应商、单据日期、单据编码、结算方式、币种、原币金额，当币种为外币时，汇率也必须输入。表体必须输入的项目有：款项类型、供应商、原币金额。

表体部门、业务员、原币金额全部等于表头的对应数据。用户可以对系统缺省的表体记录进行增、删、改处理。

（2）审核收款单。用户只需要找到要确认的收款单，点击【审核】按钮即可，可以在"付款单据录入"中进行单张审核，也可以在"付款单据审核"中进行自动审核或批量审核。

（3）取消审核。对于有错或需要作废的收款单，可以通过【取消审核】按钮将单据恢复到未记账状态，再进行修改或删除。系统提供单张弃审和批量弃审两种方式，可以在"付款单据录入"中进行单张弃审，也可以在"付款单据审核"中进行自动弃审或批量弃审。

（4）核销处理。用户可以通过系统提供的核销处理功能，进行收款结算，将收款单与红字应付单据相关联。核销处理具体参见应付业务处理。

（5）红蓝票对冲。用户可以在"转账-红票对冲"中进行红票冲抵蓝票的操作。

9.4 制单处理

9.4.1 制单规则

9.4.1.1 采购发票制单

对采购发票制单时，若单据上有科目，则取单据上的科目带入，若无，系统先判断控制科目依据，根据单据上的控制科目依据取"控制科目设置"中对应的科目。然后系统判断采购科目依据，根据单据上的采购科目依据取"产品科目设置"中对应的科目。若没有设置，则取"基本科目设置"中设置的应付科目和采购科目，若无，则手工输入。

9.4.1.2 质保金发票制单

采购发票表体带有质保金金额制单时，系统先判断控制科目依据，根据控制科目依据取"控制科目设置"中对应的应付账款科目；然后系统判断采购科目依据，根据单据上的采购科目依据取"产品科目设置"中对应的科目。若没有设置，则取"基本科目设置"中设置的应付科目、质保金科目和采购科目，若无，则手工输入。

例如，控制科目依据为按供应商，则系统依据采购发票上的供应商，取该供应商在"控制科目设置"中设置的应付科目——"应付账款——北京公司"；"基本科目设置"中设置的质保金科目——"其他应付款——北京公司"；采购科目依据为按存货分类，则系统依据采购发票上的存货，找寻其存货分类的采购科目——"材料采购–西药"；税金科目——"应交增值税——进项税额"。

9.4.1.3 进口发票制单

对进口发票制单时，应付账款科目的取数规则与采购发票的受控科目一致。应付款管理系统的贷方科目是否有税金科目依据进口发票上是否有税金决定，在有税金的情况下，与采购发票制单取科目的规则保持一致。

9.4.1.4 应付单制单

对应付单制单时，贷方取应付单表头科目，借方取应付单表体科目，若应付单上表体没有科目，则需要手工输入科目，表头若没有科目，则取基本科目设置中的应付科目。

9.4.1.5 合同结算单制单

对合同结算单制单时，借方科目取合同支付科目，贷方科目取应付款管理系统的控制科目，合同支付科目设置时只能选择应付款管理系统的非受控科目，而且必须是末级、本位币科目，如分包款科目。

9.4.1.6 付款单制单

对应付款管理系统中的付款单制单时，若收付款单表体款项类型为应付款，则借方科目为应付科目；若款项类型为预付款，则借方科目为预付科目；若款项类型为其他费用，则借方科目为费用科目；贷方科目为结算科目，取表头金额。

9.4.1.7 收款单制单

对应付款管理系统中的收款单制单时，若收付款单表体款项类型为应付款，则借方科目为应付科目，金额为红字；若款项类型为预付款，则借方科目为预付科目，金额为红字；若款项类型为其他费用，则借方科目为费用科目，金额为红字；贷方科目为结算科目，取表头金额，金额为红字。

9.4.1.8 核销制单

收付款单核销为以下情况时，才需要制单。同时，该功能受系统初始选项的控制，若选项中选择核销不制单，则即使入账科目不一致也不制单。

在核销双方的入账科目不相同的情况下需要进行核销制单。

如应付单入账科目为"应付科目——天津公司"（核销金额=130），收付款单入账时对应受控科目有"应付科目——天津公司"（核销金额=30）、"应付科目——河北公司"（核销金额=80）、"预付科目"（核销金额=20），则这两张单据核销时生成的凭证应该是：

借：应付科目——天津公司 100
贷：预付科目 20
应付科目——河北公司 80

9.4.1.9 票据处理制单

应付票据制单，借方取"基本科目设置"中的"应付票据"科目，贷方取"产品科目设置"中设置的采购科目及税金科目，若"基本科目设置"中采购科目及税金科目都没有设置，则需要手工输入科目。

票据利息制单，借方取"结算方式科目设置"中的结算科目，贷方取"基本科目设置"中的票据利息科目。

支付票据时的凭证是：

借：应付账款
贷：应付票据

票据计息时的凭证是：

借：票据计息科目
贷：应付票据

票据结算时的凭证是：

借：应付票据
贷：结算科目

票据转出时的凭证是：

借：应付票据
贷：应付账款

9.4.1.10 汇兑损益制单

汇兑损益制单，汇兑损益科目取"基本科目设置"中的汇兑损益科目。

9.4.1.11 转账制单

依据系统选项进行判断转账是否制单。

（1）应付冲应付的凭证是：

借：应付账款——天津公司转出户
贷：应付账款——河北公司转入户

（2）预付冲应付的凭证是：

借：应付账款
贷：预付账款

（3）红票制单的凭证是：

同方向一正一负。

（4）应付冲应收制单的凭证是：

借：应付账款
预付账款
贷：应收账款

或者

借：应付账款

　　贷：应收账款

　　　　预收账款

9.4.1.12　现结制单

对完全现结/部分现结的采购发票制单时，借方取"产品科目设置"中对应的采购科目和应交增值税科目。贷方取"结算方式科目设置"中的结算方式对应的科目。

（1）完全现结的凭证是：

借：材料采购

　　税金科目

　　贷：结算科目

（2）部分现结的凭证是：

借：材料采购

　　税金科目

　　贷：结算科目

　　　　应付账款

9.4.2　制单方法

应付款管理系统制单即生成凭证，并将凭证传递至总账管理系统记账。系统在各个业务处理的过程中都提供了实时制单的功能；除此之外，系统还提供了一个统一制单的平台，用户可以在此快速、成批地生成凭证，而且可依据规则进行合并制单等处理。制单的步骤如下：

（1）用鼠标选择"制单处理"菜单，进入"制单查询"界面。

（2）用鼠标单击左边选择制单类型，制单类型包括发票制单、进口发票制单、应付单制单、合同结算单制单、收付款单制单、核销制单、票据处理制单、并账制单、现结制单、转账制单、汇兑损益制单。用户可根据自己的实际需要选取需要制单的类型。

（3）输入查询条件后，单击【确认】按钮。系统会将符合条件的所有未制单已经记账的单据全部列出。

（4）输入制单日期，并在"凭证类别"栏处，用下拉框为每一个制单类型设置一个默认的凭证类别。该类别可以在凭证中修改。

（5）选择"显示隐藏"选项，即只显示处于隐藏状态的记录；选择"显示未隐藏"选项，则只显示处于未隐藏状态的记录。

（6）可以再选中一条记录，然后点击【单据】按钮，即可显示该条记录对应的单据卡片形式。若该条记录所对应的单据有多条，则先显示这些单据记录的列表形式，然后可以双击打开卡片形式。

（7）若希望在生成凭证的过程中系统自动形成凭证的摘要内容，用户可以点击【摘要】按钮，进行凭证摘要设置。

（8）选择要进行制单的单据，在"选择标志"一栏双击，系统会在双击的栏目中给出一个序号，表明要将该单据制单。该序号可以修改。例如，系统给出的序号为1，用户可以改为2。相同序号的记录会制成一张凭证，也可点击【合并】按钮，进行合并制单。

（9）选择所有的条件后，点击【制单】按钮，进入凭证界面。操作完毕，用鼠标单击【保存】按钮，可以将当前凭证传递到总账管理系统。

9.4.3　证账表查询

9.4.3.1　凭证查询

可以通过凭证查询来查看、修改、删除、冲销应付款管理系统传递到总账管理系统中的凭证。通过时间范围下拉框选择要查询的凭证的日期范围。

（1）点击【查询】按钮，调出查询条件界面，选择查询条件。

（2）点击【单据】按钮，联查当前原始单据。在原始单据界面中提供打印、预览功能。

（3）点击【凭证】按钮，联查当前凭证。

（4）点击【修改】按钮，修改当前凭证。已出纳签字、已审核、已主管签字、已记账单据不允许修改。

（5）点击【删除】按钮，删除当前凭证。已出纳签字、已审核、已主管签字、已记账单据不允许删除。

（6）点击【冲销】按钮，可做红字冲销。当凭证处于已记账状态时，不能修改和直接删除凭证，只能红字冲销，即生成一张与该凭证方向、金额相同的红字凭证，原蓝字凭证所涉及的单据或处理回到未制单状态。但已审核未记账、未审核的凭证不能做凭证红冲处理。

9.4.3.2　科目账表查询

（1）余额查询。

该功能用于查询应付受控科目下各个供应商的期初余额、本期借方发生额合计、本期贷方发生额合计、期末余额。它包括科目余额表、供应商余额表、三栏式余额表、业务员余额表、供应商分类余额表、部门余额表、项目余额表、地区分类余额表等八种查询方式。

（2）明细账查询。

该功能用于查询应付受控科目下各个供应商的往来明细账。它包括科目明细账、供应商明细账、三栏式明细账、多栏式明细账、供应商分类明细账、业务员明细账、部门明细账、项目明细账、地区分类明细账等九种查询方式。

9.4.4　其他处理

9.4.4.1　付款单导入导出

系统提供付款单导出到网上银行，网上银行将付款单、收款交易明细导入系统的功能。

（1）导出付款单。在需要导出的付款单记录的选择框打上标记，或通过点击【全选】按钮、【全消】按钮进行付款单的选择，确定是需要导出的付款单后，点击【导出】按钮，将付款单导出，系统将显示导出结果报告。导出的付款单应是已审核的。

（2）网上银行可以将付款单导入到应付款管理系统中。付款单导入的条件：①该单据不能已经有导出到应收/付款管理系统的标志。②该单据不能已经有从应收/付款管理系统导入的标志，即已经导出到应收款管理系统的单据不能重复导出到应付款管理系统中，反之同理。③该单据上的收方单位可以找到其对应的供应商信息，且需要分清本次导出的目标是应收款管理系统还是应付款管理系统。④该单据上必须已经有确认支付标志。

9.4.4.2　汇兑损益

手工处理：企业如果本期发生外币业务，则需要对外币业务进行汇兑损益核算，一般来说，企业财务人员对外币业务处理的时点通常为应付业务结算完后或月末进行调整汇差时。通过汇兑损益科目调整应付账款。

系统处理：系统选项中提供两种处理汇兑损益的方式：一是月末计算；二是单据结清时计算汇兑损益。

可以在此计算外币单据的汇兑损益并对其进行相应的处理。系统处理与手工相似，选择后，则系统将按设置进行自动计算。

9.5　应付款管理系统期末处理

如果确认本月的各项业务处理已经结束，您可以选择执行月末结账功能。当执行了月末结账功能后，该月将不能再进行任何处理。

9.5.1　操作步骤

（1）用鼠标单击"期末处理"下的【月末结账】按钮。

（2）选择结账月份，双击结账标志一栏，选择该月进行结账。

9.5.2　结账规则

（1）应付款管理系统与采购管理系统集成使用的，应在采购管理系统结账后，才能对应付款管理系统进行结账处理。

（2）当选项中设置审核日期为单据日期时，本月的单据（发票和应付单）在结账前应该全部审核。

（3）当选项中设置审核日期为业务日期时，截止到本月末还有未审核单据（发票和应付单）的，照样可以进行月结处理。

（4）如果还有合同结算单未审核，仍然可以进行月结处理。

（5）如果本月的付款单还有未审核，不能结账。

（6）若选项中设置月结时必须将当月单据以及处理业务全部制单，则月结时若检查当月有未制单的记录时不能进行月结处理。

（7）若选项中设置月结时不用检查是否全部制单，则无论当月有无未制单的记录，均可以进行月结处理。

（8）如果是本年度最后一个期间结账，建议用户将本年度进行的所有核销、转账等处理全部制单。

（9）如果是本年度最后一个期间结账，建议用户将本年度外币余额为 0 的单据的本币余额结转为 0。

9.5.3　取消结账

本功能帮助用户取消最近月份的结账状态。

（1）单击"期末处理"下的【取消月结】按钮。

（2）选择需要取消结账的月份，双击结账标志一栏，点击【确认】按钮，执行取消结账功能。

实验十　应付款管理系统

【实验目的】

1.掌握用友U8软件中有关应付款管理系统的流程与基本操作；

2.掌握应付款管理系统初始化、日常业务处理及月末处理的操作；

3.理解应付款管理系统与总账管理系统、采购管理系统的关系。

【实验准备】

引入实验三的账套数据。

注意：当引入实验三总账管理系统初始数据时，本实验中应付款业务日期生成的凭证可以不必考虑应收款管理系统的凭证日期。但如果是在应收款管理系统实验基础上操作的，一是应收款管理系统不能结账，结账后日期会进入下个月，影响本期操作；二是凭证日期可能存在先后顺序问题。本实验假设所有业务都发生在1月31日，凭证日期均为1月31日。实验资料按实际日期提供，方便只引入实验三账套数据的读者使用。

【实验内容】

1.初始化：设置账套参数、初始设置；

2.日常处理：形成应付款、付款结算、转账处理、制单、查询统计；

3.期末处理：月末结账。

【实验要求】

以"王伟"的身份注册系统管理。

【实验资料】

1.应付款管理系统选项参数设置（见表实10-1）

表实10-1　　　　　　　　　**应付款管理系统选项参数表**

选项卡	参数设置
常规	单据审核日期依据：单据日期 勾选支票登记 其他采用系统默认值
凭证	受控科目制单方式：明细到单据 采购科目依据：按存货 取消"核销生成凭证" 其他采用系统默认值
权限与预警/核销设置	采用系统默认值

2.应付款管理系统初始设置

（1）基本科目设置：应付科目2202、预付科目1123、采购科目1401、税金科目22210101，其他暂不设置。

（2）结算方式科目设置：现金结算科目1001、现金支票结算科目100201、转账支票结算科目100201。

（3）账期内账龄区间与报警级别设置参照应收款管理系统。

3.应付款管理系统期初数据（见表实10-2）

表实10-2　　　　　　　　　　**应付款管理系统期初数据**

会计科目：2202　　　　　　　　　应付账款　　　　　　　　余额：贷168 000元

日期	凭证号	供应商	摘要	方向	金额	业务员	票号	票据日期
2019-11-20	转-06	志科	购买商品	贷	168 000	丁雪	D002	2019-11-20

会计科目：1123　　　　　　　　　预付账款　　　　　　　　余额：借20 000元

日期	供应商	摘要	方向	金额	业务员
2019-11-27	畅想	预付定金	借	20 000	丁雪

4.2020年应付款日常经济业务

（1）应付单据录入、审核并制单。1月1日，供应部丁雪从北京畅想公司采购"挑战学习"光盘500张，不含税单价80元/张，增值税税率9%，货物与发票同时到达，货款除冲抵前期预付款20 000元外，其余尚未支付。商品全部验收入库。

（2）付款单据录入、审核并制单。1月8日，预付天一记录纸公司货款5 000元，开出转账支票付讫，票号ZZR023。

（3）应付单据录入、审核、制单与核销。1月18日，采购部丁雪从北京畅想公司采购"乐享英语"软件500套，每套不含税单价180元，增值税税率9%，货物与发票同时到达，商品直接入库，款项以银行存款转账支付，票号ZZR025。

5.应付款管理系统期末处理

（1）查询本公司业务明细账。

（2）进行月末处理。

【操作指导】

1.应付款管理系统初始化

（1）以"王伟"的身份注册登录企业应用平台，进行存货的基础设置，包括计量组、计量单位、存货分类、存货档案。这些信息在应收款管理系统如果已经设置，则此步骤不需操作。同时启用"应付款管理系统"。

（2）应付款管理系统选项参数设置。

①执行"业务工作→财务会计→应付款管理→设置→选项"命令，打开"账套参数设置"对话框，单击【编辑】按钮进入编辑状态，"常规"选项卡设置"单据审核日期依据"为"单据日期"，勾选"登记支票"。

②选择"凭证"选项卡，"受控科目制单方式"选择"明细到单据"，"采购科目依据"选择"按存货"，取消勾选"核销生成凭证"，其他采用系统默认值，单击【确定】按

钮，完成选项设置。

（3）应付款管理系统初始设置。

①在"应付款管理系统"执行"设置→初始设置"命令，打开"初始设置"窗口。

②选择"基本科目设置"，单击【增加】按钮，按实验资料进行基本科目设置。双击"基础科目种类"下第一行，选择"应付科目"，科目栏输入或参照输入"2202"，币种为"人民币"；同理在新增的一行对应栏目选择"预付科目"，科目栏输入"1123"；再在新增的一行中选择"采购科目"，科目编码为"1401"；选择"税金科目"，科目编码为"22210101"，如图实10-1所示。

图实10-1　应付款管理基本科目设置

③进行结算方式科目设置。选择"结算方式科目设置"，在右侧的"结算方式"栏选择"现金结算"，币种选择"人民币"，科目选择或输入"1001"；类似地在新增的一行中选择"现金支票结算"，科目选择或输入"100201"；再在新增的一行中选择"转账支票结算"，科目编码输入"100201"，设置完毕。

④账期内账龄区间设置。选择"账期内账龄区间设置"，在"总天数"栏分别输入"30"，按"回车"键后，再在总天数栏输入"60"，类似地输入"90""120"。

⑤报警级别设置。选择"报警级别设置"，在总比率栏输入"10"，在级别名称栏输入"A"，输入完按"回车"键，系统自动增加新行，再分别输入"30，B""50，C""100，D""E"。

（4）录入应付款管理系统的期初余额

①以"王伟"的身份重注册，在应付款管理系统中执行"设置→期初余额"命令，打开"期初余额-查询"对话框。单击【确定】按钮，进入"期初余额"窗口。

②单击【增加】按钮，打开"单据类型"对话框，选择单据名称为"采购发票"，单据类型为"采购专用发票"，方向"正向"。单击【确定】按钮，进入"采购发票"窗口，表头输入日期"2019-11-20"、供应商"志科"、业务员"丁雪"等信息，输入价税合计金额"168 000"。单击【保存】按钮，关闭"采购发票"窗口。返回"期初余额"窗口，单击【刷新】按钮，"期初余额"窗口显示期初余额数据。

③单击【增加】按钮，打开"单据类型"对话框，选择单据名称为"预付款"，单据类型为"付款单"，方向"正向"，单击【确定】按钮，进入"期初单据录入"窗口，表头输入日期"2019-11-27"、供应商"畅想"、业务员"丁雪"、金额"20 000"元等信息，单击【保存】按钮，关闭"期初单据录入"窗口，返回"期初余额"窗口，单击【刷新】按钮，"期初余额"窗口显示期初余额数据，如图实 10-2 所示。

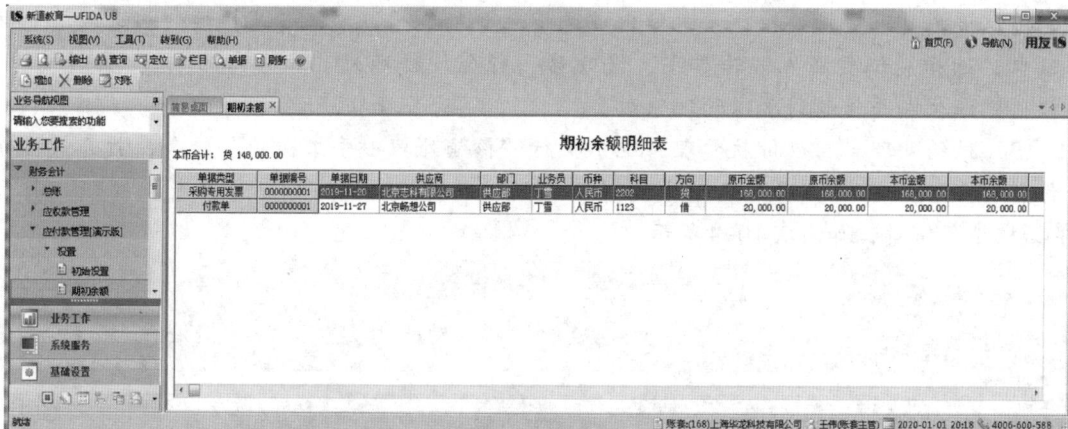

图实 10-2   应付款管理系统期初余额设置

④单击【对账】按钮，进入"期初对账"窗口，查看应付款管理系统与总账管理系统的期初余额是否平衡。若平衡则可以进行日常业务处理。

2. 日常业务处理

★业务 1   应付单据录入、审核与制单

（1）录入采购专用发票并审核。在应付款管理系统中，执行"应付单据处理→应付单据录入"命令，打开"单据类型"对话框，系统默认单据名称为"采购发票"，单据类型为"采购专用发票"，单击【确定】按钮，打开采购发票窗口，单击【增加】按钮，表头输入开票日期、供应商、业务员等信息，表体输入货物编码"2001"、数量"500"、单价"80"，金额自动计算，单击【保存】按钮，如图实 10-3 所示。

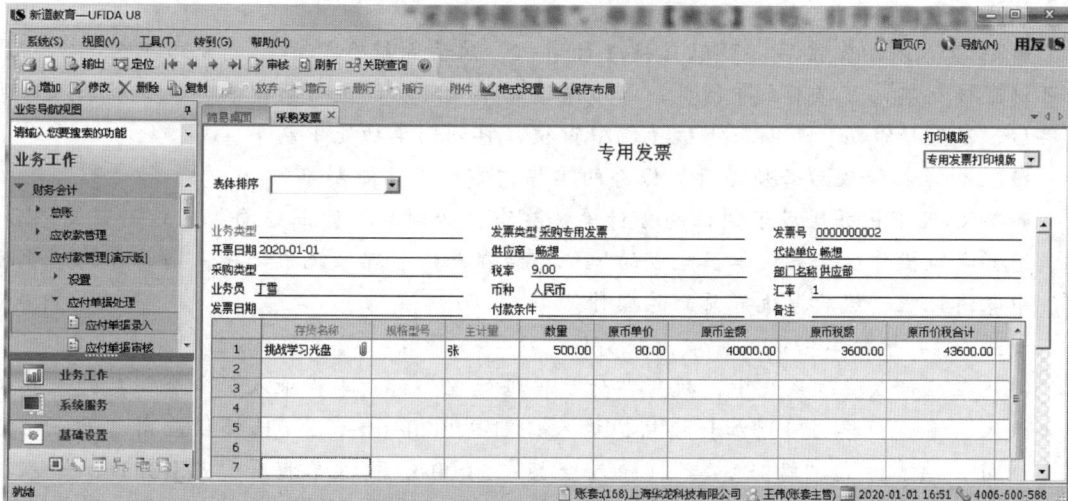

图实 10-3   采购发票录入

特别提示：只有在没有启用"采购管理系统"的情况下，执行"应付单据处理→应付单据录入"命令，打开"单据类型"对话框，才有"采购发票"。当"采购管理系统"启用后，执行"应付单据处理→应付单据录入"命令，打开"单据类型"对话框，就没有"采购发票"，只有"应付单"类型。本实验是在没有启用供应链管理中"采购管理系统"的情况下操作的。

（2）单击【审核】按钮，系统弹出"是否立即制单？"，单击【是】按钮，进入填制凭证窗口，选择凭证类别为"转"字，修改第一行会计科目为"库存商品"，单击【保存】按钮，凭证生成并传递到总账管理系统。

（3）核销处理。在应付款管理系统中执行"核销处理→手工核销"命令，打开"核销条件"对话框，在"通用"选项卡选择供应商"畅想公司"，单击【确定】按钮，打开"单据核销"窗口，如图实10-4所示。

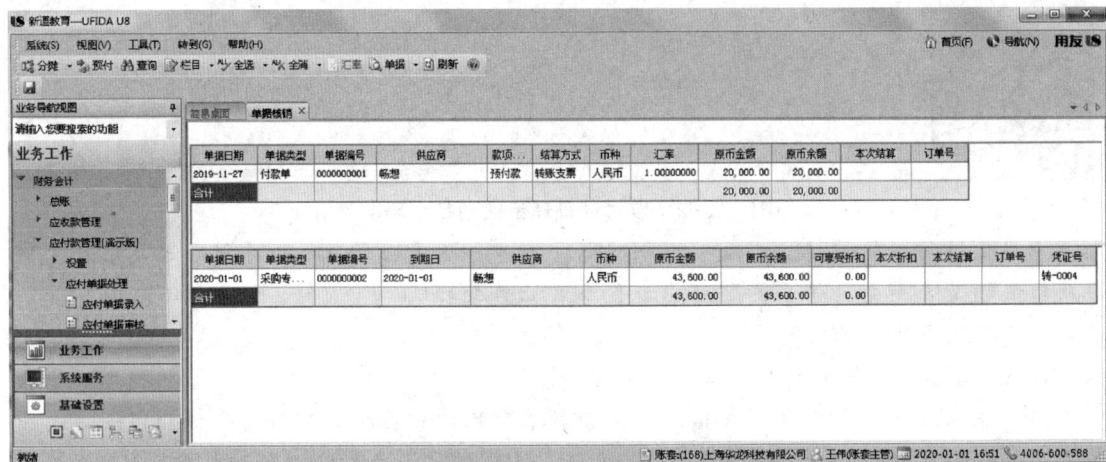

图实10-4　单据核销

（4）在图实10-4上方和下方"本次结算"栏，输入金额"20 000"，单击【保存】按钮，完成核销工作。

注意事项：

● 在录入采购发票后，可以直接进行审核，然后系统会提示"是否立即制单？"，此时可以直接制单也可以不立即制单，以后通过制单处理功能进行集中制单，如果录入采购发票后，不直接审核，可以在审核功能中审核，再到制单功能中制单。

● 应付单据修改后必须保存，保存的单据需审核后才能制单。

● 对已经审核并生成了凭证的应付单据弃审，必须在"凭证查询"窗口删除凭证后，才能进行弃审操作；如果该单据生成的凭证已经在总账管理系统中记账，则需在总账管理系统中取消记账，然后再执行前面的操作。

★业务2　付款单据录入、审核并制单

（1）在应付款管理系统中，执行"付款单据处理→付款单据录入"命令，打开"收付款单录入"窗口，单击【增加】按钮，输入日期"2020-01-08"，选择供应商"天一记录纸"公司，结算方式"转账支票"，输入金额"5 000"，输入票据号"ZZR023"，输入摘要"预付款"。单击【保存】按钮，如图实10-5所示。

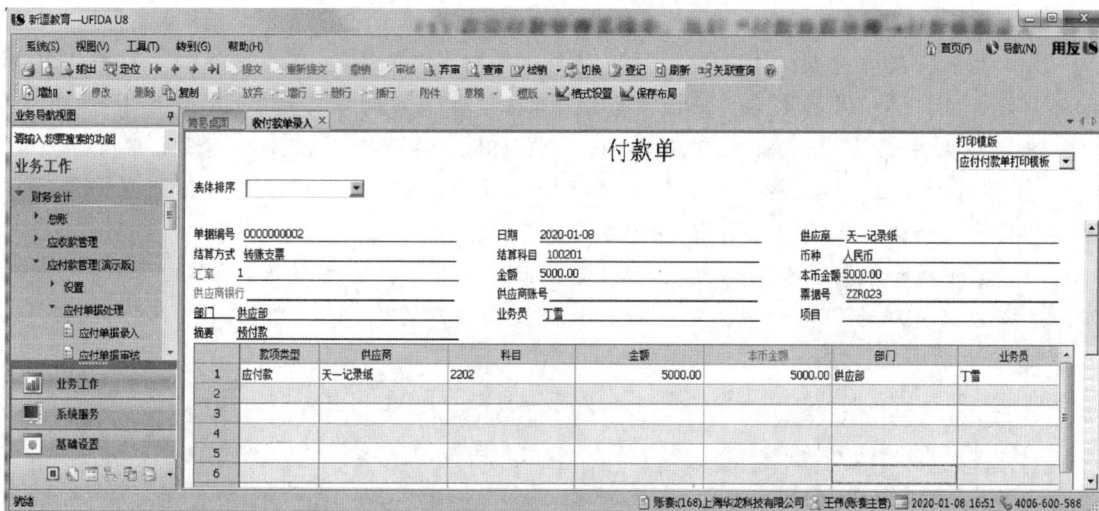

图实 10-5　付款单据录入

（2）单击【审核】按钮，系统提示"是否立即制单？"，单击【是】按钮，生成预付款凭证，选择凭证类别为"付"字，单击【保存】按钮，系统弹出现金流量项目，选择"购买商品、提供劳务支付的现金"，再次单击【保存】按钮，凭证上出现"已生成"标志。关闭"填制凭证"窗口，关闭"收付款单录入"窗口。生成的凭证如图实 10-6 所示。

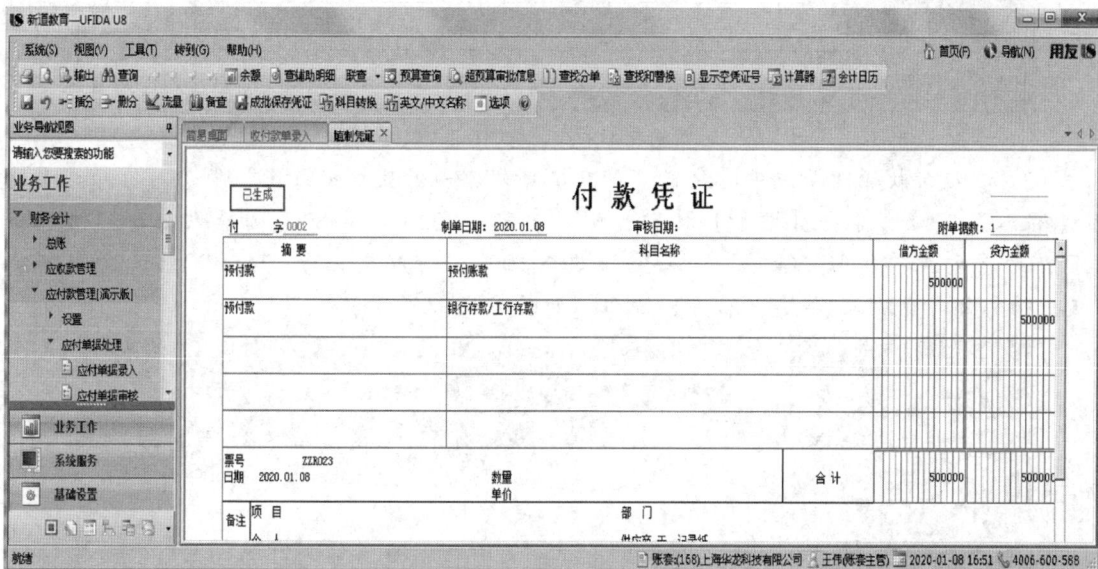

图实 10-6　付款业务凭证

注意事项：

● 如果一张付款单同时包含不同用途的款项，必须指明该笔款项中哪些属于冲销应付款？哪些属于生成预付款？哪些属于支付的其他费用？

● 单击付款单的【保存】按钮后，系统会自动生成付款单表体的内容，表体中的款项类型系统默认为"应付款"，可以进行修改。

★业务3 应付单据录入、审核、制单与核销

（1）在应付款管理系统中，执行"应付单据处理→应付单据录入"命令，打开"单据类别"对话框，选择单据名称"采购发票"，单据类型"采购专用发票"，单击【确定】按钮，进入采购发票窗口，输入日期"2020-01-18"，供应商"畅想公司"，部门"供应部"，业务员"丁雪"，在表体第一行，选择输入货物编码"2002"，输入数量"500"，单价"180"，其余金额系统自动计算。单击【保存】按钮。

（2）单击【审核】按钮，系统提示"是否立即制单？"，单击【是】按钮，生成采购凭证，选择凭证类别为"转"字，第一行科目修改为"库存商品"。单击【保存】按钮，如图实10-7所示。

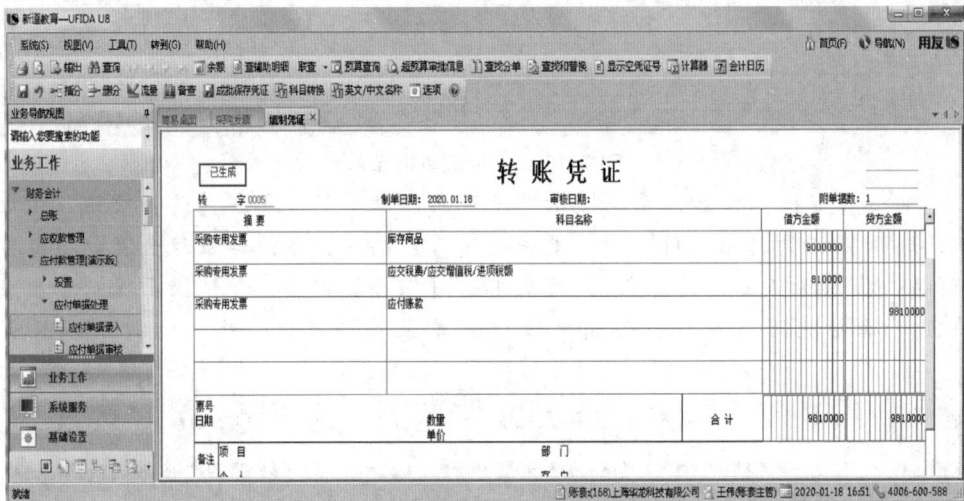

图实10-7 采购凭证

（3）在应付款管理系统中，执行"付款单据处理→付款单据录入"命令，打开"收付款单录入"窗口，单击【增加】按钮，输入日期"2020-01-18"，选择供应商"畅想公司"，结算方式"转账支票"，输入金额"98 100"，输入票据号"ZZR025"，输入摘要"支付畅想公司货款"，单击【保存】按钮，如图实10-8所示。

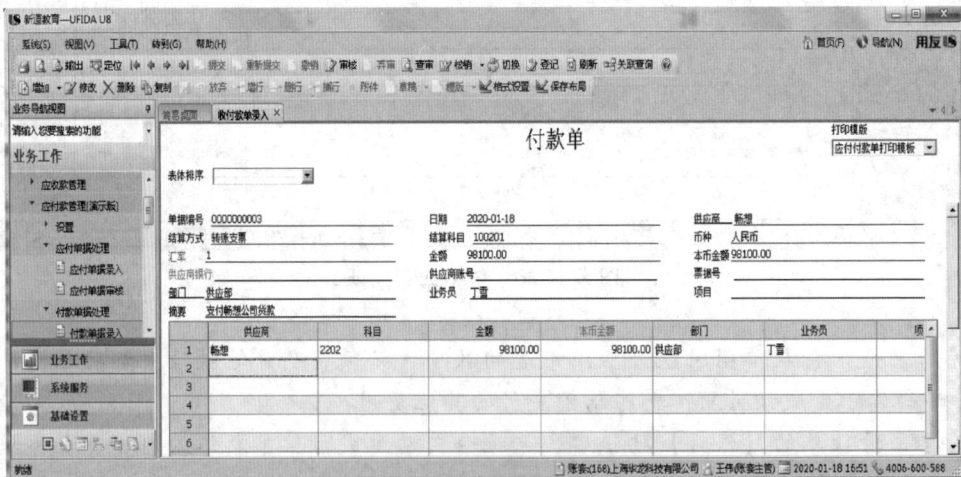

图实10-8 付款单录入

（4）单击【审核】按钮，系统提示"是否立即制单?"，单击【是】按钮，进入填制凭证窗口，选择凭证类别为"付"字，单击【保存】按钮，弹出现金流量项目录入对话框，输入"购买商品、提供劳务支付的现金"，再次单击【保存】按钮，凭证出现"已生成"标志，关闭"填制凭证"窗口，如图实10-9所示。

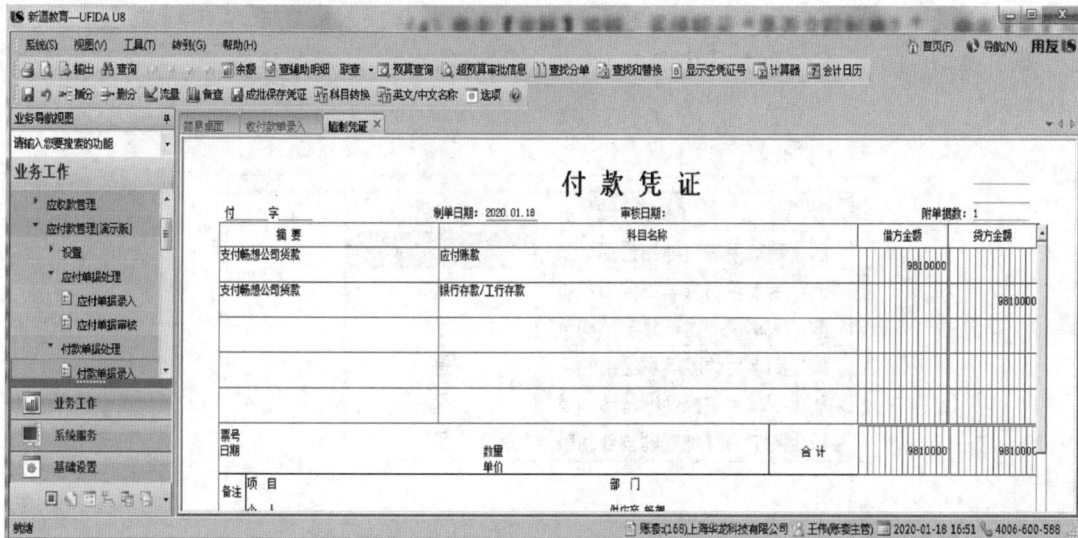

图实10-9　付款业务凭证

（5）进行核销处理。在"收付款单录入"窗口，执行"核销→自动核销"命令，系统提示"是否进行自动核销?"，单击【是】按钮，打开"自动核销报告"窗口，显示核销金额为"98 100"，单击【确定】按钮。

注意事项：

● 系统提供手工核销和自动核销两种核销方式，手工核销比较灵活。

● 在"单据核销"窗口，上表为结算单列表，主要是付款单记录，下表是未核销单据列表，主要是应付款记录。核销时，可以修改结算单列表中的"本次结算金额"，但是不能大于该记录的原币金额。

● 付款单据必须审核后才能进行核销操作。

● 在进行核销条件选择时，一定要注意计算日期的选择，否则系统将不能显示要核销的单据。

● 如果在执行核销处理过程中操作有误，可通过执行"其他处理→取消操作"命令处理，将其恢复到操作前状态，如果该处理已经制单，应该先删除其对应的凭证，再进行恢复。

3.应付款管理系统期末处理

（1）查询本公司业务明细账

①进入总账管理系统进行凭证出纳签字、审核、记账。

②在应付款管理系统中，执行"账表管理→业务账表→业务明细账"命令，弹出"查询条件选择-应付明细账"对话框，单击【确定】按钮。

③单击【确定】按钮，打开应付明细账窗口，屏幕显示出本月发生的业务明细账查询

结果信息。

（2）月末结账

①在应付款管理系统中，执行"期末处理→月末结账"命令，打开月末处理窗口，在"一月"的结账标志栏双击，并显示"Y"。

②单击【下一步】按钮，打开"月末处理"提示窗口，系统显示各种处理类型都已完成，如图实10-10所示，单击【完成】按钮，系统提示"1月份结账成功"，单击【确定】按钮。

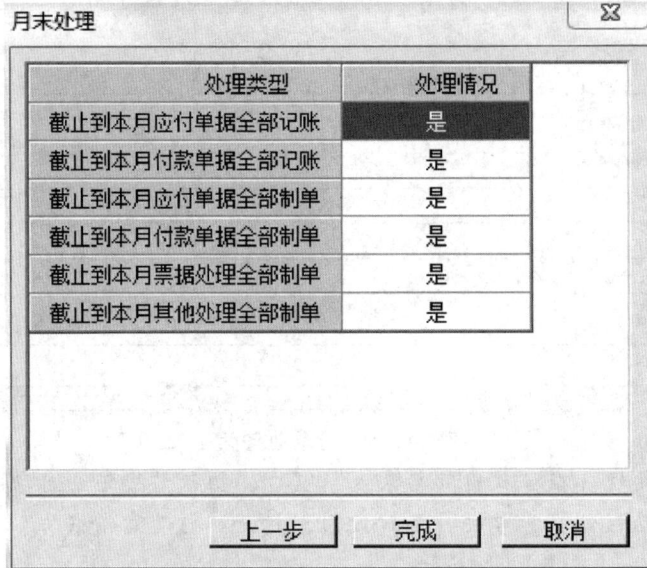

处理类型	处理情况
截止到本月应付单据全部记账	是
截止到本月付款单据全部记账	是
截止到本月应付单据全部制单	是
截止到本月付款单据全部制单	是
截止到本月票据处理全部制单	是
截止到本月其他处理全部制单	是

图实10-10　应付款管理系统月末结账

注意事项：

● 在进行月末处理时，一次只能选择一个月进行结账，前一个月未结账，这个月不能结账。

● 如果结账过程不顺利，可以根据"月末处理–处理情况表"的检查结果进行相应处理，在此可以单击任意一项，以检查详细情况。

● 在执行月末结账功能后，发现该月还需要处理有关业务或之前操作过程中有错误，则可以对应付款管理系统取消结账。

● 如果当月总账管理系统已结账，则不能执行应付款管理系统取消结账功能。

第10章 供应链管理系统

【内容提要】

本章首先较详细地介绍了供应链管理系统的基本功能、业务处理流程、初始设置；其次介绍了采购管理系统的主要功能、与其他系统的关系及采购业务处理；再次介绍了销售管理系统、库存管理系统和存货核算系统的主要功能、子系统之间的相互关系、日常业务处理；最后介绍了供应链管理系统的期末结账。

10.1 供应链管理系统概述

10.1.1 供应链管理系统的基本功能

10.1.1.1 供应链管理系统的总体内容

用友供应链管理系统以企业购、销、存业务环节中的各项活动为对象，记录各项业务的发生，并有效跟踪其发展过程，为财务核算、业务分析和管理决策提供依据。

用友供应链管理系统主要由采购管理系统、销售管理系统、库存管理系统和存货核算系统四个子系统来实现管理和业务处理功能。

10.1.1.2 采购管理系统的基本功能

（1）通过处理采购订单，动态掌握订单执行情况，向延期交货的供应商发出催货函。

（2）通过处理采购入库单、采购发票，掌握采购业务的完成情况，确认采购入库成本以及采购业务的付款情况。

（3）与库存管理系统集成使用，可以随时掌握存货的现存量信息，从而减少盲目采购，避免库存积压。

（4）与存货核算系统集成使用，可以准确核算采购入库成本，便于财务部门及时掌握存货采购成本。

10.1.1.3 销售管理系统的基本功能

（1）通过销售订单、发货和开票，处理销售发货和销售退货业务。

（2）在发货处理时，可以对销售价格、信用、库存现存量和最低售价等进行实时监控。

（3）与库存管理系统集成使用，可以随时掌握存货的销售信息、现存量信息，以便生产管理部门合理组织生产。

（4）与存货核算系统集成使用，可以准确核算存货销售出库成本，便于财务部门及时掌握存货销售成本，正确核算销售成果。

（5）与应收款管理系统集成使用，可以按时完成与客户的结算和及时催收欠款，并根据历史数据进行账龄分析以及提供客户的信用资料。

10.1.1.4 库存管理系统的基本功能

（1）从数量的角度管理存货的出入库业务，能满足采购入库、销售出库、产成品入库、材料出库、其他出入库、盘点管理和形态转换等业务需要。

（2）提供仓库库位管理、批次管理、保质期管理、出库跟踪、入库管理、可用量管理等全面的业务应用。

10.1.1.5 存货核算管理

（1）从资金流的角度反映和监督存货的收发、领退和保管情况。

（2）反映和监督存货资金的占用情况。

（3）动态反映存货资金的增减变动情况，提供存货资金周转和占用的分析。

（4）在保证生产经营的前提下，降低库存量，减少资金积压，加速资金周转。

10.1.2 供应链管理系统的业务处理流程

用友供应链管理系统包括的采购管理系统、销售管理系统、库存管理系统和存货核算系统四个子系统分别由企业的采购部门、销售部门、仓库部门与财务部门实施相关业务处理，各部门之间既相对独立又密切联系，工作内容存在差异，但工作内容相互衔接，通过单据在不同部门之间的传递，实现工作流、信息流、物流、资金流的一体化，同时供应链管理系统与应收款管理系统及应付款管理系统、总账管理系统之间存在相互联系。它们之间的关系如图10-1所示。

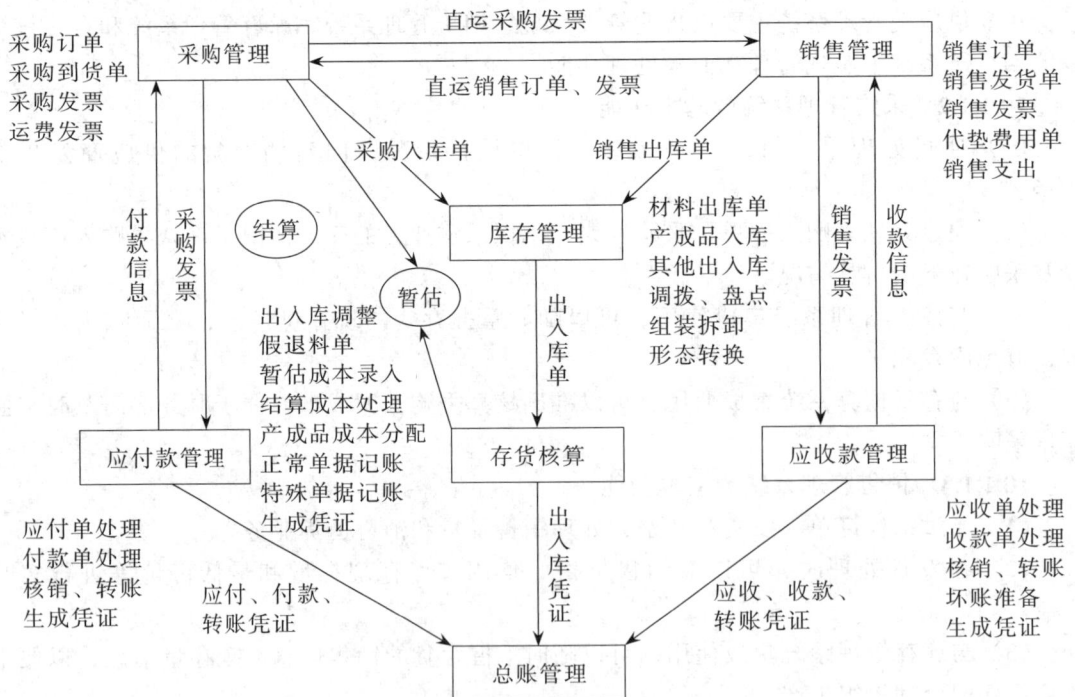

图10-1 供应链管理系统的业务处理流程

10.2 供应链管理系统初始设置

10.2.1 供应链管理系统建账

用友 U8V10.1 软件系统与以前版本相比，功能更齐全、操作更方便、适用面更广、系统更具开放性。系统通过参数定义与个性化设置，实现系统之间的数据与信息的传递。供应链管理系统的建账是在系统管理模块中进行的，前面有关章节已有描述，本节只需启用供应链管理相关子系统即可，然后对各子系统的参数进行设置。

10.2.2 供应链管理系统的基础信息设置

本书前面章节的基础设置主要是基于财务相关信息的设置，随着公司管理信息化的开展、ERP 应用的深化，需要启用供应链管理系统，实现财务与业务的一体化管理，因此，在前述基础信息设置的基础上增加与业务处理、账务连接、查询统计等相关的参数设置。与供应链管理系统相关的基础信息设置包括计量单位组、计量单位、存货分类、存货档案、仓库档案、收发类别、采购类型、销售类型、产品结构、费用项目等。

10.2.2.1 计量单位设置

不同的企业规模不同，存货的种类与结构不同，不同的存货计量单位不同，有些存货的财务计量单位、库存计量单位及销售发货单位是一致的，有些则不相同。存货的计量单位如箱、条、吨、板、张、个、盒等，有些计量单位之间存在换算关系，如药品存货，1 盒=2 板，1 板=6 粒等，因此，在进行企业进销存业务处理前需要事先对存货的计量单位进行定义与设置。

10.2.2.2 存货分类设置

存货是企业重要的流动资产，涉及供产销存诸多环节，为了加强对存货的管理，需要对存货进行分类，这样便于存货的收与发，同时也利于盘点。

10.2.2.3 存货档案设置

在存货档案窗口中，用友 U8 软件设计了 8 个选项卡，包括基本、成本、控制、其他、计划、MPS/MRP、图片和附件。基本选项卡中有 25 个复选框，用于设置存货的属性，以便填制单据时参照使用。

10.2.2.4 仓库档案设置

对于大中型企业来说，存货种类繁多，且存货包括原材料存货、在产品存货、产成品存货等，必须存放于不同的仓库，为了加强管理与核算，需要建立仓库档案。

此外，采购类型、销售类型、收发类别、产品结构等信息的设置，都是为了细化存货的管理，为了进行分类核算与统计分析，这里不再一一细述。

10.2.2.5 存货业务核算科目设置

存货核算系统是供应链管理系统与财务系统的联系桥梁，存货的采购、销售及出入库业务，均由存货核算系统生成凭证，并传递到总账管理系统，为了高效、正确、完整地完成凭证填制工作，需要事先进行存货业务核算科目的设置。

存货业务核算科目的设置包括存货科目设置和对方科目设置。

10.2.3 供应链管理系统期初余额录入

使用供应链管理系统之前录入相关存货的期初余额是一项重要的工作，一般包括期初数据录入、执行期初记账或审核。

　　期初记账是指将有关期初数据记录到相应的账表中，它标志着供应链管理系统各个子系统的初始化工作全部结束，相关的参数和期初数据不能再被修改、删除。如果供应链管理系统各个子系统集成使用，则期初记账应该遵循一定的顺序，即采购管理系统必须先记账，库存管理系统和存货核算系统的期初记账顺序无特别的要求，但需要注意的是，库存管理系统所有仓库的所有存货必须审核确认，这个操作步骤相当于记账。

　　供应链管理系统各子系统期初数据处理的内容及顺序见表10-1。

表10-1　　　　　　　　　供应链管理系统各子系统期初数据处理的内容及顺序

系统名称	操作	内容	说明
采购管理	录入	期初暂估入库数据	暂估入库是指货到票未到，通过"期初采购入库单"录入
		期初在途存货数据	在途存货是指票到货未到，通过"期初采购普通或专用发票"录入
	期初记账	采购期初数	没有期初数据也要执行期初记账，否则不能开始日常业务处理
销售管理	录入并审核	期初发货单	已发货，出库，但未开票，通过"期初发货单"录入
		期初委托代销发货单	已发货未结算的数量，通过"期初委托代销发货单"录入
		期初分期收款发货单	已发货未结算的数量，通过"期初分期收款发货单"录入
库存管理	录入（或从存货核算系统取数）并审核	库存期初余额	启用库存管理系统前，各存货的期初结存数据，通过"期初结存"窗口录入
		不合格品期初数据	未处理的不合格品结存量，通过"期初不合格品单"录入
存货核算	录入（或从库存管理系统取数）并记账	存货期初余额	启用存货核算系统前，各存货的期初结存数据，通过"期初余额"窗口录入，按计划价、售价核算出库成本的存货，还需要输入其存货的期初差异余额或期初差价余额
		期初分期收款发出商品余额	已发货未结算的数量，通过"期初分期收款发出商品"录入

10.3 采购管理系统

10.3.1 采购管理系统的基本功能

采购管理系统是用友 U8 供应链管理系统的一个子系统，主要的功能包括以下三个方面：

10.3.1.1 采购管理系统的初始化

采购管理系统初始设置包括采购管理系统参数设置、基础信息设置与期初数据录入。

10.3.1.2 采购日常业务处理

采购管理系统日常业务处理包括请购、订货、到货、入库、采购发票、采购结算等采购业务的全过程管理，能够处理的业务类型包括普通采购业务、受托代销业务与直运业务等，企业可以根据不同的实际业务进行采购流程与处理流程的设置。

10.3.1.3 采购账簿管理

采购管理系统提供了各种采购明细表、增值税抵扣明细表、统计表及多种采购账簿功能。用户可以进行查询和统计分析。系统同时提供采购成本分析、供应商价格对比分析、采购类型结构分析、采购资金比重分析、采购费用分析与采购货龄分析等功能。

10.3.2 采购管理系统与其他子系统的关系

10.3.2.1 采购管理系统与其他子系统的账务关系

采购管理系统，可以单独使用，也可以与库存管理系统、存货核算系统、销售管理系统和应付款管理系统集成使用，采购管理系统与其他子系统之间的关系，如图 10-2 所示。采购管理系统可参照销售管理系统的销售订单生成采购订单。在直运业务必有订单模式下，直运采购订单必须参照直运销售订单生成，直运采购发票必须参照直运订单生成，如果直运业务非必有订单，那么直运采购发票和直运销售发票可以相互参照。

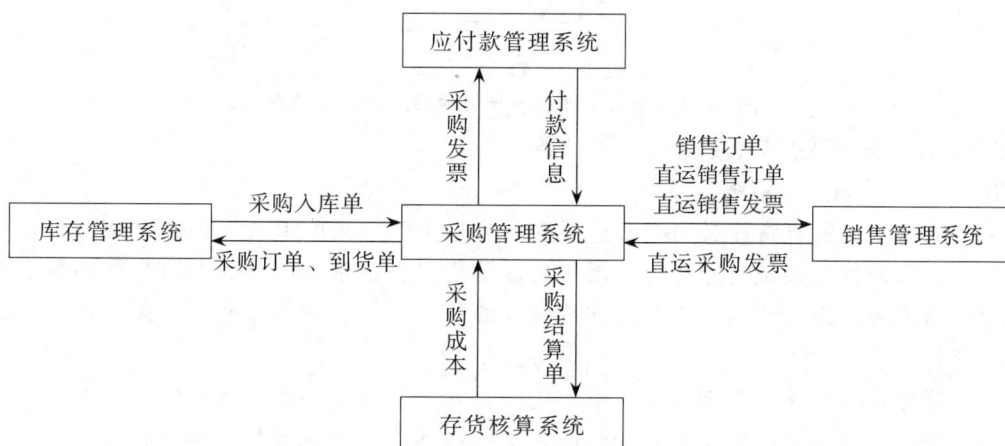

图 10-2 采购管理系统与其他子系统之间的账务关系

库存管理系统可以参照采购管理系统的采购订单、采购到货单生成采购入库单，并将入库情况反馈到采购管理系统。

采购发票在采购管理系统中录入后，在应付款管理系统中审核登记应付账款明细账，进行制单生成凭证，应付款管理系统进行付款并核销相应单据后回写付款核销信息。

直运采购发票在存货核算系统中进行记账，登记存货明细账并制单生成凭证。采购结算单在存货核算系统中进行制单生成凭证，存货核算系统为采购管理系统提供采购成本相关信息。

10.3.2.2 采购管理系统与其他子系统的接口关系

"采购管理"模块既可以单独使用，又可以与用友"合同管理""需求规划""生产订单""库存管理""销售管理""存货核算""应付款管理""质量管理""资金管理""商业智能""预算管理""主生产计划""出口管理""售前分析"等模块联合使用。它们之间的接口关系如图10-3所示。

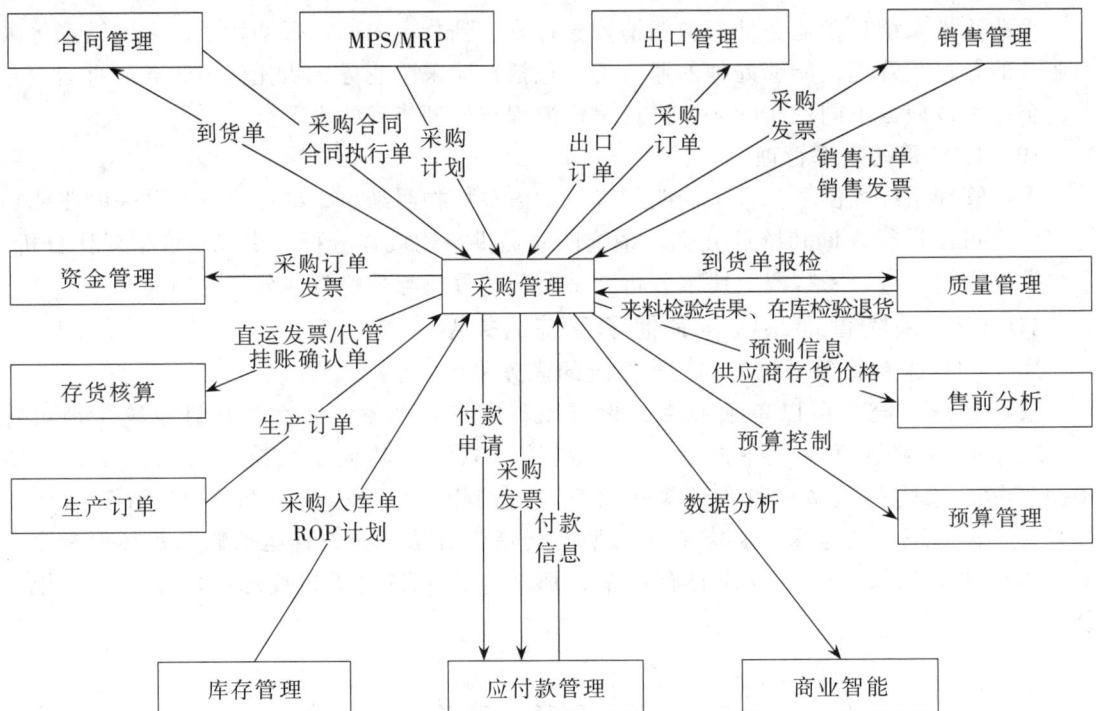

图10-3 采购管理系统与其他系统的接口关系

10.3.3 采购管理系统的主要业务

10.3.3.1 普通采购业务

采购管理系统的日常业务包括普通采购、直运采购、采购退货、现付采购、账表查询等业务。当采购管理系统与库存管理系统集成使用时，日常入库业务在库存管理系统中进行处理；当采购管理系统不与库存管理系统集成使用时，日常入库业务在采购管理系统中进行处理。

采购管理系统与库存管理系统集成使用时，普通采购业务的流程如图10-4所示。

（1）请购。请购部门填写采购请购单。请购单是企业内部的各个部门向采购部门提出的需要采购物料的申请，采购请购单的使用是可以选择的。

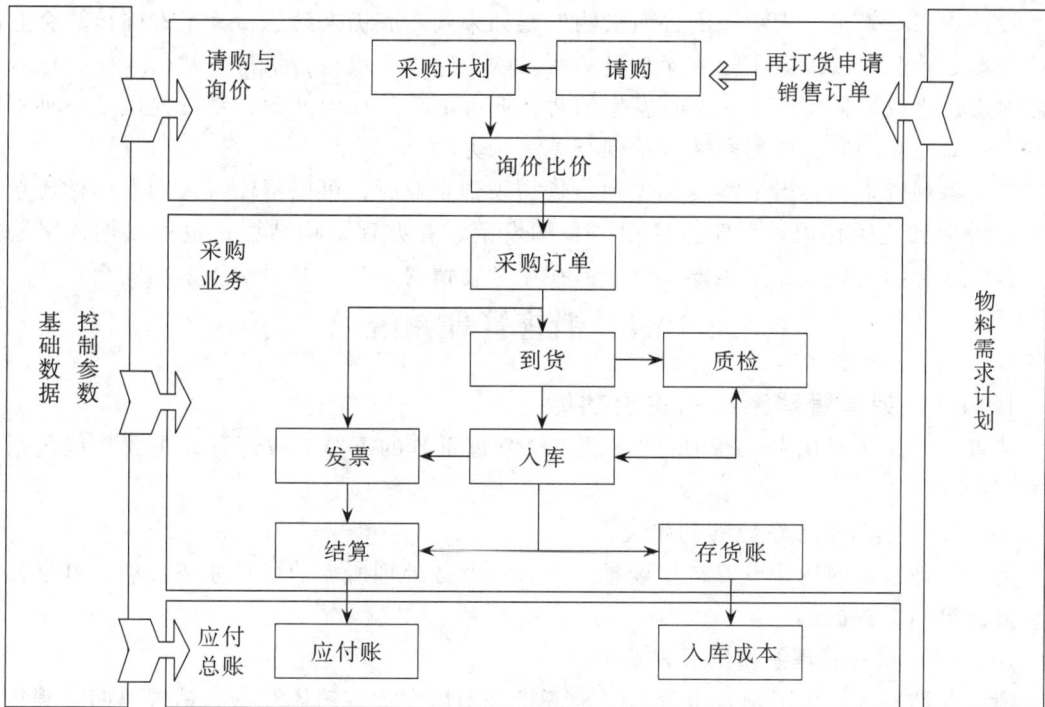

图 10-4   普通采购业务的流程

（2）比价。采购部门根据采购请购单进行比价。

（3）订货。采购部门提前采购订单，并向供应商发出采购订单，供应商进行送货。

（4）到货。向供应商订购的货物送达以后，公司及时对收到的货物进行清点，填制采购到货单，或参照采购订单生成到货单。

（5）入库。经过仓库的质检和验收，在库存管理系统填写采购入库单，或参照采购订单（或到货单）生成采购入库单。

（6）采购发票的取得。取得供应商开来的发票后采购部门填写采购发票。

（7）采购部门进行采购结算。采购结算就是采购报账，是采购人员根据采购入库单、采购发票核算采购入库成本。采购结算分为自动结算与手工结算。采购结算生成采购结算单，它是记载采购入库单记录与采购发票记录对应关系的结算对照表。

（8）核算采购成本，结算货款。将采购入库单报财务部门的成本会计进行存货成本核算，将采购发票等票据报应付账会计进行应付款核算，总账会计在月末对生成的凭证进行审核记账处理。

10.3.3.2   采购入库业务类型与处理方式

根据货物及采购发票的到达先后顺序，可将采购入库业务类型划分为单货同到、货到单未到（暂估入库）、单到货未到（在途货物）3 种类型。不同业务类型的处理方式不同。

（1）单货同到。如果货物及采购发票同时到达企业，应首先检验发票与货物是否一致，如果单货一致，可先填写采购发票，再填写采购入库单，并及时进行结算；也可以填写采购入库单，再参照采购入库单生成采购发票，用户可选择自动进行采购结算。如果单货不一致，可区分损耗原因，报有关领导批准后，做有损耗的采购结算。

（2）货到单未到。货物先到，而采购发票如果到月底仍未到达，为了准确核算企业的库存成本，企业可以根据实际入库数量填写采购入库单，填写暂估价，暂估入库，记入存货明细账，生成暂估凭证。对本月发生的暂估业务下个月如何处理，系统提供了三种不同的方法，即月初冲回、单到回冲与单到补差三种方法。

（3）单到货未到。当采购发票先到、货物未到企业时，可以不输入采购发票做压单处理，等货物到达时再填写采购入库单、采购发票，并办理采购结算；也可以输入采购发票，做在途货物处理。如果想要及时掌握在途货物情况，就应及时输入采购发票。

10.4 销售管理系统

10.4.1 销售管理系统的主要功能

销售管理系统是用友 ERP U8 软件供应链管理系统的重要组成部分，主要功能包括三个方面：

10.4.1.1 销售管理系统的初始设置

销售管理系统的初始设置包括设置销售管理业务处理所需的各种业务选项、基础档案信息及销售期初数据。

10.4.1.2 销售管理系统的日常业务

销售管理系统提供了销售报价、销售订货、销售发货、销售开票、销售退回、销售折扣的完整销售流程，支持普通销售、委托代销、分期收款、直运、零售、销售调拨等多种类型的销售业务，并可对销售价格和信用进行实时监控。用户可根据实际情况对系统进行定制，构建自己的销售业务管理平台。

销售管理系统支持以销售订单为中心的必有订单业务模式，通过销售订单跟踪销售的整个业务流程，并可进行客户的允销限销管理。

10.4.1.3 销售账簿与销售分析

销售管理系统提供销售明细账、销售明细表与各种统计报表，提供多种销售分析与统计分析功能。

10.4.2 销售管理系统与其他子系统的关系

销售管理系统与其他子系统的关系如图 10-5 所示。根据系统选项设置，销售出库单既可以在销售管理系统中生成后传递到库存管理系统中审核，也可以在库存管理系统中参照销售管理系统的单据生成销售出库单。库存管理系统为销售管理系统提供可用于销售的仓库可用量。

采购管理系统可以参照销售管理系统的销售订单生成采购订单。在直运业务必有订单模式下，直运采购订单必须参照直运销售订单生成，如果直运业务非必有订单，那么直运采购发票和直运销售发票可相互参照。

销售发票、销售调拨单、零售日报、代垫费用单在应收款管理系统中审核登记应收账款明细账，可进行制单生成凭证；应收款管理系统进行收款并核销相关应收单据后，回写收款核销信息。

直运销售发票、委托代销发货单发票、分期收款发货单发票，在存货核算系统中登记存货明细账，并制单生成凭证，存货核算系统为销售管理系统提供销售成本信息。

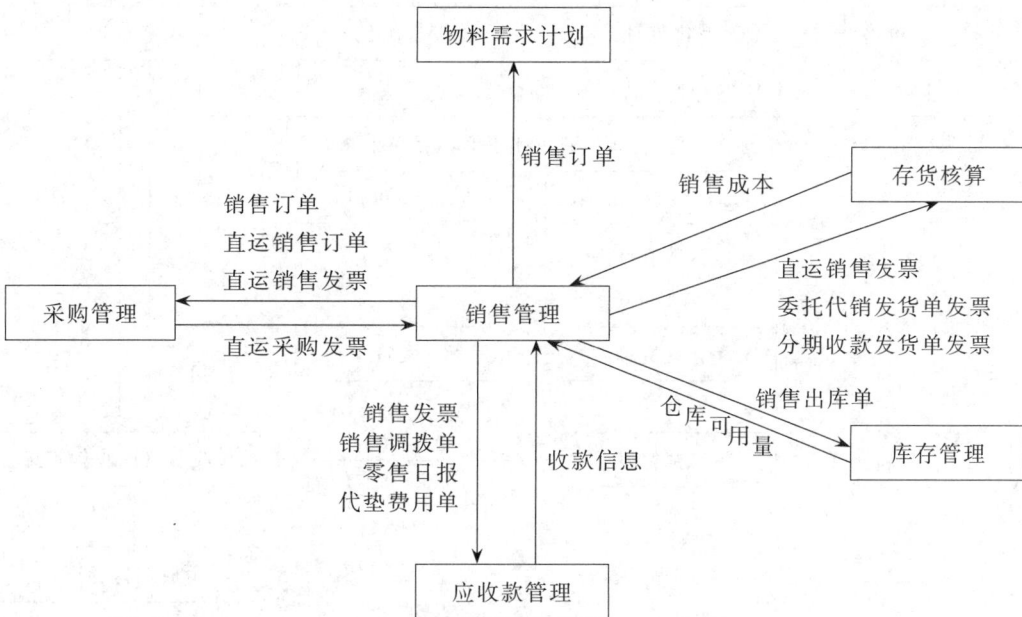

图 10-5　销售管理系统与其他子系统的关系

10.4.3　销售管理系统初始设置

10.4.3.1　设置销售管理系统参数

销售管理系统参数的设置，是指在处理日常销售业务之前，确定销售业务的范围、类型以及对各种销售业务的核算要求，这是销售管理系统初始化的一项重要工作。

10.4.3.2　设置应收款管理系统参数

在应收款管理系统中设置应收选项和进行初始设置。

10.4.3.3　设置单据格式

10.4.3.4　录入期初数据

期初数据的操作内容见表 10-2。

表 10-2　　　　　　　　　销售管理系统期初数据的操作内容

系统名称	操作	内容	说明
销售管理	录入并审核	期初发货单 期初委托代销发货单 期初分期收款发货单	已发货、出库，但未开票 已发货未结算的数量 已发货未结算的数量

10.4.4　销售管理系统日常业务处理

销售管理系统支持四种业务类型：普通销售、直运销售、分期收款销售、委托代销。

10.4.4.1　普通销售业务

普通销售是企业日常销售业务，这种业务处理模式适用于大多数企业的日常销售业务的处理。它与其他系统一起提供对销售报价、销售订单、销售发票、销售开票、销售出库、结转销售成本、销售收款及生产过程的处理，用户可以根据企业的实际业务情况，结合本系统对销售流程进行灵活配置。普通销售业务流程如图 10-6 所示。

咨询产品、价格 → 销售处理 → 发出商品 → 财务处理

订购 ----询价----> 报价（报价单） → 出库（销售出库单）

报价（报价单）──审核──→ 订货（销售订单）──审核──→ 发货（发货单）──审核──→ 开票（销售发票）

出库（销售出库单）──审核──→ 出库记账 → 发货（发货单）

审核

开票（销售发票）──复核──→ 销售收款（应收款管理）──审核──→ 生成销售凭证

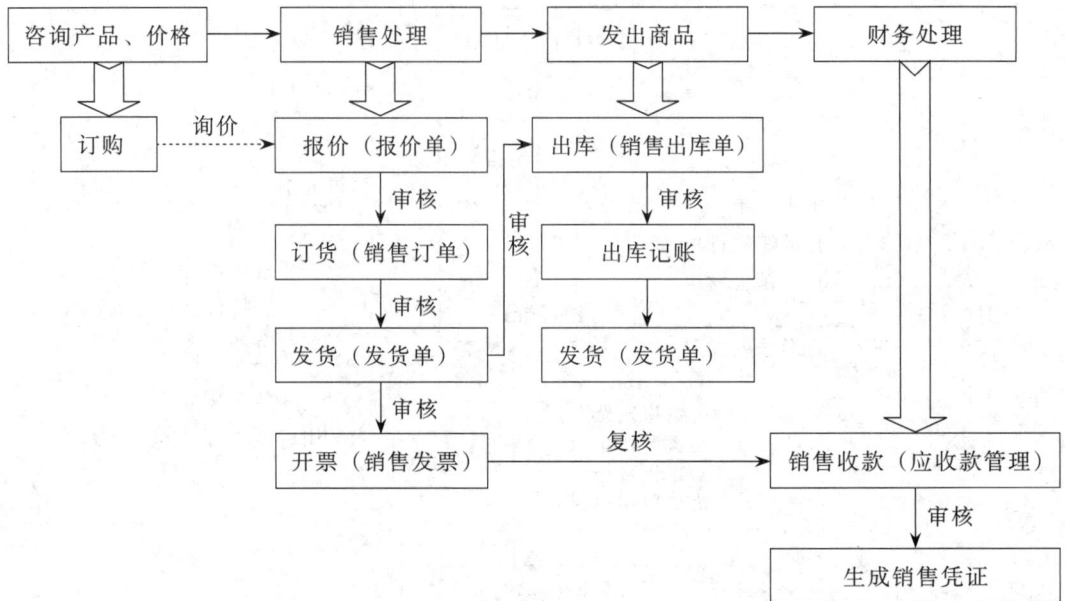

图10-6　普通销售业务流程

对于先发货后开票的销售业务，需要先处理报价单、销售订单、发货单等单据，发货单审核后根据销售管理系统初始设置，系统将自动生成销售出库单。如果存货采用先进先出法核算，还可以随时结转销售成本。销售发票开具后，可能立即收到货款，根据发票现结处理；也可能尚未收到款项，需要确认为应收账款。

发货业务处理时应注意：与库存管理系统集成使用，并且设置销售管理系统生成销售出库单，则发货单审核时生成销售出库单，否则在库存管理系统根据发货单生成销售出库单。

根据选项中"是否有超订量发货控制"，决定是否可超销售订单数量进行发货。

参照订单发货时，一张订单可多次发货，多张订单也可一次发货。

销售发货相关信息可以通过发货单列表、发货统计表、发货明细表进行查询。

10.4.4.2　直运销售业务

直运销售业务是指产品无须入库即可完成购销业务，由供应商直接将商品发给企业的客户；结算时，由购销双方分别与企业结算。

直运销售业务有两种模式：第一种是只开发票，不开订单；第二种是先有订单再开发票。这两种模式分别称为普通直运销售业务和必有订单直运销售业务。两种模式均在销售管理系统中设置。

10.4.4.3　分期收款销售业务

分期收款是指将货物提前发给客户，分期收回货款。这种销售业务需要在销售管理系统中进行分期收款销售业务的选项设置，在存货核算系统中进行分期收款销售业务的科目设置。

10.4.4.4　委托代销业务

委托代销是将商品委托他人进行销售但商品所有权仍属于本企业的销售模式。委托代销商品销售后，受托方与企业进行结算，并开具正式的销售发票，形成销售收入，然后进行商品所有权的转移。

处理委托代销业务时，需要分别在销售管理系统和库存管理系统中进行参数设置。只

有设置了委托代销业务参数后，才能处理委托代销业务，在账表查询中才能增加相应的账表，为了便于系统在处理委托代销业务时自动生成凭证，需要在存货核算系统中设置与委托代销相关的科目。

10.4.5　销售管理系统月末处理

销售管理系统的月末处理就是将当月的单据数据进行封存，结账后不允许再对该会计期间的销售单据进行增加、删除与修改操作。

10.5　库存管理系统

10.5.1　库存管理系统的主要功能

存货是指企业在生产经营过程中为销售或耗用而储存的各种资产，包括商品、产成品、半成品、在产品以及各种材料、燃料、包装物和低值易耗品等。为了保证企业生产经营的顺利进行，企业经常不断地购入、耗用或销售存货。存货在企业流动资产中占有较大比重。

用友 ERP U8 库存管理系统是在物流过程中对商品数量进行管理，它接收采购部门从供应商那里采购来的材料或商品，并且支配着生产的领料、销售的出库等。库存管理在量化管理。以往通常认为仓库里的商品多，表明企业发达、兴隆，现在则认为零库存是最好的库存管理；库存多，占用资金多，利息负担加重；但是如果过分降低库存，则会出现断档。

库存管理系统是用友 ERP U8 供应链管理系统的基础和重要的产品，它可以实现采购入库、销售出库、产成品入库、材料出库、其他出入库、盘点管理和形态转换等业务需要，提供仓库货位管理、批次管理、保质期管理、出库跟踪、入库管理和可用量管理等全面的业务应用。

库存管理系统既可以单独使用，也可以与采购管理、销售管理、委外管理、存货核算、车间管理、物料清单、售后服务等子系统集成使用。

10.5.2　库存管理系统与其他系统的关系

库存管理系统在与其他系统集成使用时，其与采购管理系统、销售管理系统、存货核算系统的关系如图 10-7 所示。

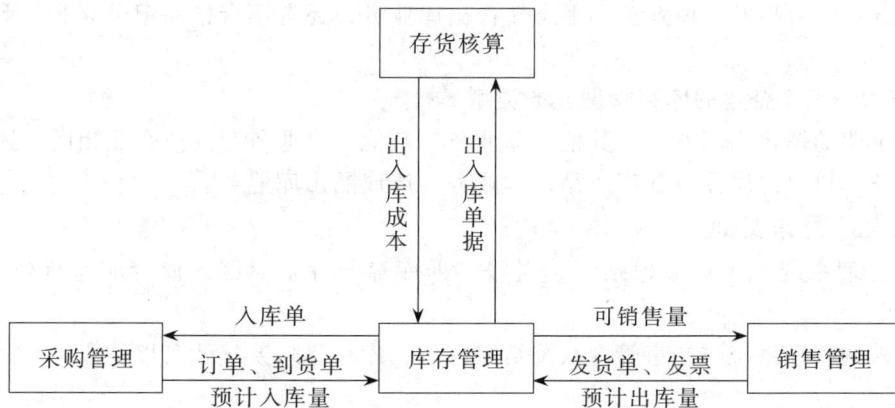

图 10-7　库存管理系统与其他系统的关系

10.5.2.1　库存管理系统与销售管理系统的关系

根据选项设置，销售出库单可以在库存管理系统填制、生成，也可以在销售管理系统中生成后传递到库存管理系统中，再由库存管理系统进行审核。如果在库存管理系统中生成，则需要参照销售管理系统的发货单、销售发票。销售管理系统为库存管理系统提供预计出库量，库存管理系统为销售管理系统提供可用于销售的存货可用量。

10.5.2.2　库存管理系统与采购管理系统的关系

库存管理系统可以参照采购管理系统的采购订单、采购到货单生成采购入库单，库存管理系统将入库情况反馈到采购管理系统，采购管理系统为库存管理系统提供预计入库量。

10.5.2.3　库存管理系统与存货核算系统的关系

库存管理系统是从实物的角度对存货进行管理，而存货核算系统是从资金的角度对存货进行管理。库存管理系统为存货核算系统提供各种出入库单据，所有出入库单据均由库存管理系统填制，存货核算系统只能填写出入库单的单价、金额，并可以对出入库单据记账操作，核算出入库的成本。

10.5.3　库存管理系统的日常业务

10.5.3.1　商业企业的库存管理业务类型

（1）采购入库业务

库存管理的采购入库业务主要通过采购入库单来实现相关业务处理，这些业务包括普通采购业务、受托代销业务、代管采购业务和固定资产采购业务。

（2）销售出库业务

销售出库业务是通过销售出库单进行相关业务处理的。该业务包括普通销售出库业务、委托代销业务、分期收款发出商品业务。

（3）其他入库业务

其他入库业务包括调拨入库业务、盘盈入库业务、组装入库业务、拆卸入库业务和转换入库业务等。

（4）其他出库业务

其他出库业务是除销售出库与材料出库以外的其他出库业务，包括调拨出库业务、盘亏出库业务、组装拆卸出库业务和形态转换出库业务，还有不合格品记录等业务形成的出库单业务。

10.5.3.2　工业企业的库存管理业务类型

工业企业的销售出库业务、其他入库业务、其他出库业务与商业企业相同，还包括材料入库业务、材料出库业务和产成品入库业务、产成品出库业务。

10.5.4　月末处理

库存管理系统月末业务包括：①对账，即库存与存货对账、库存账与货位账对账。②月末结账。

只有采购管理系统与销售管理系统结账以后，库存管理系统才可以结账。

10.6　存货核算系统

10.6.1　存货核算系统概述

存货核算系统针对企业存货的收发存业务进行核算，掌握存货的耗用情况，及时准确地把各类存货成本归集到各成本项目和成本对象上，为企业的成本核算提供信息，并可动态反映存货资金的增减变动情况，提供存货资金周转和占用的分析，在保证生产经营的前提下，降低库存量，减少资金积压，加速资金周转，具有及时性、可靠性和准确性。

存货核算系统提供全月平均、移动平均、先进先出、个别计价、计划价核算等多种成本计价方式。该系统提供按仓库、部门、存货 3 种核算方式。该系统支持普通采购、暂估业务、普通销售、分期收款发出商品业务、委托收款发出商品业务、假退料业务、直运销售业务、其他业务成本核算。

存货核算系统，可对数量、金额均具备的出入库存货进行核算，也可对只有数量无金额的存货，如赠品、附属物等存货进行核算；可按仓库核算，也可按部门或存货进行核算；可利用出入库调整单，对本月记账单据修改，并同时修改明细账或差异账或差价账；凡当时不能确定入库单价的，均可暂估入库，当与采购管理系统和委外系统集成使用时，可对暂估报销单据进行成本处理；当单独使用时，可填制调整单对金额进行调整。

存货核算系统提供按仓库、存货或收发类别等多种口径统计，具有强大丰富的综合统计查询功能，可灵活输出各种报表，可按照指定存货和指定仓库查询与打印存货明细账、总账、差异明细账等；可提供存货资金的占用分析及周转分析，还可提供 ABC 存货管理法。

存货核算系统的应用模式比较灵活，可以与采购管理、销售管理、库存管理系统集成使用，也可只与库存管理系统联合使用，还可以单独使用。

10.6.2　存货核算系统与其他系统的关系

存货核算系统与其他系统的关系如图 10-8 所示。

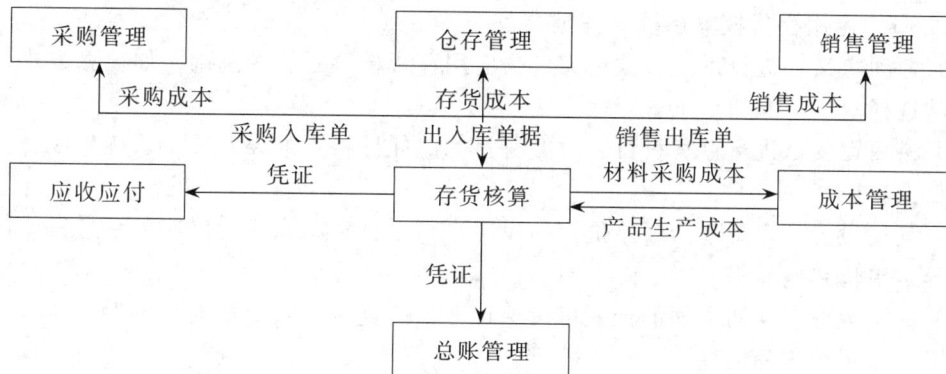

图 10-8　存货核算系统与其他系统的关系

10.6.2.1　与采购管理系统的关系

存货核算系统在与采购管理系统集成使用时，可以设置存货暂估入库的成本处理方式，包括月初回冲、单到回冲、单到补差；可以对采购管理系统或库存管理系统生成的采购入库单进行修改，并对采购入库单进行记账和生成凭证。

采购入库时，如当时没有入库成本，可对采购暂估入库单进行暂估报销处理。

10.6.2.2　与库存管理系统的关系

期初结存数量、结存金额可以从库存管理系统中取数，并与库存管理系统进行对账。

采购入库单、销售出库单、产成品入库单、材料出库单、其他入库单、其他出库单，由库存管理系统录入，存货核算系统不能生成这些单据，只能修改其单价与金额。

库存管理系统的调拨单、盘点单、组装拆卸单、形态转换单生成的其他出入库单据由存货核算系统填入单价与成本，并进行记账。

10.6.2.3　与销售管理系统的关系

存货核算系统从销售管理系统获取分期收款发出商品的期初数据、委托代销发出商品的期初数据。

存货核算系统对销售管理系统生成的销售发票、发货单进行记账并生成凭证。企业发生的正常销售业务的销售成本可以在存货核算系统中根据所选计价方法进行自动计算。

10.6.2.4　与总账管理系统的关系

存货核算系统需要对存货科目、对方科目、税金科目等进行设置，以便凭证科目的自动填入。

在存货核算系统中进行了出入库成本记账的单据可以生成一系列的物流凭证，并传递到总账管理系统中，实现财务与业务的一体化管理。

10.6.2.5　与成本管理系统的关系

存货核算系统中材料出库单的出库成本自动在成本管理系统中读取，作为成本核算时的材料成本，成本管理系统完成成本计算后，存货核算系统可以从成本管理系统中读取其计算的产成品成本，并且分配到未记账的产成品入库单中，作为产成本入库单的入库成本。

10.6.3　存货核算系统初始设置

10.6.3.1　启用存货核算系统的关键准备

（1）选项定义。进行系统参数定义，是应用存货核算系统的基础，如核算方式、计价方式等的选择。

（2）科目设置。进行存货科目、对方科目等的凭证科目的设置，是系统生成凭证带出科目的依据。

（3）其他设置。存货单价、差价率的设置，可根据存货仓库的对应关系进行，用来控制处理异常单价和差异率。

（4）期初数据。期初数据的录入可以保证账簿的连续性和数据的完整性，这是存货核算系统进行成本核算的前提。

10.6.3.2　选项/核算方式初始设置

（1）核算方式。不同的企业，其管理要求不同，核算的力度也会有差别。初建账套时，用户需要选择核算方式。

（2）暂估方式。对于采购业务，如果货到票未到，需要对采购入库进行估价入账，以便真实反映成本。

（3）销售成本核算方式。系统提供了两种结转销售成本的记账单据：销售出库单和销售发票。

（4）委托代销核算方式。用户可以选择委托代销发货业务是否在财务账上反映，即是否记发出商品账。

10.6.3.3　选项/控制方式初始设置

单据审核后才能记账。

选择选项：表示单据审核后才能记账，同时正常单据记账的过滤条件中"包含未审核单据"选项就只能选择不包含，在显示要记账的单据列表时，未审核的单据不显示。而库存的选项记账后允许取消审核，改为不选择。此选项只对采购入库单、产成品入库单、其他入库单、销售出库单、材料出库单、其他出库单六种库存单据有效，入库调整单、出库调整单和假退料单不受此选项的约束。

不选择选项：表示单据无论是否审核都可记账。

10.6.3.4　存货核算涉及的关键科目的基础档案设置

存货核算涉及的相关科目包括存货科目、对方科目、结算科目、应付科目、税金科目、非合理损耗科目、应收出口退税科目等。

（1）存货科目。按仓库、存货大类、存货设置存货科目、差异科目、分期收款发出商品科目、委托代销科目、直运科目，以便在填制凭证时正确、快捷地取到科目。

（2）对方科目。根据收发类别、存货分类、部门、项目分类、项目和存货设置对方科目，以便在填制凭证时正确、快捷地取到科目。

（3）税金科目。按存货大类或存货设置采购结算生成凭证所需要的增值税科目，以便在填制凭证时正确、快捷地取到科目。采购结算业务：采购结算业务制单时，借方取存货科目、税金科目，贷方取结算科目、应付科目。

（4）结算科目。按结算方式设置采购结算生成凭证所需要的结算科目，以便在填制凭证时正确、快捷地取到科目。采购结算制单（发票未现付）时，借方取存货科目、税金科目，贷方取应付科目。采购结算制单（发票全部现付）时，借方取存货科目、税金科目，贷方取结算科目。采购结算制单（发票部分现付）时，借方取存货科目、税金科目，贷方取结算科目、应付科目。

（5）应付科目。按供应商分类或供应商设置采购结算生成凭证所需要的应付科目。采购结算业务：采购结算业务制单时，借方取存货科目、税金科目，贷方取应付科目。

（6）非合理损耗科目。按非合理损耗类型设置采购结算生成凭证所需要的非合理损耗科目。

（7）应收出口退税科目。设置退税单生成凭证所需要的应收出口退税科目。退税单生成凭证的科目来源如下：不予抵扣和退税的税额结转成本：借方科目取对方科目中收发类别对应的退税转成本科目；贷方科目取税金科目中设置的进项税额转出科目。计提退税：借方科目取应收出口退税科目设置中的应收出口退税科目；贷方科目取税金科目中设置的出口退税科目。消费税退税：借方科目取应收出口退税科目设置中的应收出口退税科目；贷方科目取对方科目设置中的收发类别对应的对方科目。

10.6.3.5　期初数据录入

（1）期初余额。录入存货核算系统使用前各存货的期初结存情况，期初余额和库存的期初余额分开录入，用户可以从库存管理系统取期初数，并与其对账。

（2）期初发出商品。用于录入使用存货核算系统之前，企业分期收款发出商品的期初余额。该数据从销售管理系统取数。只有销售管理系统启用且销售选项中选中分期收款业务时，存货核算系统才能录入分期收款发出商品期初数据。

（3）期初委托代销发出商品。用于录入使用存货核算系统之前，企业委托代销的期初余额。只有销售管理系统启用而且委托代销按发出商品核算时，存货核算系统才能录入期初委托代销数据。

（4）期初差异。按计划价或售价核算出库成本的存货都应有期初差异账或差价账，初次使用时，应先输入此存货的期初差异余额或期初差价余额。

（5）期初记账。期初数据录入后，执行期初记账，然后系统把期初差异分配到期初单据上，并把期初单据的数据记入存货总账、存货明细账、差异账、委托代销/分期收款发出商品明细账。期初记账后，用户才能进行日常业务、账簿查询、统计分析等操作。如果期初数据有错误，可以取消期初记账，修改期初数据，重新执行期初记账。

账簿都应有期初数据，以保证其数据的连贯性。录入期初余额的方式：手工录入、从库存余额取数。对于新用户，如果您是年初使用该系统，您可以直接录入各存货的年初结存数据；如果您是年中使用，比如您是从9月开始使用的，您可以录入9月初各存货的结存数据。如果系统中已有上年数据，在使用12月的"月末结账"功能后，存货将自动结转上年结存余额。

10.6.4　存货核算系统的日常业务

存货核算系统的日常业务主要是进行日常存货核算业务数据的录入和进行成本核算。系统主要以单据为载体，进行成本核算。

10.6.4.1　日常业务处理

（1）入库业务。入库业务包括企业外部采购物资形成的采购入库单、生产车间加工产品形成的产成品入库单，以及盘点、调拨、形态转换、组装、拆卸等业务形成的其他入库业务。

（2）出库业务。出库业务包括销售出库形成的销售出库单、车间领用材料形成的材料出库单，以及盘点、形态转换、调拨、组装、拆卸等其他出库业务。

（3）调整业务。调整业务包括入库调整单、出库调整单、系统自动生成的调整单，以及计划价/售价调整单。

（4）假退料业务。假退料业务可用于车间已领用的材料，本月末尚未消耗完，下月需要继续耗用，则可不办理退料业务，制作假退料单进行成本核算。

10.6.4.2　业务核算

存货核算系统的业务核算的主要功能是对单据进行出入库成本的计算、暂估成本和结算成本的处理、产成品成本的分配。

（1）单据记账。按实际成本核算的入库成本核算、出库成本核算；按计划成本核算的入库成本核算、出库成本核算。单据记账包括正常单据记账、特殊单据记账、发出商品记账、直运销售记账。

（2）恢复记账。对于采用全月平均法、计划价/售价法、个别计价法核算的存货，可选择一张单据进行恢复；对于采用移动平均法、先进先出法核算的存货，因与记账单据的先后顺序有关，因此不能单独恢复中间的某张单据，应按记账顺序从后向前恢复。

（3）暂估处理业务。暂估入库成本录入：对于没有成本的采购入库单，在这里进行暂估成本成批录入；结算成本处理：系统提供月初回冲、单到回冲、单到补差来处理暂估业务。

（4）产成品成本分配。对产成品入库单批量分配成本。

10.6.4.3　日常业务核算方式

核算方式不同，企业的管理要求也不同，核算的力度也会有差别。企业需要按部门考核部门业绩时，可能需要按部门核算其成本；对于同一商品需要根据不同业务按不同方式计价或核算的企业，可以按仓库核算；对于比较简单的同一商品统一核算时，可选择按存货核算。

（1）按存货核算。按存货设置计价方式，按存货核算成本，无论存货放在哪个仓库，都统一进行成本核算。

（2）按仓库核算。按仓库设置计价方式，按存货+仓库核算成本，即同一存货如果存放的仓库不同可分别进行成本核算。

（3）按部门核算。按部门设置计价方式，按存货+部门核算成本，即同一存货如果其所属的部门不同要分别核算成本。

10.6.4.4　计价方式

企业的流转包括实物流转和成本流转，在理论上，两者应一致。但在实际工作中，企业的存货进出量很大，存货的品种繁多，存货的成本多变，难以保证各种存货的成本流转与实物流转相一致。同一种存货，尽管价格不同，但均能满足销售或生产需要，在存货减少时，无须辨别是哪一批实物被发出，成本的流转顺序和实物的流转顺序可以分离，只要知道发出成本和库存成本即可。这样就出现了存货成本的流转假设。计价方式即指存货成本的流转假设。一般地，企业存货成本有以下六种计价方式：先进先出法、个别计价法、全月平均法、移动平均法、计划价法（工业企业）、售价法（商业企业）、后进先出法（2007 年会计制度取消）。

10.6.4.5　采购入库成本核算

采购入库单是企业入库单据的主要部分，也是采购入库成本核算的载体。采购业务的核算以采购入库单为依托，通过采购入库单与采购发票的结算，确定外购存货的实际成本。采购业务成本核算包括以下三种情况：

（1）货票同行。外购存货与采购发票在同一会计期间内到达，用户可以根据采购发票得到采购入库成本。

（2）货到票未到（暂估业务）。当月货到票未到时，企业为了保证账实相符，真实反映实际的存货状况，要对票未到的采购入库进行估价入账，等发票到时再将暂估成本调整为实际成本。

暂估业务处理。对于采购业务，在货到票未到时，需要对采购入库进行估价入账。按会计制度的要求，上月暂估入账时下月初应冲回，等收到发票时再按发票的成本核算采购入库成本。但实际业务中企业为简化流程，不仅采用了月初回冲这种方式，而且还采用了单到回冲和单到补差这两种回冲方式。商业版的受托代销业务只支持单到补差这种回冲方式；普通采购业务支持以上三种回冲方式。

①月初回冲：指当月货到票未到时，先将采购入库单暂估入账，在下月初立即生成红字回冲单，冲回上月的暂估业务，下月收到发票时再按发票上记录的实际成本核算采购入库成本。如果下月发票仍未到，则月末要重新暂估入账，下月初再回冲，如此循环直到收到发票为止。

②单到回冲：指当月货到票未到时，先将采购入库单暂估入账，下月或以后月份收到发票时，再将原来的暂估入库单回冲，然后以结算价形成最终的反映实际成本的采购入库单。

③单到补差：指当月货到票未到时，先将采购入库单暂估入账，下月或以后月份收到发票结算时，再根据暂估成本与实际成本之间的差额形成补差单，将原来的暂估成本调整为实际成本。

（3）票到货未到（采购在途），即采购发票先到，外购商品尚未到达的情况。企业一般先挂账，等货到时再核算入库成本。

10.6.4.6　委外成本核算

委外成本核算主体包括委外发料成本、委外入库成本、委外调整成本。委外发料材料出库单是工业企业领用材料用于委外加工时，需要填制的材料出库单。委外加工入库单是指工业企业委外生产的产成品、半成品入库时，所填制的入库单据。委外加工成本的核算也是制造企业成本核算的主要内容。委外调整成本核算，即当委外订单对应有未核销的出库单，没有未核销的入库单时，将未核销的材料出库单上的材料费分摊到已核销的入库单上，进行二次材料成本分摊。

存货核算与委外管理系统集成使用才能正确地核算委外成本。

10.6.4.7　产品入库成本

产成品入库单是指工业企业生产的产成品、半成品入库时，所填制的入库单据。产成品入库成本的核算是制造企业成本核算的主要内容。

与成本管理系统集成：完工产品的入库成本可直接从成本管理系统中获得。未与成本管理系统集成：需要手工输入产成品成本进行分摊。

产成品成本分配。产成品成本分配用于对已入库未记明细账的产成品进行成本分配：可对产成品入库单提供批量分配成本；也可按产品的大类分配成本，其中包括红字入库单。按存货、核算自由项、生产订单、生产批号和成本中心从成本管理系统取产成品成本。

10.6.4.8　出库成本核算

（1）材料成本核算。材料出库单是指工业企业领用材料时所填制的出库单据。制造企业的产品成本一般由料、工、费组成，材料成本是企业产品成本的重要组成部分，材料成本核算的正确与否将直接影响产品完工成本计算的准确性。手工填制成本：如果用户在材料出库单上手工填制了出库成本，则以手工填制的成本作为实际材料领用成本。按计价方式计算成本：若材料出库单上用户未填制金额，则按存货的计价方式核算出库成本。

（2）假退料核算。假退料业务可用于车间已领用的材料，本月末尚未消耗完，下月需要继续耗用，则可不办理退料业务，制作假退料单进行成本核算。只有工业版存货核算系统才有此功能。假退料单记账或期末处理时成本的核算方法同材料出库单。月末结账时，根据当月已记账的假退料单自动生成假退料单的回冲单，数量、金额的符号与假退料单完全相反。

（3）直运销售成本核算。

①定义：直运销售是指企业购进的商品不经过仓库储存，直接从供货单位发往购货单位的一种销售方式。直运销售商品的成本根据直运采购商品的实际进价成本，分销售批次随时进行结转。

②记账依据：直运采购发票、直运销售发票。

③成本核算方式：单对单核算，即销售发票结转的销售成本根据其对应的采购发票计算。

④核算特点：直运业务一般是先销售后采购，因此销售发票应先按暂估价格记账，采购发票在记账时，如果采购成本和销售成本不一致，系统自动生成出库调整单，将差额调整在当期销售成本中。

（4）委托代销成本核算。

①定义：企业为加速商品流转、合理使用仓位和节约仓储费用，可以将商品先发往客户单位，委托其代销，待商品销售后，再定期进行货款结算。

②会计核算：委托代销指委托方在交付商品时不确认收入，受托方也不作购进商品处理。受托方将商品销售后，应按实际售价确认销售收入，并向委托方开具代销清单。委托方收到代销清单时，再确认本企业的销售收入。

③两种核算方式：按发出商品核算（同分期收款发出商品）与按普通销售方式核算。

10.6.4.9　其他业务核算

（1）调拨业务核算。对调拨业务进行记账，核算调拨出入库成本。提供两种记账方式：其一是特殊单据记账；另一种是正常单据记账。记账依据：业务类型为调拨入库的其他入库单、调拨出库的其他出库单。

（2）形态转换业务核算。对形态转换业务进行记账，核算转换出库成本、转换入库成本。提供两种记账方式：其一是特殊单据记账；另一种是正常单据记账。记账依据：业务类型为转换入库的其他入库单、转换出库的其他出库单。

（3）盘点业务核算。对盘盈入库单或盘亏出库单进行记账，核算盘盈入库成本、盘亏出库成本。记账方式支持正常单据记账。记账依据：业务类型为盘盈入库的其他入库单和盘亏出库的其他出库单。

（4）存货成本调整。出、入库调整单是对存货的出、入库成本进行调整的单据，它只调整存货的金额，不调整存货的数量；它用来调整当月的出、入库金额，并相应调整存货的结存金额；入库调整单可针对单据进行调整，也可针对存货进行调整，出库调整单只可针对存货进行调整。记账依据：入库调整单与出库调整单。

10.6.4.10　财务处理

在进行出入库成本核算后，就要生成记账凭证。完成凭证的生成、修改、查询操作。

存货核算系统生成的记账凭证会自动传递到总账管理系统，实现财务和业务的一体化。该模块的关键功能有：依据业务规则自动生成凭证，多张单据合成凭证，借贷方差异可合并制单，联查单据。

与总账对账主要包括：

（1）每月末存货会计应与仓库核对存货的数量账，保证账实相符；

（2）与财务总账会计核对存货的数量和金额账，保证账证相符、账账相符。

（3）可以进行数量核对、金额核对、数量金额全部核对，只需点击界面功能按钮最后的两个核对方式选择按钮后再点击【刷新】按钮即可将核对结果显示。

（4）对于核对结果是否两账相符，系统采用不同显示颜色加以区分，白色显示记录表示对账结果相平；蓝色显示记录表示对账结果不平。默认只显示对账不平的单据明细。

10.6.4.11　存货跌价准备

企业应当定期或者至少于每年年度终了，对存货进行全面清查，如由于存货遭受毁损、全部或部分陈旧过时或销售价格低于成本等原因，使存货成本不可收回的部分，应当提取存货跌价准备。跌价准备的计提方式包括单个计提（存货跌价准备应按单个存货项目的成本与可变现净值计量）、合并计提（如果某些存货具有类似用途并与在同一地区生产和销售的产品系列相关，且实际上难以将其与该产品系列的其他项目区别开来进行估价，可以合并计量成本与可变现净值）、按类计提（对于数量繁多、单价较低的存货，可以按存货类别计量成本与可变现净值）。

10.6.5　存货核算系统期末处理

当日常业务全部完成后，可进行期末处理：计算按全月平均方式核算的存货的全月平均单价及其本会计月出库成本、计算按计划价/售价方式核算的存货的差异率/差价率及其本会计月的分摊差异/差价；对已完成日常业务的仓库/部门/存货做处理标志；进行月末结账工作，对本月账簿做结账标志；如果与采购管理系统集成使用，并且暂估处理方式选择"月初回冲"时，同时生成下月红字回冲单等。

期末处理需要注意的事项有：

（1）由于本系统可以处理压单不记账的情况，因此进行期末处理之前，用户应仔细检查是否本月业务还有未记账的单据；用户应做完本会计月的全部日常业务后，再做期末处理工作。

（2）本月的单据如果用户不想记账，可以放在下个会计月进行记账，算下个会计月的单据。

（3）期末成本计算每月只能执行一次，如果是在结账日之前执行，则当月的出入库单将不能在本会计期间录入。

如把3月份的25日作为该月的结账日，如果执行期末处理是在23日，则再录入出入库单就只能算25日以后的业务了。

因此，在执行之前，一定要仔细检查是否已把全部日常业务做完了。期末成本计算功能每月只能执行一次，因此要特别小心。

结账前用户应检查本会计月工作是否已全部完成，只有在当前会计月所有工作全部完成的前提下，才能进行月末结账，否则会遗漏某些业务。

月末结账后将不能再做当前会计月的业务，只能做下个会计月的日常业务。

10.7　供应链管理系统期末处理

10.7.1　供应链管理系统月末结账的基本顺序

企业实施 ERP 系统，采购管理、销售管理、库存管理、存货核算、应收款管理、应付款管理、总账管理系统集成使用，月末办理结账，有一定的顺序要求，如图 10-9 所示。

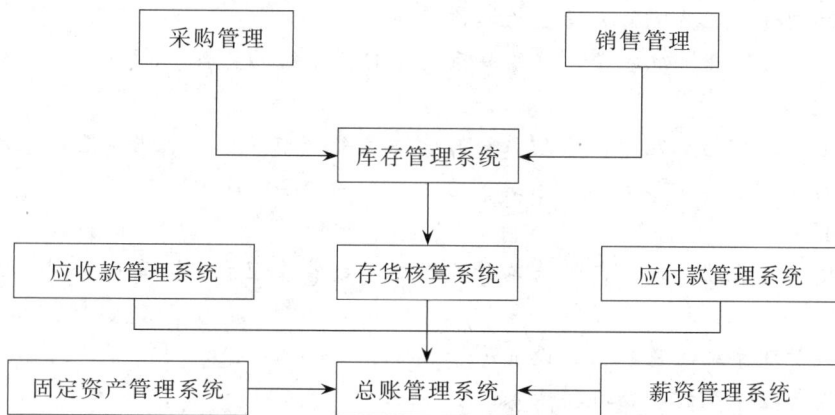

图 10-9　供应链管理系统月末结账顺序

（1）采购部门和销售部门分别完成当月的采购业务和销售业务后，可以分别办理采购管理系统、销售管理系统的月末结账。

（2）采购管理系统、销售管理系统办理月末结账后，仓储部门确认当月不再发生任何形式的出入库业务后，比如库房调拨、盘点等业务，库存管理系统可以月末结账。

（3）采购管理系统、销售管理系统、库存管理系统完成月末结账后，存货核算系统若确定当月有关存货成本核算业务全部完成，可以办理月末结账。

（4）采购管理系统、销售管理系统、库存管理系统、存货核算系统完成月末结账后，财务部门可对应付款管理、应收款管理系统进行月末结账处理，最后完成对总账管理系统的月末结账工作。

10.7.2　供应链管理系统月末结账的注意事项

（1）结账前用户应检查本会计月工作是否全部完成，只有在当前会计月份所有工作全部完成的前提下，才能继续进行月末结账，否则会遗漏某些业务。

（2）月末结账之前一定要进行数据备份，否则数据一旦发生错误，将造成无法挽回的后果。

（3）没有期初记账，将不允许月末结账。

（4）不允许跳月结账，只能从结账的第一个月起逐月结账，不允许跳月取消月末结账，只能从最后一个月起逐月取消。

（5）上月未结账，本月单据可以正常操作，不影响日常业务处理，但本月不能结账。

（6）月末结账为独享功能，与系统中所有功能的操作互斥，即在操作本功能前，应确定其他功能均退出。在网络环境下，要确定本系统所有的网络用户退出了所有功能。

实验十一　供应链管理系统初始设置

【实验目的】

1.掌握用友U8软件中供应链管理系统的流程；

2.理解供应链管理系统初始设置的内容；

3.掌握供应链管理系统初始设置的操作方法；

4.掌握供应链管理系统各子系统的关系及与其他系统的关系。

【实验准备】

引入实验三或实验十应付款管理系统日常业务处理前的账套数据，启用采购管理、销售管理、库存管理、存货核算各子系统，启用日期为2020-01-01。

【实验内容】

1.启用供应链管理系统，包括采购管理系统、销售管理系统、库存管理系统、存货核算系统。

2.供应链管理系统的基础信息设置。

3.供应链管理系统的期初数据录入。

【实验要求】

以账套主管"王伟"的身份注册系统管理。

【实验资料】

（1）计量单位组（见表实11-1）。

表实11-1　　　　　　　　　　　　　　　计量单位组

计量单位组编号	计量单位组名称	计量单位组类别
01	无换算关系	无换算率

（2）计量单位（见表实11-2）。

表实11-2　　　　　　　　　　　　　　　计量单位

计量单位编号	计量单位名称	所属计量单位组名称
01	张	无换算关系
02	个	无换算关系
03	套	无换算关系
04	千米	无换算关系

（3）存货分类（见表实11-3）。

表实 11-3 　　　　　　　　　　　存货分类

类别编码	类别名称
01	原材料
02	产成品
0201	外购
0202	自制
03	应税劳务

（4）存货档案（见表实 11-4）。

表实 11-4 　　　　　　　　　　　存货档案

存货编码	存货代码	存货名称	所属分类码	存货属性	计量单位	主要供货单位
1001	001	空白光盘	01	外购、生产耗用	张	北京畅想公司
1002	002	包装盒	01	外购、生产耗用	个	北京畅想公司
2001	003	挑战学习光盘	0201	外购、销售	张	北京畅想公司
2002	004	乐享英语	0201	外购、销售	套	北京畅想公司
2003	005	方舟杀毒	0202	自制、销售	套	
3001	006	运输费	03	应税劳务	千米	

（5）仓库档案（见表实 11-5）。

表实 11-5 　　　　　　　　　　　仓库档案

仓库编码	仓库名称	计价方式
1	材料库	先进先出法
2	成品库	先进先出法

（6）根据收发类别确定各存货的对方科目（在存货核算系统中进行科目设置，选择对方科目）（见表实 11-6）。

表实 11-6 　　　　　　　　　确定各存货的对方科目

类别编码	收发类别	收发标志
1	采购入库	收
2	产成品入库	收
3	盘盈入库	收
4	销售出库	发
5	盘亏出库	发

（7）采购类型。

采购类型编码：00；采购类型名称：普通采购；入库类别：采购入库；是否默认值：是。

（8）销售类型。

销售类型编码：00；销售类型名称：普通销售；出库类别：销售出库；是否默认值：是。

（9）在存货核算系统中，设置存货科目（见表实11-7）。

表实11-7   设置存货科目

仓库	存货大类	存货编号	存货名称	科目编码	存货科目
材料库	原材料	1001	空白光盘	140301	空白光盘
材料库	原材料	1002	包装盒	140302	包装盒
成品库	产成品			1405	库存商品

（10）根据收发类别确定各存货的对方科目（在存货核算系统中进行科目设置，选择对方科目）（见表实11-8）。

表实11-8   确定各存货的对方科目

类别编码	收发类别	对应科目
1	采购入库	材料采购（1401）
2	产成品入库	生产成本——直接材料（500101）
3	盘盈入库	待处理财产损溢（1901）
4	销售出库	主营业务成本（6401）

（11）设置库存管理系统参数（见表实11-9）。

表实11-9   设置库存管理系统参数

选项卡	参数设置内容
通用设置	在"业务设置"下"修改现存量时点"勾选"采购入库审核时改现存量""销售出库审核时改现存量""其他出入库审核时改现存量" 业务校验：设置为不勾选"审核时检查货位" 其他采用系统默认值
专用设置	在"自动带出单价的单据"命令组合下勾选"采购入库单""采购入库取价按采购管理项""销售出库单""其他入库单""调拨单" 其他采用系统默认值
预计可用量控制	采用系统默认值
预计可用量设置	在"预计可用量检查公式"下勾选"出入库检查预计可用量" 其他采用系统默认值
其他设置	采用系统默认值

（12）设置存货核算系统参数（见表实 11-10）。

表实 11-10 设置存货核算系统参数

选项卡	参数设置内容
核算方式	零成本出库选择"手工输入" 其他采用系统默认值
控制方式	选择"结算单价与暂估单价不一致时是否调整出库成本" 其他采用系统默认值
最高最低控制	采用系统默认值

（13）设置销售管理系统参数（见表实 11-11）。

表实 11-11 设置销售管理系统参数

选项卡	参数设置内容
业务控制	选择"有零售日报业务" 不勾选"报价含税" 其他采用系统默认值
其他控制	新增退货单默认方式选择"参照发货" 新增发票默认方式选择"参照发货" 其他采用系统默认值
信用控制	采用系统默认值
可用量控制	采用系统默认值
价格管理	采用系统默认值

（14）对采购管理系统进行期初记账。

（15）在存货核算系统录入期初数据，然后库存管理系统期初数采用"取数"方式获得（见表实 11-12）。

表实 11-12 存货核算系统期初数据

仓库	存货大类	存货编号	存货名称	计量单位	数量	单价	金额	入库日期	科目编码	存货科目
材料库	原材料	1001	空白光盘	张	15 800	2	31 600	2019-12-31	140301	空白光盘
材料库	原材料	1002	包装盒	个	5 360	5	26 800	2019-12-31	140302	包装盒
小计							58 400			
成品库	产成品	2001	挑战学习光盘	张	500	100	50 000	2019-12-31	1405	库存商品
成品库	产成品	2002	乐享英语	套	1 500	230	345 000	2019-12-31	1405	库存商品
成品库	产成品	2003	方舟杀毒	套	300	150	45 000	2019-12-31	1405	库存商品
小计							440 000			

【操作指导】

（1）以"王伟"的身份注册登录企业应用平台，在"基础设置"选项卡下，执行"基本信息→系统启用"命令，打开"系统启用"对话框，分别启用销售管理、采购管理、库存管理与存货核算模块，启用日期为"2020-01-01"，启用完成后，单击【退出】按钮。值得注意的是，如果前面应收款管理、应付款管理系统已录入了相关实验数据则检查是否录入完整。下面步骤中一部分已录入，请读者视实际引入的账套数据确定。

（2）设置仓库档案。

①在企业应用平台"基础设置"选项卡下，执行"基础档案→业务→仓库档案"命令，打开"仓库档案"对话框。

②单击【增加】按钮，打开"增加仓库档案"窗口，根据实验资料依次进行录入仓库档案，设置完毕，单击【保存】按钮，关闭"仓库档案"窗口。

（3）设置收发类别。

①在企业应用平台"基础设置"选项卡下，执行"基础档案→业务→收发类别"命令，打开"收发类别"设置窗口。

②单击【增加】按钮，输入收发类别编码"1"、收发类别名称"采购入库"，收发标志"收"，单击【保存】按钮，再根据实验资料输入其他收发类别，设置完毕，单击【退出】按钮退出，收发类别设置完毕，如图实11-1所示。

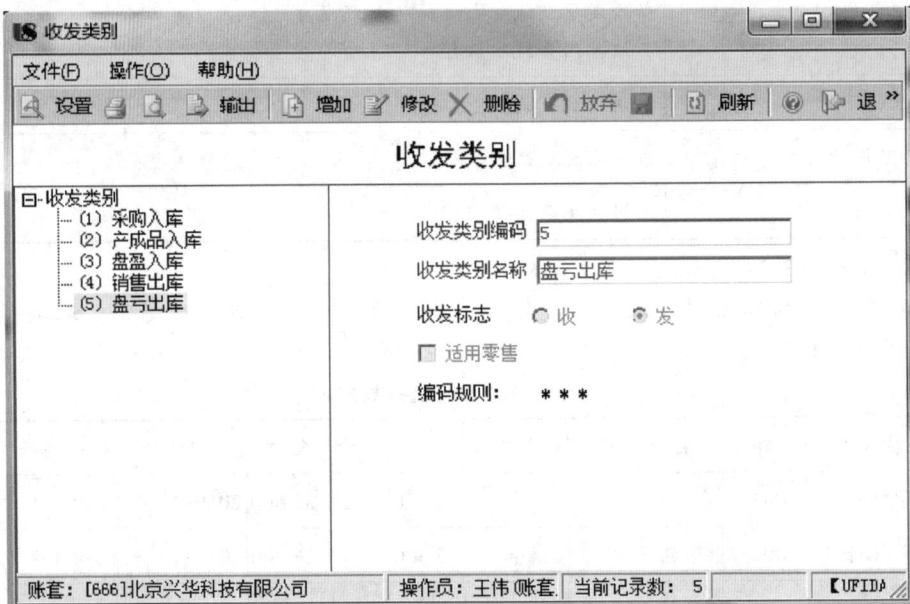

图实11-1　收发类别

（4）设置采购类型。

①在企业应用平台"基础设置"选项卡下，执行"基础档案→业务→采购类型"命令，打开"采购类型"设置窗口。

②单击【增加】按钮，输入采购类型编码"00"、采购类型名称"普通采购"，选择入库类别"采购入库"，是否默认值"是"，单击【保存】按钮。退出"采购类型"设置窗口。

（5）设置销售类型。

①在企业应用平台"基础设置"选项卡下，执行"基础档案→业务→销售类型"命令，打开"销售类型"设置窗口。

②单击【增加】按钮，输入销售类型编码"00"、销售类型名称"普通销售"，选择出库类别"销售出库"，是否默认值"是"，单击【保存】按钮。退出"销售类型"设置窗口。

（6）在存货核算系统中设置存货科目。

①在企业应用平台"业务工作"选项卡下，执行"供应链→存货核算→初始设置→科目设置→存货科目"命令，打开"存货科目"设置窗口。

②单击【增加】按钮，输入仓库编码、存货编码、存货名称、存货科目编码，系统自动带出存货科目名称。设置完毕，单击【保存】按钮。

（7）在存货核算系统中设置存货对方科目。

①在企业应用平台"业务工作"选项卡下，执行"供应链→存货核算→初始设置→科目设置→对方科目"命令，打开"对方科目"设置窗口。

②单击【增加】按钮，选择"收发类别编码""存货编码""对方科目编码"，设置完毕，单击【保存】按钮即可退出。

（8）设置库存管理系统参数。

①在企业应用平台"业务工作"选项卡下，执行"供应链→库存管理→初始设置→选项"命令，打开"库存选项设置"窗口。

②根据实验资料，分别打开"通用设置"选项卡、"专用设置"选项卡、"预计可用量设置"选项卡，进行勾选或取消勾选，设置完成单击【确定】按钮。

（9）设置存货核算系统参数。

①在企业应用平台"业务工作"选项卡下，执行"供应链→存货核算→初始设置→选项→选项录入"命令，打开"选项录入"窗口。

②在"核算方式"选项卡下的"零成本出库选择"命令框中单击"手工输入"的单选框，其他采用系统默认值。

③在"控制方式"选项卡，勾选"结算单价与暂估单价不一致时是否调整出库成本"，其他默认。单击【确定】按钮。

（10）设置销售管理系统参数。

①在企业应用平台"业务工作"选项卡下，执行"供应链→销售管理→设置→销售选项"命令，打开"销售选项"窗口。

②在"业务控制"选项卡下，勾选"有零售日报业务"，取消勾选的"报价含税"，其他默认。

③在"其他控制"选项卡，在"新增退货单默认方式"项中选中"参照发货"，在"新增发票默认方式"项中选中"参照发货"，其他默认。设置完毕单击【确定】按钮。

（11）对采购管理系统进行期初记账。

①在企业应用平台"业务工作"选项卡下，执行"供应链→采购管理→设置→采购期初记账"命令，打开"期初记账"窗口。

②单击【记账】按钮，系统提示"期初记账完毕!"，单击【确定】按钮。

（12）在存货核算系统录入期初数据。

①在企业应用平台“业务工作”选项卡下，执行“供应链→存货核算→初始设置→期初数据→期初余额”命令，打开“期初余额”窗口。

②选择仓库“材料库”，单击【增加】按钮，选择存货编码“1001”，输入数量“15 800”，单价“2”，金额由系统自动计算，完成对“空白光盘”的录入后，单击【增加】按钮，根据实验资料完成对包装盒的相关数据录入。结果如图实11-2所示。

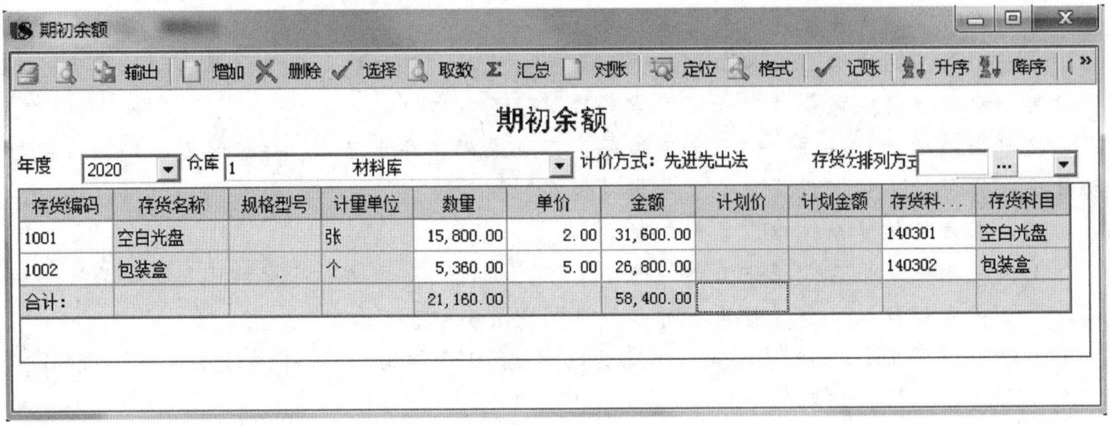

存货编码	存货名称	规格型号	计量单位	数量	单价	金额	计划价	计划金额	存货科...	存货科目
1001	空白光盘		张	15,800.00	2.00	31,600.00			140301	空白光盘
1002	包装盒		个	5,360.00	5.00	26,800.00			140302	包装盒
合计：				21,160.00		58,400.00				

图实11-2　存货核算系统材料库期初余额

③选择仓库“成品库”，单击【增加】按钮，选择存货编码“2001”，输入数量“500”，单价“100”，金额由系统自动计算，完成挑战学习光盘的数据录入。同理根据实验资料完成其他产成品相关数据的录入。结果如图实11-3所示。

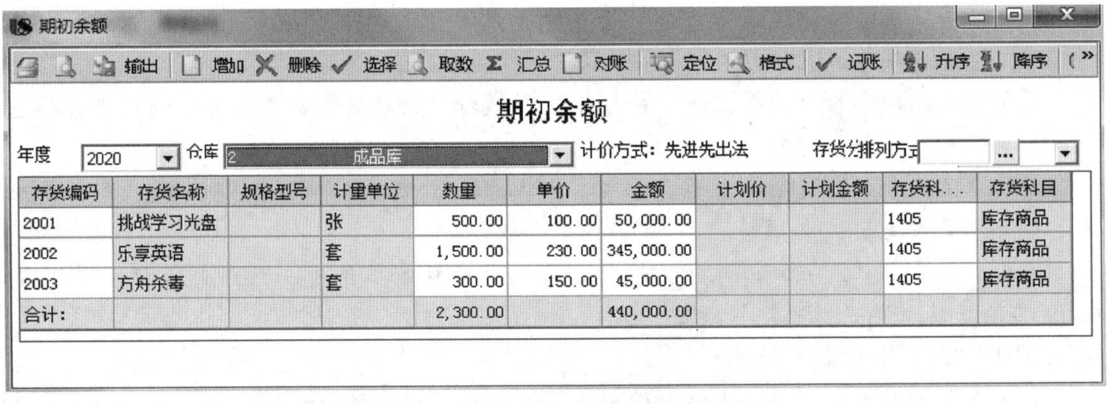

存货编码	存货名称	规格型号	计量单位	数量	单价	金额	计划价	计划金额	存货科...	存货科目
2001	挑战学习光盘		张	500.00	100.00	50,000.00			1405	库存商品
2002	乐享英语		套	1,500.00	230.00	345,000.00			1405	库存商品
2003	方舟杀毒		套	300.00	150.00	45,000.00			1405	库存商品
合计：				2,300.00		440,000.00				

图实11-3　存货核算系统成品库期初余额

④先执行“采购管理→设置→采购期初记账”进行采购期初记账，再执行“供应链→存货核算→初始设置→期初数据→期初余额”命令，在打开的窗口单击【记账】按钮，系统对所有仓库进行记账，系统提示“期初记账成功！”，单击【确定】按钮保存记录，单击【退出】按钮退出。

（13）对库存管理系统期初数实行“取数”录入。

①在企业应用平台“业务工作”选项卡下，执行“供应链→库存管理→初始设置→期初结存”命令，打开“库存期初数据录入”窗口。

②系统默认仓库为“材料库”（显示在窗口右侧），单击【修改】按钮，再单击【取

数】按钮，系统自动从"存货核算系统"采集到属于材料库中各种存货的期初数据，单击【保存】按钮，再单击【批审】按钮，系统提示"批量审核完成"。结果如图实 11-4 所示。

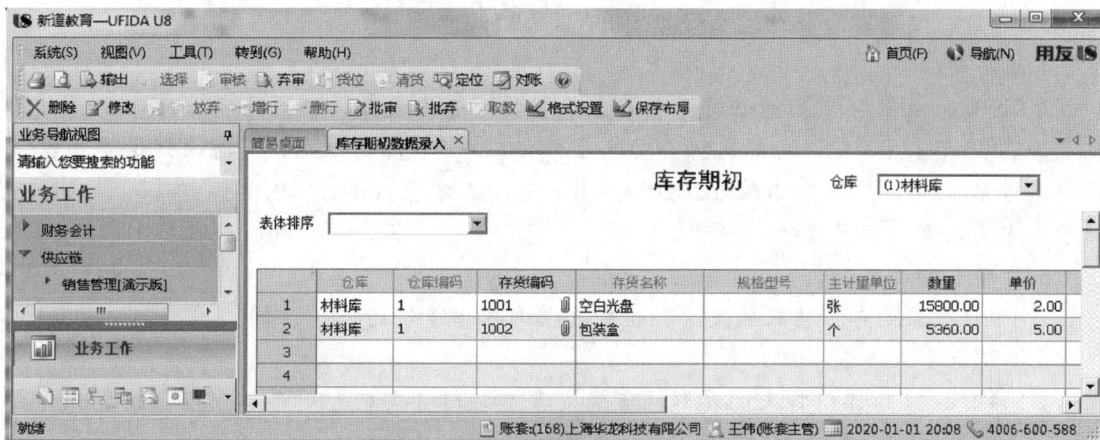

图实 11-4 库存管理系统期初数据

③选择"成品库"，重复第②步操作，完成对成品库存货期初数据取数录入工作，单击【批审】按钮，系统提示"批量审核完成"。

④单击【对账】按钮，打开"库存与存货期初对账查询条件"对话框，单击【确定】按钮，系统提示"对账成功！"，再单击【确定】按钮。

实验十二 采购管理系统

【实验目的】

理解用友 U8V10.1 采购管理系统的相关内容；理解采购管理系统与其他系统的关系；掌握企业日常采购业务的处理。

【实验准备】

1. 引入实验十一供应链管理系统初始化的账套数据。

2. 检查采购管理系统、销售管理系统、库存管理系统与存货核算系统操作员权限的设置。

【实验内容】

1. 采购管理系统的参数设置。

2. 采购管理系统的日常业务处理。

3. 采购管理系统的月末处理。

【实验要求】

以账套主管"王伟"的身份注册系统管理。

【实验资料】

1. 填写订单

1 月 5 日，向北京畅想公司订购空白光盘 5 000 张，含税单价 0.50 元，要求到货日期为 1 月 9 日。

2. 填写到货单

1 月 9 日，收到北京畅想公司发来的空白光盘 5 000 张，经检验质量全部合格，填制到货单并办理入库（材料库）手续。

3.填写入库单

1月9日，将检验合格的空白光盘5 000张办理入库手续。

4.填写发票

1月9日，收到北京畅想公司开来的上述货物的专用发票，发票号码为FP0001，开票日期为2020年1月8日，发票载明空白光盘5 000张，单价0.50元，同时收到运费发票一张（票号MD0001），开票日期为2020年1月8日，运输费200元（税率按9%算），采购部门录入采购发票、运费发票。

5.办理采购结算

1月9日，采购部门将采购发票、运费发票与入库单进行采购结算。

6.确认存货入库成本

1月9日，采购部门将采购发票、运费发票交给财务部门，财务部门确认该笔存货成本，并按数量进行运费分摊。

7.确认采购应付货款

1月9日，财务部门确认所购空白光盘的应付款项，并开出转账支票（票号ZZ026）付清采购货款。

【操作指导】

1.填写订单

（1）在企业应用平台"业务工作"选项卡下，执行"供应链→采购管理→采购订货→采购订单"命令，打开"采购订单"窗口。

（2）单击【增加】按钮，修改采购日期为"2020-01-05"，选择供应商"畅想公司"，选择部门、业务员信息，在表体第一行选择存货编码"1001"，输入数量"5 000"，输入原币单价"0.50"，修改计划到货日期"2020-01-09"，单击【保存】按钮。

（3）单击【审核】按钮，对采购订单进行审核，审核结束后，关闭"采购订单"窗口。

注意事项：

● 采购订单，可参照采购计划、采购请购单、销售订单生成，也可以手工填制。

● 拷贝请购单生成的采购订单信息可以修改，但是如果根据请购单拷贝生成的采购订单已经审核，则不能直接修改，需要先"弃审"再"修改"。

● 采购订单审核后，可在采购订单执行统计表中查询。

2.填写到货单

（1）在"业务工作"选项卡下，执行"供应链→采购管理→采购到货→到货单"，打开"到货单"窗口。

（2）单击【增加】按钮，单击【生单】按钮右侧的向下箭头，选择"采购订单"选项，打开"查询条件选择-采购订单列表过滤"对话框，单击【确定】按钮，打开"拷贝并执行"窗口，在"到货单拷贝订单表头列表"对话框中，双击需要参照的采购订单的选择栏，并显示"Y"，单击工具栏【确定】按钮，将采购订单相关信息带入采购到货单。

（3）修改到货日期为"2020-01-09"，单击【保存】按钮，如图实12-1所示。

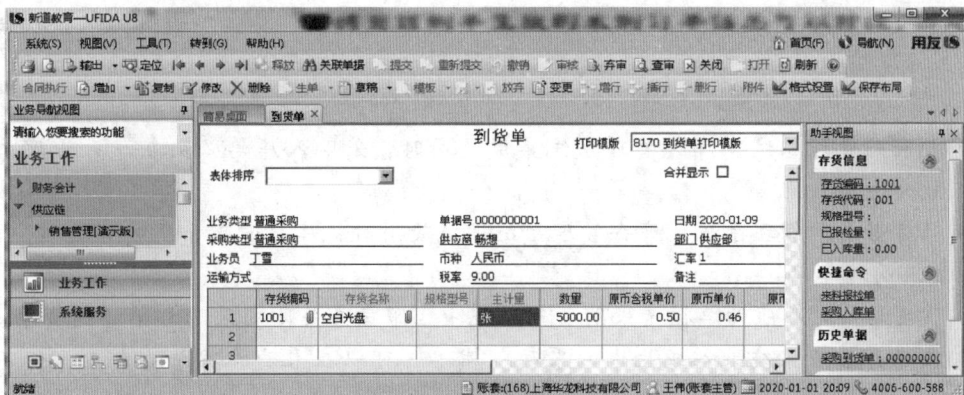

图实 12-1　到货单录入

（4）单击【审核】按钮，对到货单进行审核，审核结束，关闭"到货单"窗口。

注意事项：

● 采购到货单可以手工录入也可以拷贝采购订单生成。到货单参照采购订单，只能参照没有入库的采购订单，订单如果已经被到货单参照，则不能再被入库单参照。

● 如果采购到货单与采购订单信息有差别，可以直接据实录入到货单信息，或者直接修改生成的到货单信息，再单击【保存】按钮确认修改的到货单。

● 没有生成下游单据的采购到货单可以在未审核前直接删除。

● 已经生成下游单据的采购到货单不能直接删除，需要先删除下游单据，执行"弃审"后才能删除。

3.填写入库单

（1）在业务工作选项卡下，执行"供应链→库存管理→入库业务→采购入库单"命令，打开"采购入库单"窗口。

（2）单击【生单】按钮右侧的向下箭头，选择"采购到货单（蓝字）"选项，打开"查询条件选择-采购到货单列表"对话框，单击【确定】按钮，打开"到货单生单列表"窗口，在"到货单生单表头"对话框中双击需要参照的采购到货单的选择栏，并显示"Y"后，单击工具栏【确定】按钮，将采购到货单相关信息带入采购入库单。

（3）修改入库单日期为"2020-01-09"，选择仓库为"材料库"，单击【保存】按钮，如图实 12-2 所示。

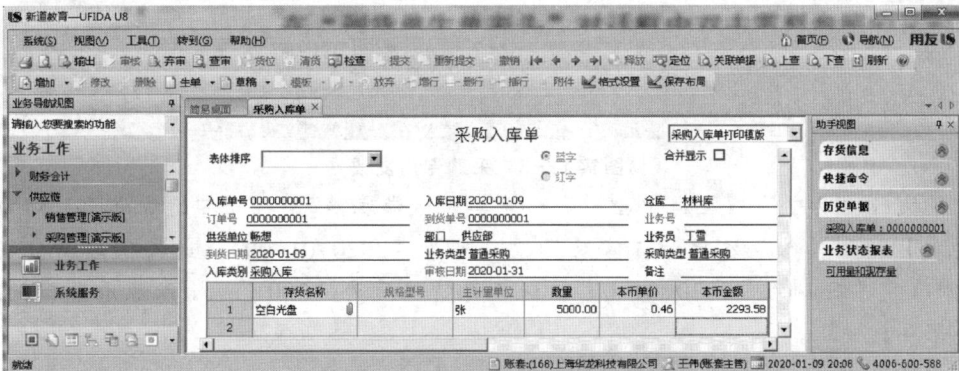

图实 12-2　采购入库单

（4）单击【审核】按钮，系统提示"该单据审核成功"信息，单击【确定】按钮，关闭采购入库单窗口。

注意事项：

● 当采购管理系统、库存管理系统集成使用时，采购入库单必须在库存管理系统录入或生成。

● 只有当采购管理系统、库存管理系统集成使用时，库存管理系统才可通过"生单"功能生成采购入库单。

● "生单"时参照的单据是采购管理系统中已审核未关闭的采购订单和到货单。

● 在库存管理系统录入或生成的采购入库单，可以在采购管理系统查看，但不能修改或删除。

● 如果需要手工录入采购入库单，则在库存管理系统打开"采购入库单"窗口，单击【增加】按钮，即可直接录入采购入库单信息。

● 如果在采购选项中设置了"普通业务必有订单"，则采购入库单不能手工录入，只能参照生成。

4.填写发票

（1）在"业务工作"选项卡下，执行"供应链→采购管理→采购发票→专用采购发票"，打开"专用发票"窗口。

（2）单击【增加】按钮，单击【生单】按钮右侧的向下箭头，选择"入库单"选项，打开"查询条件选择–采购入库单列表过滤"对话框，单击【确定】按钮，打开"拷贝并执行"窗口。

（3）在"拷贝并执行"窗口，双击需要参照的入库单前的选择栏，显示"Y"标志，单击【确定】按钮，将采购入库单相关信息带入采购专用发票。修改开票日期为"2020-01-09"，修改发票日期为"2020-01-08"，单击【保存】按钮，如图实12-3所示。

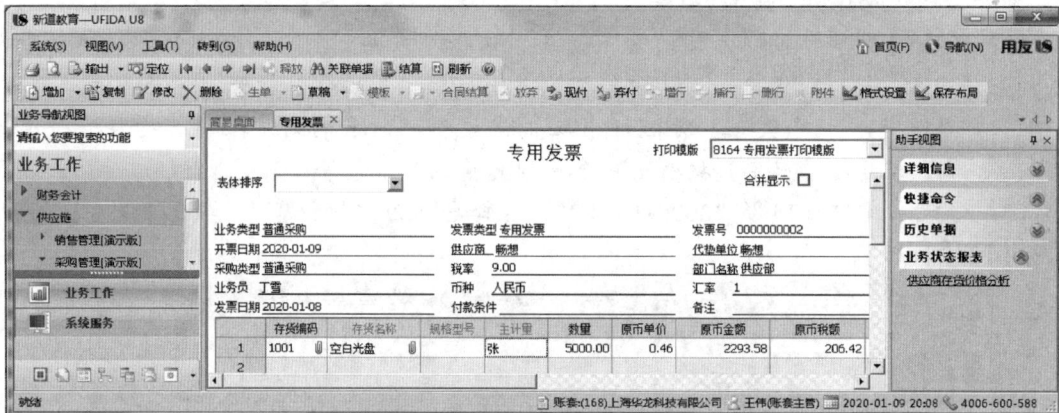

图实12-3　采购专用发票

（4）执行"供应链→采购管理→采购发票→运费发票"，打开"运费发票"窗口。单击【增加】按钮，修改发票号，修改开票日期为"2020-01-09"，选择供应商"畅想公司"，修改发票日期为"2020-01-08"，选择存货编码为"3001"，输入原币金额"200"，单击【保存】按钮。

注意事项：

● 采购发票包括采购专用发票、采购普通发票、采购运费发票和采购红字发票。

● 采购发票可以手工录入，也可以根据采购订单、采购入库单、采购发票参照生成。

● 如果在采购选项中设置了"普通业务必有订单"选项，则不能手工录入采购发票，只能参照生成采购发票，如果需要手工录入，则需要先取消"普通业务必有订单"选项。

● 如果需要录入采购专用发票，需先在"基础档案"中设置有关开户银行信息，否则只能录入普通发票。

● 采购发票中的表头税率是根据专用发票默认税率带入的，可以修改，采购专用发票的单价为无税单价，金额为无税金额，税额等于无税金额与税率的乘积。

● 普通铁路发票的表头税率默认为零，运费发票的税率默认为9%，可以进行修改，普通发票、运费发票的单价为含税单价，金额为价税合计。

● 采购运费发票只能手工录入，并将运输费用视为一项"存货"。

● 在采购管理系统中，可以通过"采购发票列表"查询采购发票。

5.办理采购结算

（1）在"业务工作"选项卡下，执行"供应链→采购管理→采购结算→手工结算"，打开"手工结算"窗口。

（2）单击【选单】按钮，打开"结算选单"窗口，单击【查询】按钮，打开"查询条件选择–采购手工结算"对话框，单击【确定】按钮，打开"结算选单"窗口。

（3）在"结算选单"窗口，系统列示出结算可供选择的发票列表和入库单列表，双击【全选】按钮。单击【确定】按钮，系统提示"所选单据扣税类别不同，是否继续？"，单击【是】按钮，返回"手工结算"窗口。

（4）单击【分摊】按钮，系统提示"选择按金额分摊，是否开始计算？"，单击【是】按钮，系统提示"费用分摊（按金额）完毕，请检查"。单击【确定】按钮，单击【结算】按钮，系统提示"完成结算！"，单击【确定】按钮，完成采购入库单、采购发票和运费发票之间的结算。关闭"手工结算"窗口。

注意事项：

● 采购结算生成采购结算单，它是记载采购入库单记录与采购发票记录对应关系的计算对照表。

● 系统按照三种结算模式进行自动结算，入库单和发票结算、红蓝入库单结算、红蓝发票结算。

● 若一笔采购业务对应有采购发票和运费发票，则采购入库单、采购发票和运费发票之间只能通过"手工结算"方式完成采购结算。

● 采购结算后，采购管理系统自动计算入库存货的采购成本，可以通过"统计表"查询。

6.确认存货入库成本

（1）在"业务工作"选项卡下，执行"供应链→存货核算→业务核算→正常单据记账"命令，打开"查询条件选择"对话框。单击【确定】按钮，打开"正常单据记账列表"窗口，双击该窗口选择栏，显示"Y"标志，选择要记账的单据，单击【记账】按钮，系统提示记账成功。关闭打开的窗口。

（2）执行"供应链→存货核算→财务核算→生成凭证"命令，打开"生成凭证"窗口，单击工具栏【选择】按钮，打开"查询条件"对话框，单击【全消】按钮，再勾选"采购入库单（报销记账）"前的复选框，单击【确定】按钮，打开"选择单据"窗口，单击【全选】按钮，"选择"栏出现序号数标志，选择要生成凭证的单据。

（3）单击【确定】按钮，打开"生成凭证"窗口，输入对方科目编码"1401"，单击【生成】按钮，系统生成原材料入库的记账凭证，选择凭证类别"转"字，单击【保存】按钮，凭证上出现"已生成"标志，如图实12-4所示，关闭"填制凭证"和"生成凭证"窗口，系统自动将当前凭证传递到总账管理系统等待审核记账。

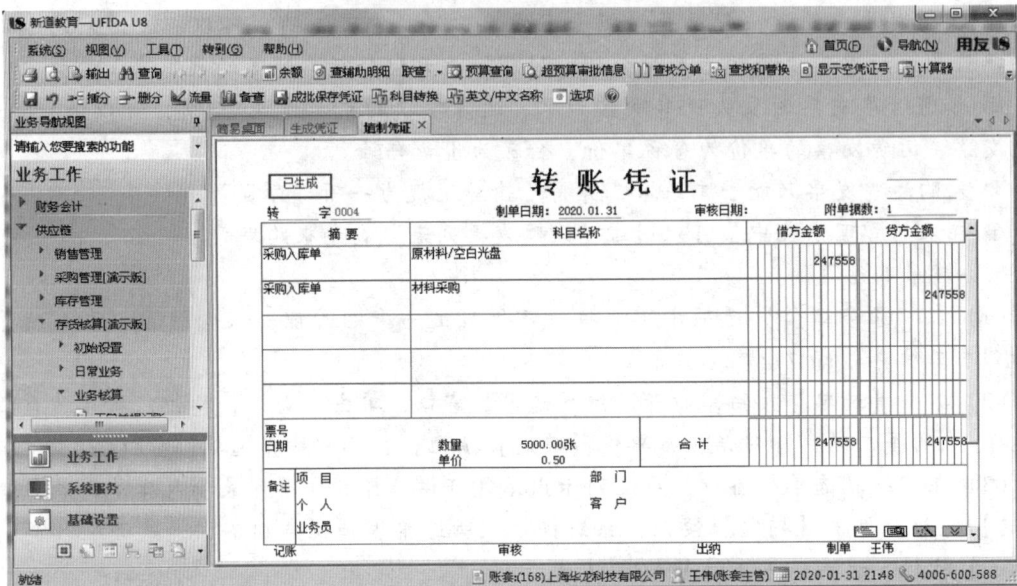

图实12-4　材料入库

7.确认采购应付货款

（1）在"业务工作"选项卡下右击"供应链"，单击"退出"命令，在"系统管理"中，执行"视图→清除所有任务"命令，再在"基础设置"选项卡下执行"基础信息→系统启用"命令，启用"应付款管理"模块。

（2）在"业务工作"选项卡下，执行"财务会计→应付款管理→应付单据处理→应付单据审核"命令，打开"应付单据查询条件"对话框，单击【确定】按钮，打开单据处理窗口，选择要审核的单据（本例单击【全选】按钮），如图实12-5所示。

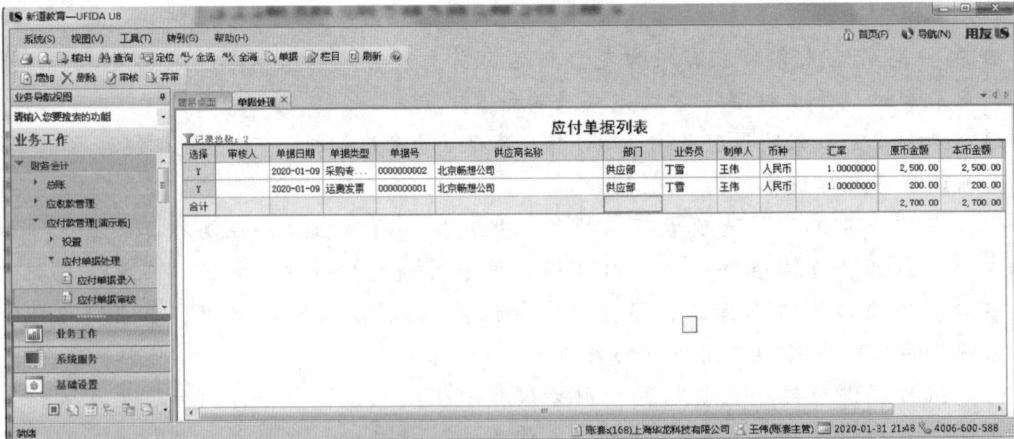

图实12-5　应付单据列表

（3）单击【审核】按钮，系统给出审核提示，单击【确定】按钮，"审核人"栏显示审核人姓名，如图实 12-6 所示。关闭"单据处理"窗口。

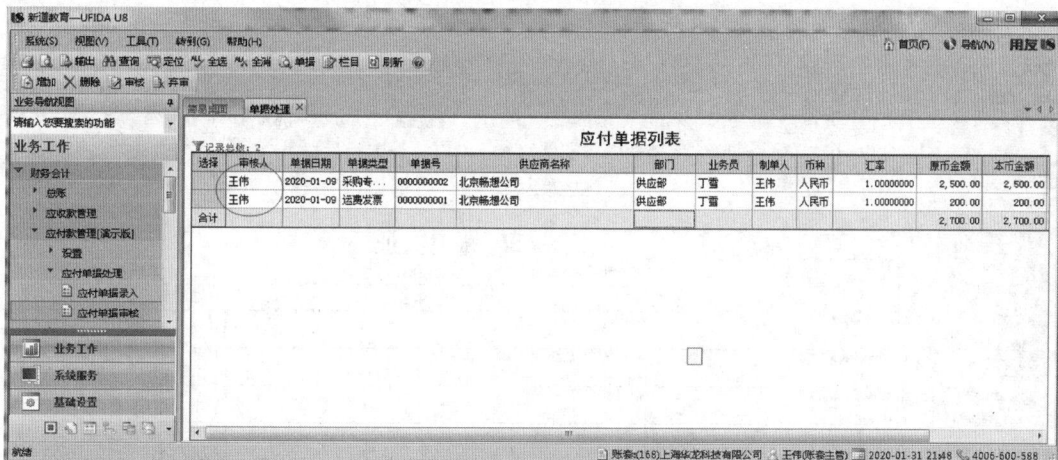

图实 12-6　应付单据审核

（4）在应付款管理系统，执行"付款单据处理→付款单据录入"命令，打开"收付款单录入"窗口，单击【增加】按钮，输入日期"2020-01-09"，选择供应商"畅想公司"，选择结算方式"转账支票"，输入金额"2 700"，输入摘要"付款"，单击【保存】按钮，单击【审核】按钮，系统提示"是否立即制单？"，单击【否】按钮。关闭"收付款单录入"窗口。

采购价款及运费的相关会计分录为：

借：材料采购　　　　　　　　　　　　　　　　　　　　　　　2 293.58
　　应交税费——应交增值税（进项税额）　　　　　　　　　　206.42
　　贷：应付账款　　　　　　　　　　　　　　　　　　　　　　　　2 500
借：材料采购　　　　　　　　　　　　　　　　　　　　　　　182
　　应交税费——应交增值税（进项税额）　　　　　　　　　　18
　　贷：应付账款　　　　　　　　　　　　　　　　　　　　　　　　200

此处，应付账款金额为 2 700 元（2 500+200）。

（5）在应付款管理系统中，执行"制单处理"命令，打开"制单查询"窗口，选择"发票制单"和"收付款单制单"选项，如图实 12-7 所示。

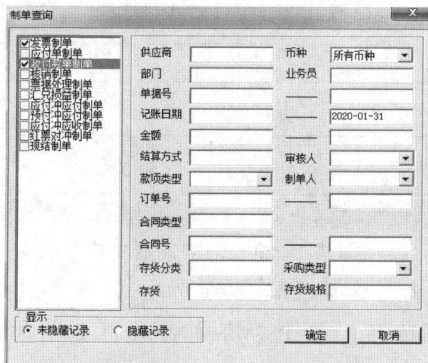

图实 12-7　制单查询

（6）单击【确定】按钮，打开"制单"窗口，单击【全选】按钮，单击【制单】按钮，生成第一张采购凭证，选择凭证类型为"转账凭证"，单击【保存】按钮，凭证上出现"已生成"标志，如图实12-8所示。

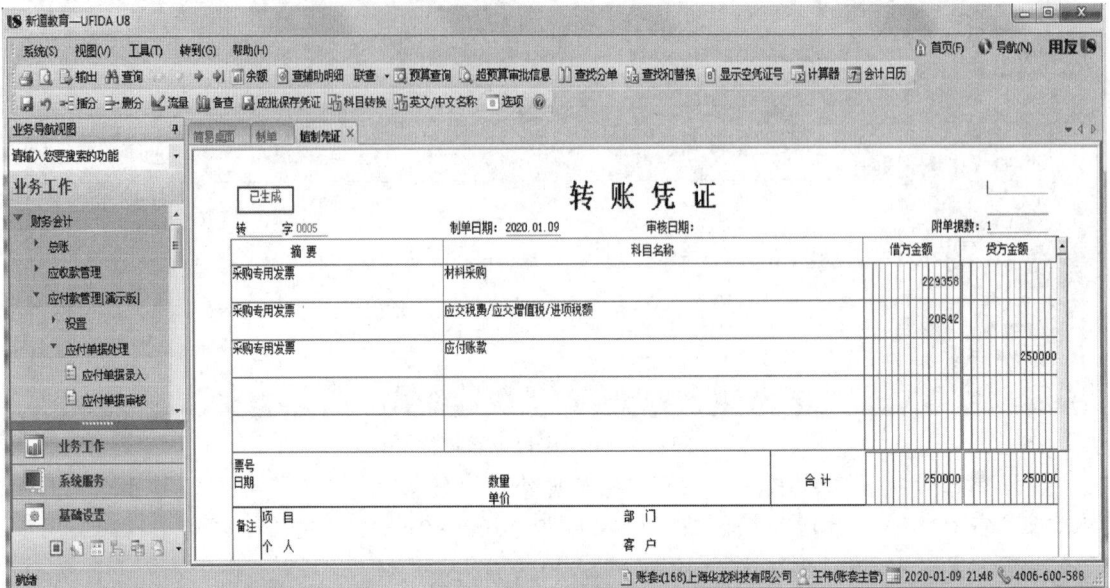

图实12-8　采购凭证生成

（7）单击【下一张】按钮，选择凭证字为"转"，单击【保存】按钮，凭证上出现"已生成"标志，如图实12-9所示。

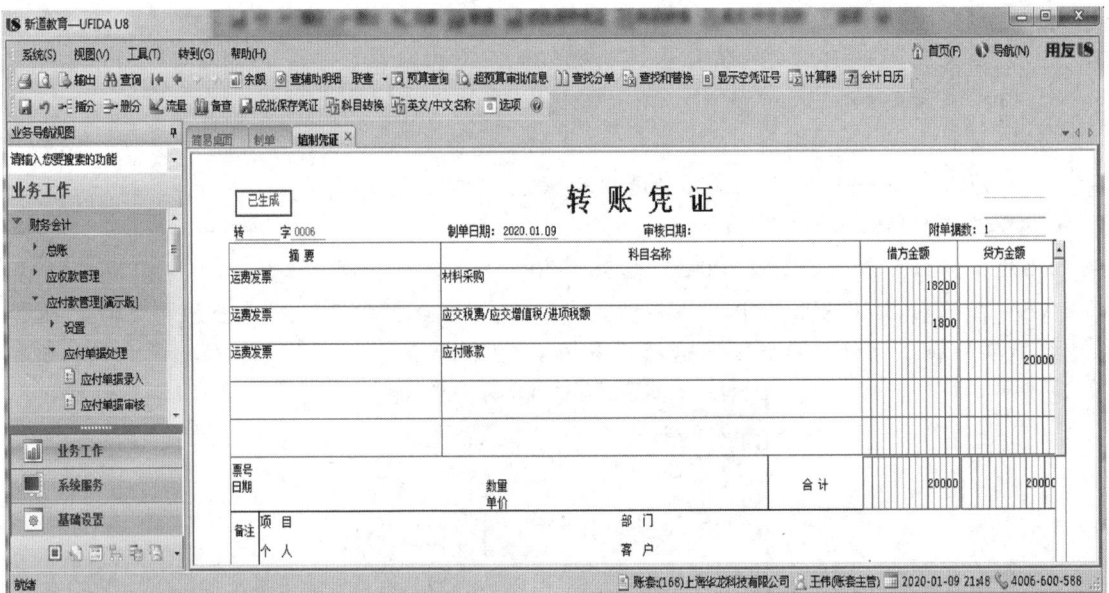

图实12-9　采购凭证生成

（8）单击【下一张】按钮，选择凭证字为"付"，单击【保存】按钮，出现现金流量项目录入窗口，选择"购买商品、接受劳务支付的现金"，单击【确定】按钮，再单击【保存】按钮，凭证上出现"已生成"标志，如图实12-10所示。

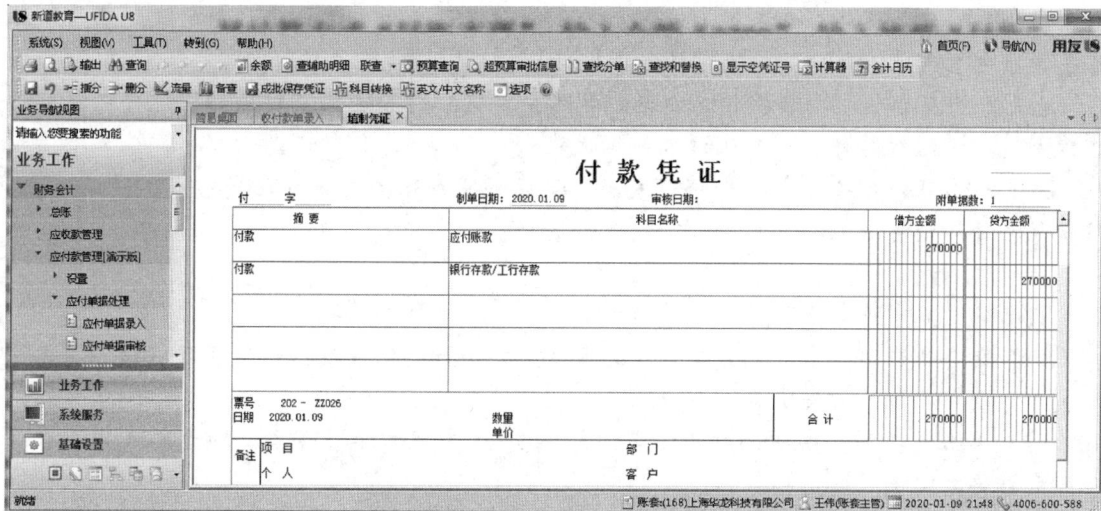

图实 12-10　采购付款凭证生成

（9）关闭"填制凭证"窗口和"制单"窗口。

注意事项：

● 只有采购结算户的采购发票才能自动传递到应付款管理系统中，并且需要在应付款管理系统中审核确认，才能形成应付账款。

● 在应付款管理系统中，可以根据一条记录制单，也可以把多条记录合并制单。用户可以根据选择制单序号进行处理。

实验十三　销售管理系统

【实验目的】

理解用友 U8V10.1 销售管理系统的相关内容；理解销售管理系统与其他系统的关系；掌握企业日常销售业务的处理。

【实验准备】

1. 引入实验十一供应链管理系统初始化的账套数据。

2. 检查采购管理系统、销售管理系统、库存管理系统与存货核算系统操作员权限的设置。

【实验内容】

1. 销售管理系统的参数设置。

2. 销售管理系统的日常业务处理。

3. 销售管理系统的月末处理。

【实验要求】

以账套主管"王伟"的身份注册系统管理。

【实验资料】

1. 1 月 10 日，销售二部宋玉填写发货单并审核，向北京东方学校出售"挑战学习光盘"400 张，无税单价 100 元/张，适用的增值税税率 9%。

2. 1 月 10 日，仓库填写销售出库单并审核，发出"挑战学习光盘"400 张。

3. 1月10日，销售二部根据上述发货单开出增值税专用发票一张，同时收到客户以转账支票（支票号ZZ00118）支付的全部货款。

4. 1月10日，销售二部将销售发票、转账支票交给财务部门，财务部门进行应收单据审核并进行现结制单处理，确认该笔销售收入。

5. 1月10日，财务部门根据销售发票登记存货明细账并进行结转销售成本制单处理，确认该存货的销售成本。

【操作指导】

1. 填写发货单并审核

（1）在企业应用平台"业务工作"选项卡下，执行"供应链→销售管理→销售发货→发货单"命令，打开"发货单"窗口。

（2）单击【增加】按钮，打开"查询条件选择–参照订单"窗口，由于本业务没有可参照的订单，单击【取消】按钮。

（3）在表头选择销售类型"普通销售"，选择客户"北京东方学校"，选择销售部门"销售二部"，输入备注"现结销售"；在表体选择仓库名称"成品库"，选择存货编码"2001"，输入数量"400"，输入无税单价"100"，金额、税金由系统自动计算，单击【保存】按钮，如图实13–1所示。

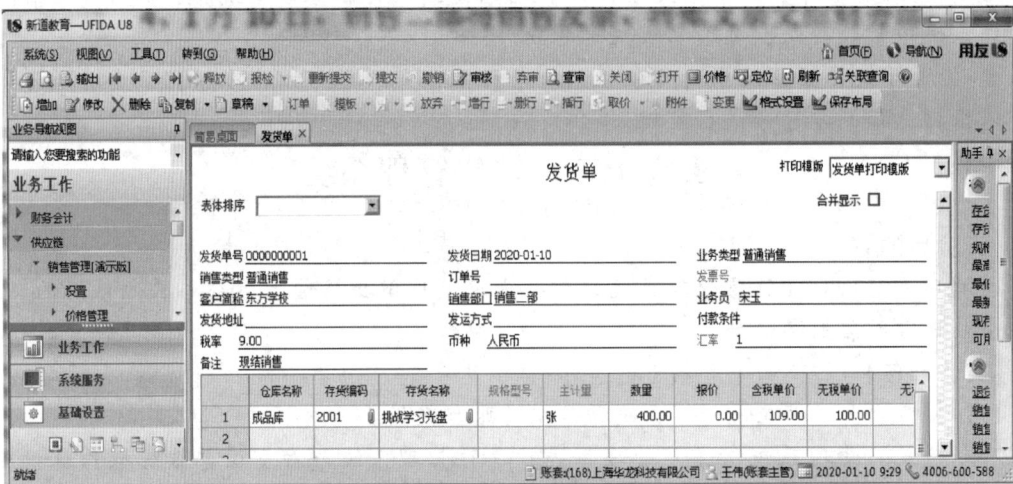

图实13–1　发货单

（4）单击【审核】按钮，关闭"发货单"窗口。

注意事项：

● 由于在销售管理系统选项中，设置了"新增发货单默认参照订单"，所以在新增发货单时，系统弹出"查询条件选择–参照订单"窗口。

2. 填写销售出库单并审核

（1）在企业应用平台"业务工作"选项卡下，执行"供应链→库存管理→出库业务→销售出库单"命令，打开"销售出库单"窗口。

（2）单击【生单】按钮，打开"查询条件选择–销售发货单列表"对话框，单击【确定】按钮，打开"销售生单"窗口，双击需要参照的发货单前的选择栏，单击【确定】按钮，系统提示"生单成功！"，单击【确定】按钮，将发货单相关信息带入销售出库单。

（3）执行"供应链→库存管理→单据列表→销售出库单列表"命令，打开"查询条件选择–销售出库单"窗口，单击【确定】按钮，打开"销售出库单列表"窗口，双击需要参照的发货单前的选择栏，使其显示"Y"，单击【审核】按钮，审核完毕，关闭"销售出库单列表"窗口。

注意事项：

● 由于在销售管理系统选项中没有设置"销售生成出库单"，因此，销售出库单需要在库存管理系统的"销售出库单"窗口，单击【生单】按钮，系统显示"出库单查询"窗口，用户自行选择过滤单据生成销售出库单。

● 如果在销售管理系统选项中设置了"销售生成出库单"，则销售出库单在库存管理系统中自动生成，无须填写。（本例属于已设置的情况。请读者注意）

● 系统自动生成的销售出库单不能修改，可以直接审核。

● 在库存管理系统生成的销售出库单，可以在销售管理系统的账表中查询，通过"单据查询"查询。

3.填写销售发票

（1）在企业应用平台"业务工作"选项卡下，执行"供应链→销售管理→销售开票→销售专用发票"命令，打开"销售专用发票"窗口。

（2）单击【增加】按钮，打开"查询条件选择–发票参照发货单"对话框，单击【确定】按钮，打开"参照生单"窗口，双击需要参照的发货单前的选择栏，使其显示为"Y"。（提示：客户档案中要预先登记东方学校的税号"123456789987654321"和开户银行"工行北京上地支行"）

（3）单击【确定】按钮，将发货单相关信息带入销售专用发票。

（4）可以修改发票号，单击【保存】按钮（注意："基础档案"任务卡下"客户档案"中"东方学校"要进行"开户银行"的设置、"税号"信息的录入，这样"税号"与"开户银行"信息系统自动带入，单击【保存】按钮才能成功，否则会提示无法保存），激活【现结】按钮。单击【现结】按钮，打开"现结"对话框，选择结算方式"转账支票"，输入原币金额"43 600"，单击【确定】按钮，销售专用发票左上角出现"现结"标志，如图实 13-2 所示。

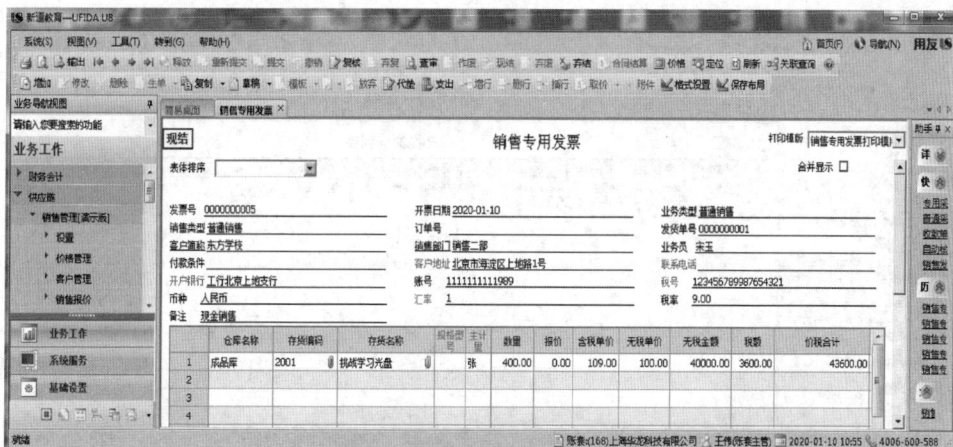

图实 13-2　销售专用发票

（5）在图实13-2中，单击【复核】按钮，对现结发票进行复核，关闭"销售专用发票"窗口。

注意事项：

● 销售专用发票可以参照发货单、订单自动生成，也可以手工输入。

● 销售管理系统所有单据上的税率均为9%。

● 如果一张发货单需要分次开具发票，则需要修改发票数量等信息。

● 系统自动生成发票后，如果直接单击【复核】按钮，则不能进行现结处理，只能确认为应收账款。如果需要现结处理，应当在自动生成销售发票时，先单击【现结】按钮，进行现结处理，再单击【复核】按钮，进行复核处理。

● 已经现结和复核的发票不能修改，如果需要修改，可以先单击【弃结】【弃复】按钮，然后单击【修改】按钮修改确认后，再单击【保存】按钮。

● 已经现结和复核的发票不能直接删除。如果需要删除，需要先"弃结""弃复"后，才能删除。

● 代垫费用单可以在销售管理系统的专用发票窗口生成销售专用发票，保存后，单击【代垫】按钮，调出"代垫费用单"窗口，输入代垫费用单，代垫费用单也可在"代垫费用→代垫费用单"窗口输入，代垫费用单保存后，自动生成其他应收单，并传递至应收款管理系统。

● 销售管理系统只能记录代垫费用，不能对代垫费用制单，其凭证需要在应收款管理系统审核代垫费用单后才能制单。

4.确认销售收入

（1）检查"应收款管理系统"是否启用。（如果供应链管理系统单独实验使用，此处需要启用应收款管理系统）

（2）在企业应用平台"业务工作"选项卡下，执行"财务会计→应收款管理→应收单据处理→应收单据审核"命令，打开"应收单据查询条件"对话框，勾选"包含已现结发票"复选框（本对话框左下方），单击【确定】按钮，打开"单据处理"窗口。选择要审核的单据（即双击使"选择"栏显示"Y"），单击【审核】按钮，系统给出审核提示，单击【确定】按钮，如图实13-3所示。关闭"单据处理"窗口。

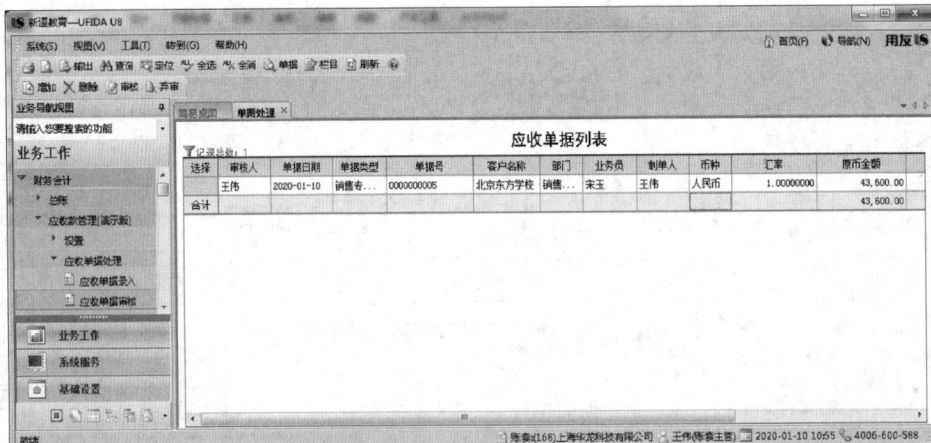

图实13-3　应收单据列表

（3）在企业应用平台"业务工作"选项卡下，执行"财务会计→应收款管理→制单处理"命令，打开"制单查询"对话框，勾选"现结制单"复选框，如图实 13-4 所示。单击【确定】按钮。

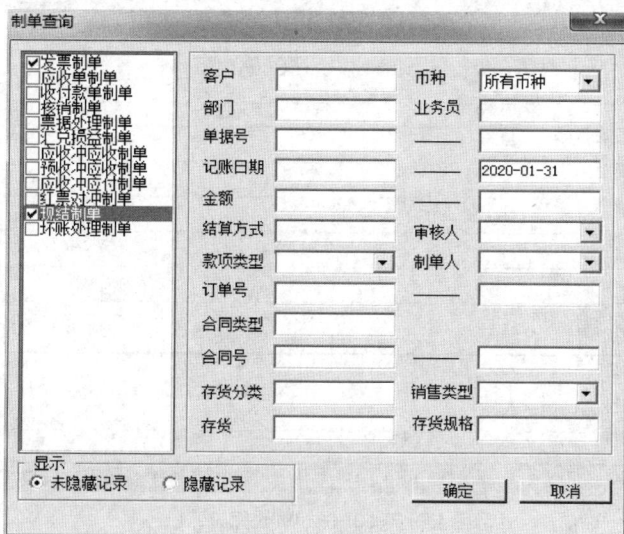

图实 13-4　现结制单

（4）单击【确定】按钮，打开"制单"窗口，单击【全选】按钮（本例仅一张单据，可单击【全选】按钮），选择要制单的单据，如图实 13-5 所示。

（5）单击【制单】按钮，补充完相关科目信息，生成销售并收到货款的凭证，单击【保存】按钮，出现现金流量项目对话框，选择"销售商品、提供劳务收到的现金"项目，单击【确定】按钮，再单击【保存】按钮，凭证出现"已生成"标志，如图实 13-6 所示。关闭"填制凭证"窗口和"制单"窗口。

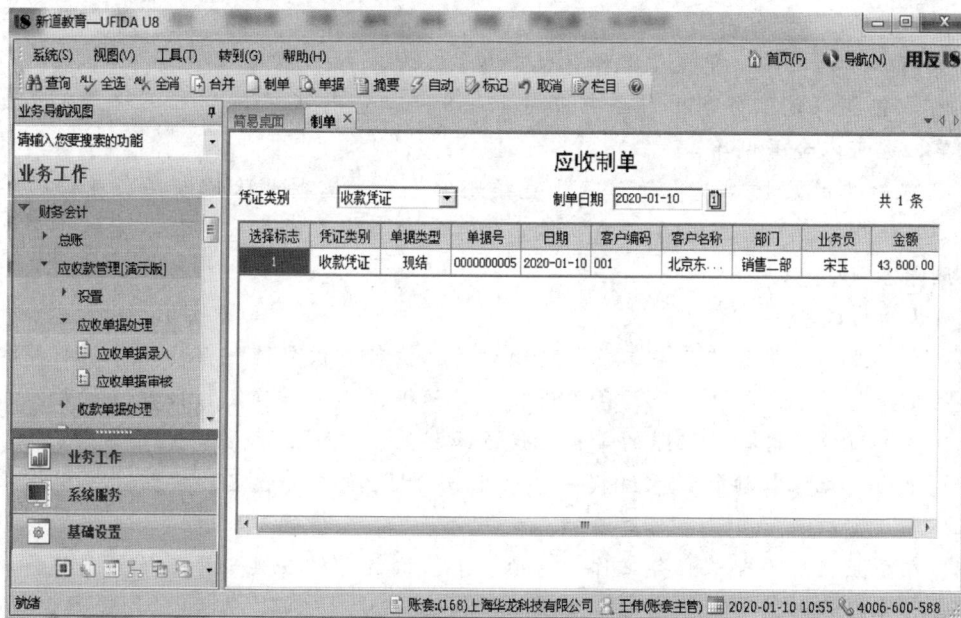

图实 13-5　应收制单

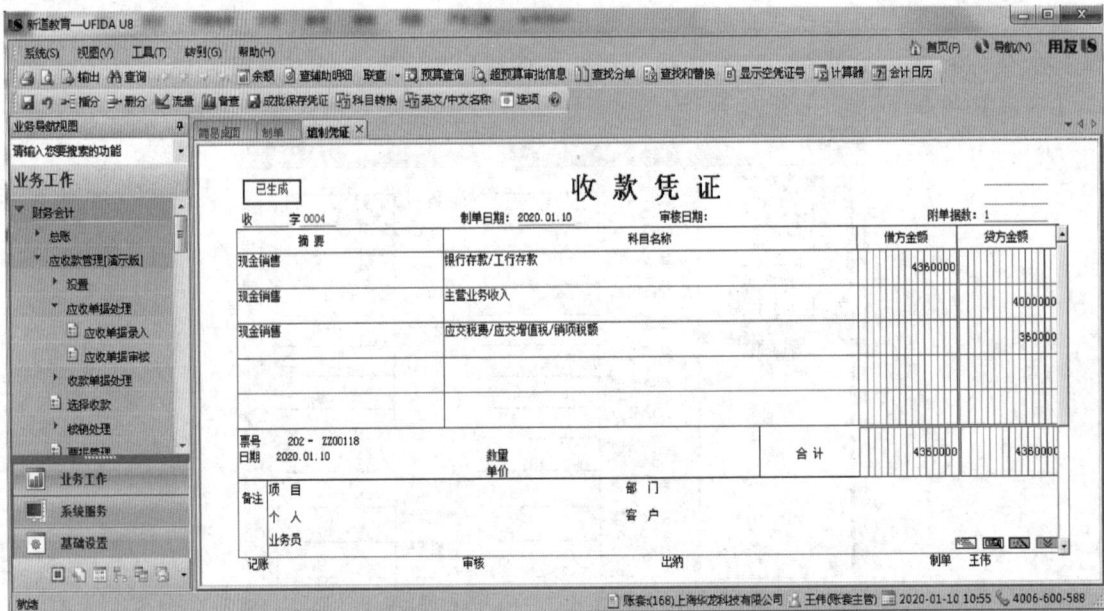

图实 13-6　收款凭证

注意事项：

● 当销售管理系统与应收款管理系统集成使用时，销售发票复核后自动生成应收单并传递至应收款管理系统。

● 应收单需要在应收款管理系统审核确认后，才能形成应收款项。

● 如果是现结，应收单也必须在应收款管理系统审核后才能确认收取的款项。

● 由销售发票自动生成的应收单，不能直接修改。如果需要修改，则必须在销售管理系统中先取消发票的审核，修改后再次审核，根据修改后的发票生成的应收单就是已经修改后的单据了。

● 只有审核后的应收单或收款单才能制单。

● 可以根据每笔业务制单，也可以月末一次制单，如果采用月末处理，可以按业务分别制单，也可以合并制单。

● 已经制单的应收单或收款单不能直接删除。如果需要删除已经生成凭证的单据或发票，必须先删除凭证，然后在"应收单审核"窗口弃审，再在"应收单审核→应收单列表"中删除。

5. 确认销售成本

（1）在企业应用平台"业务工作"选项卡下，执行"供应链→存货核算→业务核算→正常单据记账"命令，打开"查询条件选择"对话框，单击【确定】按钮，打开"正常单据记账列表"窗口。选择要记账的单据，使选择栏显示"Y"，如图实 13-7 所示。

（2）单击【记账】按钮，系统提示"记账成功！"单击【确定】按钮，关闭"正常单据记账列表"窗口。

（3）在企业应用平台"业务工作"选项卡下，执行"供应链→存货核算→财务核算→生成凭证"命令，打开"生成凭证"窗口。单击工具栏【选择】按钮，打开"查询条件"对话框，单击【全消】按钮，勾选"销售专用发票"复选框，如图实 13-8 所示。

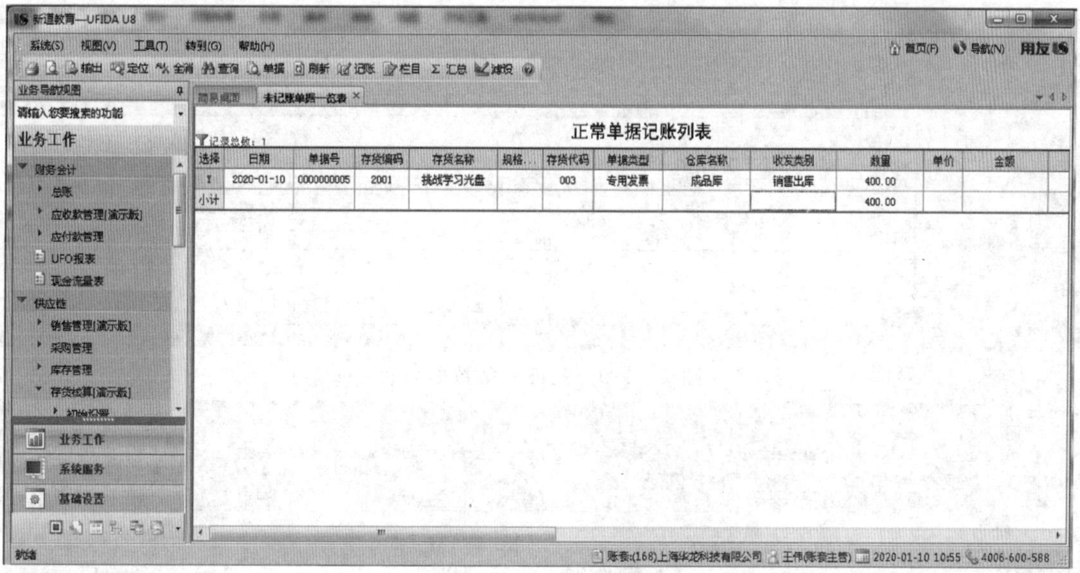

图实13-7　记账单据列表

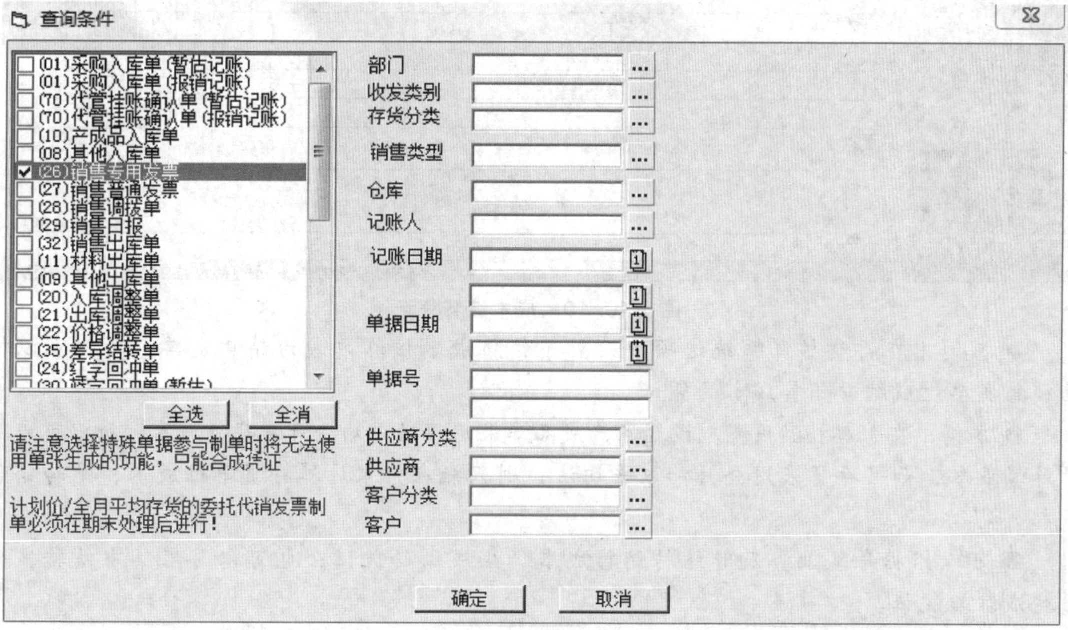

图实13-8　销售专用发票制单准备

（4）单击【确定】按钮，打开"选择单据"窗口，选择要生成凭证的单据，单击工具栏【确定】按钮，打开"生成凭证"窗口，选择凭证类别为"转账凭证"，输入借贷方金额"40 000"，如图实13-9所示。单击【生成】按钮，系统生成结转销售成本的记账凭证，单击【保存】按钮，凭证上出现"已生成"标志，如图实13-10所示。关闭"填制凭证"窗口。关闭"生成凭证"窗口。

注意事项：

● 存货核算系统必须在执行正常单据记账后，才能确认销售出库的成本，并生成结转销售成本凭证。

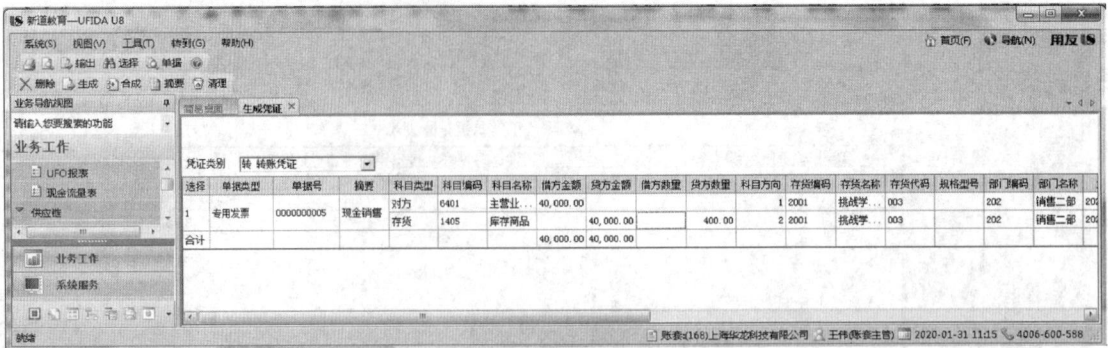

图实 13-9　凭证业务数据列表

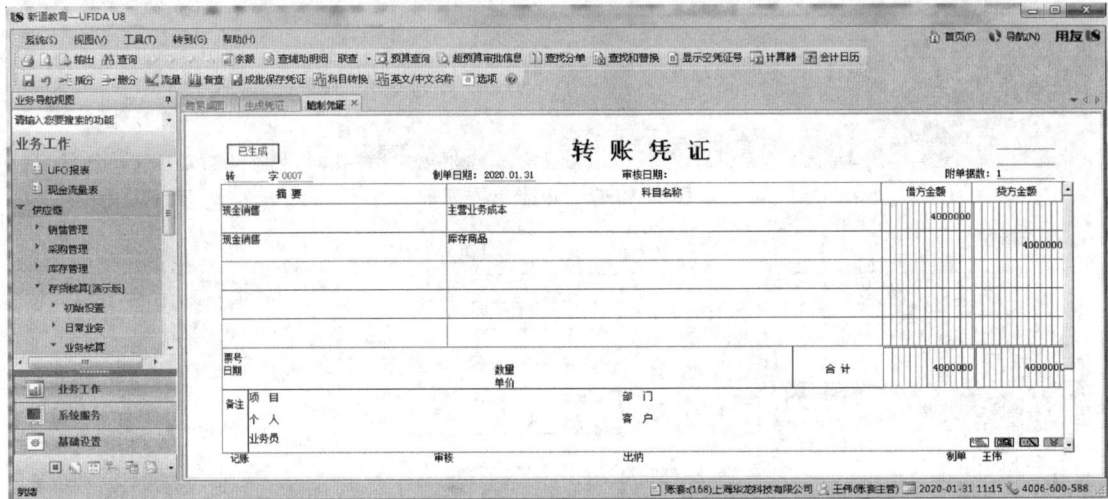

图实 13-10　成本结转凭证

● 本例中在存货核算系统选项中设置了销售成本核算方式为销售发票，所以可以根据销售发票生成结转销售成本的凭证。

● 本例中在仓库档案设置中设置了产成品库采用移动平均法计算存货成本，所以可以随时计算成本，如果存货采用全月加权平均法，则只能在月末计算存货单位成本，结转销售成本。

● 可以根据每笔业务及时结转销售成本，生成结转凭证；也可以月末集中结转，合并生成结转凭证。

实验十四　库存管理系统

【实验目的】

理解用友 U8V10.1 库存管理系统的相关内容；理解库存管理系统与其他系统的关系；掌握企业日常库存业务的处理。

【实验准备】

1. 引入实验十三销售管理系统的账套数据。

2. 检查采购管理系统、销售管理系统、库存管理系统与存货核算系统操作员权限的设置。

【实验内容】

1.库存管理系统的参数设置。

2.库存管理系统的日常业务处理。

3.库存管理系统的月末处理。

【实验要求】

以账套主管"王伟"的身份注册系统管理。

【实验资料】

1.填写材料出库单。1 月 16 日，仓库填写材料出库单，从材料库发出空白光盘 500 张，用于方舟杀毒软件的生产。

2.产成品入库。1 月 25 日，"方舟杀毒"软件完工入库 500 套，单位成本 80 元，已入成品库。

3.存货盘点。1 月 31 日，对材料库的空白光盘进行盘点，发现空白光盘短少 2 张，经批准，做合理损耗处理。

【操作指导】

1.填写材料出库单。

（1）在企业应用平台"业务工作"选项卡下，执行"供应链→库存管理→出库业务→材料出库单"命令，打开"材料出库单"窗口。

（2）单击【增加】按钮，选择仓库"材料库"，输入备注"生产方舟杀毒软件耗用"，在表体第一行选择输入材料编码"1001"，输入数量"500"，单击【保存】按钮，如图实 14-1 所示。

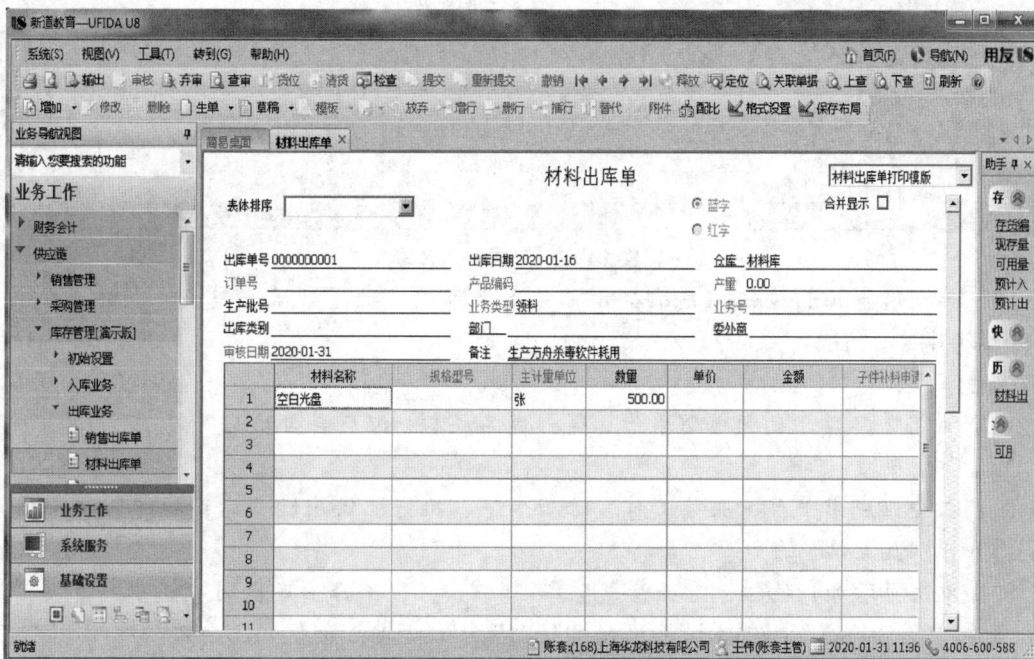

图实 14-1　材料出库单

（3）单击【审核】按钮，系统提示"该单据审核成功！"，单击【确定】按钮。关闭"材料出库单"窗口。

注意事项：

● 材料出库单可以根据生产车间的需要手工填制，也可以根据定义的产品结构使用配比出库方式自动计算原材料出库的相关信息。

● 材料出库业务还应在存货核算系统进行记账并生成"生产领料"的记账凭证。

2. 产成品入库。

（1）在企业应用平台"业务工作"选项卡下，执行"供应链→库存管理→入库业务→产成品入库单"命令，打开"产成品入库单"窗口。

（2）单击【增加】按钮，输入入库日期"2020-01-25"，选择仓库"成品库"，入库类别"产成品入库"，部门"制造车间"，输入备注"方舟杀毒产品入库"。在表体选择输入产品编码"2003"，输入数量"500"，单击【保存】按钮，如图实14-2所示。

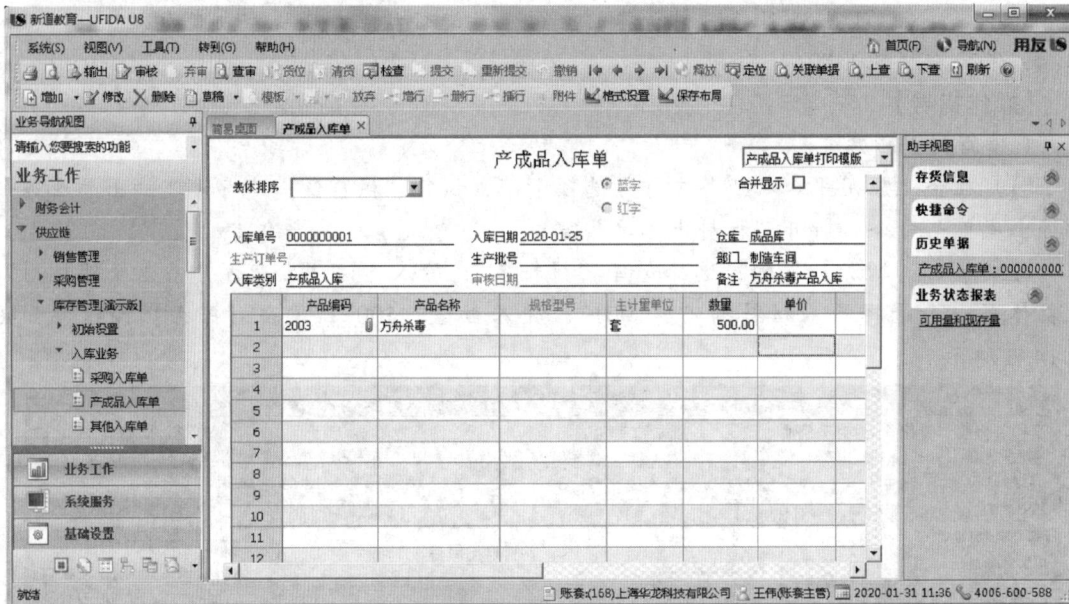

图实14-2　产成品入库单

（3）单击【审核】按钮，系统提示"该单据审核成功！"，单击【确定】按钮。关闭"产成品入库单"窗口。

注意事项：

● 产成品入库单上无须填写单价，等产成品成本分配后会自动写入。

3. 存货盘点。

（1）在企业应用平台"业务工作"选项卡下，执行"供应链→库存管理→盘点业务"命令，打开"盘点单"窗口。

（2）单击【增加】按钮，选择盘点仓库"材料库"，选择出库类别"盘亏出库"，选择入库类别"盘盈入库"，选择材料编码"1001"，输入盘点数量"20 298"，单击【保存】按钮，如图实14-3所示。

（3）单击【审核】按钮，系统提示"该单据审核成功！"，单击【确定】按钮。关闭"盘点单"窗口。

图实 14-3　盘点单

（4）在供应链管理系统，执行"供应链→库存管理→出库业务→其他出库单"命令，打开"其他出库单"窗口。单击末张箭头按钮，打开系统自动生成的其他出库单，单击【审核】按钮，系统提示"该单据审核成功！"，单击【确定】按钮，关闭"其他出库单"窗口。

注意事项：

● 盘点单审核后，系统自动根据盘盈、盘亏结果生成相应的其他入库单或其他出库单。

● 系统自动生成的其他入库单或其他出库单需要审核，才能在存货核算系统作为编制记账凭证的依据。

● 盘点时，单击【盘库】按钮，表示对选择盘点仓库的所有存货进行盘点；单击【选择】按钮，表示按存货分类批量选择存货进行盘点。

● 盘点单中输入的盘点数量是实际库存数量清点的结果。

实验十五　存货核算系统

【实验目的】

理解用友 U8V10.1 存货核算系统的相关内容；理解存货核算系统与其他系统的关系；掌握企业日常存货业务的处理。

【实验准备】

1.引入实验十四库存管理系统的账套数据。

2.检查采购管理系统、销售管理系统、库存管理系统与存货核算系统操作员权限的设置。

【实验内容】

1.出入库单据的处理。

2.生成凭证。

3.存货账簿查询。

4.月末处理。

【实验要求】

以账套主管"王伟"的身份注册系统管理。

【实验资料】

1.对1月16日领用生产方舟杀毒软件的500张空白光盘业务进行记账，编制生产领料凭证。

2.对1月25日方舟杀毒软件完工入库500套业务进行记账，并编制入库凭证。

3.对材料库盘亏业务进行记账，并编制凭证。

【操作指导】

1.在供应链管理系统，执行"供应链→存货核算→业务核算→正常单据记账"命令，打开"查询条件选择"对话框，单击【确定】按钮，打开"未记账单据一览表"窗口。单击【全选】按钮，如图实15-1所示。

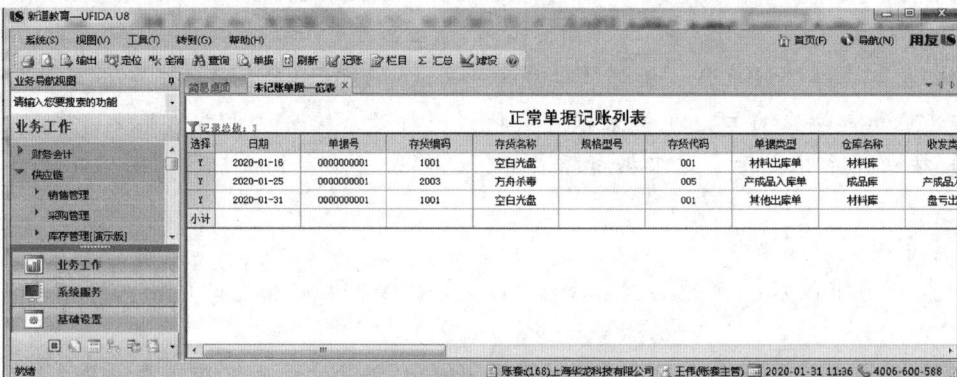

图实15-1　未记账单据列表

2.单击【记账】按钮。输入单价"180"，单击【确定】按钮，系统提示"记账成功。"关闭"未记账单据一览表"窗口。

3.在供应链管理系统，执行"供应链→存货核算→财务核算→生成凭证"命令，打开"生成凭证"窗口，单击【选择】按钮，"查询条件"对话框，单击【全消】按钮。单击"材料出库单""其他出库单""产成品入库单"前的复选框，如图实15-2所示。

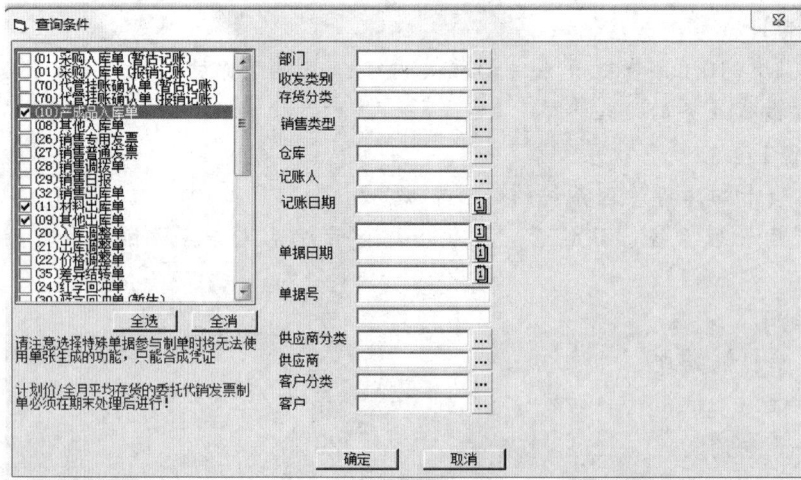

图实15-2　生成凭证准备

4.单击【确定】按钮，打开"选择单据"窗口，选择要生成凭证的单据，单击【确定】按钮，打开"生成凭证"窗口，选择凭证类别"转账凭证"，分别输入材料出库单对应科目"500101"、其他出库单对应科目"1901"，如图实 15-3 所示。

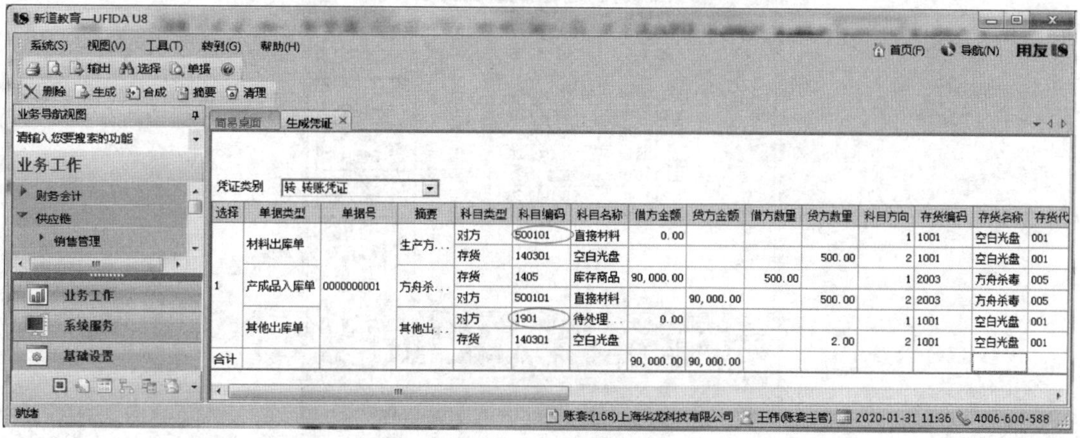

图实 15-3　凭证数据列表

5.单击【生成】按钮，系统生成材料盘亏的记账凭证、产成品入库的凭证、生产领料的凭证。需要在"生产成本–直接材料"科目输入对应的项目名称"方舟杀毒"，生成产成品入库的凭证。类似地生成其他凭证。

实验十六　供应链管理各系统月末处理

【实验目的】

理解用友 U8V10.1 供应链管理系统各子系统月末处理相关内容；理解各子系统之间及与供应链外其他系统的关系；掌握企业供应链管理系统的月末处理。

【实验准备】

1.引入实验十五存货核算系统的账套数据。

2.检查采购管理系统、销售管理系统、库存管理系统与存货核算系统操作员权限的设置。

【实验内容】

1.办理销售管理系统的月末结账。

2.办理采购管理系统的月末结账。

3.办理库存管理系统的月末结账。

4.办理存货核算系统的期末处理。

5.办理存货核算系统的月末结账。

【实验要求】

以账套主管"王伟"的身份注册系统管理。

【操作指导】

1.销售管理系统月末结账。

（1）在供应链管理系统，执行"供应链→销售管理→月末结账"命令，打开"结账"

对话框，如图实 16-1 所示。

图实 16-1　销售管理系统结账界面

（2）单击【结账】按钮，系统进入"销售管理"窗口，系统提示"是否关闭订单？"，如图实 16-2 所示。单击【否】按钮，返回"销售管理"窗口，显示 1 月份已结账，如图实 16-3 所示。

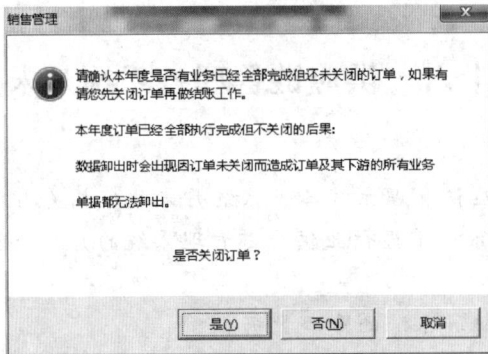

图实 16-2　销售管理系统结账提示

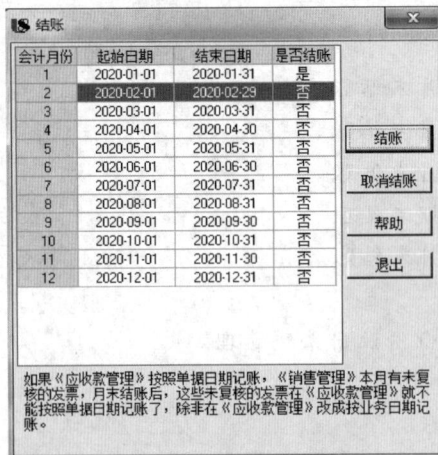

图实 16-3　销售管理系统结账成功

（3）单击【退出】按钮退出。

注意事项：

● 本月还有未审核或复核单据时，结账时系统提示"存在未审核的单据，是否继续进行?"月末结账，用户可以选择继续结账或取消结账，即有未审核的单据，仍可月末结账，但年底结账时，所有单据必须审核才能结账。

● 如果应收款管理系统按照单据日期记账，而销售管理系统本月有未复核的发票，月末结账后，这些未复核的发票，在应收款管理系统中将不能按照单据日期记账，除非在应收款管理系统改成按业务日期记账。

2. 采购管理系统月末结账。

（1）在供应链管理系统，执行"供应链→采购管理→月末结账"命令，打开"结账"对话框。

（2）单击【结账】按钮，系统进入"采购管理"窗口，系统提示"是否关闭订单?"单击【否】按钮，返回"采购管理"窗口，显示 1 月份已结账，如图实 16-4 所示。

图实 16-4　采购管理系统结账成功

（3）单击【退出】按钮，完成采购管理系统的月末结账工作。

注意事项：

● 为了保证采购管理系统的暂估余额表和存货核算系统的暂估余额表数据一致，建议在月末结账前将未填单价、金额的采购入库单填上单价和金额。

● 月末结账后，已结账月份的入库单、采购发票不可修改和删除。

● 采购管理系统月末结账后，才能进行库存管理系统、存货核算系统、应付款管理系统的月末结账。

3. 库存管理系统月末结账。

（1）在供应链管理系统，执行"供应链→库存管理→月末结账"命令，打开"结账"对话框。

（2）系统默认要结账的月份为 1 月，单击【结账】按钮，系统弹出"库存管理"对话框，并询问"库存启用月份结账后将不能修改期初数据，是否继续结账?"。

（3）单击【是】按钮，显示 1 月份已结账，如图实 16-5 所示。

图实 16-5　库存管理系统结账成功

4.存货核算系统的期末处理与月末结账。

（1）在供应链管理系统，执行"供应链→存货核算→业务核算→期末处理"命令，打开"期末处理-1月"对话框，如图实 16-6 所示。

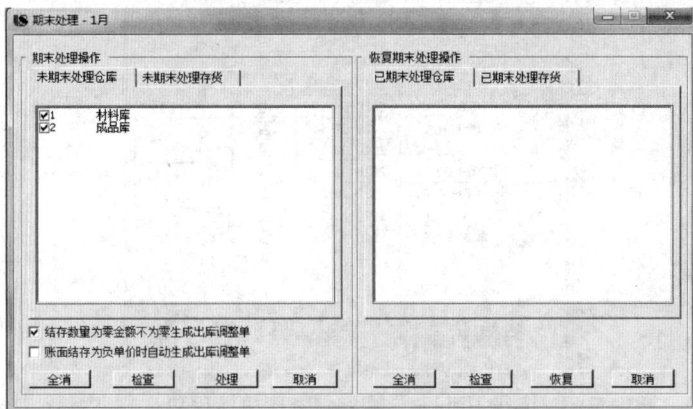

图实 16-6　存货核算系统期末处理窗口

（2）系统默认未进行期末处理的仓库为材料库与成品库，单击【处理】按钮，系统提示"期末处理完毕！"，单击【确定】按钮，如图实 16-7 所示。

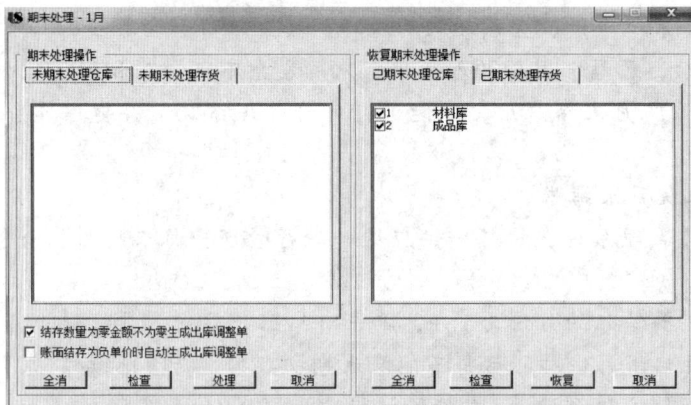

图实 16-7　存货核算系统期末处理操作

（3）关闭"期末处理–1月"窗口。

（4）在供应链管理系统，执行"供应链→存货核算→业务核算→月末结账"命令，打开"结账"对话框。

（5）单击【月结检查】按钮，系统提示"检测成功"，单击【确定】按钮，单击【结账】按钮，系统提示"月末结账完成！"，并提示"若想进行下月业务，请在'系统'菜单中选择'重新注册'进行下月处理！"，如图实16-8所示，单击【确定】按钮。

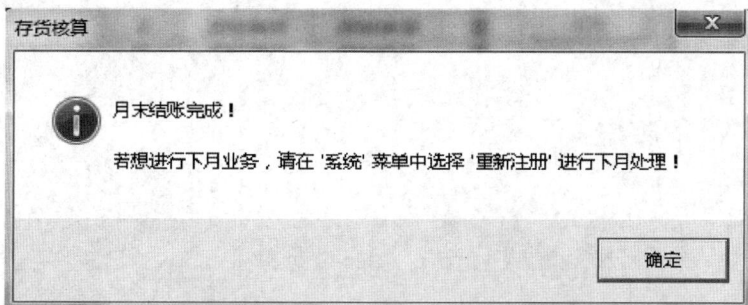

图实16-8　存货核算系统月末结账成功

注意事项：

● 如果存货成本按全月平均方式或计划价、售价方式核算，当月业务全部完工后，需要进行期末处理。

● 存货核算系统期末处理，需要在采购管理、销售管理、库存管理系统结账后进行。

● 期末处理之前应将单据全部记账，否则会影响存货成本计算的正确性。

主要参考文献

[1] 财政部．会计改革与发展"十四五"规划纲要［S/OL］．［2021-11-24］．https：//www.gov.cn/zhengce/zhengceku/2021-11/30/5654912/files/1c9b024220cc4fc4889f338cb03b3883.pdf.

[2] 财政部．企业会计信息化工作规范［S/OL］．［2013-12-06］．https：//www.gov.cn/gongbao/content/2014/content_2640865.htm.

[3] 财政部．财政部关于征求《会计信息化工作规范（征求意见稿）》和《会计软件基本功能和服务规范（征求意见稿）》意见的函（财办会〔2024〕13号）［EB/OL］．［2024-04-02］．http：//kjs.mof.gov.cn/gongzuotongzhi/202404/t20240407_3932240.htm.

[4] 中华人民共和国国家质量监督检验检疫总局，中国国家标准化管理委员会．企业资源计划 第4部分：ERP系统体系结构：GB/T 25109.4-2010［S/OL］．［2011-01-14］．https：//openstd.samr.gov.cn/bzgk/gb/newGbInfo？hcno=8E37ACD4E3C84A7D880E1229D8AD1DF1.

[5] 李吉梅，杜美杰，盘梁娟，等．场景式企业财务业务综合实践教程（用友ERP-U8 V10.1）［M］．北京：清华大学出版社，2020．

[6] 毛华扬．会计信息系统原理与应用［M］．3版．北京：中国人民大学出版社，2024．

[7] 彭飞，王新玲．会计信息化实训教程［M］．北京：清华大学出版社，2021．

[8] 孙林英．会计电算化［M］．北京：中国铁道出版社，2016．

[9] 汪刚，宁宇，孙雪玲，等．会计信息化实用教程［M］．北京：清华大学出版社，2023．

[10] 用友新道科技有限公司．用友ERP U8 V10.1使用手册［Z］．2011．

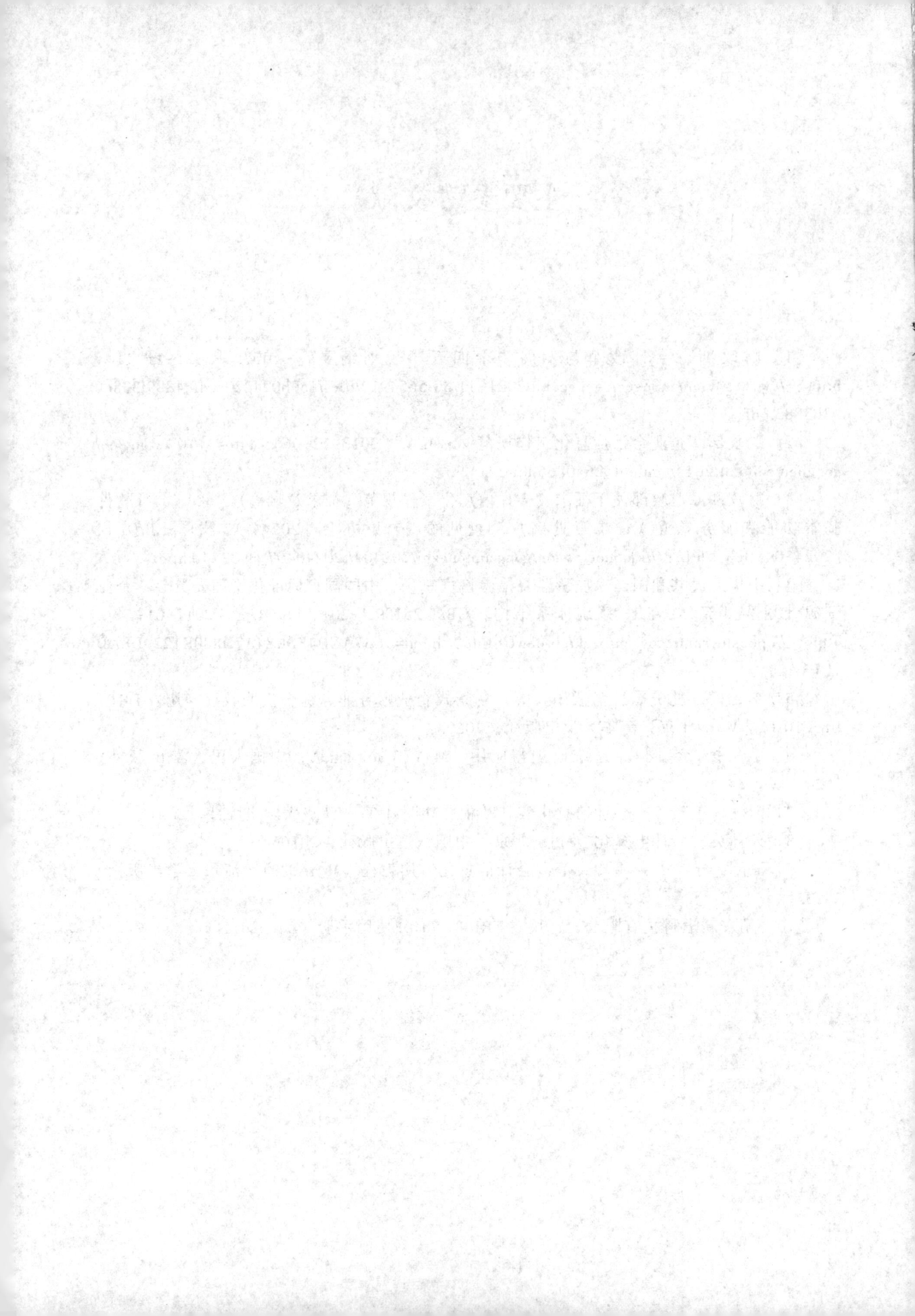